精品课程立体化教材系列

战略管理

张　阳　周海炜　李明芳　主编

科学出版社
北　京

内 容 简 介

作为战略管理教材，本书为读者提供了战略管理知识的全面导引性内容。全书共5篇，分别为导论、战略分析、战略制定、战略实施、战略创新。在导论中，介绍了战略管理概述、西方战略管理理论、东方战略思想、战略管理实践；在战略分析中，介绍了企业历史和现状分析、外部环境分析、内部条件分析；在战略制定中，介绍了战略使命与战略目标、公司层战略、经营层战略、职能战略；在战略实施中，介绍了战略实施过程与战略执行，公司治理与战略管理，组织、文化与战略管理，业务流程与战略管理；在战略创新中，介绍了企业创新与战略创新、西方战略创新思潮、管理文化视角的战略创新。本书穿插了很多案例，并配有多媒体课件。

本书的读者对象主要是高等院校管理类专业本科生、MBA等研究生以及对战略管理感兴趣的科研人员、企业管理人员。

图书在版编目(CIP)数据

战略管理/张阳，周海炜，李明芳主编．—北京：科学出版社，2009
(精品课程立体化教材系列)
ISBN 978-7-03-025092-6

Ⅰ.战…　Ⅱ.①张…②周…③李…　Ⅲ.企业管理-高等学校-教材
Ⅳ.F270

中国版本图书馆CIP数据核字(2009)第126460号

责任编辑：方小丽／责任校对：包志虹
责任印制：赵　博／封面设计：耕者设计工作室

科学出版社出版
北京东黄城根北街16号
邮政编码：100717
http://www.sciencep.com
三河市春园印刷有限公司印刷
科学出版社发行　各地新华书店经销
*
2009年7月第　一　版　开本：787×1092　1/16
2025年1月第十三次印刷　印张：25
字数：544 000

定价：78.00元

(如有印装质量问题，我社负责调换)

前言

本书的三位作者长期以来一直从事战略管理的教学、研究和咨询活动，而且在战略管理研究领域有很好的长期合作，本书正是这种合作的成果之一。同时，作为河海大学战略管理研究所成果的一部分，本书也凝聚了所内所有成员的集体努力。

长期以来，我们一直希望能有一本与中国企业实际、教学实际相结合的战略管理教材。这种结合不仅仅是加一些中国情景的案例，更重要的是一种思路。在长期的战略管理教学、研究和咨询活动中，我们深感需要结合中国学生的实际需求、企业战略管理实践的特点和当前战略管理咨询的特点来系统介绍战略管理。一方面，我们既有刚刚学习工商管理的本科生，也有关注战略管理前沿问题的硕士生和博士生，还有来自企业的MBA学员。他们希望了解战略管理的知识体系，但对知识的需求层面不同。另一方面，学习战略管理的管理者，有来自工商企业的，也有来自政府部门的。他们希望解决自己面临的问题，其中有些问题非常现实，难以纳入学科规范。我们认为，战略管理的教学不仅是传授知识，更重要的是引导思考。

目前的战略管理主流知识体系主要来自西方尤其是美国的企业实践。实际上，在中国历史上存在着独特的战略思想体系，它深刻影响着中国企业的管理实践。它不基于企业组织，但影响着企业的战略行为。本书持开放的态度容纳来自东西方的战略管理理论和思想。我们认为，了解这些理论和思想并将其创新性地运用于战略管理是非常必要的。

为此，我们对本书做了以下安排：

第一，我们希望读者首先了解现代工商企业及其发展，在此基础上，建立对企业战略、战略管理的基本认识，并以开放的态度学习西方战略管理理论和东方战略管理思想，从卓越的企业战略管理实践中领悟战略的真谛。

第二，我们运用战略分析、战略制定与战略实施的管理过程框架来介绍战略管理的经典知识和最新发展。这一框架以战略管理实务的介绍为基本内容，既可以作为企业战略管理过程的基本框架，也可以作为战略管理咨询的基本框架。

第三，我们希望以战略创新作为战略管理学习与实践的指向。战略创新是本书第五篇的主题。在一个全球化和复杂转型的竞争环境中，只有进行战略创新，才能获得真正的竞争优势。对于中国企业来说，尤其如此。

因此，企业（business）、战略（strategy）、管理（management）、创新（innovation）这四个关键词反映了我们对于战略管理教学的一个基本期望和逻辑。我们希望建立一种开放的知识构架，使学习者学会使用一些管理工具，最终领悟战略管理的思考与行动框架。

本书的内容十分丰富。对于本书的学习，我们建议：

第一篇导论可以作为概要，通过它可以了解战略管理知识。对于初次接触战略管理的学生来说，第 1 章是必读内容，第 2～4 章可以作为选读内容。

第二篇战略分析、第三篇战略制定、第四篇战略实施是本书的主体内容。学习这三篇，可以全面了解其理论和方法，更重要的是掌握战略分析、战略制定、战略实施的思考与行动框架。

第五篇战略创新是更高层次的战略管理学习内容。学习者需要开阔自己的视野，不拘泥于已有的企业现实和知识内容。第五篇反映了作者的一些认识，以此抛砖引玉。

本书的大纲经历了长时间的酝酿和讨论，编写也花费了很长的时间，更不用说前期材料的准备了。在这一过程中，河海大学战略管理研究所的所有教师都积极参与了此项工作，他们是汪群教授、施国良副教授、唐震副教授、丁源讲师、胡兴球讲师等。唐震副教授和丁源讲师组织了本书编写工作，并直接参与了许多内容的编写。刘戎老师、黄晓晔老师、钟尉博士等在前期工作中付出了巨大的努力。参与这项工作的所内博士生和硕士生还包括：胡江凤、张威威、朱明明、邓斌（第一篇），戴舟、房振宇（第二篇），胡江凤、钱宏、朱明明（第三篇），张威威、邓斌、钱宏、王希泉、房振宇（第四篇），顾媛媛、王希泉（第五篇）。

本书的出版得到了各方面的大力支持和帮助，我们在此一并表示感谢。

作　者

2009 年 5 月

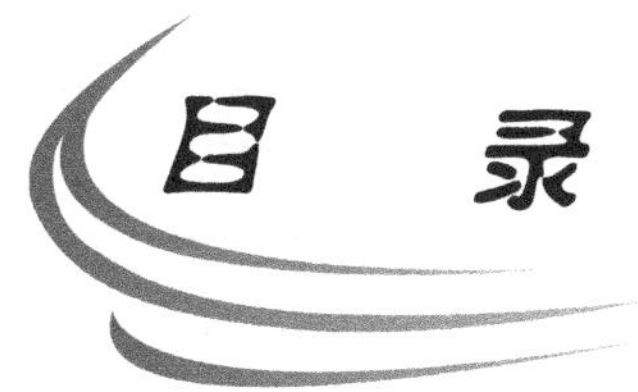
目 录

第9章

第10章

第11章

第12章

第四篇　战略实施

第13章

第14章

第15章

第五篇 战略创新

第19章 管理文化视角的战略创新

第一篇

导　论

第1章

战略管理概述

1.1 企业与企业战略

制定和执行企业战略是管理一个企业并使其在市场中获胜的核心和灵魂。麦肯锡公司的一项研究表明，企业的成功基于两条原因：一是必须有明确的发展战略，二是以有限的资源组合专注于组织目标的实现。这就是说，企业的发展必须首先依赖于战略，战略管理是企业发展的客观要求。

1.1.1 现代工商企业及其发展

1. 企业与战略管理

我们今天要学习的战略管理首先是关于企业的战略管理。不了解企业组织及其特征，就很难制定和实施一个切实可行的战略，实现战略管理。虽然现实中还有许多其他相关的战略实践与知识，它们对战略管理非常有意义，但并不能简单地与企业的战略相互替代。因此，认识战略管理首先需要认识企业。

1）企业作为一种经济组织

企业是市场经济中的一种经济组织，它占有有形和无形的资产，目的是以盈利性价格为市场提供产品与服务。然而，企业的能力是有限的，企业生存的环境资源也是有限的，两个“有限”决定了企业的发展只能通过选择有限目标来实现。企业的经济性质决定了企业发展要解决好“效率”与“效果”问题。简单地说，所谓效率问题就是如何做得更好，所谓效果问题就是如何做对事情，后者是战略管理的核心问题。

2）企业作为一种社会组织

企业也是现代社会中的一种社会组织，它已经成为现代社会的细胞，其功能已经远远超出经济领域。德鲁克在《管理——工作、责任与实践》一书中提出：“要知何谓企业，我们就必须先了解它的目的何为。它的目的必须存在于企业本身之外，而在社会之中，企业是社会的一个器官。企业的目的只有一个：创造顾客。”20 世纪后半叶，随着全球化、环境、社会与文化冲突等各种问题的日益突出，企业的社会性特征受到越来越多的关注。这些问题都涉及企业的基本发展方向的选择，正在成为战略管理关心的问题。

3）战略管理：企业的现实问题

企业管理者在思考、制定和实施战略时是非常现实的，每个企业的管理者都面临着三个基本而又关键的问题：“我们目前处于什么位置?”“我们想要去哪里?”“我们如何才能实现目标?”同时，这三个问题也是战略管理过程中需要关注的核心问题。战略（strategy）主要涉及企业的长期发展方向和范围决策，企业管理者通过战略实施获得并保持市场地位，使企业的资源与变化的环境相匹配，并实现企业的目标。一个清晰、理由充分的战略是管理者开展经营的指示灯，是企业获得竞争优势的地图，是赢得顾客并完成绩效目标的保证，是企业在市场竞争中获胜的中心与灵魂。

2. 现代工商企业

经过 100 多年的发展，现代企业已经形成了一整套管理体制，虽然各国的企业存在着或多或少的差异，但有着许多共同的管理特征。小艾尔弗雷德·D. 钱德勒（Alfred D. Chandler Jr.）以美国和欧洲企业发展为原型提出了“现代工商企业”的概念，概括了现代企业组织的基本特征，工商管理也被认为是现代管理理论的主体。过去和现在存在着各种社会经济组织，但战略管理首先是建立在现代工商企业及其管理体制之上的。

何谓现代工商企业？根据钱德勒在《看得见的手——美国企业的管理革命》中的定义，它应具有两方面特点：①包含许多不同的营业单位；②由各层级的执行行政人员管理（图 1-1）。

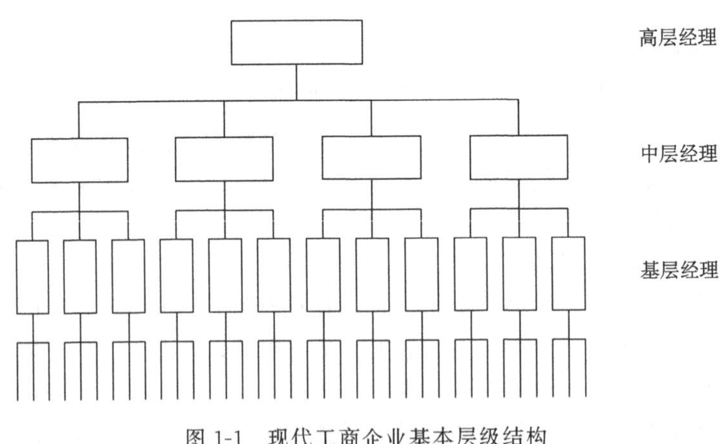

图 1-1　现代工商企业基本层级结构

注：每一方块代表一办事部门

现代工商企业把众多独立经营的单位结合起来形成一个整体，各个单位分别在不同地点从事不同的经济活动，经营不同系列的产品与服务。随着不同层级的执行经理人员的出现，组成现代工商企业不同单位的活动和原本存在于它们之间的交易已被内部化，它们是由执行经理人员管理并依靠非市场机制来协调的。

西方的现代工商企业可以用下述特征来表述：第一，大量生产与大量分配相结合，或者说是产供销一体化的多单位联合企业；第二，建立了严谨的管理层级制，依靠各层级执行经理人员实施管理；第三，把经济理性准则作为企业活动的最高准则；第四，追求最大限度利润不再是为了获得满足个人需要的必需商品，而是企业的直接和最终目的。

理解这种基本的现代工商企业管理体制对认识战略管理有十分重要的意义：第一，战略管理的决策与执行是与各层级的职业经理尤其是高层经理紧密联系在一起的；第二，现代工商企业需要建立长期、稳定的成长政策，这成为企业战略的主要内容；第三，战略管理与企业的治理结构、层级制职能结构、市场经济环境等密切相关。

3. 现代工商企业发展及其对战略管理的影响

现代工商企业并不是一开始就关注战略管理的，战略管理是现代工商企业发展到一定阶段的产物。

1）早期的现代工商企业

现代工商企业是由早期的工厂制度发展而来的，1814 年由弗朗西斯·卡博特·洛瓦尔在美国马萨诸塞州沃尔瑟姆市建立的纺织厂是早期的现代工厂制度。这些工厂把制造一种商品的不同工序集中到一家厂子里，置于统一的管理之下来进行——这就是美国的新式工厂制度。19 世纪 60 年代至 20 世纪 20 年代，美国企业经历了从大批小传统公司并存、充分进行自由竞争的发展阶段，逐渐向企业大量生产与大量分配相结合并最终形成垄断发展转折，随着现代工商企业崛起，美国经济也得到迅猛发展。从本质上说，现代工商企业的建立本身就是一场企业管理变革，科学管理是这一时期最伟大的成就，它使现代工商企业得以形成，并在 20 世纪初导致了企业的持续成长。

2）多部门的大公司体制

现代工商企业诞生之后迅速展开业务扩展和市场扩展。在业务扩展上，一是追求规模经济效应，二是追求范围经济效应。前者以福特汽车公司（简称福特汽车）为代表，实现了企业生产与销售规模的惊人扩张，是大规模生产的典型代表；后者以杜邦公司（简称杜邦）和通用汽车公司（称简通用汽车）为代表，实现了业务的多元化。杜邦在 20 世纪 20 年代已经实行产品线的多元化，通用汽车由于收购了各种品牌的汽车并进行纵向的多元化扩张也走向多元化发展的道路。钱德勒将这一类大企业称为多部门的大公司（图 1-2），它们在多元化发展中面临极大的管理挑战，需要在成长中对多元业务加以决策，并有效控制多个业务部门。一些业务部门在业务类型和市场地域上差异很大，这是原来职能结构难以管理的。钱德勒认为这种组织结构的创新与战略密切相关，他认为：“战略起源于对机会和需求——不断变化的人口、收入和技术的识别，以便更有利可图地利用现有的或新增的资源。新的战略要求建立新的或至少更新的结构，才能使扩大了的企业更有效地运营。”通用汽车成功实现了大公司体制的改革，从而形成了持续的高速成长。多部门的大公司体制实际上是一种分权与集权相结合的管理，集中的是公司的战略、投资等决策权力，而分散的是业务的经营权力。

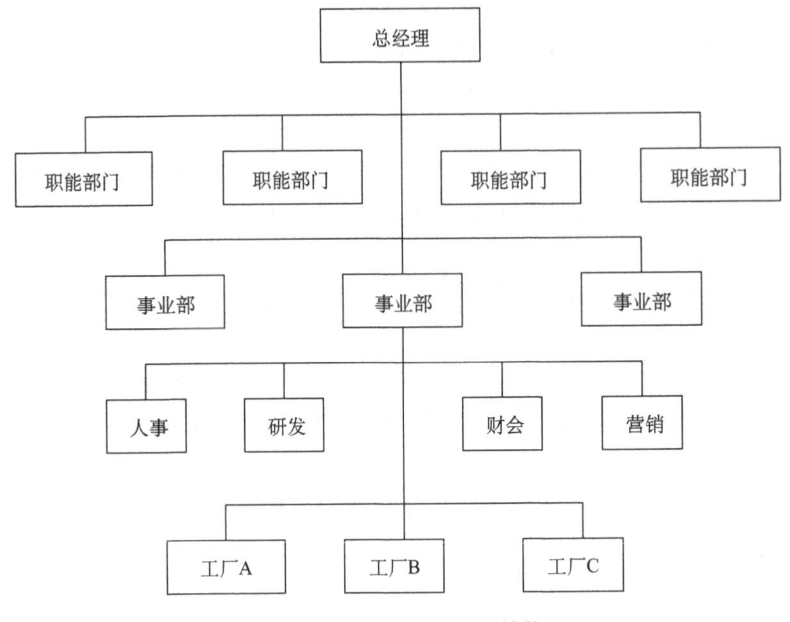

图 1-2　多部门的大公司结构

3）跨国公司

虽然跨国经营的企业很早就出现了，但跨国公司的大规模出现和发展是在第二次世界大战之后。这一时期出现了许多著名的跨国公司，如早期就发展起来的美国通用汽车、通用电气公司、可口可乐公司，欧洲西门子公司以及日本在 20 世纪 70 年代高速发展后出现的丰田汽车公司、索尼集团等著名企业。从第二次世界大战之后至今，跨国公司实际已经成为现代企业的主体，各国的经济发展无不依赖跨国公司的支撑。另一方面，跨国公司的发展推动了全球化时代的到来，在 20 世纪末深刻改变了国际经济的面貌。

从管理结构上看，跨国公司是多部门大公司体制的发展，基本继承了通用式的体制。但是，由于企业的业务已经越出国界，需要企业以全球市场作为自己的目标市场，制定全球视野的战略，企业在国际市场竞争中面对的环境更加复杂和动荡，对战略的需求更加迫切。从某种程度上讲，企业的跨国经营和跨国公司的发展直接触发了战略管理的产生，现代的战略管理需要从跨国公司成长的角度去认识。

4）企业变革浪潮

自现代工商企业诞生以来，企业的变革就一直没有停止过，但这里的企业变革浪潮特指 20 世纪 90 年代以来源自于西方的企业组织变革与管理变革。推动这次变革浪潮的因素非常复杂，但是现代信息技术的迅速发展和社会向后工业化的快速转型对企业变革具有根本的推动作用。信息技术的发展导致企业微观组织和管理的基本方式发生了革命性的变化，在管理观念和管理技术上已经超越了现代工商企业的经营管理体制，如组织的网络化、项目化管理、企业联盟等。西方社会率先向后工业化转型带来了服务企业的快速发展、企业经营的全球化发展、环境伦理、企业跨文化管理等诸多问题。

这些企业变革实际上是针对传统工商企业结构和管理体制的，因此比以往的变革更具有颠覆性，极大冲击着现代的管理理论体系，管理创新已经成为一种不可阻挡的潮流。

1.1.2 战略管理的产生与发展

1. 东西方的战略思想遗产

在漫长人类历史进程中，东西方都产生非常丰富的战略思想，主要是军事、政治方面的战略思想。现代企业的战略管理是对这些战略思想遗产的直接继承，从这些历史遗产中吸收创新资源造就了一代又一代企业战略家。

中国传统战略思想博大精深，源远流长，主要体现在治国、治军和治生的层面上，它被巧妙地融入于经世治国、行军作战和处世之道中。即使在西方，学者们也经常将企业战略思想追溯到 2500 多年前中国的《孙子兵法》。中国传统战略思想发展极早，在先秦之际就已达到高峰，尤其以《孙子兵法》最为有名。以《孙子兵法》为代表的传统战略思想是公认的对企业战略管理发展最具影响的思想遗产。

西方的传统战略思想的发展也可以追溯到古希腊和古罗马时代，但发展演变与中国不同。虽然在早期就已经出现了希罗多德、修昔底德等记载战略思想的历史著作和伯利克利及亚历山大等军事家以及对后世产生深刻影响的“海权”战略观念，但是西方的战略思想的高峰却是在近代。西方的战略思想在 19 世纪前后开始进入全盛时期，资本主义经济的发展伴随着激烈的社会冲突和国际扩张，直接促进了战略思想的迅速发展。克劳塞维茨的《战争论》、约米尼的《战争艺术》等构筑了西方战略思想的主体，随后发展起来的德国学派、法国学派战略思想以及海洋战略，丰富了西方的战略思想，使之成为庞大的体系。

这些军事及政治战略思想与 20 世纪出现在企业组织中的战略管理理论，在社会经济与文化背景上一脉相承，其中的脉络对企业在国际市场中如何竞争具有重要的意义。

2. 早期的企业战略实践与思想

20 世纪初，法约尔提出了管理的五项职能：计划、组织、指挥、协调和控制。其中计划职能是企业管理的首要职能。关于“计划”的思想可以说是企业战略思想发展的起点。

20 世纪 20 年代，阿尔弗雷德·斯隆创立并实践了一整套著名的“分散经营，协调控制”的管理组织理论，成功实施了通用汽车管理组织体制的改革，使公司高级领导能集中精力专门从事有关企业发展重大问题的决策，开创了战略管理的先河。巴纳德曾经是一位企业家，他提出经理人员有三项主要职能：第一是提供一个信息交流系统，第二是制定组织的目标，第三是通过自己的有效管理获得必要的个人努力。巴纳德关于经理人员职能的表述直接涉及制定企业目标，这是经理的基本职责，成为早期战略管理开始进入专门化研究阶段非常重要的起点。后来西蒙对决策的研究、安德鲁斯关于战略设计思想的提出均直接受到巴纳德思想的影响。

在这一阶段，企业战略的实践已经展开，虽没有形成完整的战略理论体系，但已出现了一些精彩的战略思想。

3. 战略管理的诞生

一般认为战略管理作为专门化的理论诞生于20世纪50年代。20世纪60年代，哈佛商学院的安德鲁斯和克里斯滕夫提出战略管理的基本步骤包括收集和分析资料、制定战略、评估、选择和实施战略，从而形成了战略规划的基本理论体系。战略管理的三部开创性著作，即钱德勒的《战略与结构》，安索夫的《公司战略》以及安德鲁斯的《商业政策——原理与案例》，标志着现代企业战略管理理论研究的诞生，奠定了战略规划学派的基石。

20世纪60年代至70年代初，战略规划思想一直占据着核心地位。SWOT分析、波士顿的经验曲线也是在这一时期提出来的，并且一直沿用至今。这一时期的战略规划主要包括四步：一是分析企业的外部环境条件与趋势以及企业内部所有的独特能力；二是寻找将外部机遇与风险及内部优势与劣势相结合的方式；三是评估决定机遇与资源的最佳匹配方式；四是做出战略选择。传统战略规划的致命弱点表现在它是一个单向过程，缺乏动态的修改和调整，难以适应不断变化着的新环境。

4. 战略管理的发展

20世纪70年代，激烈的国际竞争和环境的剧变动摇了战略规划理论的垄断地位，战略家们越来越关注企业是如何适应环境的，并把环境的不确定性作为战略研究的重要内容。林德布罗姆的"摸着石头过河"、奎因的"逻辑渐进主义"以及明茨伯格和沃斯特的"应急战略"都把战略看成是意外的产物，是企业应对环境变化所采取应急对策的总结。20世纪80年代，产业组织理论和一般战略研究出现，交易成本理论、信息经济学、博弈论等纷纷被引进到战略理论当中，战略管理领域内颇具影响力的《战略管理杂志》(Strategic Management Journal) 和《经营战略杂志》(Business Strategy Journal) 也在这一时期诞生。90年代，资源基础论和核心能力说流行开来，战略家们开始着力于寻找企业竞争优势的源泉。资源基础论认为即使企业所处的行业缺乏吸引力、缺乏好机遇并且还有着较大的经营风险，企业也可以凭借其独特的资源和能力获取竞争优势，关键在于企业必须构建和利用自身所拥有的独特的、难以模仿的、对顾客有价值的资源和能力。

几十年来，学者们从不同的角度出发，基于不同的理论，采用不同的方法深入研究，形成了多个不同的战略管理理论学派。明茨伯格在其《战略历程——纵览战略管理学派》一书中，将战略管理分为十大学派。设计学派把战略形成看做一个概念化的过程；定位学派把战略视为一个分析过程；计划学派把战略形成视为一个受控的正式过程；认识学派将战略理解为一个心理过程；学习学派则更多地把战略当成一个应急过程；企业家学派把战略看做一种预测的行为；文化学派认为战略过程是一个集体思维的过程；权力学派将战略形成解释为一个协商的过程；环境学派强调战略在企业应对环境变化中的作用；结构学派则把战略形成过程看做一个转变过程。

5. 战略管理的变革

20世纪末，伴随着经济全球化、技术信息化和知识经济的到来，战略管理领域不断变革创新，其中包括归核化、虚拟企业、竞合战略等。归核化战略指企业集中经营核心业务，减少业务活动范围的战略。虚拟企业只专注于其核心能力擅长的业务，而将边沿业务外包，以提高企业对市场的灵敏度。委托管理、战略联盟、特许经营等都是虚拟企业的具体组合形式。竞合战略强调竞争对手之间相互合作，谋求共赢。大规模定制是在消费者需求个性化的背景下产生的，即大规模生产客户定制的产品和服务，体现了企业以客户为中心的价值观。它以网络和电子商务等信息技术为基础，灵活、高效地实现产品生产和服务。斯托尔克提出时机竞争战略，他认为时间和速度是企业最重要的竞争优势来源，缩短产品研发、设计、生产、销售和创新上的周期是企业在竞争中获胜的重要手段。学习型组织强调企业内部拥有共同的愿景和良好沟通的氛围，通过全员学习来提高企业对顾客需求变化反应的灵敏度。

1.1.3　企业战略的含义与内容

1. 什么是企业战略

战略是什么？几十年来，西方学者对这个问题从不同的角度进行了解释（表 1-1），但时至今日仍没有形成一个被广泛接受的定义，因为在不同的历史阶段和环境中人们面对的战略性问题是不同的。一般认为，战略是组织和个人制定并实现其长远目标的方式或路径。

表 1-1　企业战略的概念

学者	概念
安德鲁斯	战略是目标、意图或目的以及为达到这些目的而制定的主要方针和计划的一种模式，这种模式界定企业的业务范围和经营类型
奎因	企业战略是一种计划，它将企业的主要目标、政策与活动按照一定的顺序结合成一个紧密的整体
安索夫	企业战略是贯穿于企业经营与产品及市场之间的一条共同经营主线，它主要包括四个要素：产品与市场范围、增长向量、竞争优势、协同作用
明茨伯格	企业战略是一种组合，即计划（plan）、计策（ploy）、模式（pattern）、定位（position）、观念（perspective）等的某种适当组合
波特	企业战略的本质在于它是一种选择，战略的目标是企业获得相对于竞争对手的持续竞争优势
霍弗	战略是“设计寻求外在环境的机遇与风险及利用这些机遇的组织的能力与资源之间的切实可行的匹配”
戴维	战略就是实现长期目标的方法，它把企业经营战略归纳为地域扩张、多元化经营、收购兼并、产品开发、市场渗透、收缩、剥离、清算及合资
伊丹敬之	战略决定公司业务活动的框架并对协调活动提供指导，以使公司能应付不断变化的环境

首先，企业战略涉及基本的发展方向和目标，而且不同的企业在不同情况下应该确立的方向与目标恰恰是具体的，寻找并明确这些目标是企业战略的主要内容。其次，企业战略需要确立企业如何达成这些目标，确定发展路径。这些发展方式或路径不是一些具体的行动，而是指导这些行动的计划、政策、原则等，它们需要使企业的各种行动形成一个整体。特别是关于企业如何成长，不同的企业战略理论给予的解释是不同的。

20 世纪 60～70 年代，企业战略被看做是模式、计划、决策、组合等，战略制定强调内部尤其是企业高层经理的观点。安德鲁斯认为，企业战略是一种模式，它决定和揭示企业的目的与目标，提出实现目的与目标的重大方针与计划，确定企业经营的业务范围，明确企业的经济类型与人文组织类型以及企业应该对员工、顾客和社会做出的各种贡献①。安索夫认为，企业战略是一种决策，一种关于企业经营性质的决策。他对战略管理的一大贡献是将企业战略分为总体战略和经营战略两大类型。总体战略决定企业该进入哪种类型的经营业务，而经营战略则决定企业在该经营业务领域里进行竞争与运营的方式②。

20世纪80年代以来，随着战略管理研究的不断深入，形成了许多观点。有四种主要观点值得注意。

第一，认为战略是一种意向（intent）。企业不仅应该着眼于现在，或只在现实的基础上做出简单的调整，而要更加注重未来，通过创造性地利用现有资源和能力，如杠杆式运用资源、战略性资源外取、创新型竞争发展等，实现战略意向。从这个意义上说，战略的实质是突破和创新，而不是守旧和模仿，要以比竞争者模仿企业现有优势更快的速度，创建企业未来的竞争优势。

第二，波特认为，企业战略的本质在于它是一种选择，其战略的目标是获得相对于竞争对手的持续竞争优势。他认为：战略就是定位（position）、取舍（take-offs）和匹配（fit），就是选择与竞争对手不同的经营活动。

第三，哈默认为战略是一种革命，随着市场竞争日益加剧、顾客需求不断改变、科学技术飞速发展、产业革命周期越来越短，企业应当积极寻找产业革命的机会，并努力成为先行者。

第四，明茨伯格和兰培尔（J. Lampel）认为企业战略本质上是一种过程。处于不同生存发展阶段的企业，对目标、实力和环境会有不同的认识和反应，实际战略制定过程正好是各种观点在不同阶段以不同形式的组合，任何一种观点都不可能单独成为指导企业战略制定与实施的定律和原则。

2. 企业战略的内容

企业战略究竟应该包含哪些内容？由于不同的企业本身就存在很大的差异，加之企业所处的经营环境、亟待解决的问题、分析人员所处的位置和看问题的角度不同，因此对企业战略的内容持有的观点也就不同。显然从企业竞争的角度看，不同企业的战略应该是有差异的，但是从大的方面说，还是有一些共性的东西存在。

1）安索夫提出的企业战略内容

安索夫是战略管理这一学科领域的奠基者之一，他对企业战略给予了一个操作性的定义，其中涉及企业战略究竟应包含哪些内容。他认为：

“企业战略是一个相对新和复杂的概念，它包括一系列管理原则，通过这些原则来指导一个企业如何确立自己的产品/市场地位、如何制定公司成长与变革的基本方向，如何竞争，如何进入新市场，如何配置资源，企业应该利用什么竞争优势并且避免劣势。”

“战略是一个可以将其各种经营行为纳入一个统一的主题之下的经营管理概念。”

因此，安索夫提出企业战略要解决以下几方面的问题。

---

① K. R. Andrews. The Concept of Corporate Strategy. Richard D. Irwin，Inc.，1965

② H. I. Ansoff. Corporate Strategy. New York：McGraw-Hill Book Company，1965

第一，企业如何成长和变革？

第二，企业如何开展竞争？

第三，企业如何拓展新的市场？

第四，企业如何充分利用自己的优势并且避免劣势？

其中，企业如何成长和变革的问题是每一个企业在制定战略时都必须回答的问题，其他问题都是第一个问题的展开。企业必须在战略中提出自己的成长方向，对于企业如何成长，安索夫以产品/市场这一对概念为基础，给出了企业战略的四个构成要素并提出了著名的企业成长矩阵。对于企业如何变革，安索夫认为："理解战略的一个关键是能够清晰地描述出企业为了扩张和改变它的产品/市场定位而实现战略变革的过程。"也就是说，企业实现战略变革是为了获得企业成长，战略变革措施和企业成长方向是企业战略需要决定的主要内容。

2）什么是有效的战略？

为了进一步理解企业战略的内容，我们也可以借助战争战略来说明。约米尼在《战争艺术》中指出：

"所谓战略者，其研究的范围包括下列要点：

（1）选择战场，检查各种组合变化。

（2）决定具有决定性的点以及最有利的作战行动方向。

（3）选择和建立固定的基地和作战区域。

（4）不论取守势还是攻势都要选择目标点

……"

对于一般意义上的组织，有效的战略应该有一些基本特征。首先，有效的战略围绕一些关键的概念展开；其次，有效的战略不仅应对不可预测的（unpredictable），而且应对不可知的（unknowable）；再次，有效的战略包含一系列支持性战略措施。

因此，有效的战略包含以下内容要素：

（1）目标（goals）；

（2）行动政策（policies）；

（3）行动次序（sequence of program）。

3）企业战略文本

企业在制定战略时总是需要形成一定的记载基本战略思想和措施的文本，企业战略文本应该是一个完整的体系，除上述需要规定的本质性内容以外，一般包括以下几个部分：

第一，企业外部环境与内部条件的分析，该部分对企业的现状、内外条件给予清晰的分析和描述。

第二，企业的使命和战略目标。

第三，企业经营方向、经营方针和策略。

第四，企业战略体系。

第五，企业战略实施的阶段与步骤、组织及资源配置。

当然企业战略文本并没有一个固定的格式，但通过长期的经验积累和大量的研究、咨询，企业战略文本有了一个大致的框架。

➤案例 1-1 AT&T的战略决策

AT&T（美国电话电报公司）成立于1885年，最初是经营、扩展美国贝尔电话公司及其他小公司的长途业务。1899年，AT&T承担起美国贝尔的业务和资产，成为贝尔系统（Bell System）的母公司。经过长期的发展，AT&T在北美建立起庞大的电话网络并拥有世界一流的电信技术研发力量，成为在北美占据垄断地位、具有绝对竞争优势的电信公司。但是，1984年，在美国政府反垄断政策的强制干预下，AT&T的发展发生了重大的转变，公司的本地电话业务被分裂出去，组建为7个区域性的经营公司，称为小贝尔（Baby Bell）公司。AT&T只保留长途电信公司、西方电器（电话设备生产商）和贝尔实验室（世界著名的研究实验室），由此开展了大规模的战略调整。

AT&T的发展耐人寻味，虽然反垄断几乎阻断了AT&T在北美市场的开拓之路，但却促使它走向了国际市场，逐渐发展成为一个全球性公司，这对于地域特性强的电信公司而言是非同寻常的。1993年初，AT&T销售收入的20%以上来自于国际市场，公司的总裁鲍勃·爱伦希望到2000年达到50%。他说，50%这个数字并不神奇，更重要的是把公司发展成为一个全球性公司。AT&T为此进行了一系列改革：改革公司结构适应国际化的需要，鼓励与外部电信运营公司的合作；变革公司的文化，形成一系列新的具有竞争导向的公司价值观念，如尊重员工和帮助顾客等；为了吸收新思想和观念而聘用外部经营经理，结束传统的褊狭性；改善与工会的关系，适应竞争的需要；积极对外投资，充分利用公司技术创新优势。AT&T提出了自己的新使命："把人们紧密地联系在一起，加强彼此间的沟通，无论何时何地为他们提供所需要的任何信息。"

AT&T国际化在此后获得了巨大的发展，但是，20世纪90年代注定是不平凡的，因为这一个时代迎来了信息技术革命的巨大发展，许多以前名不见经传的信息技术公司纷纷崛起，其中包括微软公司（简称微软）。由于AT&T以传统的模拟电话业务起家并形成自己庞大的经营网络和技术创新体系，进入90年代后，AT&T面对的挑战不仅仅是国际化竞争，还包括信息技术及其创新的威胁。

1995年AT&T将公司重组为三个公司，即一个系统及设备公司（Lucent Technologies），一个计算机公司（NCR），一个通信服务公司（仍被称为AT&T），1996年后公司进入INTERNET服务，而其他一些业务则进行战略转移。为了在变化多端的市场上抓住机会，AT&T开始使用资本运作收购与建立合资企业，这样可以迅速进入新的领域，它开始构建新的网络，包括宽带、无线、数据网络等。1997年C. Michael Armstrong成为新的主席和CEO，他很快建立了新的战略使命。1998年的公司年度报告指出："我们正在将AT&T从一个长途通信公司转变为一个具有全面业务的公司，从一个处理语音业务的电话公司转变为可以使你用任何有利方式同信息联系在一起的公司，包括语音、数据和视频，从一个国内业务为主的公司转变为一个全球公司。"

AT&T自20世纪80年代以来在全球化和信息技术变革的环境中进行了一系列的重大战略决策。第一次战略决策的核心是进入国际市场，第二次战略决策的核心是业务转型。从AT&T近20年的发展历程我们可以看出一个大公司是如何在市场拓展和业务拓展方面进行战略决策的以及其中包含的复杂因素。

资料来源：周默鸣．AT&T：历史的圆圈．21 世纪商业评论，2005，(1)

1.1.4　企业战略的构成要素

1. 安索夫的战略构成要素

20 世纪 60 年代，哈佛大学的安德鲁斯在《公司战略概念》一书中对战略进行了四个方面的界定，将战略划分为四个构成要素，即市场机会、公司实力、个人价值观和渴望、社会责任。其中，市场机会与社会责任是外部环境因素，公司实力与个人价值观和渴望则是企业内部因素。

1965 年，美国学者安索夫出版了第一本有关战略的著作《公司战略》，他在研究多角化经营企业的基础上提出了“战略四要素说”，认为战略应包括四个构成要素：

(1) 产品与市场范围。即确定企业的经营主线。企业属于哪个特定的行业或领域，企业在所处行业中的产品与市场中的地位如何等。

(2) 增长向量。即企业经营的方向和趋势，明确企业在未来某一时期期望达到的愿景以及企业从原有产品与市场组合向未来产品与市场组合移动的路径和方向。

(3) 协同效果。即“大于由公司各部分资源独立创造的总和的联合资源回报效果”。安索夫认为“协同”既包括规模经济效益，也包括对诸如专长、企业形象等无形资产的共享。

(4) 竞争优势。即企业及其产品和市场所具备的不同于竞争对手的能够为企业奠定牢固竞争地位的特殊因素。

在四个基本要素之中，产品与市场是安索夫分析企业战略的基础，这也是企业经营管理的基本问题。一个企业如何确定自己的市场？如何通过自己的产品满足市场的需求？这些实际是企业经营管理的核心与基础问题，其他三要素的选择也是围绕产品与市场的选择来进行的。四个要素形成一个有机联系的整体，它们虽各有侧重但又密不可分。

2. 企业成长矩阵

企业成长矩阵（growth vector components）是安索夫在企业战略四要素基础上提出的关于企业如何选择成长方向的一种分析理论，通常简称为安索夫矩阵或产品—市场矩阵。安索夫矩阵，它以“2×2”的矩阵代表企业企图使收入或获利成长的四种选择。

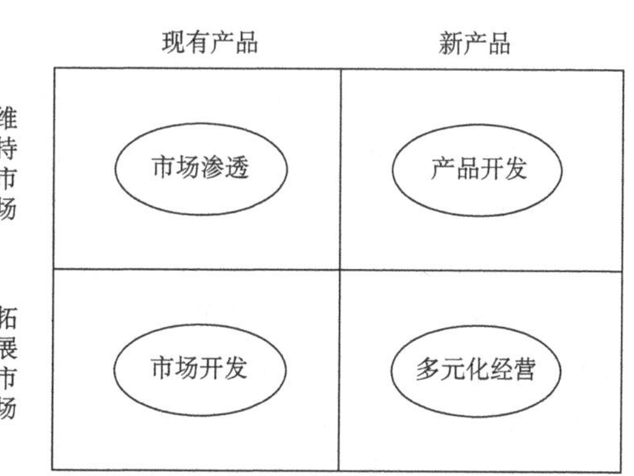

图 1-3　企业成长矩阵

矩阵以产品和市场为维度，其中，产品反映企业的内部因素，市场反映企业的外部经营环境。从本质来讲，安索夫矩阵是一种战略匹配工具，其主要逻辑是根据产品和市场两个维度，企业可以选择四种不同的成长性策略来实现其增加收入的目标，即市场渗透、产品开发、市场开发和多元化经营（图 1-3）。

1.1.5 不同层次的企业战略

在大型多部门企业中，企业战略的目标是实现“整体大于各经营单位之和”，解决的关键性问题是企业选择什么业务以及如何对它们进行组合。这一类型企业在结构上由公司总部与各个事业部及其相应的职能部门构成，即所谓的事业部结构。企业重大的投资行为、业务方向选择及重大人事任免一般由总部负责，而各个业务如何开展和竞争一般是各个事业部的责任，这种结构决定了企业战略在制定和实施中本身需要加以分工。企业战略可以在组织内分为不同的层次。根据大型多部门企业的组织结构特征，公司战略、经营战略、职能战略一起构成了企业的战略制定金字塔（图 1-4）。

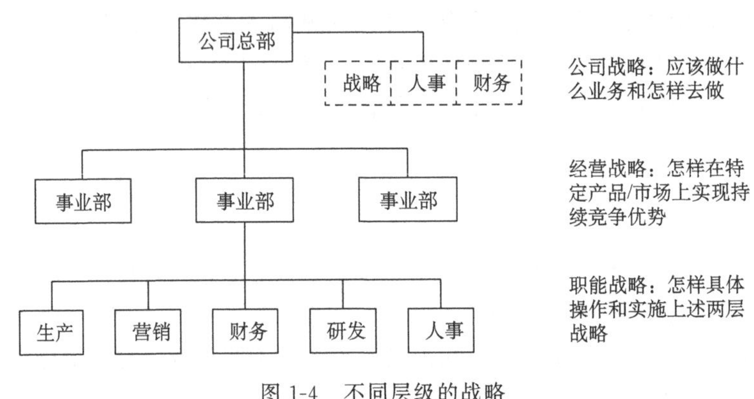

图 1-4 不同层级的战略

1. 公司战略

公司战略（corporate strategy）又称公司层战略，它是多业务公司在总部层面的战略，是对公司在整体发展目标、业务范围及资源协调整合方面的总体规划。公司战略由各种方案组成，包括公司如何在不同行业建立竞争优势、公司采取什么方式来提高公司多元化业务领域的相关绩效以及获取跨业务协调配合的方法，并将这些方法转化为竞争优势。公司战略通过明确或隐含的方式陈述公司的“使命”。公司战略关注公司的整体目标和活动范围及如何增加公司各个不同部门的价值，关注公司的覆盖地域、产品和服务多样化、业务单元及如何将资源配置给公司各个不同部门，关注所有者对公司的期望等一系列问题。清晰的公司层战略是其他战略决策的基础。

2. 经营战略

经营战略又称经营层战略、业务战略（business strategy），是经营单位在总公司或集团公司总体战略的指导下，为在某个特定的市场上成功地开展竞争所采取的使公司获得利润和竞争优势的长远性规划。经营战略关注的是在一条具体业务线中产生成功绩效的行动和方式，其关键点是如何对快速变化的市场环境做出反应，如何识别和创造新的市场机会，如何针对某一特定市场开发产品和服务以巩固市场地位，如何构筑竞争优势、发展强大的竞争能力以实现公司目标。开发经营战略通常是事业部经理的责任，他们负责经营层战略的构思，并保证经营战略同公司战略一致且充分匹配，使主要的经营战略步骤得到董事会的批准，并随时反馈出现的战略问题。

3. 职能战略

职能战略（functional strategy），是为贯彻和实施公司战略、经营战略而在企业特定的职能管理领域制定的战略。职能战略描述了在执行公司战略和经营战略的过程中，企业中的每一职能部门所采用的方法和手段。职能战略由某个业务内部主要职能活动的领导者制定，一般可分为营销战略、人力资源战略、生产战略、财务战略、研究与开发战略、顾客服务战略等。职能战略是为企业战略和经营战略服务的，因此必须与企业战略和经营战略相配合，并且各项职能战略之间应当保持一致、相互促进。

1.2 企业战略管理

1.2.1 什么是战略管理

1. 战略管理的不同认识

战略管理（strategic management）这个概念既可以表达为一个学科领域，也可以表达为企业经营管理活动。作为一个学科，战略管理自 20 世纪 50 年代以来经过许多学者的发展，已经逐渐形成理论体系，具有独特的研究特色。如今在许多商学院中，战略管理被视为一门核心的经营管理课程。

但是，作为在企业发展到一定阶段出现并越来越受到重视的企业经营管理活动，人们对战略管理究竟是什么仍有不同认识，但一般以管理职能和管理程序相结合的方式来解释战略管理，简单地说战略管理就是企业制定战略并予以实施的过程，包含了战略分析、战略制定、战略实施、战略控制等基本过程。

将战略管理视为一个管理过程的观点是战略管理中传统的和主流的观点。安东尼（R. N. Anthony）、安索夫（H. I. Ansoff）和安德鲁斯（K. R. Andrews）奠定了战略管理理论的基础，他们认为，战略管理就是高层管理者研究、制定、实施组织的长期目标、成长方式与组织架构的过程。

此外，过去 40 多年来，战略管理理论蓬勃发展，学者们对战略管理的理解各有不同。

战略设计学派将战略管理定义为决定企业基本的长期目标与任务、制定行动方案、配置必要的资源以实现这些目标的过程。钱德勒明确指出战略主要关注企业的长期健康，而措施更多的是处理日常经营活动以保证经营的高效与顺畅。斯坦纳认为，企业战略管理是确立企业使命，根据企业外部环境和内部经营要素设定企业目标，保证目标的正确落实，并使企业使命最终实现的一个动态过程。

梅森、贝恩以及波特等倡导的产业组织学派认为：企业的竞争战略必须将企业与它所处的环境相联系，行业是企业经营最直接的环境，行业结构本身决定了企业竞争的范围和企业的潜在利润水平。企业要获得竞争优势，首先要选择进入有吸引力的行业，并争取在该行业中赢得好的相对地位。产业组织学派在指导企业成长，选择进入行业，选择竞争战略方面有着重大意义。

资源基础论将企业看做一系列独特资源的组合，主张从企业的内部寻找企业成长的动因。资源基础论认为企业战略的核心在于挖掘和培养公司有价值的、无法仿制的、难以替代的资源和能力，而企业赢利能力正是来自于它对这些核心能力或资源的掌握和利用。代表人物有彭罗斯、沃纳菲尔特、蒙哥马利、哈默、普拉哈拉德等。资源基础学派的理论在解释企业持久竞争力来源、企业成长方式方面具有较强的说服力。

2. 环境-战略-结构

环境-战略-结构是战略管理的基本思考构架，安索夫认为，企业的环境、战略模式、组织相互协调一致，企业战略才会成功。

环境的变化是不确定的、不连续的，这个世界上也没有所谓"通用"的战略，因此，战略的制定和决策过程合适与否与企业所处的环境密切相关。企业需要不断调整自身的战略以适应环境的变化，并且，战略的调整往往伴随着结构的重大变化。战略是面向未来的，现有的组织系统是为了适应过去的战略而制定的，在环境与战略交互作用调整的过程中，企业的组织结构也需要做出相应的改变。组织的结构要服从于组织的战略，即企业所拟定的战略决定着组织结构类型的变化。适宜的组织结构有利于在组织内部达成高效率，促进协调、信息沟通、激励等过程的高效完成。鼓励创新，形成企业的竞争优势，也是企业战略顺利实施的保证。

1）战略-环境

安索夫在分析为什么需要企业战略时认为，当今企业面临的环境发生了巨大的变化，企业经营环境对企业的发展产生了前所未有的影响，企业必须根据环境条件确立自己的产品与市场定位，建立自己的战略。他认为，企业周围存在一个"环境的湍流"（environmental turbulence)。20世纪以来企业周围的湍流扩大了。扰乱组织的力量扩大了。例如，环境污染对企业社会责任的要求增加，技术进步，组织规模不断扩大，企业跨国经营，全球经济一体化，企业为了保持竞争力而走向多样化等，这些决定和影响企业的因素在不断增加。

企业面对环境的湍流需要应对以下挑战：第一，关注环境与组织的结合强度；第二，关注预测的不可能性；第三，关注过去知识经验的局限；第四，关注企业的反应速度。为了应对环境湍流的影响，企业要成为一个"为环境服务的组织"。

2）战略-结构

在企业战略管理中组织的设计和变革是战略实施最关键的内容，钱德勒认为，"战略源于对机会和需求——不断变化的人口、收入、技术的识别，以便更有利可图地利用现有的或新增的资源"，"战略被定义为企业长期目标的决定，以及为实现这些目标所必须采纳的一系列行动和资源分配"，如企业规模的扩张、进入新的业务领域等。这些是企业自己的战略决策，而结构是"为管理这些扩展的活动和资源所设计的组织"。企业的战略决策需要通过组织的设计和变革来获得有效的管理和实施。这样，战略与结构就形成了一个先后的关系，钱德勒认为是结构追随战略，即企业在发展过程中，先形成一项战略，然后根据战略的需求实现组织结构的变化。例如，技术的变化、社会需求的变化导致对新产品的需求，这种需求刺激了企业进行技术创新和产品创新，形成一种新的发展战略，"新的战略创造了新的管理需要"，企业的结构将随之发生变化或者要求企业对结构进行变革。

但是，也有一种观点认为结构变革可以领先于战略，即企业先进行结构的变革，再引入新的战略与之配合。

3. 战略管理的作用

企业引入战略管理不仅仅是制定几个基本战略那么简单，战略管理是一个系统性的工作，需要企业在组织、流程、文化、资源与能力等各个方面加以变革，需要企业的资源投入。一个企业在实施经营管理变革、引入战略管理时需要考虑成本问题，包括以下几个方面：

- 资源投入；
- 可能需要改变原有的管理体制；
- 管理者的时间投入；
- 学习过程；
- 管理可能更加复杂了。

当然，成功的战略管理可以为企业带来巨大的收益，包括以下几个方面：

- 追求效果；
- 优化管理；
- 避免了更大的方向性错误；
- 竞争优势。

企业实施战略管理应该是一个非常理性的决策，决策者必须非常清楚自己为什么要引入战略管理。总结一般意义上战略管理的作用，有以下几点供考虑：

(1) 战略管理可以使管理层不断检查与评估目前的战略合理性；
(2) 战略管理可以使企业对内外环境的变化保持高度警惕性；
(3) 战略管理可以使企业时刻关注未来；
(4) 战略管理可以使企业努力寻求机会和开拓潜在的领域；
(5) 战略管理可以使企业合理配置有限资源，获得竞争优势；
(6) 战略管理可以使企业改进决策，优化组织结构；
(7) 战略管理可以通过员工参与使企业增强凝聚力。

4. 企业成长阶段与战略管理

战略管理需要有效管理企业的成长方向，企业在不同阶段和环境条件下需要根据自己的情况适时地进行改革，否则企业仍然需要面对巨大的风险。例如，企业在成长过程中都呈现阶段特征，我们可以用企业生命周期来表示，在不同阶段企业经营管理的重点是不同的，在适当的发展阶段引入战略管理可以为企业的发展明确方向和动力（图 1-5）。

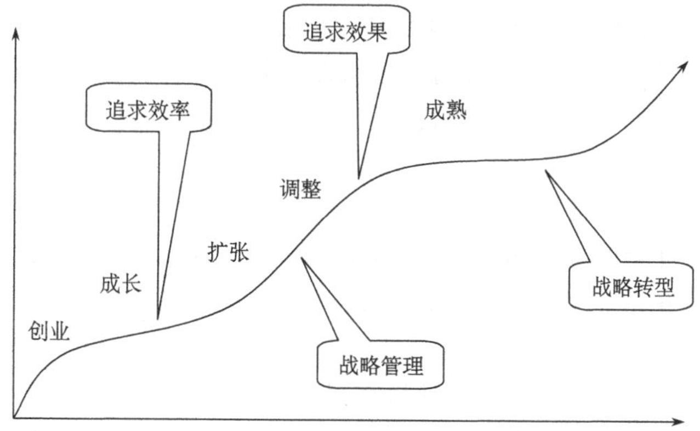

图 1-5　企业的成长与战略管理的引入

1.2.2 战略制定：设计还是逐渐显现

在战略管理中关于企业战略究竟是如何形成的这一问题有两种不同的观点，一种是早期以战略计划、战略设计为代表的观点，认为企业战略是企业有目的、精心设计和制定的；另一种认为企业战略是企业在发展过程中逐渐形成的，并没有一个特别的战略制定过程；由此形成了两种对战略管理的认识。

1. 精心设计的战略管理

精心设计（deliberate design）的战略管理是指战略在企业高层的主持下，运用战略分析的技术与工具精心设计出战略及其实施方案并加以推行（图 1-6）。战略管理的整个过程通常需要自上而下加以分析和决策，多个不同部门共同参与，是一个理性的、分析的、结构化和指导性的过程。精心设计的战略管理常常通过战略计划或战略设计的方法来形成。例如，1965 年美国钢铁公司通过战略计划来实施战略管理，首先是预测未来的产品市场需求，在分析了各个市场的需求之后确定出各个市场的最优生产水平，这时往往需要运用计算机来帮助将需求与生产能力、运输能力等进行匹配。当生产水平确定后就决定各种需要投入的资源、资本、设备等，公司在衡量生产能力和财务政策之后，形成一个长期的经营计划，同时根据不同的情况也形成备用计划。该公司的战略计划制定由一名副总负责，董事会和高层管理做出必要的决策。

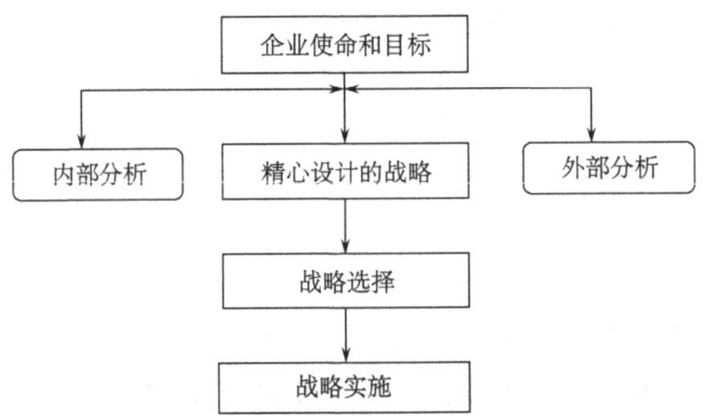

图 1-6 精心设计的战略管理

这种精心设计的战略管理需要运用许多分析工具、计划制定工具和决策工具。20 世纪 50～60 年代后企业领导者发现随着公司发展壮大，协调各种政策和控制公司越来越困难，于是寻找通过长期计划的方式来管理企业。通过长期计划，企业管理者为每年的财务计划提供基本的决策框架，通过宏观经济的分析预测为公司的发展提供决策基础。制定五年计划是企业常用的方法。这一时期战略计划在企业中非常流行，并发展出了很多分析和制定计划的方式和工具。但是，随着经营环境变化越来越频繁，竞争越来越激烈，战略计划开始难以满足企业应对外部变化和竞争的要求，这时战略计划才真正开始转向战略管理。

精心设计的战略也可以通过外部的咨询机构来制定。由于外部咨询机构的专业性、独立性，拥有大量的案例和丰富的经验，可以通过战略设计的过程帮助企业加快学习和克服自身的一些缺陷。在一个竞争激烈、社会分工日益细化和强调合作发展的时代，充分利用外部咨询机构的力量是一个发展趋势。

2. 逐渐显现的战略管理

然而，许多企业的战略并不是系统、有计划形成的。沃尔玛公司（简称沃尔玛）在发展过程中形成了大规模卖场、枢纽式配送系统、定位于小城镇以及独特的员工激励模式等特点，这在实践中被证明是一种非常成功的战略，但沃尔玛似乎并没有正式地设计这一战略。另一个非常著名的例子是本田汽车成功进入美国市场。按照精心设计战略的思想，战略管理应该是一个理性、分析的过程，当时波士顿咨询公司认为本田应该通过规模经济和成本优势来进军国际市场。但随后对本田美国市场经理的访问却显示，本田的市场进入却是偶然的，几乎没有什么严密的分析和明确的计划。这个案例对关注理性的、分析式的、精心设计的战略管理提出了挑战。

战略管理领域随后展开了关于战略如何形成的争论，明茨伯格提出了有意图的战略（intended strategy）、现实的战略（realized strategy）和逐渐显现的战略（emergent strategy）。有意图的战略是由高层管理团队构想的战略，即便如此，战略的形成也需要协商、讨价还价和妥协，企业中的许多人需要参与进去。现实的战略是企业实际实施的战略，逐渐显现的战略是企业在一个不断认识和适应外部环境的复杂过程中形成的战略。

因此，如果战略被认为是随着时间的推移而形成的组织的长期发展方向，而不是在有意建设的战略管理动机指导下形成的，那么这就是一种自然发生的战略，是组织政治和组织文化过程的产物，是一种在实践过程中逐渐显现的战略（emergent strategy）。

➢案例 1-2　自然发生的战略

英特尔公司（简称英特尔）起源于一个存储器公司，起初从事 DRAMs（动态随机存取记忆）和 EPROMs（可擦除、可程序化只读存储器）业务，到今天已变身为世界上最大的微处理器制造商。且看 20 世纪 80 年代，英特尔是如何将公司的核心战略业务由 DRAMs 转向微处理器的。

当时，英特尔的主要竞争力是设计技术和处理技术，公司正式的战略是制作存储器。公司的资源配置标准是将生产能力按比例分配给具有最高利润率的业务部门，以体现不同业务的外部竞争现实。在竞争要素逐渐转向制造和商品化的新环境下，英特尔也尝试进入微处理器生产领域。随着微处理器业务利润的不断上升，公司的生产能力越来越多地从存储器转向了微处理器。尽管公司的正式战略仍是致力于存储器业务，但事实上资源分配已然转移到了微处理器业务上。当高层管理者发现这个问题时，DRAMs 的市场份额已经大大减少，需要追加数亿美元的投资才能生存，所以公司最终做出了退出存储器业务的战略抉择。

资料来源：R. A. Burgelman. Fading memories：a process theory of strategic business exit in dynamic environments. Administrative Science Quarterly，1994，39（1）：24～56

1.2.3 战略管理的任务

制定和实施公司的战略管理过程包括五项相互联系的管理任务：

第一，提出公司的战略愿景，指明公司的未来业务组成和公司前进的目的地，从而为公司提出一个长期的发展方向，清晰地描绘公司将竭尽全力进入的事业，使整个组织对一切行动有一种目标感。

第二，建立目标体系，将公司的战略愿景转变成公司要实现的明确业绩标准。目标需要清楚地说明什么时候要达到什么样的业绩，而且这些目标需要一定程度的组织延续性。注意战略目标不同于财务目标，财务目标是企业希望实现的财务绩效指标，战略目标则是企业增强其市场地位、竞争活动和未来经营前景的结果。

第三，制定实现目标的战略，使公司朝着它想去的方向发展。将战略愿景、目标和战略落实为公司的战略计划。战略计划可以采取书面形式，在规模较小的私营企业中，也会采取口头理解和承诺的方式进行交流。

第四，高效、有效地执行所选择的公司战略，以战略支持的方式提高核心业务活动的绩效。战略实施是战略管理过程中要求最严格、最耗费时间的部分。

第五，评价公司的经营业绩，调整公司的战略展望、发展方向和目标。

图 1-7 直观地展示了这五项任务之间相互影响，相互交叉的关系。

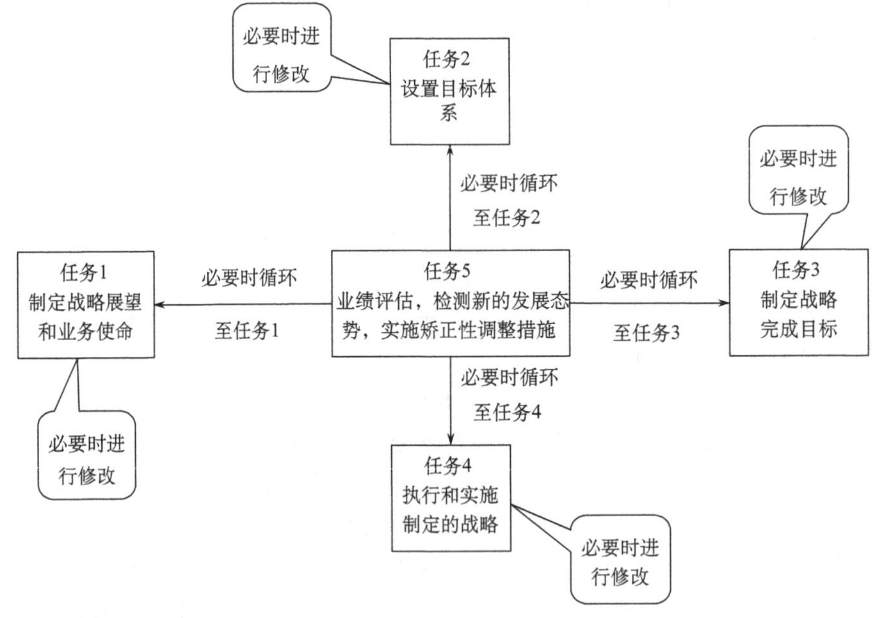

图 1-7 战略管理的五项任务

1.2.4 企业战略管理过程

战略管理是企业分析、制定、评价、选择和实施战略的管理过程，是公司实现战略竞争力和竞争优势所实施的一系列任务、决策和行动，是一个不断循环的动态管理过程。从某种程度上讲，战略管理过程是一个相对抽象的理论模型，并不是一个独立的管理过程，它实际存在于企业的经营管理体系之中。一方面，企业在公司总部、事业部和职能部门各个层次中都涉及战略管理过程；另一方面，企业必须仔细设计自己的组织、流程与文化等管理活动，使之与战略管理构成融为一体，使企业走向真正的战略管理。一个典型的战略管理过程如图1-8所示。

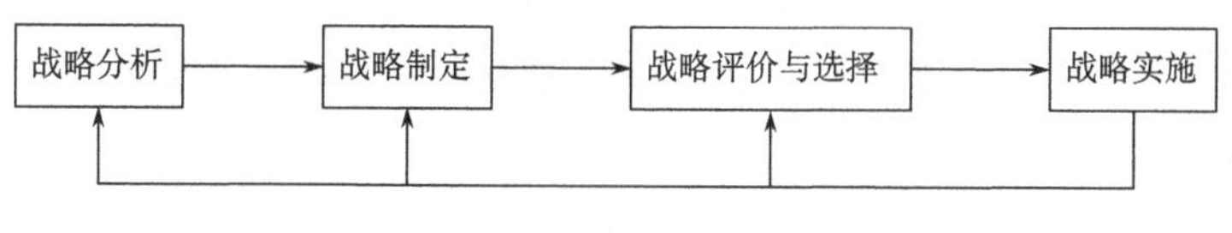

图1-8　战略管理的基本过程

1. 战略分析

战略分析是战略思考的一个关键开端。要想制定一个明智的战略，管理者首先必须对企业所处的状况有一个深入的认识。通过环境分析，认清企业外部环境的发展趋势，并以此为背景来识别企业内部结构中与外部环境不适应的部分，寻找出问题所在。

企业的外部环境因素可以分为两类：一类是直接对企业的生产经营活动产生影响的相关因素，如政府、供应商、竞争者、经销商、顾客、股东、媒体、社区、公众等；另一类是间接对企业活动和发展战略产生作用的影响因素，如政治、经济、社会文化、科技、环境等。通过对外部宏观环境的审视，分析环境因素变化的作用与影响，找出企业面临的机会和威胁，并根据需要调整企业的方向和战略。

企业内部的环境因素，一般可以分为三类：一是企业内部的资源禀赋状况，包括人、财、物、信息、技术等；二是企业在研发、生产、营销、财务、人事及企业文化等方面的现实表现；三是企业管理者是否在市场营销、财务管理、生产管理和研究与开发以及企业文化等方面使用了正确的方法。通过对内部环境的分析，找出企业本身存在的有利于企业未来发展的优势因素，分析与外部环境不相适应的劣势因素，并寻找协调内外环境的途径。

2. 战略制定

战略制定是从企业发展的全局出发，以实现企业使命和战略目标为指导方向，综合分析行业的动态变化，识别行业内取得成功的关键因素，评估和预测竞争对手的未来行动，制定企业长期的总体性的谋划和活动纲领。

制定企业战略必须解决企业始终面临的四个基本问题：

(1) 企业应当如何应对现实环境变化所带来的机会和威胁？

(2) 企业应当如何将有限的资源合理分配到不同的业务、不同的部门、不同的行动中去？

(3) 企业应当如何与同行企业竞争？如怎样打入市场，怎样争取顾客，怎样高效满足顾客的需要，用什么样的技术向市场提供产品等。

(4) 企业应当如何协调主要的职能部门，使每一个单位都能为企业战略的实施而努力？

战略评价和选择是战略制定中的重要工作，其宗旨在于选定一个使企业能够最好地实现企业使命与战略目标的行动方案。通常情况下，企业总是面临着多种备选的战略行动方案，每一种方案都各有利弊。企业必须借助战略评价的方法，确定各个备选方案的优势、劣势、成本和收益等。各种备选战略并不是出于突如其来的想法，一般都是建立在以往的战略基础之上，或者是与过去行之有效的战略相一致。

3. 战略实施

战略只有通过实施才能发挥影响，出色的战略是在一组和谐、连贯的行动中完成的。据调查，70%的失败企业不是失败于没有能力制定战略，而是失败于不能有效地实施战略。战略实施是战略管理过程的行动阶段，表现为一个组织的日常运作流程和各部门之间的关系，这些都需要根据组织的既定战略进行有效的管理。战略实施不是按图施工的过程，它对管理者有着特定的要求，如管理者必须具备实施战略的领导能力，能够推进和监督企业战略顺利实施，并且要进行充分的准备等。企业战略的实施主要与下面六个因素有关，即各级管理人员的素质和价值观念、企业的组织机构、企业文化、资源结构与分配、信息沟通以及控制与激励制度。通过这六项因素与企业战略的适应，使战略真正进入到企业的日常生产经营活动中去，成为制度化的工作内容。在实际操作中，企业高层可能面临的困难往往在于无法准确地把战略决策转化为具体行动，即战略思维和行动之间形成断层。高层领导者认为已经制定了明确的目标，但是下属却感到茫然失措。因此，战略实施过程中，控制是必不可少的。

4. 战略失效与战略控制

战略失效，是指企业战略没有按照预先设定的战略目标实施，是偏离了战略管理的理想状态。依据战略实施的时间顺序，战略失效可分为早期失效、偶然失效和晚期失效三种类型。将失效率在战略实施不同阶段上的特征画成曲线，就形成了战略失效的“浴盆曲线”(图 1-9)。所以，一个原始战略是否有效，并不取决于它能否原封不动地运行到底，不在于它的每个细小目标是否都能在执行过程中达成，而在于它能否成功地适应不可知的现实，在于能否根据现实情况做出恰当的调整和修正，并有效运用现有资源实现既定的整体目标，而这就需要进行战略控制。

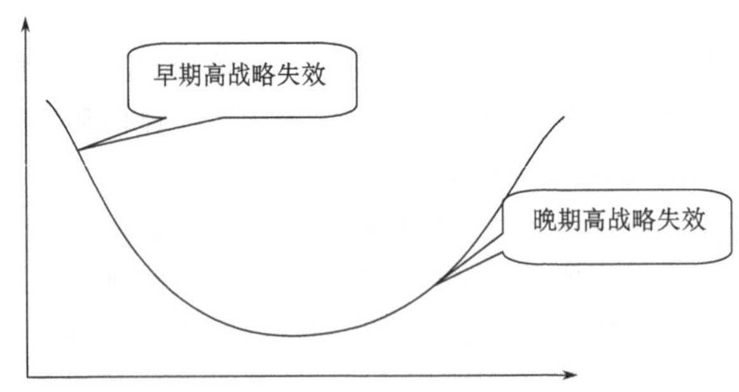

图 1-9 战略失效的浴盆曲线

所谓战略控制，是指将预定的战略目标与实际效果进行比较，检测偏差程度，评价其是否符合预期目标的要求，发现问题并及时采取修正措施，实现企业战略目标的动态调节。战略控制的目的主要是控制战略失效，使企业战略的实施效果尽量符合战略的预期目标。具体体现在以下两个方面：一是保证战略方案的正确实施；二是检验、修订、优化原定战略方案。战略控制过程主要有三个步骤，即制定评价标准、评价和信息反馈以及战略调整或变革。

1）制定评价标准

制定评价标准首先必须筛选影响控制过程的因素，主要从市场和需求、资源和能力以及组织和文化这几类要素中去挖掘，并且要把握控制过程的基本特点，不要过分追求周密精细。一般来说，公司经营业绩的评价指标主要包括投资收益率、附加价值指标、股东价值和其他反映企业主要战略目标的关键绩效指标等。如果企业是由多个事业部或战略经营单位组成，分别建立事业部和职能单位的经营业绩的评价指标，在此过程中可以使用多种与评估整个企业经营业绩一样的指标，如投资收益率、股东价值等。但对于某些独立或特殊的职能部门，如研究开发部门，企业可以建立责任中心，以便对其进行专门的评价。

2）评价和信息反馈

评价和信息反馈包括对环境变化的评价和企业战略实施效果的评价两部分。为了评价环境的变化，战略管理者无法回避的几个问题如下：

企业内部的优势是否依然是优势？

企业是否有新的优势？如果有，有哪些？

企业内部的劣势是否依然是劣势？

企业是否有新的劣势？如果有，有哪些？

企业外部的机会是否依然是机会？

企业是否有新的机会？如果有，有哪些？

企业外部的威胁是否依然是威胁？

企业是否有新的威胁？如果有，有哪些？

将企业战略实施的业绩实况和环境变化状况分析评价之后，需要将企业战略实施的实况与战略实施计划进行对比分析，确定偏差的程度，寻找偏差产生的原因。

3）战略调整或变革

大量实践表明，管理者是否具备“能够及时认识企业需要进行战略性的调整”的能力，往往决定着企业的命运。及时纠正企业战略实施过程中出现的偏差，对其进行适时调整或变革是十分必要的。一般来说，常见的战略调整有如下几种方法：

（1）常规战略变化，即企业为了吸引顾客给自己的产品确定位置，而在战略上采取的正常变化。

（2）有限的战略变化，即企业在原有的产品系列基础上，向新的市场推出新的产品时需要做出的局部变化。

（3）彻底的战略变化，即对企业的组织结构和战略进行重新组合等重大变化。

（4）企业转向，即企业改变自己的经营方向。

在战略管理的学习过程中，我们往往更多地把战略管理视为一个理性的过程，一个科学的逻辑过程。分析战略，提出战略愿景，建立目标体系，制定企业战略，实施和执行战略以及对战略进行动态调整，基本上勾勒出了战略管理的任务，搭建了一个很好的思考战略问题的框架。然而，我们不能简单地把战略管理理解为一个完全按顺序进行的管理模型，战略管理的各个方面都是各自独立但相互影响和不断循环的。在实际工作中必须要考虑到其复杂性，战略管理任务的完成往往并不完全同管理者的其他职责分离开来，在具体操作中也许并不一定严格按照这个顺序进行，也并不会将各个阶段划分得如此清晰。企业管理者需要把严谨的分析和战略管理过程的现实有机地结合起来，将整个战略管理过程作为一个整体，而不是分裂开来进行。

1.3 战略管理者

1.3.1 战略管理者的构成

按照责任划分，企业中直接参与战略管理的管理者有两类：一类对企业总体业绩或某一独立核算部门的业绩负责，如总经理、各事业部经理等。另一类是对某一具体职能负责，如营销、研发、人事等职能。在一个典型的多部门企业中，战略管理是这些管理者共同参与的结果，但他们参与的角色各不相同。

我们最好按照企业的组织状况来区分谁是战略管理者。除了企业的高层经理和中层经理以外，按照公司治理结构，董事会及其他利益相关者对战略管理中的重大决策具有影响力，是战略管理者的组成部分。这样，战略管理者通常包括董事会、高层管理者、战略规划部门以及职能部门负责人。在一些规模较小的公司，战略管理者往往就是组织的所有者或创建者，或者是带领企业走出困境的首席执行官，因而这些公司的战略和战略管理往往都烙上了管理者个人的印记。此外，非正式组织领导与企业智囊团也在战略管理过程中具有相当的影响力，也可以作为战略管理者的一部分。

战略管理者需要具有一定的基本素质和能力，包括具有战略思维和战略管理知识，掌握战略分析、决策与实施技术，具有很强的领导能力也是非常重要的。战略管理者是企业组织制定、实施企业战略以及开展战略变革时所依赖的人。战略管理者与企业的战略紧密相关，他们所拥有的个性或名望使组织内的成员愿意服从他们，并认可他们成为组织成长的领路人。

1. 董事会

董事会作为公司的最高战略决策机关，必须确保对公司的战略性指导，保证战略决策的科学性。董事会对公司战略决策的参与覆盖了从战略目标制定、实施到控制与评价的全过程，主要任务有：提出企业的宗旨，为企业高层管理者制定战略确立具体选择范围；审批企业高层管理者的建议、决策、行动，为其提供参考建议；监视企业内外环境变化，提醒企业高层管理者注意这些变化给企业带来的影响。当前，西方大企业比较流行的做法是在董事会中增加一个战略委员会，与高层管理者一起制定企业的目标及实现目标的战略，从总体上对企业的未来进行把握，使企业高层管理者能够重视企业的长期需要。在我国，《公司法》等相关法律已经规定了董事会享有战略的最终决策权，但多数企业董事会的职能还很不完善。

2. 高层经理

高层经理是指企业组织顶层相对少的一群人，战略管理主要集中在这少数的高层管理人员手中，他们善于从企业整体层面考虑企业的发展问题，决定企业的发展方向和战略。过去的高层管理者大多数也是企业的所有者。随着所有权和经营权的分离，大多数企业的高层管理者都成为具有一定领导水平和专业能力的职业经理人。德鲁克认为：高层管理者的第一项任务就是仔细考虑企业的使命，研究“我们的企业是什么以及应该是什么”。确定目标，制定计划，为了取得未来的成果而在目前做出决策，这是高层管理者的首要职责。在传统战略理论中，战略形成深深植根于企业高层管理者的思维过程之中，安德鲁斯甚至将“首席执行官或总经理的观点”贯穿于整个战略进程。企业家学派则将战略形成过程绝对地集中在高层管理者身上，强调某些与生俱来的心理状态和过程，如直觉、判断、智慧、经验和洞察力①。

3. 战略规划部门

随着企业规模的扩大，战略方案的形成和选择需要更多的信息、分析和论证。这时，企业管理者就必须设置专门的战略规划部门，一般称为“战略研究部”、“企划部”、“规划部”等。在小企业中，企业管理者可能会安排一个助手，帮助制定战略计划和组织战略实施。在大中型企业中，企业管理者一般会建立一个由高层管理人员牵头、集合企业中层管理者和外部专家的战略委员会或战略部门负责企业战略制定和实施。战略规划部门通过跟踪企业内外部环境变化、监测企业生产经营实际表现，收集和分析数据并加以处理，向企业高层提出建议和报告。

➢案例 1-3 克莱斯勒的“战略管理办公室”

20世纪90年代初，因为经济衰退、成本上升和进口汽车对市场份额的蚕食，克莱斯勒集团这一汽车巨头的绩效每况愈下。到2000年，它预计下一年度将亏损50多亿美元。就在这个时候，迪特尔·蔡澈担任新的CEO，实施了包括采用平衡计分卡系统在内的重大战略变革。起初，克莱斯勒公司的平衡计分卡系统仍然遵循着传统模式，收效不大，问题很多。新任总裁针对战略管理中的一些问题，打算成立新的部门专门解决这些问题，于是克莱斯勒公司的战略管理办公室便应运而生。该部门目前大约有13名全职员工，战略管理办公室并没有完全从外面高薪聘请人才，只是调用平衡计分卡项目人员——他们常常来自战略规划与财务部门，有时也来自其他部门，如质量、人力资源和IT部门。他们不仅负责管理整个公司的战略，而且还协助各个业务单元开发新的产品。这种全新的战略实施方法令克莱斯勒公司获益匪浅。2004年，尽管国内汽车市场疲软，克莱斯勒公司仍然成功推出了一系列令人心动的新车型，实现利润12亿美元。

资料来源：刘俊勇．平衡计分卡执行机构：战略管理办公室．http：//www.chinahrd.net/zhi_sk/jt_page.asp?articleid=101864．2006-5-22

4. 职能部门经理

在传统的战略管理理论中，高层管理人员进行战略决策，制定战略规划；职能部门经理则负责监视和控制各部门的生产经营活动，保证战略规划的有效实施。随着企业外

① 亨利·明茨伯格等．战略历程．刘瑞红等译．北京：机械工业出版社．2002

部环境变化日趋剧烈，把战略制定和战略实施分离的做法已经不适应企业获取竞争优势的需要。根据新的观点，职能部门经理已经不仅仅单纯地执行已定的战略，更扩展到四种不同的战略角色上，即提出战略备选方案、综合信息、促进适应和实施战略。部门经理需要从企业全局的高度，看待和处理所负责的具体问题，并将具体问题的解决提高到战略高度，承担更多的战略管理责任。

5. 非正式组织的领导

非正式组织是指因员工的社会关系而形成并以社会习俗、惯例、感情等规范成员行为的、与正式组织交错并存的社会团体。其中的核心人物由于个人威望或影响力等而成为自然领袖，其思想基础与行为准则往往是一些共同的习惯、观点等。行为科学家认为，非正式组织的存在对人的行为有特殊的影响力。一方面，非正式组织领导人可以通过自己的威信实现非正式组织内部的广泛沟通，促进企业在制定和实施战略过程中的有效沟通；通过舆论的作用来影响非正式组织内部成员，协助企业实现战略目标；以情感为纽带，稳定内部成员的情绪，建立良好的组织气氛等，这对有效实现企业战略目标具有积极的作用。另一方面，也有不利影响。例如，成员为了顺应非正式组织的标准，不得不采取从众行为，从而影响企业内部的团结协作。

6. 企业智囊团

智囊团通常是由一些学有专长、富有知识和才干的外部高级咨询人员构成的参谋综合体，如大学、科研机构、咨询公司、政府官员等，其主要职责是运用现代科学理论、方法和手段为企业的高层管理者充当参谋。智囊团在战略管理过程中具有企业组织部门所不具备的优势。第一，智囊团成员处于各自研究领域的最前沿，信息广、观念新，并且智囊团成员处于相对超脱的地位，能够比较客观、全面地洞察企业出现的各种现象和问题，避免“当局者迷”。第二，现代决策所面临的环境日益复杂，企业的战略问题仅仅依靠企业管理者是不够的。管理者和智囊团的结合可以使企业战略决策更全面，更合理。第三，现代社会科学技术的飞速发展，使企业经营涉及的范围越来越广，企业的战略也必然要从经验走向科学。要制定和实施科学的企业战略，需要由具备多种知识和技术的专家组成的智囊团的协助。企业的智囊团通常不是企业的一个常设机构，而是任务型的组织，当企业在战略管理中遇到内部难以解决的问题时，或者为了使战略管理能够更完善地实施，就会临时召集智囊团提供建议或做出判断。当前西方企业利用智囊团辅助战略分析、战略决策和战略实施已经非常普遍。

1.3.2 战略管理者的作用和责任

1. 战略管理者的作用

企业战略的制定和实施成功与否很大程度上依赖于战略管理者的组织技能，我们称之为管理者在战略管理中的作用。本书从影响力、激励、沟通、决策和执行五个主要方面讨论战略管理者的作用。

1）影响力

战略管理者能否有效地影响和改变他人的行为，使他们的行为服从企业的战略目标，是实现战略管理功能的主要环节。这就要求战略管理者必须具备超过一般人的影响力。这种影响力主要由权力影响力和非权力影响力两部分构成。权利影响力产生于战略管理者的言行之前，来源于人们对职务和权威、领导者、社会规范的服从感。这种影响力以法定为基础，与领导者本人的素质没有直接关系，是社会组织赋予领导者的强制性影响力。非权力影响力指战略管理者职权之外的其他非权力因素产生的影响力。战略管理者凭借其崇高的理想和坚定的信念、过硬的素质和非凡的能力、坚强的意志和优秀的品质以及高尚的人格和良好的形象去激励、影响和感召每一个企业员工。

2）激励

一整套高效可行的激励措施是战略顺利制定和战略目标按期完成的必要保证。选择合适的激励资源，促进个体优势心理目标的实现，并使之与组织目标的要求保持一致；选择和培养具有特定优势心理目标的战略管理者，培养良好的工作氛围，提高心理目标的激活水平，增强动机强度；设计和选择具有较大激励价值的工作目标，让员工参与战略管理过程；创造支持性的工作条件，提供创意，策划更有效的工作方案，勤于沟通，尊重每个人的想法和好的建议，提高员工对战略目标实现的预期概率。当然，激励还要因人而异，重视过程，注入真情，才能起到较大的激励作用，推动企业战略更好地实施和运作。

3）沟通

在战略管理活动中，管理者大多数时间都用于和他人沟通。根据沟通对象，分为外部沟通和内部沟通。在企业与社会公众的外部沟通过程中，战略管理者的首要任务是塑造企业形象，将企业经营理念和精神文化融入战略，并运用统一的整体传达系统传递给企业周边的关系或团体，使社会公众对企业产生认同感和一致的价值观。为进行有效的内部沟通以获取员工的信任，战略管理者应当把听取内部意见列为首要任务，提高一线员工的积极性和创造性，促进战略的制定、实施和跟进；注重信息的及时反馈；鼓励平等的双向交流，建立既有自上而下也有自下而上的交流机制；适时使用多渠道、针对性的方式进行内部沟通。

4）决策

决策是管理的核心，科学果断的决策艺术也就成为现代战略管理者必备的、首要的领导艺术。第一，信息是决策的重要依据，所以必须做好信息的收集、处理、传递和使用工作。第二，充分发挥智囊团的辅助作用并处理好与智囊团的关系，努力创造一种鼓励成员做出充分贡献的环境，引导全体讨论，发掘集体智慧。在听取了各种决策建议后，战略管理者冷静思考，并做出最终决策。第三，注重决策效率，即要求战略管理者能在很短的时间内完成对信息的吸收与消化、对经验的综合与运用、对未来的估计与推算，并迅速、明确地做出决定。能做到果断决策的战略管理者，常常能够敏锐地捕捉到稍纵即逝的机会，从而获得成功。此外，科学决策还要求战略管理者提高非程序化决策的能力，在面对例外问题时能够及时把问题解决好。

5）执行

执行是一套系统化的流程，它包括对方法和目标的严密讨论、质疑、坚持不懈的跟进以及责任的具体落实。它还包括对企业所面临的商业环境做出假设、对组织的能力进行评估、将战略运营实施的职责进行分配、人员的协调以及企业随着环境变化而不断实行战略变革的机制。能否将既定战略执行到位是企业成败的关键。执行是战略管理者的工作，要想建立一种执行文化，领导者必须全身心地投入到公司的日常运营当中。战略管理者必须亲自挑选其他领导者、确定战略方向以及引导企业运营，并在此过程中落实各项计划。这些工作都是执行的核心。无论组织规模大小，企业战略管理者都必须亲历亲为。

2. 战略管理者的责任

不同的企业管理者承担着企业工作不同方面的工作内容，扮演着不同的角色，相应地，在战略管理中的责任也有所不同（表 1-2）。

表 1-2 企业管理者和战略管理层次

战略层次	责任者	战略管理工作重点
公司战略	企业高级管理者	制定和实施企业的宗旨、目标、政策和战略
事业部战略	事业部主要管理者	制定和实施公司战略之下的相关事业部战略
职能战略	职能机构的中级管理者	制定和实施与公司战略、事业部战略相配合的职能战略
战术	基层管理者和职工骨干	实现企业各层次战略的具体方法和步骤

由于工作性质和重点不同，企业管理者在战略管理过程中承担的职责有明显的分工。当然，整个战略管理过程是企业管理者乃至全体职工奉献聪明才智和经验的过程，大家既要各司其职，又要协调合作。表 1-3 从战略管理过程的角度分析了企业管理者在战略管理中的职责。

表 1-3 企业管理者与战略管理过程

战略管理过程	主要任务		
	企业高级管理者	事业部主要管理者	职能部门管理者
战略规划	制订公司的任务和战略，确定公司各事业部的任务	向公司高层管理者提出本事业部执行公司总体战略的事业部战略，制定本事业部的经营计划并获得上级批准	参与制订公司战略 制定职能部门系统的战略、目标和职责
战略实施	按照任务给各部门分配资源，批准各事业部的计划、预算和主要投资	为取得最佳利润率和业务增长率而经营，按照公司方针、政策与程序进行管理	制定公司范围的方针、政策和标准，通过考核与监督，保证战略实施的一致性；就各事业部的任务、战略、经营计划与预算问题，向公司高层领导者提出专门性的意见
战略控制	考核各事业部的工作，保证整个公司按照战略规划顺利运作	反馈信息，以实际工作成果和工作成绩检验战略的可行性	对于关键岗位的任命、工作标准的设置以及考核评价提出建议，在战略修订需要的地方提供职能方面的服务

1.3.3 战略管理者的素质要求

企业管理者的素质和能力是企业的宝贵财富，也是决定企业战略能成功实施的关键。优秀的战略管理者必须拥有超越常人的才能和素质，只有战略、组织、环境与战略管理者的观念和能力彼此协调，企业才能获得理想的业绩。企业战略管理者的素质包括战略管理者的观念和能力。

1. 战略管理者的观念

企业战略管理者的观念受到各个方面的影响。概括起来，主要包括他们的个体偏好，对风险的态度，思维惯性，道德观念、社会责任感和对文化的认识等。

(1) 个体偏好。战略管理者在对企业宗旨、目标、战略和政策进行抉择的时候，会同时受多种个体偏好的影响。美国的威廉姆·哥斯（William D. Guth）和雷纳托·坦格瑞（Renato Tagiuri）认为企业管理者有六种不同的个体偏好：理论偏好，即对发现真理、事实和原因特别感兴趣；经济偏好，即对财富的积累很感兴趣；美学偏好，即重视生活的美，为寻求美而重视事件本身；社会偏好，即热衷社会活动，富于同情心，公而忘私；政治偏好，即追求权力，重视竞争，从权力的竞争中寻求乐趣；宗教偏好，即执著地追求精神满足和天人合一。

(2) 对风险的态度。美国管理学者丹尼·米勒（Danny Miller）研究指出，高层管理者对风险的态度会对企业的成败产生重大影响。战略管理者对待风险的态度直接影响战略的选择。愿意承担风险的管理者通常考虑较广泛的战略方案，寻求风险大、潜力大的投资环境，有可能选择进攻性的发展战略，在迅速变化的产业环境中经营，频繁地推出全新产品或进入新的市场。回避风险的管理者则一般选择防御性的稳步发展战略，尽量回避风险大的投资环境，缓慢地推出新产品或进入新市场，谋求在稳定的产业环境中经营。

(3) 思维惯性指在一个人的思维要素中往往突出某一个要素，而忽视其他要素的存在或重要性。企业战略管理者的逻辑思维往往有较大差异，这种思维惯性在潜意识中影响他们的判断与决策。他们或注重市场份额，或注重财务绩效，或注重人际和谐，或注重技术创新，或注重质量性能等，他们不仅会赋予这些因素浓厚的感情色彩，在选择企业战略时，也会自然地表现出强调和坚持这些因素的重要性。

(4) 企业战略管理者的道德和社会责任感是指他们对社会道德和社会责任的重视程度，主要包括：尊重和维护社会公共秩序、文化习俗和传统价值观；积极参加和执行政府法律法规的制定和实施；为社会、社区的稳定和发展贡献应有的力量；竭尽全力为投资者增加财富；为职工创造和提供良好稳定的工作，不断提高职工工作、生活质量；为消费者供应优质、经济、安全、适用的产品；与竞争对手公平竞争，不搞恶性竞争；重合同守信誉，与供应商保持良好的合作关系；重视生态平衡，消除环境污染等。

(5) 对文化的认识。企业文化是指一个企业的行为规范和共同的价值观念。制定和实施企业战略需要在对企业文化有深刻认识的基础上研究和解决企业管理当中遇到的矛盾和问题。例如，中、日、韩等亚洲国家受中国儒家思想的影响较大，注重集体利益和人际和谐，在制定和实施企业战略时，往往借助于集体协商讨论和合作实施。欧美企业受西方文化的影响，比较注重个人价值和个人利益。

2. 战略管理者的能力

企业战略管理者的主要职责就是从事企业战略的制定、实施和控制的领导工作。为了更好地履行这种职责，战略管理者不仅要有正确的观念，而且还要有较强的战略管理能力。关于战略管理者应具备的能力主要有以下几种观点：美国学者的一项研究表明，战略管理者的能力通常表现为对环境变化及趋势，组织存在的问题、潜力、优势与劣势及其转化的洞察能力，应变能力和对企业运行的调控能力。艾夏克·阿代兹（美国）对此进行了具体细分，提出EAPI模式，即战略管理者的能力包括EAPI四种。E：适应动荡环境，创造新方向并敢于承担风险的企业家素质和能力。A：计划、组织、控制战略活动的管理技能。P：提供产品和劳务的生产技术能力。I：调整、平衡、统一集团活动与目标间关系的综合才能。一个人能够同时具备EAPI四种能力的可能性甚微，所以需要在管理班子中寻求这种组合，即通过实现由各种“专才”的有机结合来达到“通才”的整体功能。

美国管理学者克雷格·赫克曼（Gray R. Hickman）和麦克尔·斯尔瓦（Michael A. silva）在《创造卓越》一书中提出战略管理者要具有独立思考能力、想象力、应变力和体贴下属的能力。独立思考的能力指管理者能够保持对市场情况的独特见解，敢于和善于提出问题，解决问题时寻求多种可行的办法，喜欢新的观点和主意。不过分相信多种规则和一致同意，不过分相信逻辑和精确计算，因为它们都不能完全反映现实和未来。想象是在对现有的事实、希望、梦想、危险和机会的蒙太奇式的处理中创造出来的。具有丰富想象力的企业战略管理者能帮助企业创造和利用更多的机会，为企业创造卓越的未来。应变力是指接受、适应和利用变化的能力。战略管理者必须能够理解和接受各种变化的挑战，积极地根据变化来调整自己的思想和观念，善于利用外界的变化来达到发展企业的目的，善于创新和改变旧的制度。理解和体贴下属的能力。积极主动地与下属交谈，了解并帮助职工实现自己的需要和愿望。正确对待下属犯错误，对他们的进步要公开表扬，对他们的退步要帮助找出原因。把员工看成是家庭成员，以使他们有安全感、归属感和满足感。

➢本章总结

1. 企业战略是一个企业长期的发展方向和目标，企业通过在不断变化的环境中调整资源配置而获得竞争优势，从而实现利益相关方的期望。成功执行一个好战略是有效管理的最好标志，也是在市场上取得成功的最好途径。

2. 人们对战略的本质还没有达成统一的认识，学者们对战略管理的理解各有不同，战略管理的思想和理论还处在不断的创新之中。

3. 战略在企业内可分为不同的层次，公司战略、业务战略、职能战略一起构成了企业的战略体系。处理好不同层次战略之间的关系，使战略的制定及实施形成一股强大的合力和战斗力，是战略管理成功的组织保证。

4. 战略管理决定企业的战略定位、未来的战略选择并把战略付诸行动。一种观点认为战略是在实践过程中自然而然逐渐显现的，另一种则认为战略是有目的、精心设计的。

5. 战略管理的任务通常包括五个核心步骤，即提出战略愿景、构建目标体系、战略制定、战略实施、绩效评价与动态调整。企业管理者在具体实践中要把严谨的分析和战略管理过程的现实有机地结合起来，将整个战略管理过程作为一个整体，而不是分裂开来进行。

6. 战略管理者是指组织制定、实施企业战略以及企业开展战略变革过程中所依赖的人，通常包括董事会、高层管理者、战略规划部门以及职能部门负责人，另外，非正式组织领导与企业智囊团也在战略管理过程中具有相当的影响力。如何建设一支高效的战略管理团队是企业推进战略管理的关键。

参考文献

艾尔弗雷德·D. 钱德勒 . 2002. 战略与结构 . 孟昕译 . 昆明：云南人民出版社

巴纳德 C I. 1997. 经理人员的职能 . 孙耀君等译 . 北京：中国社会科学出版社

格里·约翰逊，凯万·斯科尔斯 . 2004. 战略管理（第6版）. 王军等译 . 北京：人民邮电出版社

亨利·明茨伯格等 . 2002. 战略历程 . 刘瑞红等译 . 北京：机械工业出版社

小阿瑟·A. 汤普森，约翰·E. 甘布尔，A. J. 斯特里克兰三世 . 2006. 战略管理：获取竞争优势 . 蓝海林等译 . 北京：机械工业出版社

小艾尔弗雷德· D. 钱德勒 . 1987. 看得见的手——美国企业的管理革命 . 重武译 . 北京：商务印书馆

周三多，邹统钎 . 2002. 战略管理思想史 . 上海：复旦大学出版社

Acs Z J, Audresch D B. 1988. Innovation in large and small firms: an empirical analysis. American Economic Review, 78 (4): 678～690

Andrews K R, 1965. The Concept of Corporate Strategy. Homewood, IL: Richard D. Irwin Inc.

Ansoff H I. 1965. Corporate Strategy. New York: McGraw-Hill Book Company

Barrow C, Brown R, Clarke L. 1995. The Business Growth Handbook. London: Kogan Page

Brown S, Eisenhardt K. 1998. Competing on the Edge: Strategy as structured chaos. Boston, MA: HBR Press

Burgelman R A. 1994. Fading memories: a process theory of strategic business exit in dynamic environments. Administrative Science Quarterly, 39 (1): 24～56

Christensen C R, Andrews K R, Bower J L. 1978. Business Policy. Homewood, IL: Richard D. Irwin Inc.

Eisenhardt K M, Sull D N. 2001. Strategy as simple rules. Harvard Business Review, 79 (1): 107～116

Floyd S, Wooldridge B. 1996. The Strategic Middle Manager. San Francisco: Jossey-Bass

Grant R M. 2004. Contemporary Strategy Analysis. London: Blackwell Publishing

Grinyer P, Spender J C. 1989. Industry Recipes: The Nature and Sources of Management Judgement. London: Blackwell Publishing

Grinyer P, Spender J C. 1979. Turnaround: Managerial recipes for strategic success. London: Associated Business Press

Hill C W L, Jones G R. 1998. Strategic Management Theory. Boston, MA: Houghton Mifflin Company

Lorek L. 2001-6-25. Office Depot Site Picks Up Speed. Interactive Week

McKierman P. 1996. Historical Evolution of Strategy Management. Aldershot: Dartmouth Publishing Company

Mintzberg H, Waters J A. 1985. Of strategies, deliberate and emergent. Strategic Management Journal, 6 (3): 257～272

Mintzberg H. 1987. Crafting strategy. Harvard Business Review, 65 (4): 66～75

Quinn J B. 1999. Strategic outsourcing: leveraging knowledge capabilities. Sloan Management Review, 40 (4): 9～22

Rhyne L C. 1986. The relationship of strategic planning to financial performance. Strategic Management Journal, 7 (5): 107～116

Stacey R. 1992. Managing Chaos: Dynamic Business Strategies in an Unpredictable World. London: Kogan Page

推荐阅读材料

亨利·明茨伯格等 . 2002. 战略历程 . 刘瑞红等译 . 北京：机械工业出版社

该书介绍并剖析了战略管理的十大流派——设计学派、计划学派、定位学派、企业家学派、认识学派、学习学派、权力学派、文化学派、环境学派和结构学派，是了解西

方战略管理理论多样性的一本著作。

小阿瑟·A. 汤普森，约翰·E. 甘布尔，A.J. 斯特里克兰三世.2006. 战略管理：获取竞争优势. 蓝海林等译. 北京：机械工业出版社

该书围绕如何获取竞争优势这一论题展开，分四个部分进行讨论：概论、核心概念与分析工具、战略制定、战略执行。

艾尔弗雷德·D. 钱德勒.2002. 战略与结构. 孟昕译. 昆明：云南人民出版社

《战略与结构》是一部公认的经典之作。该书通过杜邦公司、通用汽车公司、新泽西标准石油公司和西尔斯-罗巴克公司四个企业的个案，按照“结构跟随战略”的思路，分析这些大型工商企业的多元化经营战略怎样决定了它们都要采用多事业部制型的组织结构。

周三多，邹统钎.2002. 战略管理思想史. 上海：复旦大学出版社

该书对于战略管理思想的发展进行了“史”的梳理，可以比较全面地了解战略管理思想脉络。全书分为战略管理流派的演进、企业成长与竞争理论的变革、企业组织与领导角色的转换、中外战略思想家的学术思想等四篇。

彼得·德鲁克.1999. 管理实践. 毛忠明等译. 上海：上海译文出版社

这是德鲁克关于管理的经典著作，该书重点阐述了什么是企业、管理的职能、经理人员的职责等基本的管理问题，这些论述可以帮助我们更好地理解战略管理。

第2章 西方战略管理理论

2.1 主要战略管理理论

学习战略管理理论是非常重要的。迄今为止，战略管理理论的发展非常迅速，这些理论是在许多企业的战略实践基础上总结出来的，在内容与方法上继承了早期企业政策研究的一个重要传统，即给予企业管理者在面对企业未来竞争与发展时以理论和方法上的指导，并帮助他们分辨出具有“战略性”的经营行为，因此，战略管理理论的应用性要远大于理论抽象。了解这些理论是我们理解和探索战略实践的一个最基本的步骤，可以使我们站在一个更高的层面去观察企业经营管理，有助于我们培养对战略实践的洞察力。

由于战略管理涉及对企业经营整体的、系统的分析和把握，企业经营环境与企业经营活动本身的动态性、复杂性和不确定性，使得人们在理解战略管理上有很大的差异，战略管理理论远没有一些经典的管理理论那样成熟，表现出一个新学科领域所具有的一些特征。当前，国内外的一些教材大都具有核心的内容，涉及战略分析、战略过程、主要战略以及一些相关战略专题等，这些都构成了战略管理的一般框架，但是涉及具体内容时就显得非常复杂了。

因此，学习这些战略管理理论是为了促使我们更多地去观察和思考企业战略实践，而不是拘泥于这些理论本身。

2.1.1 战略设计理论

1. 战略设计理论的思想溯源

最早的战略设计思想是20世纪初的预算思想，其核心是控制偏差与管理复杂难题。20世纪50年代，出现长期规划思想，重点是通过预测企业的销售量、成本与技术，开发人力与物力，实现预期的增长。20 世纪 60 年代，由于企业所面临的内外环境的变化，表现在市场的主体由卖方到买方的转变，同时又由于国际市场的逐渐开放，企业的组织经营战略必须随之改变。这样，出于对利润的追逐，企业不再囿于简单的、机械的企业预算体系，而是在整个企业范围内采用先进的运筹学理论对企业的经营进行了规划和设计。因而，对于战略设计理论学派而言，20 世纪 60 年代是战略设计理论蓬勃发展的一个开始。

1965 年，战略设计思想的集大成者肯尼斯·安德鲁斯（Kenneth Andrews）及其所在的“通用管理小组”团队在共同出版的教科书《经营策略——内容和案例》中强调，企业的战略必须注重对企业外部和内部环境的评价。前者揭示了企业潜在的机会和威胁，后者则概述了企业的优势和劣势，只有两者相互协调并且在“一致性”上取得匹配，才会实施成功的企业战略。安德鲁斯在 1971 年出版的《公司战略概念》中，再次论述了企业战略的实施就是企业适应不确定性的外部环境的过程。在该书中，他深受塞尔兹尼克（Philip Selznick）关于独特竞争力概念的影响，认为：“企业战略就是由企业的行动方式和反应方式构成的。”他把企业战略分为战略制定和战略实施两个阶段，并区分了战略制定的“分析性”和战略实施的“管理性”。

2. 战略设计理论的一些基本观点

战略设计理论认为战略的形成本质上就是一个概念化的过程。以安德鲁斯为代表的战略设计学派提出以下一些基本观点：

（1）战略的形成应该是一个有意识的、受人为思想控制的过程。战略的形成并不产生于制定者本身所具备的直觉或者技巧，而是通过企业战略制定者对企业的现状，亦即对企业内外状况的审视，并尽可能地在深思熟虑之后所形成的。就战略设计本身而言，企业必须有充足的理由才能去实施战略，而不是基于一种战略范式去执行。

（2）企业的战略形成责任必须由首席执行官来承担。安德鲁斯认为，在一个具体的企业中，或许首席执行官们没有参与整个战略规划的制定，但整个战略设计的过程却是由他们掌握的。安德鲁斯支持这样的一种观点：“首席执行官或总经理就是战略家。”必须注意的是，在整个战略的形成过程中，都存在着所谓的“命令和控制”模式，并且这种模式通过战略决策权的分配而使得该模式凌驾于企业之上，然后通过企业的各个体系如规划、预算和控制等对该模式加以约束（罗伯特·海耶斯，1985）。

（3）战略设计是一个个性化的设计过程。对每一个不同的企业而言，由于所面临的具体环境的不同，企业所需要的战略也必须要有针对性。简而言之，战略设计理论更多的是强调战略的形成而非对战略自身内容进行赘述，这是对企业首席执行官能力的考验。同时，成功的战略往往也具有“创造性”的特征。

（4）必须确保战略是明确的、简单的以及易于传达的。对那些战略实施者而言，没有什么比简单清晰的战略更吸引人了。企业战略要想成功实施，首先必须保证企业在观念上有明确简单的战略，只有这样，才能方便企业各个层级对战略的理解。安德鲁斯也曾说，“简单的战略制定观念是一流艺术的体现，它的目的就是使组织更简单。”

（5）只有先制定战略，才能执行战略。战略制定和战略实施之间本质的区别就在于企业的组织结构必须服从战略这个前提。这样，企业的首席执行官们每次在制定新的战略时，都可以先将组织的思考和行动分开来，并在制定完新的战略之后，再确定更新的组织结构以及组织内的各项内容。

3. 安德鲁斯的战略设计理论

安德鲁斯是战略设计学派的代表。在他的著作中，通过采用 SWOT 的分析方法将企业的经营目标、政策方针以及所面临的内外环境进行综合考虑，建构一个企业所具有的独特的企业战略模式，并通过这样的模式制定与企业相匹配的战略。他把这样的过程称为战略构造过程，相对应所形成的理论就是战略构造理论。

他把战略构造分为两个部分：战略制定与战略实施。在此基础上，他又对企业战略进行了四个方面的界定，即市场机会、公司实力、个人价值观和渴望以及社会责任。在这四个因素里，公司实力、个人价值观和渴望是企业内部可控的主观因素，另外两个是企业的外在环境客观因素，是不以人的主观意志为转移的。

另外，安德鲁斯在其著作中提出了战略制定应该遵循的四个步骤：首先，企业必须要洞察外部的环境以及可能存在的经济、社会、人口等宏观因素，客观评估企业内部的独特能力；其次，积极有效地评价企业外部机遇与可能存在的风险，并对企业资源的优、劣势进行公允的评估；再次，通过评估决定机遇和资源的最佳配置；最后，通过以上的分析，做出合理的战略选择。在战略的实施过程中，企业要把这四个步骤结合起来，通过组织、领导、控制保证战略的有效实施。

SWOT 分析法非常能够体现代表战略设计理论的思想。美国教授韦力克（H. Weihrich）认为，所谓 SWOT 分析法就是一种综合考虑企业内部条件和外部环境的各种因素进行系统评价，从而选择最佳经营战略的方法。其中，SWOT 各个字母所代表的含义分别是企业的内部优势（strengths），企业的内部劣势（weaknesses），企业外部环境的机会（opportunities）以及企业外部环境的威胁（threats）。

SWOT 分析本质上就是通过分析帮助企业把资源和行动集中在自己的强项和有最多机会的地方。在安德鲁斯看来，企业只有通过更好的资源配置，形成企业自身独特的能力，才能在与对手的竞争中获得竞争优势。在具体的企业战略制定当中，制定者通过一种模式的确立，将企业的目标、政策以及各种经营活动与各种环境因素相结合，通过塑造新的战略态势，来帮助企业完成战略的变革。值得注意的是，这种分析方法要求战略制定者必须要根据企业自身的特点，睿智而又合理地利用企业环境中所隐藏的机会。与此同时，避开环境中对企业的潜在威胁。

4. 柔性战略理论

企业在面对不确定的外在环境时，要保证持续、稳定的发展，就必须提高企业营造柔性、寻找组织变革的能力。为此，安索夫于 1988 年在其著作《新公司战略》中，提出了“柔性战略”理论。他认为，企业如果能在动态的环境中建立一个具有动态回应能力的机制，就可以获得和维持企业的竞争优势，构造出与传统战略相异的战略逻辑。同时，他把组织的柔性分为外部的和内部的，所谓的内部柔性就是基于资源流动性的手段，而外部柔性则是基于产品-市场投资多样化的手段。企业必须在战略过程中注意加强内外部的战略柔性，才能在与竞争对手抗衡时获得战略的适应性。后来，荷兰的战略学者 Volberda（1998）从建立柔性组织的角度发展了战略柔性理论。在他看来，内部柔性主要是组织适应环境要求的能力，而外部柔性则是组织影响环境以及因此而减少组织危险的能力。

安索夫的战略柔性理论强调的是企业在面对环境变化时企业调整战略结构的能力。正如学者胡塞尔（1999）指出的那样，安索夫的柔性战略管理理论的主要关注点是具有强烈发展冲动的经理人、组织气候和能力组合。同时，安索夫的柔性理论也成为企业领导者在面临企业多变环境时采取权变观点的思想上的支撑，值得一提的是，这样的观点也贯穿了企业的整个战略制定过程。

2.1.2 战略定位理论

1. 战略定位理论的思想溯源

随着企业大规模生产的出现，市场竞争愈来愈激烈，加上企业兼并、合并浪潮此起彼伏，导致了市场结构出现集中化的趋势，行业之间的利润也出现了巨大差异。尤其是一些寡头形成托拉斯市场，企业之间的利润更是相差甚多，这导致了更多的大企业为了追逐利润，通过市场价格约束、独家经营、产品多元化等手段来达到规模化的效果。此外，企业通过产品差异化、广告、专利，建立市场限制、产量限制等一些进入壁垒，在行业内形成垄断，从而攫取巨大的垄断利润，最终在市场中形成垄断竞争的态势。

战略定位理论的诞生正是源于对上述竞争现象的关注，人们发现，企业的成功大部分是源自于所在行业的吸引力而非自身经营管理的有效性。有吸引力的行业总是能够集中优秀的产业资源，使得产业之间利润出现错位，从而从根本上改变了产业的结构特征，最终也使得企业的经营战略出现了根本的转变。于是，众多的企业战略家跳出以往的适应环境的框框，转而寻找有吸引力的行业，并从成本和产品的差异化方面着手寻找企业的竞争优势。

2. 战略定位理论的一些基本观点

与战略设计理论不同的是，战略定位理论是应用在既定的行业中的，只有特定的几个关键战略才符合本行业的要求，也只有这些战略才能够防御竞争对手，并攻占对方市场。与战略设计一样，战略定位理论的支持者也认为战略的形成是一个受控的、有意识的过程，通过这个过程，企业的首席执行官们可以制定出全面的、深思熟虑的战略，并在战略正式实施之前明确清晰地表达出来。

第一，战略应当是市场当中通用的、普遍的、广泛的以及可辨识的。

第二，现存的市场（环境）具有一定的利润空间并且企业相互之间是充满竞争的。

第三，分析是形成战略的基础，换句话说，战略形成过程本质上就是在分析计算基础之上对通用战略采取的一种选择。

第四，分析人员在战略形成过程中发挥主要作用，他们所计算的结果将直接被送交负责监控选择的高层管理人员。

第五，战略来自成熟的形成过程，并被详细地描述和强有力地执行。

3. 波特的战略定位理论

20世纪80年代，迈克尔·波特基于产业经济分析提出了竞争战略和竞争优势的思想，不仅适应了早期组织理论的发展，也深化了环境适应理论。他认为，企业的赢利水平是由企业所在产业的结构决定的。在经济学领域中，产业组织分析集中表现为结构-行为-绩效的 S-C-P 范式，该范式主要对企业所在的产业结构、竞争行为、经营业绩以及三者关系做了实证研究，通过研究，探索出各种不完全竞争模型所包含要素的规范含义以及政府是如何组织进行反托拉斯活动的，以制定提高市场绩效的各种政策。

波特在其著作《竞争战略》中确定了分析产业和竞争对手的框架，并提出了著名的"五力模型"，其中"五力"包括的因素有：进入威胁、替代威胁、竞争对手的威胁以及客户和供应商的讨价还价能力。在这个模型中，竞争是企业制定战略的核心，竞争战略就是企业通过对五力因素的分析而确立其在某一特定产业中的有利地位。波特认为在一个企业中，有三个基本的通用战略，即低成本战略、差异化战略和集中化战略。本书将在第 11 章中加以介绍。

波特认为，企业对竞争战略的选择主要是围绕两个中心问题展开的，即产业的选择问题和竞争地位问题。也就是说，企业的战略选择是由产业和产业市场地位同时决定的，企业一方面要选择一个提供持续赢利机会的产业，另一方面还要在特定产业中占据有利的市场地位。当然，这在一定程度上也说明了企业的竞争战略受制于该企业所在的产业结构状况。因此，在波特看来，对产业结构的分析是企业战略分析的起点，在此基础上，他把"战略决定结构"的说法发展为"产业结构决定战略位置，战略位置决定企业组织结构"。

2.1.3　战略能力理论

1. 战略能力理论的溯源

20 世纪 80 年代，很多大企业发现他们根本无力同时在众多的产业中获得竞争优势，于是更多的企业采取了清理非核心业务的措施，而只保留企业的核心业务。这种"归核化"的特征一度成为当时企业经营潮流，许多企业纷纷效仿，削除对企业不产生利润的业务，把更多的精力和资源投入到能为企业带来直接效益的业务部门。这种趋势无疑从根本上与波特等战略定位派的主张相悖，企业开始重新审视自己的经营业务，也开始逐渐明白，并非所有有吸引力的产业都会使自身的利润增加。

同时很多的企业实践也表明，良好的行业吸引力并不一定能带来卓越的企业绩效。例如，美国西南航空在全行业都出现亏损的情况下，自身却获得了很大的利润空间，再加上美国人平时不加关注的日本制造业 20 世纪 70 年代在世界上的迅速崛起，这些引起了更多学者的关注，他们开始在理论上帮助企业寻找利润源泉。于是，许多学者的研究视角从企业的外部延伸到企业的内部，开始从企业内部挖掘对企业产生利润的要素，同时伴随着经济学理论的发展，他们逐渐从企业内部找到了解释一些企业高利润的原因，他们意识到那些成功的、卓越的企业总有其他企业无法模仿、复制以及替代的资源。

2. 战略能力理论的一些基本观点

学者彭罗斯（Penrose）、尼尔逊（Nelson）和韦因特（Winter）都认为，企业竞争优势的源泉就是企业对内生知识和资源的积累。普拉哈拉德（Prahalad）和哈默

(Hamel) 则把企业所积累的知识和能力中对企业竞争优势有关键作用的要素称为企业核心竞争力。然而值得注意的是，在有限理性的条件下，各个企业在长期动态的知识和能力积累中的作用是不同的。事实上，对于那些能够在市场上获得竞争优势的企业而言，他们总有其他企业无法学会的默会知识，这种独一无二的知识往往只能意会，不能言传。

因而，战略能力理论认为，企业是异质的，是企业资源和能力的结合体。每个企业都具有不同的资源（包括技术、能力等），形成了企业自身独特的竞争能力，而且企业间的资源不能相互流动，企业之间也不能相互复制和得到，各个企业就是利用这样的特性形成企业竞争优势的。

3. *核心能力理论*

企业核心能力理论的提出要追溯到 18 世纪亚当·斯密的企业分工理论。20 世纪 20 年代，马歇尔在亚当·斯密的研究基础上提出了企业内部成长理论。他指出，在企业的内部，各职能部门之间、企业之间、产业之间存在着“差异分工”，而且这种分工是与各自所掌握的知识和技能相关的，这种知识和技能可称为“企业的能力”。

此后，彭罗斯于 1959 年发表了《企业成长论》。她认为，企业的资源和能力是构成企业经济效益的稳固基础。同时，她指出，在任一企业内部都存在着知识转化机制以拓展生产领域，并且这种知识的积累是企业知识内化的过程，这一过程也相对地节约了企业资源，但却以另外一种方式促进了企业的成长。1957 年菲利普·塞尔兹尼克用“独特竞争力”来表示企业比其他竞争对手做得好的地方。

普拉哈拉德和哈默于 1990 年发表了《公司的核心竞争力》一文。他们认为，企业的核心竞争力是“组织中的积累性学识学说，特别是如何协调不同的生产技能和有机结合多种技术流派的学识知识”。归纳起来，企业的核心竞争力具有四个特征：首先，它是一种知识的结合，不仅包括企业的使命和价值观，而且也包括企业所掌握的知识和技能以及有效的激励约束机制；其次，它具有异质的特性，换句话说，一个企业相对其他企业来讲，最具体的就是其拥有最独特的资源或者竞争方式；再次，它具有动态的创新性，亦即企业的核心竞争力不是一成不变的，而是随着外在环境的不断变化而逐渐改变的，它是一个动态的形成过程；最后，它具有内在机制的行为特征，即核心竞争力是企业内在机制外化形成的结果。

当然，核心竞争力具有内在机制的行为特征决定了企业行为是一个由内到外的动态过程。核心竞争力包含三个要素，即资源、流程和价值，它们共同构成了组织的行为。企业拥有的资源增加了组织应对变化的机会，同时也降低了企业在面对危机时的风险；流程则是一个资源的流动过程，在这样的一个机制中，资源通过相互作用、相互协调，形成了具有更高价值的服务；企业的价值则体现在企业的经营意识中，往往体现为具体的经营标准，这些标准同时也会限制企业的继续发展，因为企业的价值是能够反映企业的成本结构和商业模式的。

2.1.4　其他战略理论

1. 动态竞争理论

关于动态竞争的研究可以追溯到 20 世纪 50 年代中期爱德华兹（Edwards）对企业对抗的研究。他指出，可以从企业竞争行动的视角对企业之间战略对抗进行研究，即认为战略是由一连串的行动构成的，这些行动构成了企业战略行动的基础。明茨伯格认为，企业战略的行动就是企业针对竞争对手做出的行为，它包括并购、新市场的进入、降低和提高产品价格、合作联盟的建立以及新产品的推出等。

理查德·达韦尼（Richard D'Aveni）于 1994 年首先提出了"动态竞争"的概念。他认为，企业是生存在一个动态的竞争环境中的，企业的竞争优势跟不上加快了的技术更新速度，企业不能只专注自身的竞争优势，而要与时俱进地创造新的竞争优势来源。

动态竞争理论是复杂的，因此，企业在制定战略时，必须对竞争对手的行为做出准确的预判，同时要对企业所处的动态环境有个总体上的把握。一般意义上讲，动态竞争理论有三个构成要素：

一是企业的资源和目标。资源是企业制定战略的基础，传统的资源包括有形的资源和无形的资源。

二是竞争对手行为。动态竞争理论强调企业必须要对竞争对手的行为加以防范，在某种程度上，战略的成败取决于企业竞争对手的反应。因此，了解并预期竞争对手的反应速度、反击程度和速度将大大提高企业战略的成功率。

三是企业面临的环境。面对复杂的外部环境，一般企业会发现自己很难维持竞争优势，而市场机会则是稍纵即逝的，因而，对于想要获得一定市场地位的企业来讲，企业应该建立一个能对市场环境变化做出快速反应的机制，并制定出跟企业相符的战略。

2. 合作竞争理论

传统的竞争战略理论强调竞争对抗，但是 20 世纪 90 年代后企业与企业之间、企业与供应商之间以及企业与顾客之间的关系已经发生了深刻的变化，它们之间开展了许多合作。企业间的竞争关系随着时代的改变而逐渐转变，开始由单纯的竞争、对抗转变为既有竞争又有合作的新型竞争关系，即合作竞争关系，又称竞合关系。

1996 年，拜瑞·J. 内勒巴夫（Barry J. Nalebuff）和亚当·M. 布兰登勃格（Adam M. Brandenburger）在他们的合著《合作竞争》中阐述了合作竞争的概念。他们认为，合作竞争是一种超越了过去的合作以及竞争的规则，并且结合了两者优势的一种方法，合作竞争意味着在创造更大的商业市场时合作。因此我们可以看出，合作和竞争本身所具有的博弈关系并不是合作竞争所需要解决的，合作是为了有序的竞争，竞争则以合作为主要方式，竞争双方都可以通过合作强化彼此的竞争优势。

合作竞争理论的基本观点是：企业之间必须在竞争中学会合作，而且为了竞争，双方都应当学会让步、妥协，同时要在竞争中寻找一切可能的合作机会，从而在合作中强化竞争的作用，提高双方的竞争优势。内勒巴夫和布兰登勃格在《合作竞争》中采取博弈的方法描述了企业之间竞争和合作的情形，并在波特的行业结构模型中提出了第六种力量——互补者，即与企业合作为顾客提供服务的企业。他们认为，合作竞争存在两种关系：一种是消费者在拥有甲方产品时，同时拥有其他参与者的产品，且对甲方产品估价更高，那么就说其他参与者是甲方的互补者；另外一种是，如果消费者单独拥有甲方产品时，也拥有其他参与者的产品但对甲方产品的估价更低，则说明这些参与者是甲方的竞争者。

2.2 主要战略分析模型

2.2.1 以外部环境为基础的分析模型

1. 产业组织分析模型

对于处于特定产业中的企业而言，竞争是它们立足市场的关键，同时竞争也决定了对企业有所贡献的各类经营活动是否得当。在波特看来，竞争战略就是企业旨在针对决定产业竞争的各作用力建立有利的、持久的地位，形成竞争战略的实质就是将一个公司与其环境建立联系。因此，在决定企业战略的过程中，对企业所处的产业以及对企业本身所处地位的分析就显得非常重要。构成企业外在环境的，可能是社会因素，也可能是经济因素，但最关键的还是企业投入的一个或几个行业。

在产业结构的分析中，决定企业赢利能力的首要因素和根本因素是产业的吸引力。竞争战略在本质上是企业对竞争规律的深刻认识，无论是在国际市场还是在国内市场，企业都会利用这种市场规律来改变自身的产品结构或者经营服务。而竞争规律则体现在五种竞争作用中，即现有竞争对手间的竞争、潜在进入者的威胁、供方的讨价还价能力、买方的讨价还价能力以及替代品的威胁，如图 2-1 所示。这些作用力聚集在一起构成了企业所处市场的完整产业结构，而产业内部的竞争根植于产业的基础经济结构，并且在一定程度上也超越了现有竞争者的行为范围，最终决定了产业的利润潜力①。

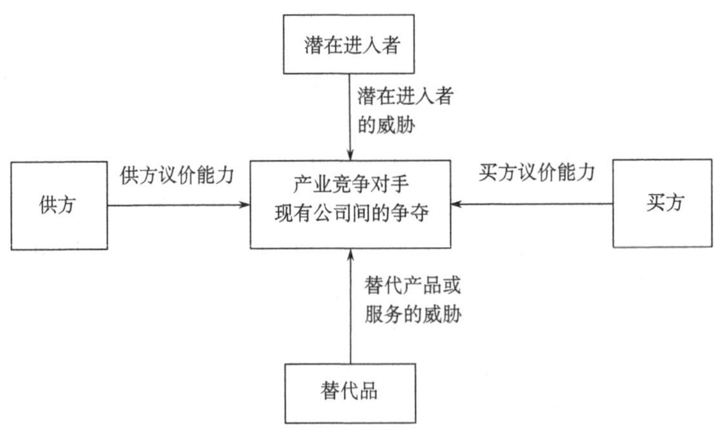

图 2-1 驱动产业竞争的五种力量

① 迈克尔·波特在《竞争战略》中指出，利润潜力是以长期投资回报来衡量的，不是所有产业都具有相同的潜力

产业组织分析提出了五种竞争作用力，这说明在一个产业的竞争中，竞争范围不仅仅局限于现有参与者的竞争。那些对企业有内在和外在关系的客户、供应商、替代品甚至是潜在的竞争者都是企业的“竞争者”，在一定的条件下，它们也会成为影响企业制定竞争战略的主要力量。

这五种作用力的综合决定了企业获取超出资本成本的平均投资收益率的能力，并在一定程度上决定了产业的竞争强度。当然，五种作用力中的任何一种都是由产业结构或产业基本的经济和技术要素决定的。

产业结构分析已经成为战略分析的核心内容，本书将在内部条件分析中做详细介绍。

2. 商业生态系统分析模型

1）商业生态系统的概念

穆尔（Moore）曾在其著作中做过这样的定义：“所谓商业生态系统，是指以组织和个人（商业世界中的有机体）的相互作用为基础的经济联合体。”在通常意义上，商业生态系统的组成部分除了包括诸如消费者、供应商、生产制造厂家及为其提供支持的（它们相互配合以生产商品和服务）其他有关人员等传统的部分以外，还包括资金的提供者、相关的行业协会、掌管标准的机构、工会、政府和立法部门以及半政府组织等机构。这些群体虽然是自行组织的，有的甚至是由于某些偶然因素形成的，但促成了成员之间的相互完善。

2）为什么要构建商业生态系统

穆尔认为企业面临如下一些挑战，需要构建商业生态系统战略：

第一，传统的行业界限正日趋模糊和消失。在新的商业生态领域内，企业不会把自身限定在一个既定的范围内，按照既定的规则与竞争对手进行竞争，而是试图改变现有的规则，制定新的标准。

第二，生态系统的灵魂就是创新，以创新来为顾客服务创造价值。该体系就是为顾客相互之间的利益而创建的，而这一体系所带来的好处也远比原先的产品所能带来的好处多得多。

第三，在生态系统圈定的范围内建立一个经济利益共同体。只要其中的企业能够为市场提供真正的价值，整个系统必定会具有良好的发展预期。

第四，商业生态系统的形成有赖于对其建设的时机和方法的把握。在整个系统持续发展和不断改进调整方向的过程中，要使企业保持对内外部威胁的高度敏感，增强系统的活力和延展性，以此确立企业在新的外部环境中的竞争优势。

3）商业生态系统的分析框架

一般而言，可以将商业生态系统模型分解为核心供应链系统、支持环境系统、竞争系统以及社会自然环境系统几个部分，如图 2-2 所示。通过对商业生态系统的分析，穆尔提出了一个新的分析框架，可概括为“4p3s”七维分析模式，即顾客（people）、市场面（place）、产品或服务（product）、过程（process）、结构（structure）、风险承担者（share owner）和社会环境（society）。

在商业生态系统中，应该明确的是，企业组织，生产提供给顾客有价值的产品与服务，直接获益者是由顾客、供应商、竞争者和其他风险承担者等组成的群体。同时在商业生态系

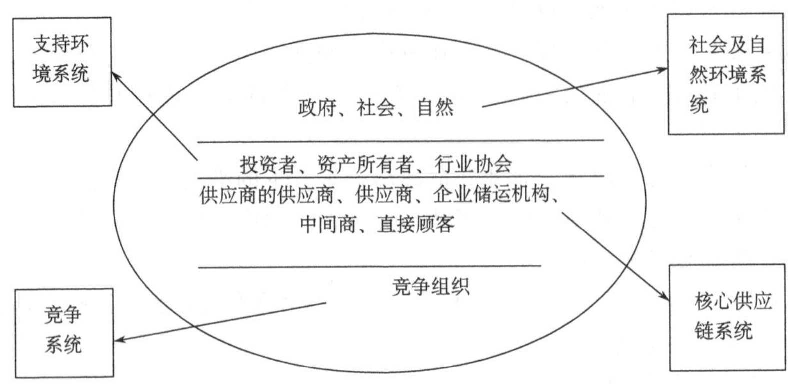

图 2-2　商业生态系统结构图

资料来源：王兴元．商业生态系统理论及其研究意义．科技进步与对策，2005，(2)：176

统中，核心企业也起到领袖的作用，它的战略规定制约了整个商业生态系统的发展方向。

通过对某个商业生态系统进行“4p3s”分析（见表 2-1 中关于“4p3s”的七维分析模式），可以清楚地了解一个商业生态系统的功能、结构及其发展状况，并为商业生态系统的建立、优化运行及控制提供有效工具。

表 2-1　商业生态系统“4p3s”七维分析模式

范围	核心问题	应对策略
顾客（people）	顾客需求	顾客需求动态定位持续 CS 计划
市场（place）	市场界限与市场壁垒设定	建立特权保护迅速扩张形成市场垄断
产品或服务（product）	核心价值的产品或服务	识别产品和服务需求变化，增加产品系列，完善服务体系，提供更多价值
过程（process）	商业过程具有革命性潜力	不同时期采用不同商业模式，提高与改善业务流程，顾客服务、生产运营、市场营销等过程程序化、专业化
组织结构（structure）	合理的法人治理结构	在商业生态系统中确保企业的核心价值位置，不同时期确定不同的高效组织机构
风险承担者（share-owner）	风险承担者的确认及利益保障	确保系统拥有高质量股东，提高投入产出效益，吸引更多风险承担者参与
社会环境（society）	政府及公共关系的建立	进行目标与系统价值、环境的最大协调，吸引社会精英积极参与

资料来源：詹姆斯·弗·穆尔．竞争的衰亡．梁骏等译．北京：北京出版社，1999

3. 制度学派的分析模型

众多的理论都隐含了一个前提：企业的环境是高度市场化的。然而，这个前提在现实中几乎是不存在的。无数案例都说明了法律、法规、文化、道德等对企业的巨大影响。这些非市场的要素构成了制度环境，或者通俗地说，是企业生存和发展的游戏规则。企业总是生存于一定的制度环境中，制度既能带来约束也能带来优势。

制度学派认为，企业在制度的约束下理性地追求利益，并进行战略选择。事实上，企业总是在法律法规、文化、道德等的约束下进行运作的。这些制度性约束甚至限制了企业在市场竞争中实施独立的决策权力。例如，中国的国有企业在重大人事任免、资产运作等方面都要受到主管部门的约束；而国家对垄断行业的管制，也在事实上保护了国有企业。另外，在某些情况下，即使企业拥有选择的权力，也不得不考虑文化和道德的约束力。典型的事例是 2008 年中国四川发生地震灾害以后，企业在法律上可以选择是否进行慈善活动，也可以选择捐款的数额。但是，在实际运作中，一些捐助金额与公众期望差距较大的企业遭到了猛烈的批评，以至于出现了公关危机。

可见，制度既包含正式制度，也包含非正式制度。制度的构成见表 2-2。

表 2-2　制度的构成

正式的程度	实例	支　柱
正式制度	法律 规章 规则	规则的支柱：源自政府的强制性权力
非正式制度	规范 文化 道德	规范的支柱：其他相关竞争者的价值观、信仰和规范如何影响个人和企业的行为 认知的支柱：引导个人和企业行为的内部化的习以为常的价值观和信仰

资料来源：Mike W. Peng. Global Strategy. Thomson Learning，2006

正式制度与非正式制度对企业来说都具有影响力，它们的作用往往不是互相替代的，而是互相补充的，这一点在转型经济国家尤其明显。转型经济国家主要包括中国、俄罗斯、波兰、越南等国家，它们的共同特征是从计划经济体制向市场经济体制转变。对企业来说，在这些国家运作就面临着制度环境的转变，特别是正式制度的转变。在中国经济体制的转型过程中，虽然法律、法规等都在发生显著的变化，但文化、道德观等非正式的制度要素并没有改变太多；虽然有些方面的法律法规已经改变很多，但文化通常具有一定的稳定性。因此，游戏规则的变化并没有随着法律的颁布而发生根本改变。

文化是非正式制度中的一个关键要素。文化通常与地理因素有关，但也不局限于地理因素。比如，一种文化可能跨越国界，分布在不同的国家，而一个国家也有不同种类的文化。中国这样幅员辽阔、人口众多的国家就包含了很多种文化。因此，企业在选择投资地点或目标市场时，要考虑到当地的文化特征。另外，文化又是有层次的，例如，有地区的文化，也有企业的文化，甚至有小团队的文化，这就给企业分析环境带来了复杂性。Hosftede 根据其 1968～1972 年以及 1980 年所进行的研究得到了五个文化维度，即权力差距、个人主义、性别特质、不确定性规避和长远导向。这个分析框架虽然不一定完善，但仍具有重要的参考价值，并得到广泛应用。

2.2.2　以内部条件为基础的分析模型

1. 学习理论的分析模型

1）学习理论的基本观点

学习理论学派的学者认为，战略是个人或群体在开始研究某种情境以及研究组织应对情境能力时自然产生的。这是一种自发性的组织战略，而不是一种企图通过控制而在行动中实现管理意图的战略。

第一，企业环境具有复杂和难以预测的特性。对于企业来说，复杂多变的环境特征给企业有意识的控制增加了不少难度。制定战略首先必须持续不断地学习，在这种情形下，战略规划和战略实施是很难区分的。

第二，大多数企业中都有很多潜在的战略家。尽管在多数时候，战略是领导人下令执行的，但是成功的企业往往都是整个组织在学习。集体的学习力可以大大提高企业制定战略的准确度，也可以使战略的实施变得更简单。

第三，学习通过行动引起反思，并以一种自发形式持续。战略是行动的结果，任何一个有能力有资源去学习的行动者都可以创造战略雏形。

第四，领导者的作用是管理战略学习的过程。通过领导者的帮助，组织和员工之间建立起信任的关系，势必会推动新战略的产生。

2）对学习过程的分析

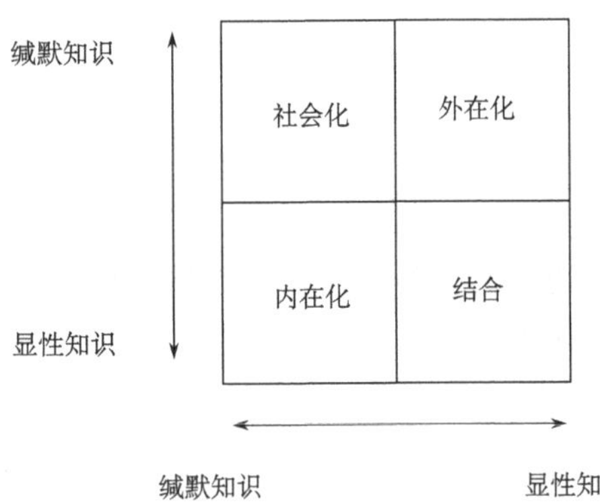

图 2-3　知识转化的四种模式

Nonaka 和 Takeuchi（1995）合著的《知识创造企业》对学习做了进一步阐述。他们指出，必须抛弃那种认为可以通过手册、书籍或讲座培训员工，使之获取知识的旧观念。人们需要对知识非正式的、非制度化的一面多加注意，并特别重视从暗喻、图片和经验获得高度主观的直觉和预感。因此，企业管理者必须注重知识间的相互转化（图 2-3）。

社会化描述的是组织员工间默契分享彼此知识的过程，员工间的沟通经常不用语言，他们是通过相互之间经验的分享来展开的。外在化即指通过采用暗喻和分析的方法，将缄默知识转化为外在的显性知识。结合是指通过编码化将知识综合起来，并正式地由一个人传递给另一个人。内在化就是知识的内化过程，即将显性知识转化成缄默知识，人们通过“干中学”将知识内化，从而在身体力行中领会到知识的内涵。

这四个过程描述了所有学习的核心模式，它们以动态的方式共同组成了一个“知识螺旋”。战略的本质就在于发展组织获取、创造、积累和利用知识的能力。

2. 资源基础理论的分析模型

1）资源基础理论的基本观点

资源基础理论（resource-based theory，RBT）的提出是以沃纳菲尔特（Wernerfelt，1984）的“A Resource-based View of the Firm”的公开发表为标志的。该理论认为企业是由一系列资源组成的集合体，每种资源都有其不同的用途，企业的竞争优势源自企业所拥有的资源。资源可以分为三类：有形资源，如厂房和资本金；无形资源，如专利和商标；有关产品和工艺的知识资源，存在于个人、文件或存储介质之中。RBT着重解释企业间为何存在如此的差异性以及企业是如何维持它们的竞争优势的。

RBT 着眼于分析公司拥有的各项资源，并以企业内部资源为分析的基础和出发点，通过探讨独特的资源与特异能力，达到提升企业竞争优势和获取超额利润的目的。RBT 的提出为企业对战略的思考带来了很大的转变，资源已然成为解释企业竞争优势的关键。对此，巴内解释道："持续竞争优势就是指一个公司目前与潜在竞争对手不仅无法同步执行公司现在所执行的价值创造战略，同时也无法复制并取得公司在此项战略中所获得的利益。"他认为，竞争优势之所以能持久，正是因为企业拥有异质性以及不可流动性的资源，有的资源具有价值性、稀缺性、不可模仿性与不可替代性等特性。

2）运用资源基础理论分析企业核心能力

普拉哈拉德和哈默给出的核心能力概念是以生产技能和技术知识来定义的，实际上将能力视为能够发挥特殊功能的资源集合体。那么，企业如何将这些资源有效整合以形成核心能力？一个基本的分析模式如图 2-4 所示。

图 2-4　核心能力的分析

研究资源基础理论的一些学者提出，企业通过组织资本和社会资本形成核心能力。组织资本反映企业协调和组织生产的技术。其中，人力资源、组织结构、任务结构等对协调起很大作用。社会资本显示了社会环境的重要性。例如，社会关系网络、企业文化等对资源的整合起很大作用。因此，企业的核心能力既是组织资本，又是社会资本。

从竞争优势实现的角度看，企业所具有的异质资源还不足以使企业在市场竞争中获得绝对的竞争优势。支撑企业核心竞争能力的是企业拥有的战略资源，而战略资源通过核心能力实现企业产品价值；核心能力是知识、技术整合的能力，反映出知识特性在形成战略资源和核心竞争力方面的重要性。产品价值的反馈促进核心能力的提升，并有利于战略资源的调整和优化。

3. 动态能力理论的分析模型

1）动态能力理论的基本观点

动态能力理论是适应 20 世纪 90 年代市场环境变化的特点而产生的。技术创新的加快、市场环境的动态化、顾客需求的多样化等使得企业的竞争内容越来越宽泛。企业的战略制定者也逐渐意识到，要保持企业的核心竞争优势，只有不断地创新，才能持续成功。Teece 在 1997 年提出了动态能力的概念和分析框架，他认为，动态能力强调，为适应不断变化的外部环境，企业必须不断取得、整合、再确认内外部的行政组织技术、资源和功能性能力。动力能力可以使企业在给定的路径依赖和市场位势条件下不断地获得新竞争优势。

理查德·达韦尼（Richard D'Aveni）在其《超越竞争》一书中认为，"动态能力"是指企业利用 IT 技术资源、组织资源和管理资源来获得竞争优势的能力。企业为使产品快速地上市、有效地掌握变化万千的商机，持续地建立、调适、重组其内外部的各项资源与智能来达到竞争优势，需要具有一种弹性能力。

2）企业动态能力分析框架

Teece将企业资源分为四层（图2-5）。

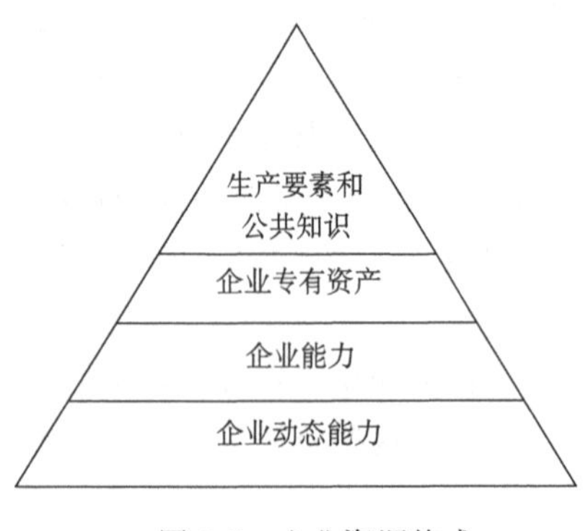

图2-5　企业资源构成

第一层，企业购买的生产要素和获得的公共知识（如产品生产标准）。这些资源是企业的基础，但由于非企业专有，因而不能作为企业战略要素。

第二层，企业专有资产。如商业秘密、生产秘诀和特殊的生产工艺等，由于融入了企业的无形知识，因而非常难以复制和模仿。

第三层，企业能力。即将企业的生产要素和专有资产有机地整合起来的组织惯例和管理活动。这些是企业在长期生产经营过程中形成并固定下来的专有活动，是企业比市场更有效率，可以替代市场的关键因素，因而具有很强的经济性。与竞争对手相比，有显著优势的能力就是企业竞争优势的主要来源。

第四层，企业动态能力。对目前激烈变化的外部环境来说，能力必须随之不断创新，企业动态能力也就成为最关键的能力。

➢本章总结

1. 战略设计理论认为战略的形成本质上就是一个概念化的过程，以安德鲁斯为代表。该理论认为战略的形成应该是一个有意识的、受人为思想控制的过程；企业的战略形成责任必须由首席执行官来承担；战略设计是一个个性化的设计过程；必须确保战略是明确的、简单的以及易于传达的；只有先制定战略，才能执行战略。

2. 战略定位理论代表人物为波特。与战略设计理论不同的是，该理论应用在既定的行业中，只有特定的几个关键战略符合本行业的要求，也只有这些战略才能够防御竞争对手，并攻占对方市场。与战略设计一样，战略定位理论的支持者认为，战略的形成是一个受控的、有意识的过程。通过这个过程，企业的首席执行官可以制定出全面的、深思熟虑的战略，并在战略正式实施之前明确清晰地表达出来。

3. 战略能力理论代表人物有彭罗斯、普拉哈拉德等。该理论认为，企业是异质的，是资源和能力的结合体。企业具有不同的资源（包括技术、能力等），形成了自身独特的竞争能力，而且企业间的资源不能相互流动，企业也不能相互复制，各企业就是利用这样的特性形成竞争优势的。

4. 动态竞争理论认为，企业在制定战略时，必须对竞争对手的行为做出准确的预判，同时要对企业所处的动态环境有个总体上的把握。一般意义上讲，动态竞争理论一共有三个构成要素：企业的资源和目标、竞争对手的行为、企业面临的环境。

5. 合作竞争理论的基本观点是：企业之间必须在竞争中学会合作，而且为了竞争，双方都应当学会让步、妥协，同时要在竞争中寻找一切可能的合作机会，从而在合作中强化竞争的作用，提高双方的竞争优势。

6. 关于战略分析模型，以外部环境为基础的分析模型包括产业组织、商业生态系统、制度学派理论等；以内部条件为基础的分析模型包括学习理论、资源基础理论、动态能力理论等。

参考文献

曹兴，许媛媛 . 2004. 企业核心能力理论研究的比较分析 . 重庆大学学报（社会科学版），10（5）

陈荣平 . 2005. 战略管理的鼻祖——伊戈尔・安索夫 . 保定：河北大学出版社

亨利・明茨伯格等 . 2006. 战略历程（修订版）. 魏江译 . 北京：机械工业出版社

胡民 . 2006. 经济全球化背景下价值链理论的再思考 . 企业经济，（5）

拉尔夫・斯泰西 . 2000. 组织中的复杂性与创造性 . 宋学峰，曹庆仁译 . 成都：四川人民出版社

李建兵 . 2006. 企业战略理论集萃 . 现代管理科学，（1）

李思寰 . 2006. 核心能力理论研究进度 . 管理科学文摘，（1）

理查德・斯科特 . 2002. 组织理论 . 黄洋等译 . 北京：华夏出版社

厉无畏，王玉梅 . 2001. 价值链的分解与整合 . 经济管理，（3）

潘国锦 . 2006. 企业竞争优势理论的渊源与演变 . 华东经济管理，20（6）

乔尔・布利克，戴维・厄恩斯特 . 1998. 协作型竞争 . 林燕等译 . 北京：中国大百科全书出版社

沈梅 . 2003. 试论知识经济条件下企业学习型组织的建立 . 图书情报知识，（2）

唐韬智 . 2002. 竞争情报的 SWOT 分析法与竞争战略选择 . 情报杂志，20（3）

王毅，陈劲，许庆瑞 . 2000. 企业核心能力：理论溯源与逻辑结构剖析 . 管理科学学报，3（3）

夏晖 . 2003. 关于战略管理理论发展历程的综述 . 中南民族大学学报（人文社会科学版），（S2）

许晓明，徐震 . 2005. 基于资源基础观的企业成长理论探讨 . 研究与发展管理，17（2）

杨瑞龙，刘刚 . 2002. 企业的异质性假设和企业竞争优势的内生性分析 . 中国工业经济，（1）

赵怀周，刘益 . 2001. 核心能力观的动态性内涵解析 . 经济管理，（10）

周三多，邹统钎 . 2003. 战略管理思想史（第 2 版）. 上海：复旦大学出版社

庄东，杨建梅 . 2003. 战略形成的深思熟虑观和应急观 . 科技进步与对策，20（3）

Andrews K. 1971. The Concept of Corporate Strategy. Homewood，IL：Dow Jones-Irwin. 18～46

Ansoff H I et al. 1976. From Strategic Planning to Strategic Management. New York：John Wiley and Sons

Ansoff H I. 1987. Corporate Strategy. London：Penguin Books. 108，109

Bowman C. 1990. The Essence of Strategic Management. Prentice Hall Europe. 32

Chen M J，Smith K G，Grimm C M. 1992. Action characteristics as predictors of competitive responses. Management Science，38（3）：439～455

D'Aveni R A. 1994. Hypercompetition：Managing the Dynamics of Strategic Maneuvering. New York：Free Press

Mintzberg H，Waters J A. 1985. Of Strategies，deliberate and emergent. Strategic Management Journal，6（3）：257～272

Moore J F. 1996. The Death of Competition. New York：Harper Collins Publishers Inc.

Nalebuff B J，Brandenburger A M. 1996. Co-opetition. Cambridge，MA：Harvard Business Press

Penrose E T . 1959. The Theory of the Growth of the Firm. New York：Oxford University Press

Porter M E. 1980. Competitive Strategy：Techniques for Analyzing Industries and Competitors. New York：Free Press

Porter M. 2008-12-28. Value chain model framework. http：//www. valuebasedmanagement. net/methods _ porter _ value _ chain. html

Robert H H. 1985. Strategic planning-forward in reverse. Havard Business Review，63（6）：111～119

Selznick P. 1957. Leadership in Administration：A Sociological Interpretation. New York：Harper and Row

Volberda H W. 1998. Building the Flexible Firm：How to Remain Competitive. New York：Oxford University Press

Wernerfelt B. 1984. A resource-based view of the firm. Strategic Management Journal，5（2）：171～180

推荐阅读材料

迈克尔·波特.1997.竞争战略.陈小悦译.北京：华夏出版社

《竞争战略》是战略管理领域比较典型的代表作，在该书中，读者可以学习到如何在一个产业内找到企业发展的驱动因素以及如何处理公司间的竞争战略问题。该书的许多内容已经成为战略管理教科书的一部分。

迈克尔·波特.1997.竞争优势.陈小悦译.北京：华夏出版社

《竞争优势》是《竞争战略》的姊妹篇，该书介绍了价值观念分析、成本优势及差别化优势、竞争对手分析、产业内竞争战略与竞争优势的关系等。这些内容已经成为战略管理教科书的重要内容。

陈荣平.2005.战略管理的鼻祖——伊戈尔·安索夫.保定：河北大学出版社

这是一本关于西方著名战略管理学者思想精华的书。安索夫的名字几乎与战略管理同在，了解战略管理不可绕开的就是对安索夫思想的认识，这是由其历史地位决定的。

加里·哈梅尔，普拉哈拉德.1998.竞争大未来.王振西译.北京：昆仑出版社

这是一本关于西方核心能力战略思想及战略创新的书，两位作者1990年曾在《哈佛商业评论》上共同发表了《公司核心能力》一文，该书是对这一思想的深入介绍。

尼古莱·J.福斯，克里斯蒂安·克努森.1998.企业万能：面向企业能力理论.李东红译.大连：东北财经大学出版社

该书为资源基础理论、核心能力理论研究的论文集，可以从中比较深入地了解西方战略管理理论的概念、思想和发展历史。

第3章 东方战略思想

3.1 东方战略思想的含义与内容

3.1.1 东方战略思想的含义

与近现代以来迅速发展的西方战略管理理论相比，东方也有自己独特的战略思想体系，由于历史与文化背景的差异，东西方战略思想在内容、特征及实践等方面形成诸多不同之处。在全球化时代，企业应该尽可能地吸收各种战略思想形成自己的战略独特性。了解东方战略思想对于企业的战略创新具有极其重要的意义。

这里所称的“东方”主要是一种文化的指向，尤其是与欧美为代表的西方文化相对的东亚传统儒家文化。东方战略思想主要是指以中国传统的治国之道为主体，在东亚儒家文化圈中产生的，在治军、治国、治生等社会活动中谋求长治久安与竞争优势的战略思想。

我们今天所称的“战略”在中国古代往往是“战”与“略”分别使用，“战”指战斗和战争，“略”指筹略、策略、计划，而后才发展成“战略”一词。在中国古代与“战略”含义大同小异的词有方略、韬略、权谋等。西晋史学家司马彪曾撰写《战略》，但是在古代文献中更多的是用“谋”、“韬略”、“兵略”等词汇来表达“战略”的含义。

在美国，《康普顿百科全书》指出，中国春秋战国时期的《孙子兵法》是最早的关于战略的编撰物之一。《孙子兵法》已经成为了一部不朽之作，它所提出的一系列战略理论原则，如今还在不断地被后人学习、探究、揣摩。《孙子兵法》、《孙膑兵法》、《吴子》等兵书是集中记载传统战略思想的典籍，他们体现了东方战略思想中军事战略思想的主体内容。

除军事战略思想外，传统的东方战略思想很早就对国家治理提出了相关的政治战略思想，“治国之道”是东方传统的管理思想，在治国之道的思想体系中拥有丰富的治国政治战略思想。它们体现在早期诸子百家的哲学思想与治国思想之中，体现在丰富的历史典籍及专门著述之中，它们是了解东方战略思想的基本思想资源。

传统的治国战略思想与军事战略思想是关于人类历史上最典型的组织的战略思想，对当今企业的战略管理有着直接的影响，这点在东西方都是相同的。但是，传统的东方战略思想在内容上还有一类关于人生的战略思想是非常特殊的，他们与传统的军事战略与治国战略有密切的联系，但却关注人生的谋划，是对个人人生整体性、基本性的谋划。这些个人包括居于各种社会组织中的管理者和被管理者，对于那些军事活动或治国活动的决策者，理解和运用治生的战略极其重要。迄今为止，这方面也形成了丰富的思想资源。

传统的东方战略思想对今天的影响遍及东南亚诸国和地区，随着这一文化圈内企业的迅速发展，东方战略思想也在世界各地逐渐产生了越来越多的影响。

从历史发展阶段看，东方战略思想是一种早熟的战略思想，诞生于春秋战国，在先秦时代获得迅速发展，并在汉代形成成熟的体系，这个发展历程与中国传统的治国管理思想基本是一致的，反映了传统社会管理发展的需求。在秦汉以后，东方战略思想并没有产生重大的突破和成就，更多的是运用性创新，是沿着“原创观点”进行继承和补充。

总之，东方战略思想是诞生并发展于先秦，以治军、治国、治生等社会活动为谋划对象的战略思想，它们更多强调的是如何获得内在的长治久安和对外的竞争优势。由于这些也是现代企业组织所关心的重大问题，因此，了解传统的东方战略思想对企业战略管理是非常有意义的。

3.1.2 东方战略思想的产生与发展

1. 东方战略思想的产生

战略思想的产生和管理实践与社会文化观点息息相关，早期国家治理和军事战略直接触发了东方战略思想的诞生。中国早期国家政治实践与社会文化观念决定了东方战略思想的基本特征与内容。

从历史发展看，东方战略思想诞生于所谓“道术为天下裂”的“轴心时代”的春秋战国时期。这一时期的中国正处于诸侯争霸的战乱之中，诸子思想纷呈，但以王霸天下为导向的王道之学成为各种思想争论的中心。诸子百家的思想都不约而同地体现为诸侯争霸的政治活动服务的治国学说，军事战略思想也因为这一时代频繁而残酷的战争而引起统治阶层的高度关注，《孙子兵法》等一批军事战略典籍均产生于这一时代。

西周衰落之时，垄断治国政治思想的“官学”也随之衰落，诸侯争霸的需要促进了治国思想的空前繁荣。这一时期还产生了一个独特的“谋士”阶层，他们以自己的学说、思想服务于诸侯的治国政治活动，他们为治国与军事活动提出了许多谋划，形成了丰富的战略思想。谋士的活动几乎是一种职业化的谋划活动，他们奔走于诸侯国之间，希望自己的思想能够被诸侯采用，我们今天所认识的东方战略思想与他们的学说及活动有直接的关系。先秦治国思想的百家争鸣直接产生了影响至今的中国传统管理文化，其中包含了非常丰富的战略知识。

2. 东方战略思想的发展

随着周王室的衰败、权力的下移、士的力量的壮大和专门从事思想性创造且具有自由身份的士人阶层的凸现和形成，统一的“官学”形态在春秋、战国（公元前 770～公元前 221）时期演化成为为各个诸侯服务的“私学”的治国之道。正是在先秦时代，出现了诸子并起、百家争鸣，学术文化高度发展，也正是这一时期，智慧的火花点燃了东方战略思想的成长与发展，为中国几千年的传统文化指明了方向。

在先秦“百家争鸣”管理思想多元化的局面下，系统地提出过战略思想的主要有儒家、道家、法家和兵家四家，这四家的思想构成了我国传统管理思想文化的主体。此外，还有轻重家、纵横家。春秋战国时期影响极大、但不是我国传统文化管理主体的墨家也有一些独特的战略思想。他们各自的管理思想不仅涉及治国战略，还涉及人生战略以及军事战略等。为了明确“各家”的思想、主张以及特征，我们可以把先秦时期的战略思想按派别进行比较分析（表 3-1）。

表 3-1　先秦诸子的战略思想比较

派别	代表人物	战略思想		主要观点
儒家	孔子	治国战略	治生战略	认为人心相通，只要人人能够推己及人，互相关怀，用礼来熏陶培养人的伦理道德观念，用法辅助礼来约束人，就能够逐渐走向一个和谐美好的社会，实现天下大同的伟大治国战略目标
道家	老子	老庄学派（治生战略）	黄老学派（治国战略）	认为“道法自然”，即无论是治国还是人生都离不开“道”，治国只要把握了“道”，国家就可以无为而治，实现和谐与稳定；个人掌握了“道”其人生也可以返璞归真，进入圣人的境界
法家	商鞅、韩非	治国战略思想		认为历史是向前发展的，一切法律和制度都要随历史的发展而发展，既不能复古倒退，也不能因循守旧。商鞅提出“不法古，不循今”的主张
兵家	孙武、吴起、姜尚、孙膑	军事战略思想		认为战争是政治的继续，关系到一国或一个民族的生死存亡或被人奴役的大事。强调怎样从宏观上把握战争、赢得战争
轻重家	无	经济战略思想		主张通过商品经济富国、强国，提出了国家通过货币、商品的“轻重”关系来调控经济的观点。为实现国家富强，达到称霸天下的目标，轻重原则是服务于整体国家战略的，因此是一种宏观经济视角的治国战略思想
纵横家	苏秦、张仪	外交战略思想		主要体现在多元化的趋势中既结盟又抵抗的特征，是现在多极化趋势中各国或者各企业之间既竞争又合作的战略思想的雏形
墨家	墨子	治国战略	治生战略	认为治国应该通过大力倡导人与人之间的兼爱平息战乱。治生提倡的是一种侠义精神，故有人称墨家的人生思想为侠客之道

秦之后至今，儒家和道家的国家战略思想融入了佛教的一些理念，演化成中国传统的为人处世之道；兵家的军事战略思想与西方的辩证法结合后，联系中国的军事实际情况，智慧交融，诞生了毛泽东军事战略思想。可见，如今具有影响力的战略思想，在中

国古代都可以找到渊源。因此，先秦是中国古代战略思想发展的鼎盛时期。

3.1.3 东方战略思想的主要内容

东方战略思想的基本思想体系形成于先秦诸侯争霸的乱世之际，成熟于秦汉“大一统”的封建王朝建立之时，这种历史与文化条件对东方战略思想的发展方向起到了决定性作用。外部竞争优势和内部长治久安成为东方战略思想服务于国家管理与社会管理的基本目标，由此逐步形成了独特的战略思想内容体系。先秦几百年的战乱和王霸之争使东方传统的军事战略思想达到了一个前所未有的高峰，富国强兵成为各个诸侯国追求的目标，因此东方战略思想中关于竞争的战略思想最先得到重视，至今仍发挥着深刻的影响。秦朝统一六国以后至汉代，治理庞大的统一帝国成为最艰巨的任务，早期诸子百家对治国思想的探讨最终在汉初形成以儒家思想为主体、融合道、法及诸家“治国之道”，如何实现国家的长治久安是“治国之道”的核心，由此形成的国家管理思想实质上体现了一种战略管理特征。

因此，东方战略思想所面对的基本国家管理任务可以归结为两点，即如何实现竞争优势？如何实现长治久安？这两方面的思想对今天的企业战略管理仍有深刻的借鉴意义。

在具体内容上，经历萌芽、发展以及成熟阶段后，东方战略思想主要包括三大部分：一是治军层面的战略思想；二是治国层面的战略思想；三是治生层面的战略思想。所谓治生战略，就是针对管理主体的人生战略。

1. 治军战略思想

以《孙子兵法》为代表的东方军事战略思想是世界上最早的战略思想。《孙子兵法》等兵书既关注对战役和战争的整体规划，同时又关注战略的执行和变化的过程，这是一种战略思想。因此，东方军事战略思想主要由治军战略思想和治敌战略思想组成。治军战略是基础，只有整治好自己的军队才能与敌人对抗，达到治敌的目的；治敌是治军的运用和检验，是灵活运用战略、战术的思想打败敌人、取得胜利的战略思想。

2. 治国战略思想

在先秦时期的东方战略中，治国战略思想主要体现在儒家、道家、法家、墨家、轻重家以及纵横家的治国战略思想中。发展到秦朝，儒、道、法这三家合流后产生了一种新的、特有的治国战略思想。到近现代时期，从洋务派、维新派、革命派到民国以及新中国都有自己的治国战略思想。在当代，东方治国战略思想的典型代表是邓小平的内政外交战略，邓小平的国家战略思想对中国的统一及发展所产生的影响十分深远。

3. 治生战略思想

人生战略不仅是东方战略思想的主要内容之一，也是东方战略思想与西方战略管理理论中的主要区别，是东方战略思想中的特色。从西方战略管理理论来说，人并不属于组织的范畴，因此，在西方没有关于人生战略的提法。但东方战略思想认为：作为战略管理的主体，人与其实施的战略管理并不是对立、排斥的关系。所谓人生战略也就是对人生的态度、规划以及为人处世之道等，其发挥的作用不容忽视。

3.2　东方战略思想的文化背景

3.2.1　哲学思维

管理活动中的思维，往往更多地依赖于类比和直觉，尤其是在中国。这样的类比式推理根源于文化，由文化所形成的思维方式具有相当高的稳定性。中国古代一直没有严密的逻辑学，唐代“因明学”的引进也未能引起多大反响，直到近代严复翻译《穆勒名学》，才开始在中国建立西学的思维模式。这一过程恰好说明中国文化的思维特色，而这种思维特色，对管理的作用是显而易见的。要了解东方战略思想就必须了解东方文化的哲学思维背景。

东西方的文化背景是不一样的，在文化背景下体现的哲学思维方式也存在差异。具体来看，东方战略哲学与西方企业管理哲学的区别主要体现在以下四个方面：一是两者强调的理性形式不同。东方管理文化强调的是“实用理性”，西方管理文化强调的是“技术经济理性”。二是两者对管理的认识不同。东方战略思想认为战略管理主体与战略管理客体存在非二元对立，重视战略管理的主体——人（包括人的观念以及思维方式等），把人作为管理的出发点和归宿。西方企业战略管理理论认为战略管理的主体与客体是相对立的，在企业管理理论中，强调战略管理主体对企业、环境等客体的规律性认识是制定战略的基础。三是两者的思维性质不同。东方战略思想是以利害关系推导为基本原则和逻辑的价值推导性思维。西方企业战略管理理论是以逻辑实证为基础的认知型思维。四是两者的思维形态不同。东方战略的思维具有灵活性和经验性，更重视感悟、直觉的形态特性。西方企业战略管理的思维具有明晰性和理论性，更重视分析和辨别的形态特性。

东方战略思想的哲学思维是在《易经》中体现的。《易经》是中国传统思想文化的本源，其对东方人的价值观、人生观、世界观以及为人处世方式产生的意义十分重大。《易经》产生于中国的远古时期，其哲学思想——“易”主要包括三个方面，分别是“变易”、“不易”、“简易”。所谓“变易”，简单来说，就是宇宙中的万事万物都处在不断的运动、变化中。所谓“不易”，是指万事万物的运动和变化都不是杂乱无序的，它们的变化都是有规律可循的，从存在规律的角度来看，也可以认为是“不变”的。所谓“简易”，就是找到和掌握了宇宙中万物的变化规律，就能很简单地把握看似风云莫测的变化了。在《易经》中同时阐明了“太极与阴阳”、“天人合一”和“非二元对立”等观点。“太极与阴阳”中的“太极”就是天地万物的共同根源。太极中包含阴阳两种对立因素，这两种因素不仅对立统一，而且互相转化、互相交感，正是因为阴阳两种势力相互斗争又相互协调的关系，才由“太极”派生出了天下万物。所谓“天人合一”中的“天”并非指神灵主宰，而是“自然”的代表。“天人合一”就是说人和自然在本质上是相通的，故一切人事均应顺乎自然规律，达到人与自然的和谐。老子说：“人法地，地法天，天法道，道法自然。”（马王堆出土《老子》乙本）“非二元对立”这个观点更体现了东、西方战略思想最明显的差异，是东方战略思想的特殊的思维模式。简言之，战略管理的主体和战略管理的客体之间不是排斥、对立的。

从管理学的角度来看，《易经》中的“太极与阴阳”体现的就是要具有整体的观点，要懂得从整体、全局的视角去把握经济管理活动；“天人合一”体现的是人的管理活动必须符合客观的规律，才能达到事半功倍之效；“非二元对立”体现的是人生战略在战略管理中发挥的作用不容小视。

对《易经》的阐释与发展成为中国文化发展的重要力量，不同的人对《易经》有不同的认识、发展、完善，出现了不少哲学著作，对东方文化的发展产生了深刻的影响。《易经》中所体现的整体观、辩证观是东方战略思想的基本特征。《易经》是东方战略哲学思维的源头。

➢案例 3-1　松下的儒家管理哲学

日本知名企业松下电器公司（简称松下）的精神价值观和经营哲学以及由此决定的公司基本原则、信条和精神，吸收了儒家管理哲学的精华，为企业注入了新的血液。1933 年，松下幸之助在他所作的“社训”中，提出了松下电器公司应遵循的七种精神，即产业报国精神、光明正大精神、团结一致精神、奋斗向上精神、礼节谦让精神、顺应同化精神和感恩报德精神。这就是松下企业文化的核心——企业精神。松下还是日本第一家有公司歌曲和价值规范的公司，终身聘用、年工序列制等松下企业文化模式，为日本的经济发展做出了典范。当然，日本的成功，不能说全赖于儒家管理哲学，真正起决定作用的是能够促进生产力发展的经济制度。然而，在经济制度大抵相同的前提下，文化的选择就至关重要了。

在中国，许多人对儒家文化的看法还过分地强调它的阶级性，但是让儒家管理哲学与现代文明接轨，日本企业做得很好，在人们看到日本企业高效率、低成本、高品质的同时，是否能够看到企业文化中深深的儒家底蕴？

资料来源：方尔加．商道解读——经营之神松下的管理哲学．北京：中国科学文化音像出版社，2006.41～68

3.2.2　治国之道

“治国之道”是中国传统管理思想的主体，东方战略思想直接为国家的外部竞争优势和内部长治久安服务，是“治国之道”管理思想体系的重要内容。治国即治理国家，传统中国的社会结构是一种宗族结构，由不同等级、层次和规模的血缘宗法组织构成，治国包含了对各级血缘宗法组织的治理。在这样一种血缘宗法组织结构中的管理体现出一种政治伦理型的管理特征。“治国之道”建立在中国历史上独特的“血缘宗法组织”之上，这种组织以“身份等级”、“宗君合一”、“家国同构”、“父权家长制”等为特征，有着“天人合一”与伦理政治哲学、不同层次的宗族结构、庞大的官僚体系和“修身、齐家、治国、平天下”的治理递阶结构，集阶级统治、生产组织、日常社会生活组织和文化教化等多种管理功能于一身，形成一个完整的管理体系。治国思想则是指有关治国原则、治国方法、治国手段的理性认识和具体主张，即治国安邦的基本理论与思维方式。“治国之道”是东方管理文化的产物，是东方传统管理活动的基本内容，是东方战略思想的核心。

春秋战国时期在治国思想上也形成了“百花齐放”、“百家争鸣”的繁荣时期。儒家、道家、法家、轻重家、纵横家等各家在这一时期都提出了自己的治国管理观点，但最终是在汉初形成了以儒、道、法相融合为主干的中国传统治国思想。中国古代治国思想进入新的发展阶段是在秦汉时代，这一时期是中国封建君主专制集权的大一统帝国形成时期，其几乎形成了整个封建社会治国思想的框架与模式。在汉初确立了以“德治教化，修身治国”为核心，以道家“无为而治”和法家“以法而治”构成的“援道入儒”、“阳儒阴法”的思想结构，这样，以“大一统”为导向的“治国之道”管理思想体系基本形成。汉初形成的“治国之道”既是百家争鸣的成果，又是中国历史发展的选择。

儒家管理思想是传统“治国之道”管理思想的主体，先秦儒家治国思想的主要内容是“德治教化，修身治国”，强调对国家与社会的管理以每个个人和家庭生活为起点，使所有人都可以参与到这样一个社会管理进程之中。儒家治国追求“大一统”政治理想和国家长治久安的基本战略目标。儒家治国思想上承殷周以来的血缘宗法传统，下接秦汉帝国的封建君主专制，在血与火的冲突及思想的激烈辩论中，容纳道、法诸家思想，成为治国思想的主体。

法家的治国思路是“以法治国”，强调法、术、势，治国模式是“抱法、处势、用术”。法治即“明其法禁，必其赏罚”；势治即统治权在手，具有绝对的权威；术治包括了君主对臣下的治奸术、“循名而责实”的形名术、“因人而授官”的用人术等（何似龙，2002）。因而法家在治国操作上强调严刑峻法、君主操权和善使诡计，在以法治国的同时兼用术治。法家的治国思想与儒家的治国思想构成一种独特的阴阳相辅相成的结构，是我们理解治国之道的关键之一。

道家治国思想的核心是“无为而治”，然而我们不能将“无为而治”独立地看待，只有与“有为”一起相对应时才能理解“无为而治”，才能看出道家治国思想恰在于“有为”。“无为”是指应依照社会发展规律治理国家，顺其自然地作为。“无为”的目的不是放弃权力、放弃治理，而是在“无为”与“有为”之间巧妙地转换。

“治国之道”在汉代以后一直处于发展之中，但基本没有脱离儒为主、道法相辅的结构，直到近代，由于长期的停滞，传统的治国之道受到西方文化的强烈冲击。1912年，在孙中山等推动下，“中华民国”成立，这标志着中国两千多年君主制度的正式结束。传统中国的“治国之道”受到激烈的批判，国家开始面对现代化，进入持续的社会转型。

从中国古代到近现代乃至当代，帝王、领导人的“治国之道”都是与当时的社会、经济、文化背景密不可分的。我国传统“治国之道”思想和战略的产生和形成都是特定社会形势下经济基础的附属物。不可否认的是，东方战略思想中的“治国之道”，不仅对我国的治理发挥着重要的作用，而且对其他国家的治理产生极其深远的影响。

3.3 治军层面的战略思想

3.3.1 概述

治军层面的战略思想作为东方战略思想的主要内容之一，在先秦时期由于频繁的战争而获得极大的发展。《孙子兵法》是东方战略思想的一个高峰。

治军层面的战略思想主要包括治军和治敌。治军是治敌的基础，只有治理和管理好自己的军队，才能有效地打败敌人，取得战争的胜利，才能有效地实现治敌的预期目标。治军与军事竞争的程度密不可分。东方治军层面的战略思想主要表现在一系列有影响力的兵书中。例如，中国的《武经七书》是中国古代兵书的精华，是第一部兵法丛书，是宋代官方校刊颁定的军事教科书。它的颁定，确立了兵书在封建社会的正统地位，促进了古代军事学术的发展，不但在中国兵学史上占有极重要的地位，在世界军事学术史上也素负盛名。所谓《武经七书》，又称《武学七书》，简称《七书》，收录从先秦到唐宋的七部重要兵书，即《孙子》、《吴子》、《司马法》、《李卫公问对》、《尉缭子》、《三略》和《六韬》。

按照历史进程划分，治军层面的东方战略思想从周朝初年直至现代，一共经历了四个阶段，分别是治军层面战略思想的萌芽、发展、曲折发展以及转型四个过程，每个时期都有自己的特点和思想代表，如表 3-2 所示。

表 3-2 东方治军层面战略思想发展

阶段	时代	依据与基础	特点	代表兵书或思想
第一阶段：萌芽阶段	从周初到春秋中期	古代的宗法思想	战争权利的专有权，战争目的是为消灭战争，在战争过程中强调道德力量	《军政》等
第二阶段：发展阶段	从春秋末期到战国末期	智谋和实力	战争过程中的非道德性，战争的目的是获得资源，战争是国家生存和发展的基本活动	《孙子兵法》
第三阶段：曲折发展阶段	从秦汉到清朝末期	儒体兵用的思想	战争观以儒家为主体，军事战略理论以兵家为依据	《三略》、《唐李问对》
第四阶段：转型阶段	从鸦片战争到现代	东西方战略思想的学习	战争中的战略思想从西方引进，战争的战略战术发生了飞跃，战争指导的核心为掌握主动权	毛泽东军事战略思想

3.3.2 基本内容与特征

1. 基本内容

东方治军层面战略的基本内容主要是从东方军事战略的兵书中提炼而来的。基本内容体现在四大阶段的军事著作中。

1）先秦时期

《孙子兵法》主要论述了治军和治敌两个基本内容。在治军方面，《孙子兵法》提出，治军的基础是为将之道，强调了人生战略的内容和思想，并详细列举了良将应该具有的良好德行。另外，提出了良将必须对军事计划和行动保密，并且忠于国家和人民。在治敌方面，《孙子兵法》论述战胜敌人的方式，阐述取得军事竞争优势的思想。

《吴子》中治军层面的战略思想充分认识并强调了政治和军事之间的互动关系，关注的是大战略层面的问题，主要从国家内部和外部划分军事战略。它对内（治军方面的核心和目的）使国家能够繁荣、稳定，对外（治敌）又离不开内部国家管理的支持。这个观点凸显了军事与政治是不可分离的，更加强了对现实状况的指导意义。

《司马法》提出："凡人，死爱，死怒，死威，死义，死利。凡战，教约人轻死，道约人死正。"明确了治军的依据，并且以人性为出发点。治军就是要教导士兵看轻死亡，引导他们为了正义而死。此外在治军方面也要求军队的行动和思想的高度一致性，这是治军的目的。在治敌方面，《司马法》有"五虑"和"战权"的说法。所谓"五虑"，即"顺天、阜财、怿众、利地、右兵。"即打仗要考虑天时是否合适，财富是否充足，众人是否支持，地形是否有利，军队是否训练好了。"战权"为"大小，坚柔，参伍，众寡，凡两"，即军队声势的大小、力量的强弱、编制情况、人数的多少等，这称为战争需权衡的东西。

《六韬》中认为治军的基础直接与将帅的"修身"有密切的关系。在兵书中主要比较了贤将与不贤之将，提出了贤将所应有的特点。对于士兵，在治军方面还提出"爱卒"的思想，就是要在军队中精选精兵。在治敌方面，《六韬》把政治谋略与军事谋略相结合，讲究不战而胜的策略。

《尉缭子》是一部涉及面比较广泛的兵书，书中的内容涉及战争的基本理论、政治及经济的各个领域。它也同样提出了治军的基础是良将，尉缭描绘了良将应具有的德行特征以及治身的手段。《尉缭子》认为严刑峻法是治军的重要特征，十分重视军队的执法。从这一点来看，其思想与"法家"很接近。在治敌战略思想方面，《尉缭子》相信军事力量的准备是一切战争胜利的前提和保障，认为单单依靠"权谋"是不能保证击败敌国的，战争的胜利和给敌国带来的恐惧更多的源于自身充分的准备而获得的强大的实力。

《孙膑兵法》中更加关心的问题是如何治理国家以及如何推行道义。在治军层面的战略思想中认为处于基本地位的不是战争而是富国强兵的战略。其中明确提出了将领为治军的基础因素，必须具有"公正"、"仁爱"、"恩德"、"信用"的品质。其中，"公正"是统兵的条件；"仁爱"是统兵的中心；"恩德"是统兵的手段；"信用"是统兵的支点。此外，《孙膑兵法》的治军目标与当时时代背景所追求的"称霸天下"具有一致性，提出了"战胜而强立，效天下服矣"。孙膑在治敌方面强调的是君主、将和士兵三者之间的配合，认为这是战胜敌人的根本原因，也是对于谋略的实际应用。

2）秦汉至唐时期

《三略》（《黄石公三略》的简称）分《上略》、《中略》和《下略》三部分，该兵书的特点是黄石公立足于更宏观的视角来论述统军治理战略。在治军的基础方面，不但说明了将帅应该具备的"德行"，而且提出了将帅与君主的关系，注重收揽人心、强调将帅的表率作用以及赏罚分明的制度。在治敌战略思想方面，非常重视对战略要地的控制，战略要地的得失往往会影响整个战争全局的成败。《三略》的这个观点推进了东方治军层面战略思想的进一步发展。

《唐李问对》的最大特色在于它是一部对兵学问题进行系统总结的兵书，主要是针对从春秋到唐代中国兵学发展的一个小结。在治军方面，其论述的内容并不多，只是概括性的只字片言。不过，在治敌的战略思想方面，主要讨论了三大方面：一是给敌人假象，迷惑敌人，从而出其不意取胜的思想；二是进攻与防守是统一的，进攻是防守的转机，防守是进攻的手段，两者都是为了争取胜利的思想；三是比较双方的形势，知己知彼，最终变不利形势为有利形势的思想。

3）宋明时期

《纪效新书》是戚继光在东南沿海平倭战争期间练兵和治军经验的总结。书中包括非常丰富的治军思想，阐述了练兵的必要性和重要性，对练兵的理论和计划也论述的较为系统和完善。此外，强调从严治军包括三部曲，分别是兵营的建立、士兵的筛选、士兵的训练，制定了六条措施整顿军队。针对治军的基础将帅不仅要有治敌的武略，而且还要精通各种技艺，要做士卒的表率。在治敌方面，《纪效新书》重视兵器在战争中发挥的重要作用。

《何博士备论》这部兵书可谓别具一格，主要对从战国至五代的兴衰成败和 22 个军事人物进行了评述，可以看成是一部人物评论集。《何博士备论》说明了要赢得战争的胜利就必须“智”。所谓“智”就是正确的谋略，其与在战争中取胜所用的“勇”存在很大的差异。在治敌方面，其主要强调的是柔胜为本的战略思想。具体来说，就是在敌强我弱的情况下，要取胜就只能走柔胜的道路。因为，柔胜是最经济、最廉价的取胜之道。此外，在决策过程中还要关注双方的心理活动，以实现“不战而屈人之兵”的目的和效果。

《草庐经略》对古代军事思想进行了比较全面、深刻的阐述，而且有自己的独立见解，对后世有一定影响。全书共 12 卷 152 篇。每一篇的内容都是首先进行理论阐述，然后引用古代战例或用兵故事及兵家言论，来证明自己论点的正确性。《草庐经略》在论述治军方面，提出了在选拔将帅时，以“任人唯贤”为原则，在军队中重视训练和主张公平、合理，奖惩分明。并且在激励士气、解决粮饷等方面也有自己独特的见解。在治敌方面，深入探讨奇正。指出奇正之妙是“相生”、“相变”，“正生奇”，“奇归于正”。利用奇正的战略思想在战争中取得胜利。

4）近现代时期

近现代以来，中国进入了长期抵御外族侵略和革命战争的阶段。军事战略思想在东西方文化的冲突与交流中产生了巨大的变化。中国的军事战略思想在发展中不断学习西方的军事战略思想。伴随着这一过程，中国社会发生巨大变革，形成了许多战略思想的创新。早期爱国志士在抵御外侮的过程中，提出了相应的富国强兵之策。

毛泽东军事战略思想是中国近现代军事战略思想的杰出代表。毛泽东军事战略思想是在借“前车之鉴”以及顺应时代的呼唤和革命斗争实践的需求下出现和发展的。在治军战略思想方面，毛泽东重视用思想来武装军队。高度的政治自觉性产生的是军队坚决服从命令，个人利益服从集体利益，局部利益服从整体利益的思想。此外，他同时也重视民主，发扬民主，认为每个人都可以各抒己见。在治敌方面，毛泽东创造性地运用唯物辩证法的观点，分析中国革命战争的特点而得出指导作战的原则，提出了“敌进我退，敌驻我扰，敌疲我打，敌退我追”的游击战争。这是对我国革命战争实践的总结，是经得住战争考验的成果，是战略，是战术，是歼灭敌人的措施，更是东方军事战略思想的一大创举。

2. 主要特征

在长期的战争实践及历史发展之中，东方军事战略思想形成了一些重要的特征，这些集中反映在古代兵书及历史典籍的丰富记载之中。

1）重视智谋

在中国古代兵书中，对于智谋的重视主要来源于两个方面：一方面是我国社会过渡的因素。在从长期的奴隶社会向封建社会的转变过程中，战争连续不断，在这样的形势下，就需要有为之士能给君主出谋划策来取得战争的胜利，保全君主地位。另一方面是我国军事技术的因素。从我国古代的军事技术水平来看，几乎都是处于冷兵器时代，用兵器来克服外界的障碍难以实施，因而，相比之下，有智谋的计划和策略就显得尤为重要。所以，东方治军层面的战略思想的特征之一就是对智谋的崇尚。

2）重视大战略

东方治军层面的战略思想不论是治军方面还是治敌方面，要达到的目的都是取得战争的胜利。不过，由什么来决定战争的胜与负，各个兵家的看法并不相同，有的认为战争的胜负取决于军事实力的强弱，有的认为战争的胜与负是考虑军队中有无“良将”，还有的强调朝廷的政策。《孙子兵法·计》提出，“兵者，国之大事，死生之地，存亡之道，不可不察也”，强调了军事和政治的关系；《吴子》表明了战争的准备与国家政治的密切关系；《尉缭子》提出了军事与政治的理论形态。可见，在中国古代，人们就在一定程度上认识到了政治和军事行为的制约关系，并强调对大战略的重视。

3）重视思辨

东方治军层面的战略思想中，无论是《吴子》论文武，《孙膑兵法》论奇正，还是《司马法》论轻重，都具有思辨的特点。《吴子》认为，对一个国家来说，文治与武功相辅相依，相反相济，不可偏废。因为修文德才能安和众人，有武备才能防范敌人，两者一表一里，互通互济。《孙膑兵法》提到许多奇正之变，奇和正不应拘泥于某种具体的含义，而应看做是一种承认事物有相对性的思维格式，即只要是与对方打法不同而又能置对方于死地，便叫做奇。可见，中国军事著作对于兵书中概念的解析和实际操作有机结合的论述已经富有哲理性和实践性，重视思辨已是东方战略思想的特征之一。

3.3.3 《孙子兵法》中的战略思想

《孙子兵法》是中国也是世界上流传下来的最古老的军事理论著作，学习战略管理不能不了解《孙子兵法》。《孙子兵法》中论述的“知彼知己，百战不殆”、“得道多助、失道寡助”等战略思想，“避实而击虚”、“因敌变化而去取胜”的应变策略，“令之以文，齐之以武”、“令民与上同意”等带兵原则，“千军易得，一将难求”、“将者，智信仁勇严也”等人事哲理，都对现实具有重要的指导意义。

1. 治军方面

1）治军的基础

“将”在《孙子兵法》中是重要的主题，是治军的基础。将帅是军队的组织者和指挥者，将帅素质的好坏，对军队战斗力的强弱至关重要。《谋攻篇》指出：“夫将者，国之辅也，辅周则国必强，辅隙则国必弱。”既然将的地位如此重要，作用如此重大，那么，应该选什么样的人为将呢？孙子认为应该选“有能”的将帅和“知兵之将”。“故知兵之将，民之司命，国家安危之主也”（《作战篇》）。“有能”和“知兵”的将帅，就应具备“智、信、仁、勇、严”和“进不求名，退不避罪，唯民是保”（《地形篇》）的品格。

通观《孙子兵法》十三篇，孙子对将帅素质的论述可分为以下四个方面：第一，渊博的知识，以智用谋；第二，高超的指挥艺术和进取精神；第三，掌握治军之道，善于用兵；第四，高尚的品格，良好的心理。此外，孙子告诫将帅要充分认识五种致命的心理状态，即“必死，可杀也；必生，可虏也；忿速，可侮也；廉洁，可辱也；爱民，可烦也”（《九变篇》）。将帅在战场上，或抱必死之心，或贪生怕死，或急躁易怒，或过分爱惜名声，或溺爱民众而不顾全大局，这五种心态都极易被敌人利用，造成严重后果。因此，孙子要求将帅要控制和调整好自己的心理和情绪，以避免导致失败，“凡此五者，将之过也，用兵之灾也。覆军杀将，必以五危，不可不察也”（《九变篇》）。孙子对将帅素质的论述是《孙子兵法》留给我们的宝贵财富，在当今仍有借鉴意义。

2）治军的境界

《孙子兵法》中强调的最高境界是“不战而屈人之兵”，“百战百胜，非善之善者也；不战而屈人之兵，善之善者也。故上兵伐谋，其次伐交，其次伐兵，其下攻城”。“不战而屈人之兵”是一套完整的、系统的战略思想。从实际的条件而言，要有强大的综合国力；从实际的力量而言，敌我力量对比的话，我军在数量上要多于敌军；从实行的手段而言，一是伐谋，二是伐交；从实行的范围而言，既适用于孙子当时的春秋末年的诸侯国，也适用于当今世界；从实行的目的而言，孙子强调的是“全胜”，即“必以全策争于天下”。“安国全军之道”是孙子所认为的至高无上的战略原则。

第一，以“威加于敌”作为达到目标的心理战术。《九地篇》：“威加于敌，故其城可拔。”由此可见，“不战而屈人之兵”是以心理学上的威慑，使敌人在心理上产生畏惧作为基础的。

第二，以优势的实力和充分的迎战准备作为全胜的物质基础。《形篇》：“昔之善战者，先为不可胜，以待敌之可胜。”从前善于打仗的人，先造成不可胜的形势，来等待敌人有可以胜的机会。《九变篇》：“故用兵之法，无恃其不来，恃吾有以待也；无恃其不攻，恃吾有所不可攻也。”所以备御外敌的法则，不要把希望放在敌人不会来犯的可能上，而要我们做好准备足以备御才是可靠的。也不要把希望放在敌人不会发动进攻的可能上来，而要我们充分做好防御，使敌人无隙可乘才是可靠的。

第三，以非军事手段的“伐谋”、“伐交”作为达到全胜的有效手段。“不战而屈人之兵”的“不战”，指的是军事斗争的不战，而在军事以外的领域里则可达到激战的程度。其中最为激烈的当属外交了，外交为军政之眼目，军政为外交之后盾，外交详审，军政修明则可全胜。

第四，以周全的“修道保法”措施作为达到全胜目标的可靠保证。《形篇》：“善用兵者，修道而保法，故能为胜败之敌。”善于用兵的人，既修明治道又确保法纪，所以才能做出制胜的策略。

3）治军的手段

《孙子兵法》的治军手段主要体现在以下三个方面：

一是先求能守以自保，次图能攻以取胜。孙子曰：昔之善战者，先为不可胜，以待敌之可胜。不可胜在己，可胜在敌。故善战者，能为不可胜，不能使敌之必可胜。故曰：胜可知，而不可为。也就是说，从前善于打仗的人，先造成不可胜的形势，来等待敌人有可以胜的机会。

二是自保全胜之道，要在修道保法，胜于无形。孙子认为，善于打仗的人，常自立于不败的地位，却不放过使敌人失败的机会。因此，胜利的军队先造成胜利的形势，而后才找机会同敌人开战；失败的军队先同敌人开战，而后妄图求得侥幸的胜利。

三是列举制胜的五项兵法，并设比喻刻画胜兵进攻时的形势。在《孙子兵法》中这样提到“兵法：一曰度，二曰量，三曰数，四曰称，五曰胜。地生度，度生量，量生数，数生称，称生胜。故胜兵若以镒称铢。败兵若以铢称镒。胜者之战人也，若决积水于千仞之谿者，形也。”即有了地就要产生计算距离远近的度，有了度就要产生计算面积大小的量，有了量就要产生计算配备兵员多少的数，有了数就要产生计算敌我兵力轻重对比的称，有了称就可以得出优胜劣败的判断。所以，胜兵打败兵如同用镒称铢一样（处于绝对的优势），败兵打胜兵如同用铢称镒一样（处于绝对的劣势）。打胜仗的人使用人民战斗，如同决开八千尺深溪中的积水那样，这是一种兵力充足的表现。

2．治敌方面

1）治敌的基础

《孙子兵法》中论述的治敌的基础除了治军之外，还强调了平时要用“五事”来经营军事，并主张在战争前，对敌我双方的情况，作重点比较，争取计划的实施。孙子曰：“故经之以五事，校之以计而索其情。一曰道，二曰天，三曰地，四曰将，五曰法。道者，令民与上同意，可与之死，可与之生，而不畏危也。天者，阴阳、寒暑，时制也。地者，远近、险易，广狭，死生也。将者，智、信、仁、勇、严也。法者，曲制、官道、主用也。凡此五者，将莫不闻，知之者胜，不知者不胜。”孙子的战略运筹有着丰富的内容，包括了敌对双方有关战争胜负的基本因素。用他的话说，就是“经之以五，校之以计”。“五”就是“道、天、地、将、法”，曹操称之为“五事”。“计”是“五事”的重复，而不是另提新的内容。

2）治敌的手段

《孙子兵法》治敌的方式和手段可以概括为下列几点：

第一，攻其无备，出其不意。《孙子兵法》中提到要在敌人无准备的情况下突施攻击，要在敌人意想不到的情况下采取行动，这是军事家取胜的奥妙，是不能事先规定的。要做到“攻其不备，出其不意”，至少应该注意三点：①选择适当的时间和地点，确实掌握敌方的“备”与“无备”；②巧妙地隐蔽自己的意图和行动，否则敌方有了“备”，而我方反而“无备”，只能一败涂地；③以迅雷不及掩耳的速度和力量发起突然攻击。在如今的市场竞争、体育竞赛及其他领域中，这一原则得到了普遍的验证。

第二，未战先算，多算取胜。原文说：“夫未战而庙算胜者，得算多也，未战而庙算不胜者，得算少也。多算胜，少算不胜，而况于无算乎！吾于此观之，胜负见矣。”

孙子在讲述了既有客观物质条件的优势、又有主观指导上的正确之后，最后得出结论："吾以此观之，胜负见矣。"即是说，主客观胜利条件都充分具备之后，谁胜谁负就端倪可见了。战争的决策者一定要在战前做周密的谋划，对战争中可能出现的种种情况做出不同的估计和安排，也就是说，要打有准备之仗。

第三，造势与运用诡道。简单来说，造势就是要设法造成战场上的有利态势，辅助作战来打败敌人。《孙子兵法》："计利以听，乃为之势，以佐其外。势者，因利而制权也。"孙子认为，用兵打仗必须遵循奇诈多变的原则，"兵者，诡道也。故能而示之不能，用而示之不用，近而示之远，远而示之近。利而诱之，乱而取之，实而备之，强而避之，怒而挠之，卑而骄之，佚而劳之，亲而离之。攻其不备，出其不意。此兵家之胜，不可先传也"。

➢案例 3-2　海尔的"兵法"

《孙子兵法》中有"兵无常势，水无常形"，市场在变，环境在变，企业必须跟得上变化，走到变化的前面，才能做到以变制变。海尔几十年不断变革它的管理理念，其"以变制变"的求变思想是海尔不断创新发展的内在动力。

从过去简单的电冰箱、洗衣机，到现今的上万种产品；从实施名牌战略，到多元化战略。待中国要加入 WTO 时，海尔意识到自己要面临国际化的大公司，于是进行战略调整，积极推进海尔国际化战略，进入国际市场。随着信息技术的发展，海尔又感到这一技术将对企业的经营带来革命性的变化，又改变策略，利用信息技术实行速度发展战略，通过组织结构扁平化，流程再造，实现了物流和现金流的改变，为企业带来了又一次腾飞的动力。

海尔的口号也在变，从"无搬动服务"到"五个一服务"再到"星级服务一条龙"。海尔十几年来的发展道路，实质上就是成功运用兵法中的"变"来实现战略与形势的匹配。

资料来源：杨克明．海尔兵法——张瑞敏 40 个先行理论与实战版式．北京：中国经济出版社，2003

3.4　治国层面的战略思想

3.4.1　概述

东方治国层面的战略思想是伴随着国家的产生而出现和系统化的，然而，国家的形成不是一朝一夕就有的，而是一个漫长的历史过程。中国早期国家产生于夏商时代，那时已经具备了国家的基本要素，包括王权、军队、官僚机构、国家意识形态等。但是，中国早期国家的诞生与血缘宗族这种社会组织的产生分不开，国家治理与宗族社会组织的管理融合在一起，"宗君合一"的宗法制度在夏代就已经成为社会组织的基本原则。所谓"宗君合一"是指代表宗族的宗统和代表国家的君统合二为一，以宗族的等级秩序来组织和管理国家。这种国家形态深刻影响了中国历史的发展，治国之道的诞生以及其中的治国战略思想从内容到特征都与此密切相关。

1. 发展阶段

东方治国层面的战略思想主要的发展阶段可以分为四个时期。

第一个时期包括夏、商和西周的治国思想。这个时期国家政治形态日益形成，尤其周代形成的分封制与宗法体制已经比较完善，在此基础上出现了比较系统的治国思想。

第二个时期是春秋战国时期的治国思想。这一时期出现了治国战略思想的“百家争鸣”，包括孔子以“仁”、“礼”为核心的治国思想、墨子“尚贤”与“兼爱”的治国思想、孟子的“仁政”与“王道”之治、老子的“无为而治”的治国之道、荀子的“富国裕民”与“帝王之术”、韩非的“法、术、势”与君王专制、管子的“为君之道”的治国思想、晏子的“勤俭”治国的处世之道等。

第三个时期是秦汉时期的治国思想。这一时期是中国古代治国管理思想定型阶段，以“大一统”为主要特征，儒、道、法三家的治国思想融合而形成了中国古代治国管理思想的基本构架。

第四个时期是秦汉以后出现的治国思想。尽管各个朝代治国战略各有不同，但基本都延续秦汉时期的构架，并在治国管理上进一步完善。

总体上，中国传统治国战略思想在先秦时期就已发展起来，并形成独特的思想体系，而先秦治国战略思想是其基础。

2. 春秋战国时期的治国思想

儒、道、法三家的治国思想是中国古代治国思想的主要内容。但是，在汉代“罢黜百家，独尊儒术”的变革之前，治国思想及其实践是异常丰富的。春秋战国时期的百家争鸣实际上也是各种治国思想的大讨论。

春秋“五国称霸”，战国“七国争雄”，可见当时的战争十分频繁。每个国家的君王都有自己统治国家的思想和方略。这一时期，许多有识之士也都纷纷向君王献策，一度出现了中国学术史上的鼎盛时期。

管仲的治国思想使得齐国率先富强。管仲有突出的务实精神与治国才华，他所实行的改革，是立足于富国强兵思想基础之上的。他说：“凡治国之道，必先富民。民富则易治也，民贫则难治也，奚以知其然也？民富则安乡重家，安乡重家则敬上畏罪，敬上畏罪则易治也。民贫则危乡轻家，危乡轻家则敢凌上犯禁，凌上犯禁则难治也。故治国常富，则乱国必贫。是以善为国者，必先富民，然后治之。”因此，他主张：“府不积货，藏与民也。”藏粮与民，民富国强，这是他治国思想的根本。

李悝的治国思想使得魏国称霸一时。李悝是战国前期倡导变法改革政制的思想家，他所推行的新政使得魏国在战国前期就率先富裕起来。他认为国家要富，必须要有丰富的物质基础，倡导“尽地力之教”，鼓励耕耘，扩大面积，提高产量，增产增收。他还建立了许多制度来奖励英勇奋战、立有军功的普通士兵。此外，李悝还编著了我国历史上第一部比较系统的法典——《法经》。《法经》是以刑法为主，兼有民法和诉讼法的一部综合法律。这部法律维护了国家的利益，巩固了统治，对魏国的稳定与繁荣起到了积极的作用。

吴起的治国思想使得楚国富国强兵。吴起是战国初期的著名军事家和政治家，他先后在魏、楚施展自己的军事才能和政治才华，并建立了卓著的功勋。在治国方面，吴起首先在政治上采取压抑贵族、强化中央集权的政策，大量裁减官僚机构的无能官吏，控制贵族之间的勾结，有力打击了贵族势力，并坚决要把官吏队伍整顿到公而忘私的地步，扫除官场的歪风邪气。可见，吴起的治国思想关键是政治上的治理。

商鞅变法思想奠定了秦国的统一基业。商鞅是战国中期杰出的政治家和改革家。商鞅变法在我国历史上是成功的典范。商鞅入秦后，经景监引荐，与秦孝公见面，进行三次长谈，第一次和第二次商鞅均谈到用“帝”、“王”之道，采取仁政礼治。第三次商鞅提出用“霸道”治国，至此，秦孝公就决心重用商鞅变法。此后，商鞅为取信于民，还“立木赏民”，以示言而有信。商鞅变法一共进行了两次，推动了政治、经济的管理体制改革，奠定了秦国一统天下的基础。商鞅变法不仅改变了秦国的面貌，也影响了整个中国历史的进程。

总之，先秦的治国思想异常丰富，是后人取之不尽的思想遗产。

3. 主要特征

1）贤人治政模式

贤人治政也就是由贤能之人治理国政，即古人常说的人治。人治是我国古代特别是先秦时期政治思想史上的一个重要概念，是儒家的政治思想主张，其基本思想旨趣是对于贤人治政的伦理诉求。人治主义是中国儒家政治哲学的实质。它以人为核心，强调“为政在人”，主张“施仁政”、“尊贤使能”，其特点是“为政以德”。就其重视人的素质在政治中的作用而言，人治思想是有重要价值的，中国儒家在总结人治主义统治经验的基础上，形成了其特有的政治思维方式，反映了中国古代政治家的政治智慧。但是，人治思想在现实中却与皇权政治相结合，使独掌军队和司法大权的皇帝凌驾于社会公共准则和法律之上，没有任何力量可以制约。人治模式在国家及社会的管理中造就了一个个皇帝或小皇帝，其影响一直延续到今天，是企业管理者必须关注的问题。人治之所以长期存在，其经济根源在于自然经济和小生产者脆弱的经济地位；商品经济不发达，使自由、平等、民主、法治思想难以生长；私有财产没有法律保障，使财产所有者难以行使政治权利；地主经济与专制政权相互为用，使人治政治得以长期延续。

2）儒、法、道家思想占主导地位

诸子百家的治国战略思想在思想结构和理论体系中的地位不同，发挥的作用不同，对后世的影响也不同。儒家、法家、道家的治国思想更能从本质上体现东方治国战略思想的核心精神，即以切合实际、具体实用的面貌主导东方治国战略思想体系的构建，体现出深厚的实用理性与入世意味。其中，儒家主张用“仁义礼乐”指导治国实践，侧重以德治国，提倡教化民众，节制剥削，以建立和谐合理的国家管理秩序；法家强调以法治国，主张以严刑峻法来强制百姓服从专制统治，以暴力为基础，建立严密冷酷的社会政治秩序；兵家主张“文武并用”，恩威兼施，因地制宜来实施有针对性的管治措施，以实现经国治军的目标；道家本着“道法自然”的原则，主张在治国上以“无为”的手段，达到“无不为”的目的，以取得主动优势的地位，使人与自然和谐相处，顺理成章地达到理想的治国境界。儒、法、道家的治国思想是东方治国战略思想的主体成分，更能反映其本质特征与价值取向。

3.4.2　诸子治国之道中的战略思想

1. 儒家的治国思想

先秦儒家治国战略思想产生于春秋战国时期，这一思想由孔子创立，经孟子发展，荀况集大成，其代表著作分别是《论语》、《孟子》及《荀子》等。孔孟儒学的治国思想是中国传统文化的重要组成部分。他们提出以人性论和合理合法性依据为治国战略的基础，以实现小康社会、社会安定和谐以及大同世界为治国战略的目标，以实施礼治与仁政为治国战略的手段的一套系统的治国思想。把人性论作为治国的起点。孔子没有谈论人性是善还是恶的问题，仅仅提出人“性相近”，但更重视“习相远”，昭示人性可以改变。通过后天“习”的综合持久过程，人性（包括人的自然属性的某些功能和社会属性），可以在人为可控度以及变动的趋向上产生相应的变化。

儒家的治国思想有其合理合法性依据。所谓合法性依据，是指古代管理赖以生存的、反映治国主体意志并适应其政治需要的国家主体意识。它随着时间的推移逐步发展为社会多数人所共有的一种信念，进入人们的自觉有意识，或沉入人们的自发无意识。合法性依据是一种历史观念，它随漫长的国家前社会和早期国家的发展而逐步形成。通过合理性（一般非科学理性，实质上是一种宗教信仰），人们求得内心的认同，从而获得内在的管理约束力。儒家明确认为，修身是齐家、治国、平天下的前提和基础，也是儒家强调修齐治平的根本目的。为了使国家兴旺发达，国泰民安，儒家呼吁：“自天子以至庶民，壹是皆以修身为本。”

总之，儒家的治国思想是从“以人治人”出发，使用“德治教化、修身治国”的“治国模式”，实现“小康社会、大同世界”的理想社会。

2. 法家的治国思想

法家是战国时期提倡以法治为核心思想的重要学派。法家提出以“人性论”和“合法合理性依据”为国家发展战略基础，以建立集权法治的经济和军事都强大的国家为国家发展战略目标，以“法”、“术”、“势”相结合为国家发展战略手段的一整套思想。法家把人性论作为治国的起点。法家人士在各自的理论建构方式上有共同特点，那就是一方面以进步的历史观为外在的客观依据，“不期修古，不法常可，论世之事，因为之备”；另一方面以独特的人性论即以对人的心理实质及其发展观的理解为内在的主观依据，认为人或是“趋利避害”，或是“自为”。由此，法家主张以严厉的教育来规范人的行为，使其心理发展观蒙上了极浓的功利色彩。“法”、“术”、“势”都是不可缺少的“帝王之具”，必须兼而有之，以达到“位有其劳，君有其成”的目的，才能造成一种“强不凌弱，众不暴寡，耆老得遂，幼孤得长，边境不侵，君臣相亲，父子相保，而无死亡系虏之患”（《韩非子·奸劫弑臣》）的政治局面。法家国家发展战略思想所具有的政治功能使其获得了合法性依据，但是，把它作为一种较完善的国家发展战略思想，还须寻找到它的合理性依据。这里，合理性依据主要表现为构成韩非子国家发展战略思想的理论基础。

总之，法家的治国思想是从“因道全法”出发的，提倡“抱法、处势、用术”，以实现“至安之世”的理想社会（何似龙，2002）。

3. 道家的治国思想

针对当时的社会现实及社会发展趋势，道家提出了以“道法自然”为国家发展战略基础、以“无为而治”为国家发展战略手段、以“小国寡民”为国家发展战略目标的一整套系统理论和方法。“道法自然”是老子思想的基础，在此基础上论述和分析其“无为而治”和“无为而无不为”的政治原则。为此，统治者应该从遵从人的本性出发来治理国家，把人性论作为治国的起点，最终实现“小国寡民”的理想社会。老子政治思想的核心是反对集权政治，其无为而治的发展模式，是通过统治者的无为、无知、无欲、无事即自然化统治者之道的途径，使统治者消解智欲，回归自然，回归于德，然后行不言之教，处无为之事，引导人民回归自然，回归于德，进入一个无为而治的自然王国，过着一种自足素朴的生活。

总之，道家的治国思想是从“道法自然”出发的“无为而治”，以求实现“小国寡民”的理想社会。

3.5 治生层面的战略思想

3.5.1 概述

人生情怀从来都是东方的管理者不可或缺的基本素养。东方治生层面的战略思想，主要是关于人性，对人生和日常的个人生活如何自我管理、如何与人相处、如何与人竞争等与个人人生发展相关的战略性思想。从某种意义上说，治生层面的战略思想构成了治国战略及治军战略的社会思想基础，这是东方战略思想的独特之处。

《易经》：“是故列贵贱者存乎位，齐小大者存乎卦，辩吉凶者存乎辞，忧悔吝者存乎介，震无咎者存乎悔。”这五点不仅用于卜卦，而且包括了人生哲学的五大原则。后来春秋战国时期的诸子百家也大量阐述过治生的问题，并提到将帅、君王等所应具有的品行、人生规划以及为人处世之道。因此，人生问题是东方哲学思想的出发点和立足点，东方战略思想离不开东方治生层面的思想。

东方治生层面的战略思想主要分布于两个时期：第一个是先秦，诸子百家的人生战略思想包括了儒家、道家、法家、墨家以及纵横家的治生思想。第二个是秦汉以后，治生思想得到发展。

3.5.2 处世之道中的战略思想

1. 先秦诸子的治生战略思想

(1) 儒家的人生战略思想。儒家提倡仁政和至善，教导人们如何与周围沟通，要“修身、齐家、治国、平天下”，树立广阔和远大的思想境界，还主张“永生”。儒家的人生战略就是要追求一种理想人格的形成。关于理想人格儒家有着非常丰富的论述，先秦儒家思想先后提出了“圣人”、“君子”、“大丈夫”、“士”、“贤”等人格称谓。儒家为人处世之道最重要的原则就是“忠恕”之道。“忠恕”被视为可以贯穿孔子之道的基本原则。“恕”是由孔子最早提出的，并规定为“其恕乎，己所不欲，勿施于人”，“夫仁者，己欲立而立人，己欲达而达人。能近取譬，可谓仁之方也已”。后世儒家对“忠恕”

的解释为将心比心，设身处地为他人着想之意。根据忠恕原则行事，就是要修身主体根据自己内心的体验来推测别人的思想感受，达到推己及人的目的。

（2）道家的人生战略思想。先秦诸子中的道家可以划分为两派：一派是黄老道家，关注治国问题；另一派是老庄学派，关注人生问题。老子智者之道，提倡自然人生，主张以一种自然的态度对待生死。对老少生死要任其自然，才能有潇洒自在的人生。还主张不与人争，随遇而安，清净无为，不敢为天下先。老子提出了一套以弱胜强，以柔克刚的为人处世之道。《老子》所谓的“反者道之动，弱者道之用”，这些弱用之术，用得好可以应对人生中各种考验，使得自己能够成就一番事业；如果用于个人不正当的目的，就会衍生出各种阴谋诡计，让人防不胜防。韩非子的帝王之术正是从老子的思想中得到启发而形成的。

（3）法家的人生战略思想。从某种意义上说，法家的人生战略是不成功的。法家认为人都有“好利恶害”或者“就利避害”的本性。商鞅曾说过：“人生有好恶，故民可治也。”法家反对保守的复古思想，主张锐意改革。韩非子则进一步发展了商鞅的主张，提出“时移而治不易者乱”，他把守旧的儒家讽刺为守株待兔的愚蠢之人。

（4）墨家的人生战略思想。墨家在治生层面的战略方面主要关注人与动物的区别。墨子看到了动物只能采集，而人类却能劳动，这是两者的本质区别。从“赖其力者生”这一人的本质观念出发，墨子建立了他的人生哲学体系：一是人人平等的思想；二是重视人的主观能动性；三是主张尚贤举能和崇尚功利的思想。

（5）纵横家的人生战略思想。纵横家出现于战国至秦汉之际，多为策辩之士，可称为中国五千年中最早也最特殊的外交政治家。纵横家并不专崇一种主张或观点，而是根据实际需要定其取舍，故忽而用儒，忽而用道，构成了所谓的一纵一横。从总体上来看，纵横家对于人生的哲学是这样认为的，人生所求是自我生命体验的复杂、视野的宽广、经历的丰富。

2. 秦汉以后的治生战略思想

治生思想的发展在明清时期达到一个高峰，传统社会的成熟已经使人们从历史与社会现实中总结出许多人生哲理，这些处世思想影响着管理者的行为和他们对战略的态度。这一时期的《菜根谭》、《小窗幽记》和《围炉夜话》等可谓中国最传统、最有影响的三部为人处世的经典之作。

3. 治生战略思想的基本特征

（1）中庸的态度。《菜根谭》认为为人处世之道要不即不离，采取中庸的态度，它是一个重要人生战略原则；并且认为为人处世，既不能跟一般人同流合污做坏事，也不要标新立异故意与众不同；做事既不可以处处惹人讨厌，也不可以凡事都竭力奉承来博取他人的欢心。中庸就是恰到好处，主要做到：第一，勿逞己长；第二，忌趋炎附势。《围炉夜话》对于中庸处世原则提出了为人必须有主见，做事应知权变的具体要求，“为人循矩度，而不见精神，则登场之傀儡也做事守章程，而不知权变，则依样之葫芦也”。

（2）对“诚”的重视。在人际交往中，“诚实”、“诚心”、“诚意”也是十分必需的。《菜根谭》中的“真诚为人”、“信人已诚，疑人已诈”就是说明在人际交往中要以诚相待，以诚换诚。就像“信人已诚”那样，在交往中自己相信别人是真诚的，是因为自己首先就是真诚的，这是人们合作和交往的前提。《小窗幽记》认为真出于诚，诚由于真，“市恩不如报德之为厚，要誉不如逃名之为适，矫情不如直节之为真”。《围炉夜话》把诚信视为立身之本，提出“一信字是立身之本，所以人不可无也；一恕字是接物之要，所以终身可行也”。一个人如果失去了信用，那么任何人都不会接受他。

（3）宽以待人的思想。《菜根谭》认为“律己宜严，待人宜宽”、“责人宜宽，责己宜苛”等是人际交往的首要原则，是保持良好的人际关系的必然要求。《菜根谭》还提出“功让一步”、“过归己任”、“功让他人”、“处事要让”等人际交往原则，这都是严己宽人原则的体现。“过归己任，功让他人”是人际交往继续的前提。但“过”确是双方共同造成时，尽管自己承揽下来，也应让对方明白，否则有可能使对方犯更大的错误。但必须明确的是，“宽”、“恕”、“忍”并非无原则。

➢案例 3-3　西安杨森的雁群文化

作为中国最初几家合资企业之一，西安杨森几十年来一直注重企业文化建设。杨森主张整个公司像雁群一样具有凝聚力，像大雁一样跟着带队者，与团队同奔目的地，愿意接受他人的帮助，也愿意帮助他人。力图让全体员工经过企业文化建设的系列教育，对公司产生深厚的感情，公司老总也曾经说过：“企业价值观的树立不能仅仅停留在几条标语、几个口号的表面形式上，需要培养一种气氛，还需要举办一系列有特色的活动。”

杨森的企业气氛中充满着中国传统文化中的亲情，这是杨森取得成功的不可或缺的文化因素。公司将每个员工当做自己的亲人看待，大家联络感情、相互关怀。此外，公司举办“井冈山长征”活动，提倡艰苦奋斗精神，同时赋予长征新的意义。通过“井冈山长征”活动，不仅培养了员工对企业的责任感、对社会的责任感，而且培养了团队精神。因为在“井冈山长征”中，一个人是走不下来的，需要互相帮助。经过“井冈山长征”，人与人之间的关系更融洽了。

虽然在西方管理思想中，将人更多地当做经济人，但是杨森注重社会人的一面，这是中国传统文化的体现。在杨森，一种“求和”的思想贯穿企业文化建设之中。

资料来源：西安杨森：文化是魂 .http：//www.95100.com/news/NewFile/200652201658.htm.2006-5-22

➢本章总结

1. 本章介绍了东方战略思想的内涵、提出的背景、发展的过程以及主要的内容。本书所指的东方战略思想乃是东方儒家文化圈中，以中国传统战略性的管理思想为主体的思想体系。东方战略思想在企业全球化竞争的时代正显示出独特的价值，越来越受到人们重视。

2. 理解东方战略思想需要首先关注东方的传统哲学思想和治国思想两个文化背景。它们主要体现在以《易经》思想为核心的东方战略哲学和以中国传统治国之道为核心的东方治国思想之中。

3. 治军层面的东方战略思想包括军事管理（治军）思想和军事竞争（治敌）思想，

这两部分内容是相互结合的，治军是进行军事竞争获取胜利的基础，军事竞争离不开军队治理，而治军的依据又和军事竞争的激烈程度密切相关。《孙子兵法》中的战略思想是代表。

4. 东方传统管理活动的基本内容是治国。在中国由于国家政治体系早在商周时期就已经形成，历经先秦治国之道的争鸣和西汉成功的治国实践，逐渐奠定了以儒、道、法家相融合为主干的治国思想，东方国家战略思想的精髓就蕴含在东方传统治国实践中。这部分主要论述了治国的内容和特征以及春秋战国时期诸子百家中的儒、道、法家的治国思想。

5. 治生层面的战略思想，即人生战略思想，乃是东方战略思想的独特构成内容，主要是指对人性、人生以及如何进行自我管理、如何与人相处、如何与人竞争等与个人人生发展相关的战略性的管理思想。

参考文献

何似龙，施祖留 . 2001. 转型时代管理学导论 . 南京：河海大学出版社

苏东 . 1997.《孙子兵法》与西方管理理论比较研究之我见 . 科学管理研究，(5)

王学秀 . 2006. 中国情理文化与伦理协调型企业管理模式 . 天津社会科学，(1)：85～88

许卫 . 1998.《孙子兵法》与现代企业战略管理 . 当代财经，(3)

杨先举 . 2005. 孙子管理学 . 北京：中国人民大学出版社

张国 . 2002. 中国治国思想史 . 北京：新华出版社

张澍辑，方家常注译 . 1997. 诸葛亮文集全译 . 贵阳：贵州人民出版社

张文儒 . 1998. 中国兵家与儒道法各家的兼容互补 . 江汉论坛，(6)：9～13

张阳，周海炜，李信民 . 2009. 东方战略管理思想 . 北京：科学出版社

中国人民解放军军事科学院战争理论研究部《孙子》注释小组 . 2005. 孙子兵法新注 . 北京：中华书局

中国孙子兵法网 . http：//www. szbf. cn

周三多等 . 1995. 孙子兵法与经营战略 . 上海：复旦大学出版社

Brow A. 1995. Organizational Culture. London：Pitman Press

Chen Min. 1994. Sun Tzu's Strategic Thinking and Contemporary Business. Business Horizons，37 (2)：42～48

Hall D L，Ames R T. 1998. Thinking From the Han：Self，Truth，and Transcendence in Chinese and Western Culture. Albany：State University of New York Press

Hatch M J. 1997. Organization Theory：Modern，Symbolic and Postmodern Perspectives. New York：Oxford University Press

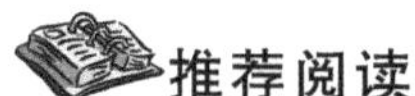

推荐阅读材料

孙武撰，曹操等注，杨丙安校理 . 1999. 十一家注孙子校理 . 北京：中华书局

这本经典的战略著作所包含的思想已经超越了时空，然而迄今为止我们对它的认识还处于苦苦探索之中。该版本不仅包含《孙子兵法》的内容，而且包含历史上诸家的批注，有助于我们进一步了解《孙子兵法》的内容。

苏东水 . 2005. 东方管理学 . 上海：复旦大学出版社

在社会经济面临巨大转型时，我们需要探索源于自己历史的管理思想。该书是关于东方管理思想内容体系的著作，东方管理文化的本质特征有三条："以人为本"、"以德为先"、"人为为人"。它们是现代管理文化转型之中的基本价值观。

成中英．2006. C 理论——中国管理哲学．北京：中国人民大学出版社

该书以《易经》为基础，以中国传统智慧与西方科学精神的融会贯通为目的，提出了管理的“C 理论”，是作者体察中西文化的差异、东西方社会组织的差异、东西方哲学思维方式、价值体验和历史经验的差异，并运用中国《易经》之哲学思想，而创新研究的学术成果。

钮先钟．2005. 中国古代战略思想新论．合肥：安徽教育出版社

该书以中国古代战略思想为主题，分先秦、秦汉、魏晋南北朝、隋唐宋、元明清五个阶段，探讨了长达三千年的中国古代战略思想演变。

周海炜，张阳，唐震．2007. 谋略与战略：管理文化的观点．北京：科学出版社

该书从管理文化的视角分析和介绍了传统谋略思想与西方战略思想的管理文化特征差异、传统谋略的演变、传统谋略与现代企业战略的冲突与谐协创新。对本土战略思想的发掘与探讨是本书的主要内容。

战略管理实践

企业的战略实践永远是最好的战略管理教科书。一方面，战略管理的许多思想、原则、方法均来自于企业；另一方面，企业的战略实践可以通过企业的兴衰反映一个完整而现实的战略决策及管理过程，通过这些企业的战略实践，我们不仅可以阅读而且可以体验这些企业的战略实践及其中隐含的许多知识。

20世纪的历史也是一个波澜壮阔的企业发展历史，这一时代产生了许多卓越的企业和企业家，正是这些企业和企业家推动着战略管理的创新。这些战略管理实践为我们的学习提供了很好的材料。

4.1 卓越的战略管理实践

以下所选择的一些企业和管理者均对20世纪以来的战略管理发展做出了卓越贡献，他们以其卓越的战略理念和经营成效获得了尊敬，而他们的实践直接推动了战略管理的发展。

4.1.1 卓越的企业

1. 通用电气：多元化战略的典范

“通用电气的发展史是一个不断创造高潮的故事，也是足以令万千企业效法的蓝本。”这是美国著名经济学家彼得尔给通用电气的一句总结性话语。

美国通用电气公司（简称通用电气）（GE）成立于1892年，作为一家有着110多年历史的“全球老字号”企业，作为世界上最大的多元化企业，目前在全球100多个国家开展业务，拥有员工30多万人，产品规格达25万多种。除了生产消费电器、工业电器设备外，还生产制造军火、宇宙航空仪表、喷气飞机引航导航系统、多弹头弹道导弹系统、雷达和宇宙飞行系统等。产品品种之多，行业跨度之大，让人匪夷所思。而其下属的11个业务集团，无论从规模还是从技术上讲，都在同行业中名列三甲。

回顾通用电气100多年的发展历程，一个最重要的环节就是，以各种方式“大肆”吞并国内外企业。多元化经营在国际经济界中一直是一个非常具有争议性的命题，早间在企业中曾风行“多种经营”，但成功者极少。即使有少数急先锋偶露“峥嵘”实施多元扩张，多以步入陷阱沉沙折戟而告终。所以，后来多数专家学者认为，企业要想长久发展，要想做大做强，就必须做一行专一行，善始方得善终。通用电气的成功颠覆了这一观点，通用电气多元化经营之所以能够成功，与其践行的另类管理模式有着密切关系。

在通用电气的内部，战略管理工作备受重视。其公司的董事会负责审批战略，管理层负责制定、实施、控制战略，正是这一套明确的战略管理程序，使通用电气的战略得以科学地制定并严格地实施。韦尔奇为通用电气制定的战略愿景就是“成为全球最具竞争力的企业”。通用公司在争取世界领先地位的征途中，最主要的工作之一就是确立明确的战略愿景，在持续坚守的战略意图指导下，逐步进行一系列的战略规划，并根据环境形势的变化和发展的需要及时进行动态调整，使企业不断建立新的竞争优势，最终迈向世界领先地位。

通用电气的产品质量闻名于世，这与通用电气多年采取六西格马原则对产品质量进行严格控制密不可分。显然仅仅有多元化战略是不够的，通用电气的成功是一个管理体系的成功。

因此可以这样说，战略和质量是通用电气在百年历史中的立身之本。通用电气多元化发展不仅造就了一个巨型公司，而且成为众多企业学习的典范，如果谈到多元化战略，就不能不提到通用电气。

2. 微软：创造了一个产业

微软公司（Microsoft）成立于1975年，总部位于美国雷德蒙德，公司目前在60多个国家设有分支机构，全世界雇员接近44 000人。微软是世界PC机软件开发的先导。

微软的发展历史就是软件行业发展的一个缩影。1981年，微软为IBM编写新PC关键操作系统软件（MS-DOS），此后，该软件风行一时，成为20世纪80年代各种PC的标准操作系统。到90年代，微软视窗操作系统实质上成了PC操作系统的垄断者。

微软的成功取决于其在操作系统，应用软件方向的不断探究与开发。微软与通用电气不同，很少大肆搞多元化跨行业的扩张，其软件方向专业化的经营理念一直保持了二十几年。另外，微软的创新能力首屈一指，微软总是把技术研发摆在关键地位，并将技术看做公司唯一可长期延续的财富和优势。

微软始终专注于操作系统的开发，不断进行技术创新，不仅仅是在经营视窗产品，经营企业，而且是在经营一个产业。微软始终作为软件产业先行者的身份出现在各种场合，公司专业化的经营以及持久的创新能力为公司奠定了在软件行业的不二地位。

3. 丰田汽车：丰田生产方式

丰田汽车公司（简称丰田）是日本最大的汽车公司，创立于1933年。员工总数65 000多人，有523家子公司 。旗下汽车品牌包括丰田、皇冠、光冠、花冠、克雷西达、凌志等。

事实上，丰田汽车起初的路途并非顺利，公司成立之初，遭遇了第二次世界大战，战争摧毁了日本工业，也摧毁了成长中的丰田。日本在各种生产力要素都十分匮乏的条件下，生存与发展的需要催生出了一种崭新的商业思路与运行方式。时势造英雄，丰田喜一郎因地制宜地“用更少实现更多，优雅的解决方案就是以最少的努力产生出最佳的、最理想的效果。”

20 世纪六七十年代，丰田进入发展的黄金时期，闻名于世的丰田生产系统（TPS）应运而生。它是“为实现企业对员工、社会和产品负责的目的，以彻底杜绝浪费的思想为目标，在连续改善的基础上，采用准时化与自动化方式，追求制造产品合理性的一种生产方式”。首先采用严格的质量控制，不使次品流入下一个流程，各个流程均保证产品质量。还有就是不断改善（排除不必要的程序），以降低产品成本，增强产品竞争力。

进入 20 世纪 80 年代，丰田开始了向世界扩张的历程，此时丰田以其优质的质量、低廉的价格、省油的特色，在欧美市场及亚洲市场大受欢迎。

在管理发展史上，“丰田生产方式”是一个里程碑，既是日本企业管理创新的标志，也是科学管理成功进入非西方的文化体系并获得成功的代表，对东方文化圈中的企业产生了深远的影响。尽管迈克尔·波特认为这种对效率的追求并不是一种战略，但日本企业广泛地获得成功是一个不可否认的事实。所以我们也可以问：这不是战略，是吗？

4. 宝马公司：捍卫自己的品牌

宝马公司（简称宝马）创建于 1916 年，总部设在德国慕尼黑。它是一个生产高档轿车和摩托车的企业集团，业务遍及 120 多个国家，宝马是一家出口导向的汽车公司，其产量的 2/3 出口，主要出口到高度工业化国家，如欧盟成员国、日本和美国。宝马是一家充满活力的企业，即使在全球经济不景气的情况下，宝马的销售量仍然保持了增长势头。

宝马已经连续盈利 40 年，这在汽车工业史上绝无先例。在高端市场上，宝马的差异化壁垒的建立依赖于技术和品牌两个方面。宝马以生产高档车为宗旨，其销售定位于特定的用户，并且以高档价格出售，致力于捍卫自己的品牌地位，从不生产廉价的“经济型”汽车。“宁可放弃市场，也不损害自己的品牌形象。”这就是宝马固执的经营方式。当然，高端市场的捍卫需要过硬的技术以及符合高端消费群体口味的设计，宝马的技术研发不仅一直处于世界前列，而且能将高技术与人性化有机地结合起来。“卓越动力性能”和“品牌形象”使人们能够充分“享受驾驶乐趣”。

宝马向世人展现了品牌战略与品牌管理对企业发展的重要性，品牌与企业竞争优势合为一体。

5. 诺基亚：成功的战略转型

1865 年，一个叫弗莱德里克·艾德斯坦的工程师在芬兰南部的一条河边建立了一家木浆加工厂。这就是顶尖科技的电信业巨人—诺基亚的前身。

经历了 130 多年历史的发展，诺基亚曾经是一个包括造纸、化工、橡胶、电缆、电子等多方领域的集团公司。20 世纪 80 年代，在公司走向国际化的时候，诺基亚并没有选择大而全的经营道路，而是经过理性的自我分析和调整，逐步甩掉了所有其他行业产品的包袱，完全投身于自己的强项—通信行业。今天，诺基亚已成为世界领先的移动电话供货商、移动和固定电信网络及相关客户服务的领先供货商之一，同时还为固定和无线数据通信、多媒体终端和计算机监视器提供解决方案和产品，产品行销 130 多个国家，全球雇员超过 44000 人。

虽然公司位于寒冷闭塞的北欧，但诺基亚总是生气勃勃且不断创新。它的技术和产品代表的是创新和未来，领导了整个行业界的潮流。它的成功经验有许许多多，其战略宗旨“科技，以人为本”更是广为流传。基于此战略，诺基亚的产品以其人性化的设计，经久耐用的品质闻名于世。

从一个传统领域中的公司成功地转型为世界级的通信产品公司，诺基亚的战略转型以及创新理念成为许多企业学习的标杆。

4.1.2 卓越的企业家

1. 杰克·韦尔奇

杰克·韦尔奇 1935 年生于马萨诸塞州萨兰姆市，1960 年获得伊利诺伊大学化学工程博士学位，同年加入 GE 塑胶事业部。1981 年 4 月，年仅 45 岁的韦尔奇成为通用电气公司历史上最年轻的董事长和首席执行官，执掌通用电气 20 年，2001 年 4 月卸任，被称为“全球第一 CEO”。

回顾韦尔奇的管理生涯，他在执掌通用电气的 20 年中领导 GE 完成了 993 次兼并，这是世界大型跨国公司战略实施的惊人之举。韦尔奇深刻地认识到，只有摘掉老迈的制造业官僚机构企业的帽子，才能带领企业腾飞。韦尔奇使通用电气从一家传统制造业巨头转变为以高科技制造为根基，以服务业和电子商务为导向的企业巨人。并购不仅使公司成功转型，而且使通用电气由一家市场价值在全美上市公司中仅排名第十的公司，发展成赢利能力位列全球第一、市值 4800 亿美元、位居世界第二的世界级大公司。

韦尔奇坚持多元化的经营理念，制造业方面，通用电气除了生产消费电器、工业电器设备外，还生产制造军火装备，航空航天系统等；服务性产业方面，通用电气还是美国前列的无线电广播提供商和电子商务提供商。通用的行业跨度之大令人惊叹。如今，通用电气旗下已有 12 个事业部成为其各自的市场上的领先者，有 9 个事业部入选《财富》500 强。

韦尔奇如何领导如此庞大的集团快速发展，其管理举措值得后人学习。在任期内，韦尔奇的五项遍及全公司的创新举措，永久改变了韦尔奇称之为 GEDNA 的东西。这些创举包括：经营全球化、学习型的企业文化、优质的服务、六西格马质量原则和数码化（电子商务）。其中，他所推行的六西格马标准、全球化和电子商务，几乎重新定义了现代企业。

2. 英瓦尔·坎普拉德

英瓦尔·坎普拉德 1926 年生于瑞典南部的斯莫兰省，他拥有几乎与生俱来的经济头脑，很小时就骑着自行车向邻居销售火柴。1943 年，在英瓦尔 17 岁时，父亲资助他创建自己的公司。宜家（IKEA）这一名字就是创始人名字的首写字母（IK）和他所在的农场（Elmtaryd）以及村庄（Agunnaryd）的第一个字母组合而成的。起初的宜家以倒卖杂货为主，1951 年，坎普拉德决定停止其他产品的销售，主攻低价家具的生产和销售，真正意义上的宜家在那时正式出现。

1955 年，宜家开始自己设计家具。坎普拉德开创了可折叠家具的概念，这成为宜家成功的秘密武器。几十年来，宜家公司在全球开设了 180 多家连锁店，成为全球最大的家具生产销售商。而坎普拉德的个人财产也直逼盖茨。

总结坎普拉德的成功秘诀，其精准的市场定位是关键，宜家的家具为大多数人买得起、实用、美观而且廉价。宜家的折叠式家具更是由于简单便携，占地空间小，受到老百姓的欢迎。物美价廉、服务大众也是宜家的核心价值观。

3. 松下幸之助

松下幸之助 1894 出生于日本和歌山县，只受过 4 年小学教育。1918 年，23 岁的松下幸之助在大阪建立了“松下电气器具制作所”，在其执掌松下 60 年来，从普通的电池、环型灯管到大屏幕彩电、录像机、音响，乃至于移动电话和大规模集成电路等，五花八门的松下产品已经渗透我们生活的各个层面，松下始终以“为了使人们生活变得更加丰富、更加舒适，并为了世界文化的发展做出贡献”为经营理念从事着企业经营活动。

松下幸之助是日本著名的企业家，被称为日本的“经营之神”，他的企业经营管理经验备受世人重视，享誉全球。回顾松下幸之助的一生，可以认为是日本企业经营之道发展的一生，“事业部”、“终身雇佣制”、“年功序列”等日本企业的管理制度都由他首创。松下的成功，首先在于他对人的管理，在松下，“企业为家”是员工信奉的观点，作为企业的管理者，“企业即人”这个道理早已扎根于心，松下幸之助特别重视员工的生活，松下电器的发展得益于其员工勤勤恳恳的劳动，日本企业的员工敬业精神、奉献精神享誉全球，这些都需要一个企业家长久的培养。

松下对品牌及信誉的重视，也是其经营理念的重要组成部分。松下幸之助视信誉如同生命，在处理事情时，宁肯有别的损失，也不干一丝一毫有损信誉的事情。松下幸之助把招牌和信誉当做法宝，运用自如，出神入化。

4.1.3 卓越的咨询公司

1. 麦肯锡管理咨询公司

麦肯锡公司是国际知名的管理咨询公司，在战略咨询方面尤其声誉卓著，为战略管理领域贡献了许多成功的经验和知识。1926 年，麦肯锡公司成立于芝加哥，由芝加哥大学教授詹姆斯·麦肯锡本人创立。经过 80 余年的发展，麦肯锡公司在全球 44 个国家开设了 80 多个分公司，咨询顾问共计 7000 余人，成为当今世界咨询公司的典范、楷模。公司上下秉承统一的企业使命——“帮助企业高级管理层诊断解决战略、组织机构和经营运作方面的关键性议题，显著并持久地改善企业机构的经营业绩，并使之成为能够吸引、培育和激励杰出人才的优秀组织机构”。

麦肯锡公司为人称道的，是一致的公司价值观、行为规范以及独特的公司文化。麦肯锡公司的核心价值理念是服务客户，“客户对麦肯锡公司提供的咨询服务满意使麦肯锡公司成功，麦肯锡公司的成功是伴随客户的成功一起成功的；麦肯锡公司的根本目标是为客户服务而不是为了利润”。此外，麦肯锡公司严格的用人机制，专业化的办事风格也为其成功奠定了根基。

2. 波士顿管理咨询公司

波士顿管理咨询公司（BCG）成立于1963年，由亨德森创立。经过近40多年的发展，波士顿咨询公司走出了一条“用知识管理占据市场”的经营之路。

波士顿咨询公司（BCG）为人熟知的，不只是一家著名的全球企业管理咨询公司，更是战略管理咨询领域的先驱。公司的最大特色和优势在于公司已经拥有并还在不断创立的高级管理咨询工具和理论，波士顿咨询公司为管理理论的发展做出了卓越的贡献，他们率先提出并成功运用推广一些著名的管理理念和分析模型，丰富了管理理论，也闻名于世界。著名的“波士顿矩阵”、经验曲线、以时间为本的竞争、针对市场细分的营销法、以价值为本的管理模式、持续增长方程式、股东总值、价值链分析等，均出自这家公司之手。

一家咨询公司能在几十年内持久的推出新的管理理论模型，创新精神应该是公司核心的价值所在。

3. 罗兰·贝格咨询公司

罗兰·贝格咨询公司（Roland Berger）于1967年由罗兰·贝格在德国慕尼黑建立，40多年来，公司已经发展成为全球一流的战略咨询公司之一，在全世界23个国家设有33个办事处，全球共拥有1 685名雇员，其中咨询顾问1 200名。

罗兰·贝格以其“创新战略”闻名于世，公司常常能够打破常规。公司战略从有力的组织结构，到革新性的商业流程，罗兰·贝格公司在经营管理的各个层面能够为世界一流企业提供建议。此外，罗兰·贝格坚持真正的“客户导向”，不刻意追求理论的先进性，但非常强调方案的可操作性，每个咨询顾问始终设身处地地思考，实用是罗兰·贝格的特色。

罗兰·贝格强调自身和客户的共同成长，罗兰·贝格在项目操作过程中向客户毫无保留地传授自身积累的行业经验，同时也能够向客户学习，这种精神能使公司保持持久的优势。

4.2 工业时代：通用汽车的战略实践

20世纪是工业化发展的顶峰，既是一个工业时代，也是一个管理时代。钱德勒认为工业资本主义是建立在现代工业企业的强大组织能力之上的，大规模的工业企业的出现使社会经济获得巨大的发展。在这一进程中，通用汽车公司（General Motor Corporation，GM）无疑是一个典型的代表。无论从企业发展的进程和成效，还是管理等方面，通用汽车几乎可以代表20世纪的工业时代。通用汽车起程的战略实践甚至直接触发了战略管理的诞生和发展。

4.2.1 通用汽车的改革与发展

1. 通用汽车概况

通用汽车是目前全球最大的汽车公司，其核心汽车业务及子公司遍及全球，共拥有325 000名员工。通用汽车迄今在全球33个国家建立了汽车制造业务，其汽车产品销往 200 多个国家。公司是由威廉·杜兰特于 1908 年 9 月在别克汽车公司的基础上发展起来的，成立于美国的汽车城底特律。自 1931 年起通用汽车成为全球汽车业的领导者。

通用汽车经营的业务范围很广，它的主要产品包括：汽车、铁路机车、推土机、发动机、柴油机、冷藏设备、家用电器以及各种国防尖端技术产品等。但在其销售额中，有五分之四是从销售汽车中取得。

2. 通用汽车的创立

通用汽车的前身是 1907 年由戴维·别克创办的别克汽车公司，1908 年美国马车制造商威廉姆·C. 杜兰特买下了别克汽车公司，并通过兼并等手段合并了当时美国汽车业中的一些主要厂家，创立了通用汽车公司，1909 年杜兰特又合并了另外两家小汽车公司：奥克兰汽车公司（现在的庞迪亚克分部）和卡迪拉克汽车公司。新成立的通用公司是一个控股公司，所属的各公司基本上保持独立经营的地位。到 1910 年，通用公司已经先后购进了 17 家小汽车公司，但由于过快发展使公司很快陷入资金困境，杜兰特经营不善被迫辞职。1916 年，杜兰特在杜邦财团的暗中帮助下，购进了通用汽车公司一半以上的股票，又控制了通用汽车公司，担任总裁，同年正式成立通用汽车股份有限公司。

3. 杜兰特的创业时代

杜兰特的创业时期正是福特汽车的 T 型车大行其道的时代，福特汽车利用流水线方式大规模生产低价车型占据了上风，并保持绝对优势地位长达 19 年之久，人们通常把这个时代称为 T 型车时代。福特主张搞大而全的工厂，家长制领导，大量生产单一品种的廉价车。福特的经营理念可以用一句话概括：主张集中。

但杜兰特与福特不同，杜兰特希望组建一个覆盖汽车市场各个领域、囊括汽车产业链上下游全部环节的制造巨人，杜兰特主张专业化工厂联营，搞多品种的大量生产，通过产品线的延伸与整合而进行合并。杜兰特从成立之初就指出了公司的三维战略，即生产适合各种不同口味和购买能力的不同品牌的汽车；在汽车工程领域内尽可能多样化；实行后向一体化进入汽车零部件生产领域。杜兰特的观点：主张分散。

通用汽车成立后，通过吞并和增加生产设施两种主要手段，走向大型化、集团化之路。从 1916 年通用股份有限公司成立到 1920 年，杜兰特带领通用汽车经历了一场庞大的业务扩张，收购雪佛兰、谢里丹汽车公司，收购了代顿公司，组建了加拿大通用汽车和通用汽车承兑公司，另外还组建了联合汽车公司，费雪车身公司为通用汽车提供零部件和各种附件。1908～1919 年，通用汽车由年产 2 万辆提高到 30 余万辆，通用汽车成为美国第五大工业企业，其在美国市场上的占有率 1920 年达到 17%。

但杜兰特对公司的管理，仍采取他过去所用的工厂制经验管理老办法，个人决策，独揽大权，事无巨细亲自过问。当然杜兰特也采用了当时流行的直线职能制模式以实现对整个公司的控制，但把企业的控制权过多地分解给中间层次——管理执行层，相对削弱了集权的有效控制，造成分公司各事业部总经理独立制定各自产品价格、全权处理存货和收入、直接同银行发生金融往来的局面。每个事业部在利润目标的冲动下，加强自己团体营造，不顾公司的总体利益，使整个公司管理处于混乱无序的状态。

1919年末1920年初，通用汽车内部危机开始显现，主要是经营过于分散的结果，由于各个事业部对自身利益的考虑，对可用资金使用过度，通用汽车的各个事业部都发生了预算超支的情况。同时，由于经济萧条，通用汽车库存开始大量积压，严重影响公司的运营。通用汽车此时债台高筑，于1920年底被杜邦财团接管，杜兰特也被赶出了由他创建并惨淡经营的通用汽车公司。

斯隆在其自传《我在通用汽车的岁月》中回忆，杜兰特是一个“有着伟大缺陷的伟大的人，他善于创造，却不善于管理，他能够因自己独到的见地而创建通用汽车，却未能带领通用汽车起飞”。

4. 斯隆的变革发展时代

1921年，皮埃尔·杜邦接替杜兰特，成为通用汽车新总裁。1923年9月，通用汽车总裁小艾尔弗雷德·P. 斯隆（Alfred Pritchard Sloan，Jr.）向通用汽车新任董事长杜邦提出了改组公司管理组织的计划；对公司的管理体制进行全面改组，建立反集权的分部式管理体制，这就是著名的“斯隆模式”。

1923年，杜邦卸任。斯隆担任公司总裁。为了将“集中政策控制下的分权经营”的理念付诸行动，斯隆非常详细地提出了几个应达到的目标：

（1）明确清晰地定义各个下属事业部的职能。

（2）明确总部的职能。

（3）集中执行权到总裁以及公司首席执行官手中。将制定决策与执行决策的职责进行明确的区分。

（4）保证总裁合理的管理幅度。使总裁能够有精力把握公司的总体政策而不是陷入事务性工作之中。

（5）事业部间建立横向的建言渠道。

为了达到目标，斯隆提出了以下公司组织改革方案：

（1）每一经营活动的执行经理人员所负的责任，不受任何限制。

（2）为了公司的整体和长远利益，公司核心领导层必须对各部门的经营活动实施必要的协调控制。

此后，斯隆具体实施了他的改革方案，建立“领导部门”——公司董事会或总管理处以担负决策任务，在它之下，设立财务委员会，实行对公司财务工作人员和财务状况的总控制；设立执行委员会，保持对公司业务经营活动的监督。建立“直线指挥部门”由各事业部或分公司来指挥各级部门的业务经营活动。同时，还必须在各级部门建立必要的职能部门，负责顾问、后勤以及职能范围内的日常管理。

企业产品方面，斯隆继续杜兰特的多样化路线，并将其发展。斯隆将旗下数十个汽车品牌按档次划分，以“一个市场一个品牌”的原则，大刀阔斧斩成几个互补竞争的“旗舰品牌”，积极投入市场。

生产方面，生产这些不同牌号汽车的单位各自都有管理人员和生产线。各个单位的经理既相互合作又相互竞争，但是相近的档次之间的车共用一些部件，以提高效率。斯隆这样做的目的是享用大规模的生产节约的成果。同样，通用汽车的配件、卡车、财政和其他部门也享有很大的自主权。在各部门领导中，成功者受奖，失败者撤职。斯隆既要通用成为大型企业，同时又力图使它保持小型企业的活力。

斯隆把销售放在首位。与福特汽车实施大规模生产，节约成本和生产过程改善不同，斯隆则要求不断改革式样。他指出了汽车外观（这是汽车在人们心中的形象）和销售的四条新原则，于 20 世纪 20 年代和 30 年代在通用公司实行并推广。“通用汽车充分认识到销售商是完成交易过程中重要的一环”，斯隆在出任总裁后不久就这样说道：“销售商有资本风险，制造商也是如此，两者要比以前更为同心协力才是。”销售技巧上，斯隆推出了分期付款、旧车折价、年年换代、密封车身四项特色方案。尤其是分期付款，在当时汽车行业还是首创。

斯隆的战略思想及其实践大获成功。短短 3 年内让濒临破产的通用汽车扭亏为盈，反败为胜，更为企业组织管理立下世纪典范。1921 年，通用汽车生产了 215000 辆汽车，占国内汽车销售量的 7%。到 1926 年年底，斯隆把生产量提高到 120 万辆小汽车和卡车，使通用汽车占国内汽车市场的 40%。1940 年，通用汽车生产了 180 万辆汽车，占当年汽车销售总量的 50%。

第二次世界大战期间，由于战时需要，通用汽车采取横向一体化战略，集中优势开发军事产品，大获成功。第二次世界大战以后，斯隆认识到将会有一场汽车热销期，推出了更大型、更有赢利潜力的小汽车，并巩固了在汽车市场上的主导地位，并在其他产品市场上也获得了主要地位，成为美国最大的军用品承包商。1955 年，通用汽车公司成为世界上第一个年利润超过 10 亿美元的公司。

1986 年，公司董事长斯隆退休，此时的通用汽车已经稳坐世界汽车龙头的宝座近 40 年之久 。

5. 罗杰·史密斯面对新环境

20 世纪 80 年代初，美国处于经济衰退之中，日本汽车在美国大受欢迎，此时，作为财务专家的罗杰·史密斯担任了通用汽车的董事长。

面对这种形势，史密斯采取了一系列集权措施。面对激烈的市场竞争，特别是日本车的挑战，史密斯进行了一些大刀阔斧的改革。史密斯擅长控制财务，从具体的管理职能中分离出经营委员会，一方面进一步协调各经营部之间的关系，另一方面超脱日常职能管理，把握公司的发展方向和投资方向，掌握公司的财务管理，建立更为严格的财务管理控制体系。各经营部无权擅自挪用资金，各经营部门的现金借贷都要通过总部，具体由财务委员会负责。财务委员会具有内部银行的功能，一方面调节现金的使用，承担经营部之间的结算业务；另一方面用投资利润率鼓励内部竞争，同时评价各经营部业绩，作为对各利润中心政策制定和高级管理人员任免的依据。重大决策方面，面对千变万化的外部环境，史密斯从斯隆临时委员会出发建立政策小组，研究重大专题项目的政策问题。

为了精简机构，应对日本汽车的挑战，史密斯采取了收缩型战略。调整原经营部的结构，建立通用汽车内部集团，创建通用卡车和公共汽车集团，然后解散了传统的五个轿车厂，合并为两个集团——雪佛兰庞蒂亚克加拿大廉价轿车集团和别克奥尔兹莫比尔-凯迪拉克豪华型轿车集团，增强了通用汽车的竞争能力。

此外，史密斯将高科技作为通用汽车的差异化竞争优势。20 世纪 80 年代中期，为了适应高科技的发展，使通用汽车在21世纪仍处于领先地位，史密斯提出了“土星计划”：集中财力，进行挖潜，采用兼并与控股手段，在实行多角化经营过程中，重点投向与汽车有关的高科技产业。如80年代初购买了一个庞大的电子数据公司，提高汽车的高科技含量。

史密斯的这些集权措施并没有把各经营部捆死，而且使斯隆的分散经营原则仍在继续运行，结果使通用汽车渡过了20世纪80年代的难关，继续保持着汽车行业领军者的地位。

4.2.2 斯隆

斯隆，出生于1875年。1895年从麻省理工学院毕业后，斯隆在其父入股的新泽西州海厄特公司谋得了一份职业，随后取得对该公司的控股权，26岁时出任海厄特公司总裁。当时，海厄特公司主要为福特和通用等汽车制造商生产车用滚珠轴承。年轻的斯隆深谋远虑，担心随着美国汽车的日益发展，这些制造商一旦自行生产轴承，海厄特公司就会陷入困境。因此，当威廉·杜兰特1917年8月重掌通用汽车大政，并一再提出收购建议时，斯隆当机立断，毅然将海厄特卖给了通用汽车公司，并在通用汽车旗下留任海厄特公司总经理。两年后，斯隆凭借优异的工作实绩升任通用汽车副总裁。

1922年，斯隆深得当时通用汽车董事长杜邦的赏识，接任通用汽车总裁。此后，斯隆采取了一系列的改组措施。通用汽车原来的管理组织机构很不健全。公司的领导工作，都集中在少数领导人身上，使他们无暇考虑公司的方针政策。为了公司的健全发展，斯隆提出了改组“通用”管理组织的计划。建议公司采取“分散经营、协调控制”的管理体制。自从20世纪20年代初期，根据斯隆提出的原则建立起一套管理组织机构以来，通用汽车的管理组织机构虽常变动，但其所依据的分散经营、协调控制这一原则，却没有什么重大的变化，公司的管理组织机构，仍由领导部门、直线指挥部门和职能部门三者所组成。

董事会是公司最高决策机构。只有经营范围、产品方向、生产规模、资金筹集、投资安排、计划目标、重要职员任免等重大问题，才交董事会及其委员会讨论决定。董事会设立若干委员会，其中最重要的是财务委员会和执行委员会。执行委员会负责公司经营活动的全面领导，掌握除财务以外的各项决策和指挥。财务委员会总揽公司的财政大权，如审批限额以上固定资本投资，规定公司的长期财务目标等。

通用汽车的直线指挥部门，由总管理处（总公司）、经营部门（分公司）及工厂三级所组成。它们是指挥公司业务经营活动的第一线工作班子。

总管理处的总负责人是总裁。其下设立若干部门组。各部门组根据所辖各经营部门所产产品或所提供服务的性质而组成（如汽车和卡车组、车身和装配组等），分别由一名副总裁来监管。他们不仅担负承上启下和左右协调等任务，并且对所辖各经营部门还具有管理权力。设立部门组的好处是：各部门组由副总裁分工领导，使总裁有更多时间考虑整个公司的问题；可以把部门组内部各经营部门的工作进行对比分析，有利于各经营部门工作的提高；此外，还有利于高级管理人员的培养和提高公司的经营管理水平。

各个经营部门一般是按产品对象设置的，如别克汽车部、费舍车身部、德尔可产品部等。它们是公司内部完整的自治经营单位，也是利润中心。在分散经营、协调控制的原则指导下，其负责人总经理，在经营管理上既具有全面的权力，又负有全面的责任。在一定限额之内，他有权作固定资本投资，可自行安排生产计划，决定零部件等的供应来源，负责产品销售，所得的现金虽要存入指定银行，但在一定限额内可以自由支用。各经营部门的主要任务，是提高质量，增加产量，降低成本，扩大销路，争取最高利润，遵守公司所规定的各种制度和标准，按时向公司报送计划和报表，为公司培养、输送管理和技术人才，完成公司所规定的各种任务。各经营部门组织机构的设置，因其所经营的业务的不同而有异。

工厂是生产经营部门所辖的一些从事生产活动的单位，一般不从事产品的销售。一切规章制度、标准方法，都由上级经营部门制定并下达，工厂及其车间和职能科室，只是进行生产，组织实施，加以监督而已。

通用汽车各级直线指挥机构，即总管理处、各经营部门和各工厂，都根据业务性质和具体需要设有职能机构。它们是各级领导人的参谋，虽也参加决策顾问活动，但对其下级只能提供意见，不能下达命令。

总管理处的各个职能部门的具体职责是：拟订制度，组织报表，监督执行活动，总结交流经验，提供建议，提供服务。各级的职能部门并不一定是上下对口的，它们之间也无直线领导关系，但却保持着密切的联系，并就其职能范围展开上下对口的一些职能活动。

以上就是著名的“斯隆模式”。斯隆认为：这种管理体制贯彻了“政策决定与行政管理分开”这一基本原则，因而能使集权和分权得到较好的平衡。斯隆组织模式也成了世界大公司（企业集团）的典范，到 1969 年，在美国的 500 家大公司中，有 380 家以不同方式采取了通用汽车的管理体制，在日本也有大约 1/2 的大公司采用了这种模式。

4.2.3　启示与意义

通用汽车的发展及其管理实践几乎就是一本管理学教科书。从战略管理的角度看，通用汽车的战略一直清晰而持久，早期的通用汽车就希望按照一种不同于福特汽车的路径去发展，杜兰特作为第一任总裁实际上就描绘了通用汽车未来的景象，那就是成为一个满足各种市场需求、覆盖汽车产业链各个环节的汽车制造王国。通用汽车随后发展的每一个步骤都是在努力向这个目标迈进，无论是杜兰特大肆收购汽车制造公司，还是斯隆对通用汽车的事业部改革，还是史密斯面对日本汽车竞争采取的收缩战略与技术创新战略，近一百年来通用汽车的目标始终没有改变。一个公司在如此长的时期内能够坚守成立之初所确立的目标，通用汽车堪称典范。如果问什么是战略管理，那么通用汽车的历史就是很好的回答。

1. 坚守通用汽车的战略愿景

通用汽车给予我们的第一个启示就是确立并坚守自己的战略愿景。虽然杜兰特时代并没有“战略愿景”这一概念，但是杜兰特创建通用汽车是希望实现一个汽车业的梦想，就是满足不同的市场需求并形成一个贯穿汽车产业链的汽车制造王国。这种对汽车企业最基本的构想是一种哲学式的思考，其中还充满着创建者个人的梦想。战略管理不仅仅是运用许多分析技术、预测和做出战略规划，战略管理首先需要管理者对所经营的企业有一个基本的构想；其次，管理者还需要将这一构想融入企业的文化之中，成为企业生命的一部分。通用汽车历经数任总裁，有起有落，但这些领导者在创新之中均能紧紧固守通用汽车创建之初的愿景并绞尽脑汁去实现，其中还有企业的组织结构、制度和文化等管理因素的协同作用。

2. 通过差异化战略获取竞争

通用汽车创立的时代正是市场发生重大转变的时代，大量的生产已经创造出越来越丰富的产品，一个消费社会正在兴起，通用汽车的领导者敏锐地感觉到了市场的变化。亨利·福特把汽车看成“只能用作交通工具的东西”，而通用汽车从杜兰特到斯隆都认为满足顾客不同层次需要的产品才是具备差异化战略竞争优势的产品。斯隆认为通用汽车的产品应该系列化，形式多样化，通用的汽车涵盖不同的价位，针对不同层次的消费者，而且注重设计，生产的汽车多彩多样，线条优雅，让乘客感到舒适惬意。这种根据市场需求定位的差异化战略导致了通用汽车的成功，这种差异化战略对后来的汽车生产商产生了巨大的影响，即使在20世纪后期，汽车企业也仍然牢牢地坚持差异化，但是引进先进的信息技术将大量生产与差异化结合在一起。

3. 汽车业的纵向一体化战略

沿着产业链发展是汽车产业发展的重要特征，由于汽车这一产品的复杂性和独特性，汽车生产销售的产业链很长，通用汽车非常成功地实现了产业链上的纵向一体化发展，从而确立了一个汽车制造王国的地位。通用汽车的成长方向是覆盖汽车生产各个领域、囊括汽车产业链上下游全部环节，成为一个汽车制造巨人，即使是最后的汽车销售，通用汽车仍然密切关注。例如，通用汽车甚至还代理铃木、富士等汽车的销售。通用汽车的成功与斯隆所建立的事业部结构有密切的关系，只有组织结构和战略的问题获得解决，这种艰巨的纵向一体化才能保持在一个统一的体系之下，而不至于成为一盘散沙。

4. “斯隆模式”：集团型企业的组织典范

钱德勒认为，正因为公司多元化发展产生了对新结构的需求，通用汽车既然要适应差异化的市场需求，并且向纵向一体化发展，就必然要解决集团的组织结构问题，否则公司就难以对如此多样的汽车品牌和产品，对如此多样的下属企业进行有效的控制。当时，斯隆在杜兰特之后面对的问题正是“山头林立”，收购来的公司各行其是，在产品、技术、市场等各个方面相互重叠。但是，斯隆认为这些问题不仅仅是技术、销售、生产上的问题，而是各级的管理问题，斯隆的这一判断直接导致了他对整体公司架构的重新思考，简单地说，必须从战略上解决问题。斯隆改革的基本内容是战略决策向公司的上层集中，经营决策和执行放在一个个独立的业务部门即事业部，公司总部对战略、财务和重要人事决策负责，这种事业部结构既延续了职能结构的专业化传统，又超越了职能结构。

斯隆所确立的这种模式成为20世纪最成功的典范，几乎所有的大公司都或多或少地采用了这一结构，它使得通用汽车真正成为20世纪工业企业的代表。

4.3　知识时代：麦肯锡公司的战略实践

20 世纪后半叶在信息技术的直接推动下，西方国家开始率先向知识经济时代转变，有的称为后工业化。这一时代最显著的特点是知识作为一种重要资源获得广泛的重视，知识资源成为企业发展的核心资源。如果说 20 世纪仍然是资本的时代，那么未来的 21 世纪将是知识的时代。一些企业已经率先开始知识时代企业经营管理的探索，包括许多信息技术企业、咨询公司等，它们最典型的特征是知识密集型而不是资本密集型。麦肯锡公司是一家著名的管理咨询公司，它出售的是知识而不是汽车，这使该公司不同于其他工业时代的制造企业。麦肯锡公司的发展可以说是知识型企业对战略管理的探索。

4.3.1　麦肯锡公司的文化

1. 麦肯锡公司概况

麦肯锡公司迄今为止已发展成为全球最大的管理咨询公司，引领着管理咨询业中管理理念与咨询服务水平的行业标准。

麦肯锡公司旨在为当地企业提供会计以及顾问服务。其服务内容已扩展到与企业经营相关的全方位的管理咨询，服务对象的选择也形成了全球化视角。公司上下秉承统一的企业使命——帮助企业高级管理层诊断解决战略、组织机构和经营运作方面的关键性议题，并使之成为能够吸引、培育和激励杰出人才的优秀组织机构。麦肯锡公司服务目标定位于以下三个方面：第一，为高层管理综合研究和解决管理上的问题；第二，对高层主管所面临的各种抉择提供全面的建议；第三，预测今后发展中可能出现的新问题和各种机会，制定及时且务实的对策。

2. 麦肯锡公司的创业初期

1926～1938 年是麦肯锡公司的创业初期。麦肯锡公司的创立完全源自麦肯锡所具有的创新精神和敏锐的商业洞察力。时值第一次世界大战，麦肯锡曾服务于美国军械(ordnance) 部门，就在与其战争物资重要供应商合作的过程中，产生了为企业提供咨询以帮助提高企业管理绩效的念头。但麦肯锡并没有立即着手创立自己梦寐以求的公司，而是理智地认识到，只有具备并掌握了所需的相关专业知识与技能，才能实现真正意义上的梦想成真。1919 年，麦肯锡成功考取注册会计师，1920 年被委任为芝加哥大学会计专业的助理教授。在随后的六年中，成功的写作与授课经验使麦肯锡晋升为芝加哥大学企业政策研究方向的教授。至此，麦肯锡已获取了足够的知识与经验的积累，终于 1926 年创办起以自己名字命名的会计及管理咨询公司。

麦肯锡公司的第一次发展机遇当属 1929 年美国社会经济出现的大萧条。经济的不景气导致大量基础薄弱的公司倒闭，这就需要会计事务所这样的角色出面帮助公司清账并进行资产登记；另有一些陷入困境的企业为求生存，将最后一线希望寄托于资产重组，在重组过程中，企业需要那些具有管理及资产运作经验的人来指点迷津。如此的经济大环境必然为麦肯锡公司带来了大量诸如清产核资、资产重组、管理咨询的工作，在实践中加速其成长。

到了20世纪30年代，麦肯锡公司内部已汇集了当下最为出色并恪守道德准则的年轻人，业界将麦肯锡公司形象地比作是“精英荟萃”的“企业医生”。但在创业初期，由于整个管理咨询行业尚处于知识积累与逐步探索阶段，没有充足的实战经验以做参考，麦肯锡公司只是在挫折中成长。

3. 麦肯锡公司初期面临的困难

1935年，麦肯锡凭借其在为大公司Marshall Field and Company提供管理咨询服务过程中的出色表现而得到公司董事会的赏识，被委任为该公司的董事会主席及CEO，事件的影响力吸引来多家会计咨询公司祈求合并的建议。同年11月，麦肯锡公司与Scovell，Wellington & Company（简称SW公司）签署合并协议，当时的SW公司在波士顿、纽约和斯普林菲尔德拥有共计十一家会计分公司和一家管理设计机构。合并后的两个合作伙伴SW与McKinsey，Wellington&Company（简称MW）分别负责会计业务与管理咨询业务，由Oliver Wellington统一领导。

合并初期确实为麦肯锡公司带来了许多的有利结果，使麦肯锡公司在取得经济利润和宝贵经验的同时还获得了一次对美国钢铁公司深入研究的机会。但很快，麦肯锡公司高管之一的马文·鲍尔便觉察到深藏在此表面下和谐的缺失。自1937年5月起，罢工惨剧、麦肯锡的突然去世等负面消息给麦肯锡公司带来许多负面影响，持续到1938年的时候，麦肯锡公司已处于相当不利的地位，芝加哥分公司的收入已经不足以弥补纽约和波士顿分公司的损失。

为了扭转公司的不利局面，顶着部分公司合伙人反对的压力，马文·鲍尔建议进行重组，芝加哥合伙人独立成为一个公司，命名为McKinsey，Kearney & Company（简称MK）；纽约分公司则形成一个新的合作伙伴，叫做McKinsey & Company。

4. 麦肯锡公司的发展

虽然詹姆斯·麦肯锡是麦肯锡公司的开创者，但麦肯锡公司真正的壮大却是得益于其第二代掌门人马文·鲍尔。1937年，麦肯锡去世，马文·鲍尔正式成为麦肯锡公司的第二代领导核心。接手之时，麦肯锡公司尚未形成自己的一套价值观和行为规范，因此，也就难以建立起具有实质性指导意义的企业文化；马文·鲍尔在这一阶段最大的贡献便是第一次确立了公司的价值观和行为规范，提出注重公司文化的纯洁性，带领公司步入实质性发展的征途。

1939年是麦肯锡公司重组后的第一年，企业仍处于亏损状态，不得不首先着眼于如何维持生存的现实问题。尽管如此，从1940年起，公司开始赢利，呈现一派繁荣的趋势，年年创新高。1942年，麦肯锡公司在太平洋海岸呈显著性扩张，一年后决定在距离麦肯锡重量级客户较近的圣弗朗西斯科开设新的分公司。此后的几年当中，麦肯锡持续扩大其地理版图，分别于1947年开设洛杉矶分公司，1951年创办华盛顿分公司。在美国国内不断扩张的过程中，麦肯锡总结了过去合并与重组的失利经验，一直坚持“一个公司”的政策，把各地的分支机构组织成一个紧密合作的整体，打破公司内的地域分割，强调没有属于哪一分公司的雇员，只有属于麦肯锡公司的雇员；而每一位顾客，不论是哪一个分公司对其提供的服务，整个公司都必须对其负责；利润则在全公司范围内进行分配，而不是由各地的分支机构自负盈亏，以此来确保公司上下团结一致，增强公司的凝聚力。

发展至1955年的时候，麦肯锡公司的客户服务战略基本形成，以其特有的客户服务方法和客户选取标准而享誉管理咨询业界。

“高层管理方法”（top management-approach）是从麦肯锡时代起就被强力推荐的方法，延续至今。所谓高层管理方法，意思是因为咨询工作一旦展开，便需要客户公司提供其全部的关于各层级目标、企业能力等方面的真实信息，只有与客户公司的首席执行官进行直接的沟通并获取其赞许，咨询工作才能真正得以顺利展开。

此外，麦肯锡公司在其他一些服务方法上则进行了实质性的改变。麦肯锡一贯坚持：“做咨询，一定不要过多插手客户的内部事务。”咨询公司所要做的工作就是为客户提供一份完美精准的报告，让客户自觉主动地去接受报告中所提到的重要建议；但在20世纪40年代初期，麦肯锡公司开始使用更多的分析以说服客户采取麦肯锡所给予的建议，这明显是与最初的方法原则相背离的。鲍尔对这一改变解释为，客户究竟是主动还是被动接受建议并不重要，最重要的是麦肯锡的服务与建议能够真正给予客户应有的价值，也只有这样，才是提高麦肯锡企业声誉的关键所在。麦肯锡实施的另一重要改变是研究的价格不再以生活费用水平为标准，而是基于该研究能够给客户公司实际创造多大的价值。麦肯锡希望通过这一转变赢取客户的更多信任，最终要使其首席执行官相信他为咨询服务所付出的成本将会为其创造出更为巨大的收益，这将绝对是一次物超所值的服务过程。

鲍尔还特别强调职业精神对于麦肯锡的重要性。他分析认为管理咨询工作需要客户完全的信任、合作和支持，才能真正创造价值，而职业精神毋庸置疑地会为咨询公司赢得以上要素，因此鲍尔坚信：“职业精神的存在将会使麦肯锡明显区别于其他竞争对手，为客户服务的专业方法势必带领麦肯锡走向成功。”职业精神在麦肯锡具体体现为优先考虑客户利益而非自己的利益，

4.3.2 鲍尔

马文·鲍尔1903年8月1日出生于美国俄亥俄州辛辛那提市。1922～1930年，年轻的鲍尔先后取得布朗大学学士，哈佛大学法学院法学学士及哈佛大学商学院工商管理硕士，在当时可谓学识渊博。1930～1933年，鲍尔在俄亥俄州众达律师事务所担任公司法执业律师，拥有俄亥俄州和马萨诸塞州的律师执业资格。但是不幸的是鲍尔所在的律师事务所经营惨淡。1933年，鲍尔受聘加入麦肯锡新成立的会计和工程管理事务所（麦肯锡咨询公司前身）。1937年，麦肯锡去世，鲍尔正式成为麦肯锡公司的第二代领导核心。经过几十年的发展，直到1992年鲍尔退休时，麦肯锡在全球拥有2500多名咨询顾问，咨询费收入超过10亿美元，而鲍尔也被称为“现代管理咨询之父”、“CEO的精神导师”。

在马文·鲍尔加入麦肯锡公司时，管理咨询在美国还是一个不入流的概念，人们觉得这是个有点歪门邪道的东西。但是鲍尔作为一个先知先觉者，他坚信管理咨询作为一个行业的意义与价值，他有着美好的“战略愿景”，他是这样描述的：“我们没有顾客（customers），我们只有客户（clients）；我们不属于哪个行业（industry），我们是一个

专业（profession）；我们不是一家公司，我们不是在做生意，我们是一个专业机构；我们没有员工，我们只有一起共事的同仁；我们没有业务计划，我们只有远大志向；我们没有规则，我们只有共同的价值观；我们只是管理顾问，我们不是企业家，管理者，内部人，也不是猎头。”鲍尔这个现代管理咨询行业的奠基人是一个坚定的理想主义者，他相信麦肯锡能够为企业提供专业化的战略和管理方面的建议，能够帮助企业解决问题，他更坚信用管理思想改变企业，改变商业，改变世界。

麦肯锡的文化当中，最值得人们借鉴的，就是以客户为中心的职业理念。鲍尔归纳了麦肯锡的5条职业原则，由此可见麦肯锡的职业精神是何等牢固。

（1）置客户利益于公司利益之上；

（2）坚持诚实，正直与可信任的最高标准；

（3）为客户公司内的私人与机密信息保密并为客户内部个人的敏感性建议保密；

（4）保持独立建议，随时准备告诉客户高层我们看到的事实，即使与高层不一致，甚至影响到我们的收入与关系；

（5）只接受我们有能力胜任并可以为客户创造价值的事情。

同样，麦肯锡的“高层工作方法”也从策略实施中体现着对客户负责的态度，麦肯锡提供咨询服务的前提是：客户公司的最高决策者，公司CEO必须参与进来，麦肯锡与CEO合作，对CEO负责，为CEO工作。因为只有这样，才能保证麦肯锡提供的解决方案能够充分受到重视，并且在推行时不会遇到阻力。

虽然作为专业服务提供者，鲍尔仍认为，提供的管理咨询服务应该完全依照一套客观的标准，先了解客户公司的总体运行状态，然后针对项目涉及领域进行分析，发现问题，找出解决方案。鲍尔要求麦肯锡的咨询顾问说出真实的情况，哪怕它是客户不喜欢听到的。富有实效地解决重大商业问题，是麦肯锡成功的不二法门。客观、实事求是本身就意味着对客户的负责。

麦肯锡除了客户至上的职业精神外，其专业的服务能力也是公司长盛不衰的秘诀。如果说职业化是怎样为客户服务，那么专业化就是拿什么能力给客户服务。鲍尔在麦肯锡的服务质量打造上，首先是从人做起的，以往咨询人员大多是MBA，商科出身，有较强的理论背景，尽管绝大多数的咨询人员都是很有效的问题解决者，但是具体到咨询的行业，尤其是技术类，他们就似乎游离于理论，纸上谈兵。鲍尔针对这个缺陷为麦肯锡公司在人才储备和发展方面指出了调整方向，此后公司开始吸引一些具有特定行业背景知识的专才型专家，和通才型的咨询专家一起组成公司的T形人才结构。事实证明了鲍尔的判断，麦肯锡从此在咨询方案专业化质量上胜人一筹。

后来，鲍尔开始提出把知识的学习和积累作为获得和保持竞争优势的一项重要工作，在公司内营造一种平等竞争、激发智慧的环境。一个新的核心理念终于在公司扎下根来，这就是：知识的积累和提高，必须成为公司的中心任务；知识的学习过程必须是持续不断的，而不是与特定咨询项目相联系的暂时性工作；不断学习过程必须由完善、严格的制度来保证和规范。公司将持续的全员学习任务作为制度固定下来以后，逐渐深入人心，它逐渐成为麦肯锡公司的一项优良传统，为加强公司的知识储备，提升公司的核心竞争力打下了坚实的基础。

对于咨询公司，知识就是其产品，鲍尔的有效的学习机制为麦肯锡带来了两个方面的好处：一是有助于发展一批具有良好知识储备和经验的咨询专家；另一是不断充实和更新公司的知识和信息资源为以后的工作提供便利的条件，并与外部环境日新月异的变化相适应。麦肯锡公司不但建立了科学的制度促进学习，而且还通过专门的组织机构加以保证：从公司内选拔若干名在各个领域有突出贡献的专家作为在每个部门推进学习机制的负责人，并由他们再负责从部门里挑选六七个在实践领域和知识管理等方面都有丰富经验和热情的人员组成核心团队。

马文·鲍尔在 1950～1967 年的 17 年间担任麦肯锡公司全球董事长，然而他对麦肯锡的影响远远超越了这一时期，他服务于麦肯锡超过 60 年，在这 60 年里，可以说，鲍尔是麦肯锡精神上的领袖。在他担任麦肯锡总裁 17 年间，有 50 多位部下陆续成为大型公司的 CEO。可以说，鲍尔是这些 CEO 的精神培育大师。

4.3.3　启示与意义

管理咨询公司是知识密集型的企业，如何管理并引导知识型企业获得长期的竞争优势，是一个新的挑战，麦肯锡的战略管理实践为今后知识经济的发展提供了很多借鉴的地方。

1. 战略愿景与企业文化

鲍尔在咨询行业还不是被大家认同的时候，将咨询行业定义为为企业服务的机构。马文·鲍尔的核心价值体系主要基于四大构想。第一，基于高层管理视角的、对实效的不懈追求；第二，客户利益至上的专业精神；第三，围绕培养领导人才的以人为本的文化；第四，全球一体化的运作。这在当时环境下，鲍尔的构想是超前的。

2. 职业精神

专业精神对鲍尔来说至高无上，他始终认为管理咨询应该是一种专业（profession），而不是一桩生意或业务（business）。因此管理咨询顾问应该始终把客户利益置于首位，时时遵循职业准则，勇于以客观独立的态度对客户讲真话。同时每一个项目都必须达到最高质量，臻于至善，对客户的承诺应该百分之百地予以兑现。麦肯锡的核心竞争力就在于能为客户提供高品质的建议，帮助客户解决实际问题。而麦肯锡通过不断的学习严格的管理保持其核心竞争力。

4.4　中国企业的战略管理实践

4.4.1　中国企业的成长

企业战略管理关注企业如何获得成长和竞争优势。30 年来，中国企业迅速成长，但其过程却非常复杂。首先，相对于西方企业，中国企业的成长是一种后发性的成长模式，是一个不断学习西方企业的过程；其次，中国企业的成长必须面对经济社会转型的挑战，是一个持续改革的过程；再次，中国企业本身就是一个复杂的概念，既包含国有企业及民营企业，也包括逐渐融入的跨国公司在华企业。企业及其战略环境的复杂性形成了战略管理实践复杂性。

1. 国有企业的改革与成长

国有企业是中国经济的主体，尽管改革开放以来国有企业经历了各种艰难的变化，但是这一地位始终没有改变。

改革开放以来，我国国有企业的发展经历了一些阶段，每一个阶段都取得了不同的成果。1979～1986 年，国家从行政管理体系改革入手，围绕着扩大企业经营管理自主权所进行松绑、放权、让利。此举让许多国有企业从以往的行政束缚中解脱了出来，国家推行的“实行留利、开征固定资产税、提高折旧和改进折旧费使用办法、实行流动资金全额信贷”几项措施，扩大国有企业的自主权。这只是一个序幕。

1987～1993 年，国务院颁布了《深化企业改革、增强企业活力的若干规定》，提出了围绕企业经营机制转换来深化企业改革的思路，全国范围的股份制、资产经营责任制、承包制厂长负责制、政企分开开始实行。这一时期，国有企业由原来的政企不分，“一言堂”，盈亏没有人负责发展到了完善经济责任制时期。

1994～2003 年，国务院颁布《建立社会主义市场经济体制若干问题的决定》，正式提出围绕“建立现代企业制度”来“解决深层次矛盾、着力进行企业制度的创新”。这是国有企业发展跨越性的一点。

2003 年国资委成立以来，体制的创新对于我国国有企业的改革和发展起到了积极的推动作用。在国有企业改革方面，加大了国有大型企业股份制改革的力度。一批大型国有企业先后在境内外上市或增发股票，不仅筹集到大量的资金，而且对这些企业转变机制和法人治理结构的完善起到了积极的促进作用。在建立规范的董事会、完善公司法人治理结构上取得很大进展。国有企业改制和国有产权转让程序更加规范。国有企业重组调整力度加大，国有经济布局结构进一步优化。通过各地采取联合重组、引进战略投资者、合资合作等多种措施，培育发展了一批大公司大企业集团。

2. 民营企业的成长

改革开放以来，我国的民营企业经历了长足的发展，无论从广度还是从深度上都已经成为我国经济不可或缺的一部分。

1978～1982 年，这一时期，党和国家对个体经济采取了比较宽容的政策，这是我国民营企业的恢复阶段。1981 年 10 月中共中央明确指出：社会主义公有制占优势的根本前提下，实行各种经济形式和各种经济方式长期并存，是党的一项长期战略决策，绝不是一种权宜之计。同年，个体经济获得了宪法保护的合法地位。对于私营经济的出现，其性质、作用等问题，人们的认识不尽一致。1982 年，邓小平同志指出，对私营经济实行“看一看”的方针。从那时开始，民营经济开始在各地发展起来。1978 年底，全国仅有个体工商业者 14 万人，可谓一统天下公有制，但 1979～1981 年，个体私营经济以年均 189％的增幅增长。

1982～1997 年，民营企业经历了快速的发展。1988 年 3 月，七届全国人大一次会议通过了《中华人民共和国宪法修正案》，其中私营经济的合法地位第一次被写进了宪法，它表明对私有经济的合法性终于做出了重要的历史结论。1992 年，邓小平发表了著名的南巡讲话：“不发展经济，不改善人民生活，只能是死路一条。”邓小平南巡讲话打开了民营经济发展的新局面，在此后的四年里，民营经济的发展高潮迭起，最高时的年增长率超过了 120%。

1997 年至今，民营企业经历了稳定的发展，党的“非公有制经济是中国社会主义市场经济的重要组成部分。对个体、私营等非公有制经济要继续鼓励引导，使之健康发展”的路线是使民营企业有了一个发展契机。民营企业规模不断扩大，经营面更为广泛，科技含量逐年增高，民营企业对我国经济的贡献也在加大。到了 21 世纪，中国共产党关于民营经济发展的论述已经形成了一个比较完整和成熟的理论框架，民营经济发展已经或正在逐步形成一整套比较完善的接近市场经济本质要求的制度安排。经过 20 多年的发展，与我国经济体制改革的实践同步并从中获益的民营经济，已经成为我国国民经济不可或缺的重要组成部分。

3. 在华跨国公司的成长

20 世纪 80 年代中期，随着改革开放的推进，我国确立了“以市场换技术”的政策动向，以期通过出让市场换取跨国公司的技术转让。在这一政策目标下，我国对外商投资企业的技术转让实行了一些强制性措施。当时的《中华人民共和国外资企业法》规定，设立外资企业必须“采用先进的技术和设备”。同时，国家给予使用先进技术的外资企业设备进口免征进口环节税等优惠待遇。当时只有惠普、IBM、诺基亚、英特尔、飞利浦等具代表性的跨国公司在这一年正式进入中国，最初几年，它们的投资大多只是试探性的。

90 年代初期，随着世界经济减速，利润大幅滑坡，在竞相削减成本的赛跑中，跨国公司们都在重新寻找成本最低的制造基地，于是，拥有丰富廉价劳动力、上百万有才华的工程师和良好基础设施且对跨国公司极度欢迎的中国成了他们的首选。

2001 年开始，随着中国加入 WTO，跨国公司掀起了新一轮投资中国的热潮，同时由原来更多地把中国视为重要的制造基地，转向更多地把中国看做重要的销售市场。与此同时，跨国公司也在不断加强中国“世界工厂”的地位。我国目前已是世界服装、纺织品、鞋类、玩具、五金、手机、DVD、电冰箱、彩电、空调、摩托车、照相机、显示器、液晶电脑等商品的最大出口国。其中，超过一半是由跨国公司在华工厂和跨国品牌商、跨国销售商的贴牌工厂生产的。

近年来，随着中国在全球制造业分工地位的提高以及国内市场竞争加剧，跨国公司掀起了在我国进行 R&D 投资的高潮。微软、摩托罗拉、宝洁、联合利华、杜邦、英特尔、诺基亚、爱立信、松下、富士通等世界 500 强跨国公司相继在华成立了研发中心或宣布了大型的 R&D 投资计划。

4.4.2　成功与失败

短短 30 年时间，中国市场上已经崛起了一大批现代企业，虽然 20 年的历史并不能像通用汽车那样可以说明企业发展战略的问题，它们的未来还存在很多的不确定性，但是这些企业已经表现出与众不同的管理特质，形成了自己的管理经验，它们已经在认真考虑如何实现永续经营等企业战略问题，这些成功的企业背后也一定有独特的规律需要探索。

当然，30 年间失败的企业更多，往往失败后也就难以引人注目，但是它们同样也值得关注。学习战略管理需要关注成功的企业，也需要反思失败的企业和失败的经营管理行为。

1. 联想集团

联想集团（简称联想）成立于1984年。由柳传志带领的10名中国计算机科技人员在北京一处租来的传达室中成立。成立之初只有20万元人民币（2.5万美元）的启动资金。成立之初，联想只是倒卖一些电子产品，1985年后倪光南带着他的“联想式汉字系统”加盟公司，代理IBM微机及至代理AST微机销售，从此才真正开始了联想电脑之路，逐步从代理走到自主生产。1990年联想推出联想个人电脑，从此，联想品牌在中国的IT土壤中生根发芽，联想电脑销量、声誉不断提高。由于联想在国内起步早，质量好，联想品牌在成长的中国IT行业中格外受到关注。

1994年联想股票在香港上市，联想品牌首次在海外财经市场亮相。此时，联想已经展现了其雄伟的前景。上市给联想带来的不仅是声誉，还有大量的资金，联想一跃而起。1996年，联想超越国外品牌，市场占有率位居国内市场第一。1999年，联想电脑市场占有率荣登亚太市场PC销量榜首。2001年4月1日，联想集团实行资产重组，分拆上市，分为“联想电脑”和“神州数码”，联想集团控股公司作为“联想电脑”和“神州数码”的母公司依然存在。联想电脑此时想进军多元化，增加了网络服务和系统集成两大部分；而神州数码则主要从事数码产品的代理销售领域。但是，多元化的道路并不顺利。当时，主要业务PC受到国外品牌的攻击，这给了联想一个教训。联想高层深刻认识到这一点，调整方向，提出“高科技的联想、服务的联想、国际化的联想”战略，只有收缩战线，干一行精一行，提高技术，走向国际化，才能避免在小圈子里挣扎的局面。2004年12月，联想与IBM的谈判告一段落，联想国际化的路程开始实现。同年12月8日，联想宣布以6.5亿美元现金、6亿美元公司股票收购IBM在全球的个人计算机业务，联想一夜间成为世界第三大个人计算机厂商，拥有至少130亿美元的年销售收入和7.6%的全球个人计算机市场占有率。收购IBM个人电脑事业部，是联想跨出国门的重大举措，因为IBM已经在欧美占据了高端市场，联想改变了中国企业“只能制造，无法创造”的形象，成为市场份额名列前茅、技术含量全球顶尖的个人电脑制造企业。

在过去的十几年里，联想集团一贯秉承“让用户用得更好”的理念，始终致力于为全世界用户提供最新、最好的科技产品，推动中国信息产业的发展。如今，联想业务范围包括个人电脑、服务器、软件等IT系列产品，主营业务为个人电脑。在公司发展过程中，联想勇于创新，实现了许多重大技术突破，凭借这些技术领先的个人电脑产品，联想登上了中国IT业的顶峰，为中国企业的国际化提供了一个蓝本。

2. 万向集团

万向集团（简称万向）的前身是1969年初在浙江省萧山市成立的一家“小铁匠铺”，当时一位名叫鲁冠球的学徒工出于对机械农具的爱好，使其发展壮大。

1983年3月，当时的铁匠铺已经发展为一家农机修理厂，先知先觉的鲁冠球为了获得自主创业、自主经营的权力，以家中2万元的苗木做抵押，承包了厂子。事实证明了鲁冠球的眼光和气魄没有错，以后的1984年、1985年，年年都超额完成任务。这是中国乡镇企业承包责任制，自主经营的先驱者。

20世纪80年代后期，万向的主营业务为汽车农用车零部件，当时鲁冠球制定“立足国内创业，面向国际创汇，扎根企业内部，脚踏实地工作”的战略方针，以专业化为基础扩大企业规模，依靠技术进步，进入了国际大市场，虽然当时在国际市场并无太大影响，但这又是中国乡镇企业进军国际化的先驱。

20世纪80年代末90年代初，万向收缩战线，主攻汽车万向节项目，1988年，鲁冠球率先对万向完成了股份制改造，公司进入新的发展历程。由于公司专业化集中一点的经营，很快在万向节领域技术上领先。90年代，万向从原先国内同行业排名50多位，发展到产品占国内市场一半以上。1994年，经国家外经贸部批准，万向美国公司在美国注册成立，此后万向海外扩张迅猛，在美国、西欧8个国家拥有18家公司，成为通用、福特等国际一流整车厂的配套合作企业。进入新世纪，万向实施“资本式经营、国际化运作”战略，先后收购美国舍勒公司和翼形万向节传动轴的发明者及全球最大的一级供应商——洛克福特（Rockford）公司。万向先后在纳斯达克，国内A股上市，成为世界第一大万向节传动轴生产商。

万向的成功，是国内乡镇企业发展的一个范例，是中小企业利基战略实施成功的蓝本，万向在小范围市场寻求突破，做大做强的方法，值得国内中小企业借鉴，其次，万向的国际化也是成就公司重要的一步。

3. 巨人集团

1990年1月，史玉柱开发出他的“M-6402”文字处理软件系列产品，大受市场欢迎，同年巨人集团（简称巨人）成立于珠海。

成立之初的巨人，主营业务为软件开发。到1993年，巨人发展成为一家资本金超过1亿元的高科技集团公司。在这期间史玉柱以令人惊异的速度连续开发出中文手写电脑、中文笔记本电脑、巨人传真卡、巨人中文电子收款机、巨人财务软件、巨人防病毒卡等产品。由于靠他开发电脑软件，公司创造出年发展速度300%的传奇。1994年，他当选“中国十大改革风云人物”。

1993年是巨人多灾多难的一年，首先，西方国家向中国出口计算机的禁令失效。早已等候在国门外的世界著名电脑企业大踏步进入中国。此时的史玉柱迫于“外患”，寻求新的业务发展方向。此时的房地产热鼓舞了他，他决心进军房地产市场。令他更没有预料的却是“内忧”。1993年是改革开放后中国政府开始进行第四次宏观调控的年份。针对过热的金融、房地产市场，中国政府采取了以整顿金融秩序为重点、以治理通货膨胀为首要任务的政策，使经济过热得到了有效的抑制。政府将房地产的银行这条融资渠道堵死，无异于对巨人釜底抽薪，巨人兴建的“巨人大厦”的三分之一资金来源成为泡影。

史玉柱作为企业的决策者，其决策也存在较大问题。巨人大厦由原来的18层到38层，再到63层，最后到70层，大大超出了巨人集团的实力，最后，巨人大厦在流动资金不足、层层债务的危机下“倒塌”。

巨人的失败，归纳起来有三点：①决策机制不成熟，没有规范化程序化，决策朝令夕改，不切实际。决策制定“一言堂”，这也是国内很多民营企业的共同问题。②多元化发展与核心竞争力的矛盾。巨人的主营业务为软件开发，而房地产方面毫无经验，从而使企业竞争力无法体现。③多元化发展与资金短缺、协调困难的矛盾。以巨人当时的实力，18层、28层都是可以承受的。可是追求多元化，没有资金的支持，很容易发生财务危机，并且当时巨人的软件部门与房地产部门资金问题难以协调。

➢本章总结

1. 世界上成功企业有很多，但是似乎每个企业都有一套适用于本企业发展的战略，他们将这些战略因地制宜的付诸实践，形成了自己的战略优势。

2. 在工业时代，通用汽车的发展给大家提供了制造型企业发展战略的一个模式，我们详细研究了通用汽车的发展历程，列举出了著名的“斯隆模式”，从通用汽车这一家企业窥见了大型集团化企业的经典的战略管理经验。

3. 进入知识经济时代，麦肯锡的发展有目共睹，麦肯锡的以知识服务顾客的理念，职业化、专业化的精神，为其咨询业奠定了一个个发展的里程碑。本文对麦肯锡的发展历程，尤其对其前任总裁鲍尔的介绍，从中可以看到知识经济下的企业的战略是如何实践的。

4. 历经几十年改革开放，中国的国有企业、民营企业以及合资企业都有了长足进步，联想的发展为中国企业走出国门，走出国际化道路开创典范。万向的成功显示其企业利基战略实施的成果，是我国民营企业发展的一面镜子。巨人的兴衰则体现了企业战略应该与企业当前实际情况相匹配的原则。

参考文献

艾尔弗雷德·D. 钱德勒. 2002. 战略与结构. 孟昕译. 昆明：云南人民出版社

艾尔弗雷德·P. 斯隆. 2004. 我在通用汽车的岁月——斯隆自传. 刘昕译. 北京：京华出版社. 129

安·兰德等. 2007. 商人为什么需要哲学. 吕建高译. 北京：华夏出版社. 15

布卢姆斯伯里出版公司. 2005. 他们改变了商业. 王峰译. 北京：中信出版社. 56

查尔斯·W. L. 希尔. 2002. 国际商务：全球市场竞争. 周建临等译. 北京：中国人民大学出版社

杰克·贝蒂. 2006. 大师的轨迹：探索德鲁克的世界. 李田树译. 北京：机械工业出版社. 75

杰克·韦尔奇，约翰·拜恩. 2004. 杰克·韦尔奇自传. 曹彦博等译. 北京：中信出版社

克里斯托弗·A. 巴特利特，苏曼特·高沙尔. 2002. 跨边界管理（第二版）. 马野青等译. 北京：人民邮电出版社

李为民. 2000. 无边界管理——通用电气公司总裁杰克·韦尔奇的经营之道. 中国人力资源开发，(9)

刘美平. 2005. 民营企业的发展环境探析. 企业活力，(1)

斯图尔特·克雷纳. 2003. 管理百年. 邱琼等译. 海口：海南出版社. 206

巫建，王宏飞. 2005. 管中窥豹解读宜家. 市场与销售产品，(10)：34

吴晓波. 2007. 激荡三十年——中国企业1978～2008（上）. 北京：中信出版社

余菁. 2002. 国外著名企业管理案例评析. 广州：广东经济出版社

约翰·B. 库伦. 2003. 跨国管理——战略要径. 赵树峰译. 北京：机械工业出版社

周志勇. 2006. 当代民营企业发展探析. 经济师，(2)

Chandler A D. 1977. The Visible Hand：The ManagerialRevolution in American Business. Cambridge：Harvard University Press

Daft R L. 1995. Organization Theory and Design. St. Paul，MN：West Publishing

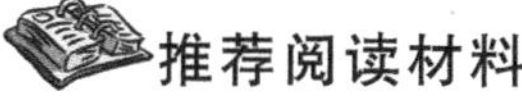

推荐阅读材料

艾尔弗雷德·P. 斯隆 . 2004. 我在通用汽车的岁月——斯隆自传 . 刘昕译 . 北京：京华出版社

该书是斯隆的自传，对通用汽车公司诸如计划和战略、持续经营、财务成长以及领导等企业基本的管理政策和战略概念的早期创新和发展进行了详细描述。

金占明 . 2000. 中国著名企业战略管理案例 . 北京：清华大学出版社

该书通过国内 10 家著名企业的典型案例，提供了讨论现代管理的素材。这 10 家企业的成长道路，凸现了不同行业内管理者面对的困难与问题，挑战与机遇，从他们的战略选择上可以提炼出成功的经验和失败的教训。

吉姆·柯林斯，杰里·波勒斯 . 2002. 基业长青：企业永续经营的准则 . 真如译 . 北京：中信出版社

全书用数百个案例揭示了公司保持自始至终卓越的秘诀，对那些高度成功、富有生命力的公司进行了生动深入的分析。本书出版后引起了企业管理者的高度关注。

埃德莎姆 . 2006. 麦肯锡传奇 . 魏青江，方海萍译 . 北京：机械工业出版社

麦肯锡已经有 70 多年的发展历史，是全球最大的战略管理咨询公司，丰富的管理咨询经验、一流的人才管理和全球化的管理模式为其在业界赢得了极高的声誉，该书介绍了这一公司独特的发展历史和管理思想。

吴建国，冀勇庆 . 2006. 华为的世界 . 北京：中信出版社

该书全面分析了华为公司从 2.4 万元人民币起家到 55 亿美元营业收入的快速成长之路，并探讨了华为发展过程中的得与失。

第二篇

战略分析

第5章

企业历史和现状分析

为企业制定的战略不能脱离企业的历史与现实，我们将这作为战略分析的起点。企业的发展是一个长期而复杂的过程，也是企业不断变化的过程，任何企业的发展历史都不是一帆风顺的，都或多或少地经历诸多阶段和变革。了解、分析企业在过去的发展历史中所经历的阶段，尤其是重大事件，以及企业在面临重大事件如组织结构变化、企业变革等时是如何应对的，其所采取的战略是什么，为什么采取该种战略，该战略是如何成功的，进而挖掘企业在发展过程中形成的企业文化和其他积淀，这是企业战略决策的前提。

5.1 企业发展历史分析

5.1.1 企业历史分析的意义

企业的发展是各种因素复杂作用的过程，也是一种积淀的过程。企业的历史如同一面镜子，可以清楚展现企业的各个方面，历史分析通过对企业历史的回顾与描述，为了解企业、分析和制定企业的战略提供了基础。通过企业历史分析，我们可以：

了解企业文化的形成过程。伴随企业发展过程的是企业文化、价值观等的形成，分析企业历史可以探究企业文化的特征、演变过程和形成原因，为分析企业在现阶段和将来的行为提供依据。

了解企业组织演变过程和结构。伴随着企业的发展，企业组织也在不断变化以满足企业发展的需要。分析了解企业的发展历史，尤其是企业在面临重大机遇和挑战时，企业组织结构是如何演变和调整的，分析其中的原因可以为今后的战略决策提供依据和分析因素。

熟悉企业的发展路径。分析企业在历史发展过程中每个关键点的路径转变，尤其是每次重大战略决策或是企业变革后的发展路径，如从专业化向多元化发展等，可以把握企业的整体发展脉络。

5.1.2 企业历史分析的内容

企业历史分析的目的是为了通过了解企业以往的经营状况，以及企业历史上重大事件来评价目前企业的价值以及预测企业的发展状况，并为企业战略制定提供支持。

我们这里把企业历史分析的内容分为两块：企业成长阶段分析和企业历史关键事件分析。

企业成长是个阶段性的发展过程，不同理论对企业成长阶段的描述不一样，但大体上各个成长阶段都对应一定的成长特征。创业期各项事业逐步确立，企业领导者主导创新；成长期企业获得迅速发展，但竞争激烈，组织与职能逐步完善；而成熟期企业已经获得一定规模，具有较稳定的产品与市场。这三者依次为企业的自为、自立与自主的阶段。自为阶段既是企业的创立阶段，也是企业寻求生存的阶段；自立阶段是企业的发展阶段；自主阶段是企业的成熟阶段。从企业经营角度，这三个阶段的企业也处在闯市场、做市场与驾驭市场三个阶段（丁栋虹，2002）。

如果我们了解到企业所处哪个阶段，我们就可以推测出这个阶段企业的基本特征，比如在企业自为阶段，企业是进入市场，闯市场。这个时候企业的基本情况可能是缺乏资金、技术和市场关系，这个阶段创业艰苦，而且企业在市场中往往非常的被动。在企业进入自立阶段时，企业的经营重点是在创品牌、创规模、创竞争优势，企业的领导者有了相当丰富的市场经验，决策理性而且主动。企业进入自主阶段时，企业具备了驾驭市场的能力，企业规模达到了相当的规模，企业经营的特点是提高企业经济增长中的科技含量和吸纳优秀人才。反之，我们也可以进行类似的推断。

分析企业历史上的关键事件，更能了解企业处理重大事件或危机的能力。在处理关键事件中，企业会充分调动其拥有的资源和能力，只有在这个时候企业才毫无保留地展示自己的力量。关键事件中蕴藏着平时无法察觉的信息。2003 年 Cisco Systems 指控华为侵犯部分 Cisco 技术专利；但是，Cisco 最终撤回了诉状，双方解决了所有的专利纠纷，并承认华为没有侵权行为。从这个事件我们又可以知道什么呢？华为侵权的事实确实存在，但是最终 Cisco 为什么撤诉了呢？很多时候，通过一两个关键事件我们就可以对一个企业进行很深的了解。

5.1.3 企业历史分析的方法

根据以上的历史分析内容，我们这里介绍两种历史分析方法：一种是时间序列分析，另一种是关键事件分析方法。

时间序列分析包括长期趋势分析、生命周期分析。长期趋势分析可以针对企业的经营业绩，财务状况以及组织结构变更等进行分析。图 5-1 为某公司近 5 年销售收入。

企业生命周期是指从企业成功投入市场开始到被市场淘汰为止所经历的全部时间过程。企业生命周期指的是企业的市场寿命，它指某企业在市场上存在的时间，一般将企业的生命周期描绘成一条类似 S 形的曲线，包括四个阶段：创建期、成长期、成熟期、衰退期。

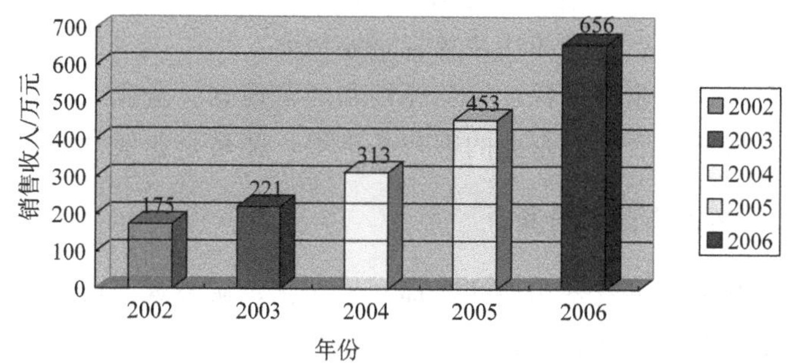

图 5-1　时间序列分析——某公司近 5 年销售收入

关键事件法是指研究人员通过把企业在发展过程中表现出来的特别有效的行为和特别无效的行为记录到书面报告上，然后对企业在发展中的优、缺点进行评价并提出改进意见的一种评价分析方法。

例如，我们对雅芳公司（简称雅芳）2006 年进入我国化妆品行业进行关键事件分析。2006 年 2 月 22 日，商务部正式批复雅芳成为我国第一家直销企业。雅芳能够在众多申请牌照企业中脱颖而出，同它与众不同的中国战略有关。对于监管部门来说，雅芳依靠门店销售为主要营销渠道，更加便于管理，也便于政府坚持的单层计酬直销模式的推广。雅芳在全国有 7000 多家门店，首先获得了中国政府所颁发的直销牌照，与其适应环境的战略直接相关。对这一事件过程及其行为的分析，可以使我们了解雅芳这一企业。

5.2　企业使命分析

企业使命（mission）是企业的灵魂，是企业对自身生存发展目标的一种定位。该定位建立在企业文化和全体企业员工价值观的认同基础之上，其具体描述了企业在社会中的经济身份或角色，企业使命反映企业存在的目的、性质、特征和意义，企业究竟是为什么而存在的，企业存在的意义究竟是什么等。作为企业愿景的一部分，企业使命具体展示企业的长期发展愿景，并成为企业战略制定以及整个企业发展方向的依据。企业使命一般由企业最高管理层制定，主要建立在对企业的历史分析、企业资源、企业文化、顾客等利益相关者的综合考虑基础上提出。

企业使命分析主要是对企业使命的现状和内容进行分析，企业使命分析必须回答企业究竟如何进行自我定位，以及为什么要进行使命定位等问题。

5.2.1　企业使命的现状与内容

谈到企业使命，不得不提及企业愿景（vision）。企业愿景描述企业想成为什么类型和性质的企业以及企业最终要实现的目标。企业使命是企业一切经营活动的出发点，决定企业的性质，企业愿景具体勾画出企业在将来要实现的结果。

企业要想获得成功的发展，必须有明确的战略，而战略的清晰与否取决于企业是否有明晰的使命。企业因发展阶段和规模的不同，对企业使命的重视程度而有所不同。一般来说，大的跨国公司或历史悠久的企业，都有清晰的企业使命，如通用电气、KFC等；而规模小、起步晚的小企业却往往忽视企业使命。

企业使命主要阐述企业的宗旨、经营原则和经营理念。企业究竟要在哪个行业开展经营活动，如何开展经营活动，企业的客户是谁等，都是企业使命要回答的问题。

5.2.2 资源配置的有效性分析

资源配置从宏观上来讲就是实现社会福利最大化，从微观上讲，就是以最小投入获取最大产出。一个企业，大到跨国公司，小到作坊，其所拥有的资源相对于企业意欲开展的经济行为或是达到的目的都是有限的。任何一个企业都面临着同样的问题：如何有效配置所拥有的有限资源，实现最大效益。

企业使命影响资源配置的有效性。不同的企业使命决定企业的发展方向，因而也决定企业在哪个领域要有所作为，这也势必决定企业在某个特定的领域集中配置所拥有的资源。例如，宝洁公司（简称宝洁）的使命是：生产和提供世界一流的产品和服务，以美化消费者的生活。因此，宝洁的资源配置势必集中于那些保证上述使命实现的关键业务上，以求实现企业的战略。

企业资源配置的有效性决定企业的使命实现与否。企业的使命或愿景无论描述的多么宏伟或是气势，无法成为现实的话，都只是一种美好的愿望，因而对企业、社会或是利益相关者来说，没有任何意义。企业如何有效配置资源使得有限的资源发挥最大的效用，以保证企业根本战略的实现，企业目标的达成和企业利益相关者利益的增值，实现顾客的价值，以求实现企业的使命，是至关重要的问题。

总之，企业使命决定企业的资源投向某些关键业务流程，进而影响企业资源配置；同时，企业资源配置有效性可以保证企业使命的实现；相反，如果企业资源都集中到和企业使命无关的业务中去，企业也就失去了存在的意义，更不用谈企业使命了。

5.2.3 定位的合理性分析

“定位”的概念广泛应用在产品营销领域中，所谓定位，就是令你的企业和产品与众不同，形成核心竞争力；对受众而言，即鲜明地建立品牌。在营销中，定位的基本目的不是创造出全新的商品，而是要着力改变或抹掉消费者大脑中早已存储的商品信息。在企业战略管理中，“定位”同样需要使企业与众不同，建立鲜明的企业形象，反映企业的核心竞争力。但是，战略管理中的“定位”本质上需要与企业的战略使命联系在一起，体现企业在产品与市场上相对于竞争者的特定地位。

企业定位的合理性我们通常理解为企业定位是否合理，真实的。在战略管理中，企业定位既需要有明确的关于产品和市场的描述，同样也需要内部的组织结构、资源和能力配置与这一定位相吻合。定位不仅仅是一些口号，它需要企业一致性的战略措施，并且保证这些措施是可行的。

在企业战略管理过程中，我们如何来评判企业的定位是否满足合理性？合理性主要与企业的战略使命相关，企业的定位是否与企业的战略使命相一致决定了企业定位的合理性。企业定位要明确以下几个问题：

你处在什么位置上？这个位置不是企业领导者所认为的位置，而是企业客观实际存在的位置。

你想拥有什么样的位置？这个位置是企业的所有利益相关者期望企业所处的位置，并且这个位置是可以实现的。

谁是你必须要超过的？这就要明确企业的竞争对手，企业需要追赶的标杆企业。

你与你自己的地位相称吗？通过分析企业的能力和资源，分析企业所处的市场地位是否合理。

5.2.4　定位的有效性分析

企业的定位合理了并不能代表其定位就一定是有效的。企业定位的有效性体现在三个方面。

首先，有效的企业定位必须具备针对性。在企业自身和相关要素里，有几点是在定位及其理论研究过程中起重要作用的：企业、企业文化、企业形象、消费者等。在众多的因素中，企业的定位具体涉及或侧重的要素又是哪些？我们可以想象，如果企业定位要囊括企业所有的要素，那么这样的定位有可能是有效的吗？由帕雷托法则（又称二八法则，是由意大利经济学家帕雷托首先提出的）我们可以认识到在所有要素中，20%起着最重要的作用。因此，在企业的定位过程中要保证企业定位的有效性就必须首先聚焦。

其次，定位必须具备一定的深度。没有深度的定位称不上是有效的定位。企业定位的点是企业尚未达到的位置，如果企业的定位已经达到，或者过于简单，那么这样的定位对企业毫无意义，一般企业的定位点是企业通过最大的努力可以实现的位置。

最后，有效的企业定位要可以控制，可以传播。定位应该是源于自身和环境的思考和综合分析，进而将自身与环境合一，并在这种合一的基础上对自身以及相关可控的和非可控的各种外在因素加以整合和改造，进而以心理作用为目标，并加以传播，用以适应最为主要的对象主体（在营销定位中为消费者）。

5.3　企业治理结构分析

企业治理结构与战略分析和战略实施都有密切的关系，之所以要首先进行治理结构分析，是因为了解一个企业、制定该企业的战略必须了解谁是真正的决策者。这是企业治理结构分析的主要目标。

5.3.1　治理结构与治理模式

企业治理结构是为明确企业所有权，控制权以及利益分配的一系列制度安排，不仅明确了董事会的职责和权力，也明确了包括企业管理者等利益相关者的职责和权力。一般来说，狭义的企业治理结构是指有关企业董事会的功能、结构、股东权力等方面的制度安排。广义的治理结构是指有关企业控制权和剩余索取权分配的一整套法律、文化和制度性安排。这些安排决定谁在什么状态下实施对企业的控制，如何控制，风险和收益如何在不同企业成员之间进行分配这样一些问题。显然，企业的治理结构将决定企业中谁对战略负责，谁可以做战略决策。

完善的企业治理结构对于企业来说，具有非常重要的作用。

第一，企业治理结构是现代企业制度中最重要的组织结构。企业治理结构，实际上是一种分责、分权、制衡机制，一种共同治理机制，本质是解决由两权分离而产生的代理问题，核心是处理好股东代表、董事会和代理人（职业经理人）之间的关系，它所形成的一套有效的委托-代理关系，可以保障投资者的最终控制权，可以为投资者激励和监督经营管理者提供体制框架，可以为经营管理者施展才能提供舞台，可以维系公司各个利益相关者之间的平衡。

第二，完善的企业治理结构是企业竞争力最重要的基础。只有企业中各利益相关者的责任、权力充分明确，才能保证企业能集中有限的资源不断提升企业的竞争力。一个不稳定、矛盾重重的企业治理结构只会削弱企业的竞争力。

第三，良好的企业治理结构提升企业的声誉和信誉。据麦肯锡公司2000年对亚洲的调查，对同等赢利水平的公司，投资者愿为治理机制良好的公司股票多支付20%以上的溢价；在亚洲金融危机后，投资者在评估亚洲投资潜力时，认为董事会行为质量比财务问题更重要和同等重要的占75%。

➢案例 5-1　各国所采用的公司治理模式

Berglof 将全球公司治理模式分为两大类，一类是以美国、英国为代表的股权主导型，即“英美模式”。该模式注重市场导向，侧重股东治理，对公司信息披露有着严格要求，也常被称为“以信息披露为基础的制度”。另一类是以日本、德国为代表的债权主导型，即“德日模式”。该模式强调银行在公司治理中的核心地位，信息披露不够严格，主要借助主银行或全能银行的外部化相机治理机制与不同利益主体共同参与的内部治理机构，更接近利益相关者治理观点。

后来在研究东南亚公司治理中 Berglof 又提出了家庭主导型治理模型，其特征为：一是大多数企业被家族所控制；二是家族控制常常通过股权金字塔、横向持股以及一股一票规则的偏离等方式而得以加强。

在向市场经济转型过程中，俄罗斯和东欧国家的公司治理又有新的特征。其公司治理最突出的问题是内部人控制，由于企业内部人持有多数股份，所以企业内部人的利益得到了强有力的体现，经理层事实上依法掌握了企业的控股权。

资料来源：姜宝军．利益相关者董事会、外部监事会——国有商业银行公司治理的现实选择．西北工业大学学报，2006，26（3）

企业治理结构有不同模式，这是我们分析时应关注的问题。例如，英美企业与日德企业之间存在不同的治理模式。第一，英美企业董事会组成分为外部董事和内部董事，外部董事不参与企业的经营活动，内部董事参与企业的经营，外部董事在董事会上经常会对企业的经营提出严厉的质询。而日德的企业中董事会的组成一般是由内部产生的；第二，英美企业中，最高决策权和执行权是分离的，而日德企业中两者一般是合二为一；第三，英美与日德企业的股权结构也不同，前者个人持股非常盛行，而且实行“以脚投票”，而日本企业更鼓励法人持股，不断的减少个人持股数，因此股东比较稳定，很少造成权力的迅速变更。

5.3.2　治理链分析

企业的治理是一件非常复杂的事情，企业内部，外部的各个团体之间可能存在着各种冲突，管理者和公司的董事需要平衡这些利益的冲突，但是往往这两者在平衡这个利益冲突时又会产生利益冲突。很多公司都会遇到这样的问题，公司的管理者是否只对股东负责？如果是，那么又是对怎样的股东呢？是对大股东还是所有股东？是对个人股东负责还是对机构股东负责？或者管理者是对更广泛的利益相关者负责？这些利益相关者之间的关系如何协调？他们孰轻孰重？同样如此，董事会又该如何？英国汉普尔委员会认为，董事会不仅应当对股东负责，而且还应该对其他利益相关者负责。

概括来说，企业的治理链分为三层：投资层，董事、董事会层，经营管理层。图 5-2为英国上市公司典型的公司治理链。

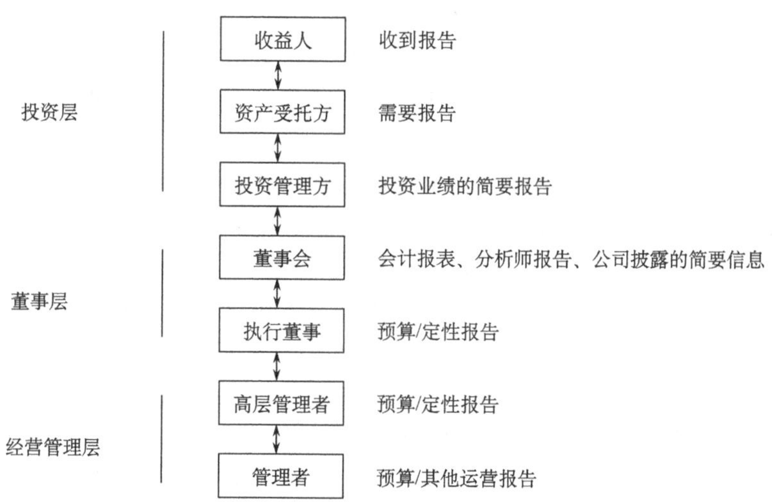

图 5-2　公司治理链：典型的报告结构

资料来源：格里·约翰逊，凯万·斯科尔斯．战略管理（第六版）．王军等译．北京：人民邮电出版社，2004. 124

5.3.3　股东与治理机构的角色分析

公司股权结构是公司治理结构的基础，公司股权结构的性质对公司治理结构的运行机制、对公司的经营目标有着重要影响。股东对企业经营投票权和最终控制权的拥有，主要是通过内部控制和公司控制权市场来实现的。内部控制包括股东大会上的投票权、董事会的监督等。

就股东而言，包括大股东和分散的小股东，或者分为外部股东和内部股东。外部股东虽然占有企业的股份，但是不参与企业的经营活动，主要起监督作用，对企业的经营、决策提出质询。内部股东的另一个角色就是企业的管理者，管理企业的经营活动，不仅对企业的经营有监督的权力而且具有执行权。

企业治理涉及的主体包括：股东大会、董事会、经理层、监事会、企业职工等。企业的治理机构主要包括董事会，监事会以及高级经理。有关董事会的基本情况将在下一小结具体介绍。在德国，公司的监事会由股东代表和职工代表共同组成，其中股东代表由股东大会选举产生，职工代表由全体职工选举产生。作为公司正式和常设的权力机构，监事会在德国公司中拥有广泛的权力，主要包括选聘执行董事会成员、监督执行董事会的经营业务，向执行董事会提供咨询等。公司董事会是公司的最高决策机构，拥有对高级经理人员的聘用、奖惩以及解雇权。高级经理人员受雇于董事会，组成在董事会领导下的执行机构，在董事会的授权范围内经营企业。

5.3.4 董事会分析

1. 董事会的构成分析

要明确董事会的构成，就是要将公司中拥有管理职位的董事和那些无职位的董事区别开来。在公司管理层任职的是执行董事，无职位的是非执行董事即外部董事。所谓执行董事，是指公司董事会成员，同时是公司管理人员。这种身兼经理的董事是公司雇员，根据《公司法》履行其权利和义务。然而作为董事，他和公司非执行董事并没有什么不同。对一位执行董事来说，他面临的主要挑战之一是他能否充当好两种不同角色。一方面他是公司的高级管理人员；另一方面他又是董事会中一员，同其他董事一样对董事会运作方向的正确性和运作情况的好坏负有责任。由执行董事把持的董事会存在的问题之一是执行董事们为自己的行为打分。所谓非执行董事，是指不是公司管理层的职员但却是董事会成员。这个词被广泛用于英国、新加坡等国，而在美国则被称为外部董事。非执行董事必须独立于公司之外，他们不能与公司有任何影响其客观、独立地做出判决的关系。对非执行董事来说，一个特殊的问题是他们没有充足的时间来投身于公司事务、了解公司情况和董事会中的事务。

在日本，董事会的董事很少是由股东代表组成，董事人员绝大多数来自企业内部，其数量约占全部董事的80%，而其他的董事则主要是由控股或参股的关系企业派出，独立的外部董事在日本极为少见。董事会名义上也有权任免、领导和监督总经理，但实际上在日本许多大企业中，一般由总经理提名董事候选人，在股东会上被自动承认。这样就形成了由总经理提名董事人选，再由董事会选举总经理的循环选举。在这种情况下，董事会很难做到对经理层权力的监督和约束。

2. 董事会与利益相关者的关系分析

现代公司在解决股东、董事会、管理人员和其他投资者之间关系的实践过程中，形成了两类公司治理机制，即外部治理机制和内部治理机制。前者以国家法律规章制度、资本市场、产品市场为主；后者以董事会制度、经理制度以及其他内部组织体制为主。从整体上看，公司外部治理机制主要依赖于市场环境以及法律规则；而公司内部治理机制主要依托于与之相应的治理结构，在公司治理结构中，董事会是核心枢纽。董事会作为公司治理的主要机构，与利益相关者有着密切的关系，某些利益相关者本身就是董事会的成员。董事会在处理权力和利益的分配问题时，不得不考虑利益相关者的态度和力量。董事会和利益相关者总是处于一种博弈的状态。公司治理的核心是股东与利益相关者两种利益的均衡。

3. 董事会的行为与权力分析

董事会是依法规定由股东大会选出的董事组成，代表全体股东利益，它是公司的决策机构，董事会对股东大会负责。我国《公司法》规定，董事会行使下列职权：①负责召集股东大会，并向股东大会报告工作。②执行股东大会的决议。③决定公司的经营计划和投资方案。④制定公司的年度财务预算方案、决算方案。⑤制定公司的利润分配方案和弥补亏损方案。⑥制定公司增加或者减少注册资本的方案以及发行公司债券的方案。⑦拟订公司合并、分立、解散的方案。⑧决定公司内部管理机构的设置。⑨聘任或解聘公司的经理，根据经理的提名，聘任或解聘公司副经理、财务负责人，决定其报酬事项。⑩制定公司的基本管理制度。

全美董事联合会咨询委员会（NACD）对董事会职责的定义是：行使监督职能、确保法律规定被遵守、保护利益相关者的权益、服务于股东的利益。NACD 认为要确保这些主要职责得到认真履行，董事会成员应在全面了解情况的基础上，诚实、勤恳、细致地进行工作，最大限度地维护公司和股东的利益；董事会的决议对不同股东团体可能会有不同的影响，董事会应公平对待所有股东；董事会应保证与适用法律一致，并考虑利益相关者的权益；董事会应能够对公司事务进行独立的客观判断，特别是要独立于经理层；为完成应尽的责任，董事会成员应当能够及时、准确地获取相关信息。

5.4 企业绩效现状分析

5.4.1 经济绩效

企业战略分析和制定需要对企业绩效现状作出评估，无论选择外部战略咨询还是内部战略分析，了解现有的绩效状况是了解企业现状的重要一步，经济绩效一般运用公司的财务指标来分析，一些关键的财务指标是我们认识公司现状的主要观测点，同时也应关注公司的非财务指标，这些指标一般反映了公司的能力现状。

1. 财务指标

企业的财务指标是企业绩效评价的主要工具，财务指标的可度量性、实效性和真实性等优点，使得财务指标多年来在企业绩效评价占有统治地位，财务绩效评价指标属于定量指标，一般来源于财务会计资料。常用的财务指标如下。

1）获利能力指标

常用的获利能力指标有：净资产收益率（净资产收益率＝净利润/平均净资产×100%）、总资产报酬率（总资产报酬率＝息税前利润/平均资产总额/×100%）、资本保值增值率、主营业务利润率、成本费用利润率等。获利能力指标在企业整个财务指标中占有非常重要的地位。

2）偿债能力指标

企业的偿债能力的指标一般有：资产负债率（资产负债率＝负债总额/资产总额×100%）、速动比率（速动比率＝速动资产/流动负债×100%）、已获利息倍数、现金流动负债比率等。

3）资产营运状况指标

资产营运状况指标是反映企业财务管理效率的重要指标。总资产营运（总资产周转率＝销售收入净额/平均资产总额×100％），流动资产营运（流动资产周转率＝销售收入净额/平均流动资产总额×100％）。

4）发展能力指标

发展能力指标一般有销售增长率（对企业销售增长情况的一种度量）、利润增长率（对企业经营效益变动趋势的一种度量）、总资产增长率（对企业资产增长变化趋势的一种度量）等。销售收入增长率＝本年销售收入增长额/上年营业收入×100％，利润增长率＝本年营业利润增长额/上年营业利润总额×100％，总资产增长率＝本年总资产增长额/年初资产总额×100％。

2. 非财务指标

传统的单一的财务指标评价体系已经不能满足企业发展的需要，因此就必须重视对企业的市场开发能力、创新能力、人力资源开发规划、企业文化、团队精神等非财务指标进行评价。特别是在财务指标和非财务指标发生矛盾的时候，不要总以财务指标为评价标准，因为非财务指标才是企业发展的内在原因，是关系到企业长期发展的重要因素。非财务指标体系一般都属于定性指标。非财务指标比财务指标在一定程度上更能揭示企业的发展能力和未来的趋势。

非财务指标一般包括以下内容：①顾客满意度；②产品和服务的质量；③战略目标，如完成一项并购或项目的关键部分，公司重组和管理层交接；④公司潜在发展能力，如员工满意度和保持力、员工培训、团队精神，管理有效性或公共责任；⑤创新能力，如研发投资及其结果、新产品开发能力；⑥技术目标；⑦市场份额。下面就产品质量指标和创新指标两种指标来说说企业的非财务指标评价体系的运用。

1）产品质量指标

在20世纪90年代，波士顿集团在“企业战略对利润的影响”的研究项目中，通过对几种企业战略与企业发展绩效的关系研究中得出以下几条结论：①企业最理想的状态就是同时拥有高市场份额和高产品质量；②当产品质量较低的时候，要提高企业的效益增加营销费用是无用的，而是要提高产品质量。产品质量指标一般有以下三种评价方式：

（1）可靠性。产品质量的特性之一是产品的可靠性，产品可靠性指标就成为考核和评价产品质量的主要指标之一。

（2）质量成本占销售收入的比重。质量成本占销售收入的比重这个指标可以反映产品质量管理水平的高低，企业可以根据这个指标发现产品存在的问题，从而采取一定的措施来改进。

（3）生产率。生产率可以衡量企业资源的利用程度，这在一定程度上可以作为产品质量的评价指标。

2）创新指标

创新能力是指企业改进现有产品、开发和创造适应市场需要新产品的能力，主要体现在经营者和员工的创新能力上。技术创新能力是产品开发能力的基础，评价指标如下：①技术开发人员的比重。②专利拥有情况：自创专利与购入专利的比重。③技术创新的比重与效果：每年技术创新项目数，研究和开发活动经费投入占产品销售收入比重，技术改造、技术引进及技术推广。

技术创新的目标可以分为以下几种：通过提高质量来实现技术创新，通过提高效率来实现技术创新，通过节约成本来实现技术创新和通过产品研发来实现技术创新。技术创新绩效评价的主要指标：研究开发费用率、新产品研究开发费用率、新产品贡献率、研究开发费用增长率、技术性产品成本降低率、工艺改造能力。

技术创新绩效评价的辅助指标：新产品总数、专利授权总数、新产品税率、能源物耗降低率、新产品出口创汇率、技术性收入比率。(企业绩效评价指标体系的构思)

创新能力：①新产品投产率＝投放到市场的新产品数/所开发的产品总数×100％；②新产品比重＝新产品销售额/全部产品销售额×100％；③引进技术成功率＝成功引进项目数/引进项目总数×100％。

5.4.2 社会绩效

1. 企业社会绩效与社会责任

企业社会绩效（corporate social performance，CSP）是对企业履行社会责任的效果评价。企业社会绩效的评价是对以下问题进行评价：企业的生产经营是否合法、是否造成了严重污染、是否正确地处理顾客问题等。对这些问题进行评价更有利于企业认识自身在同行中的位置，并且能够促进企业经理和利益相关者的沟通。企业社会绩效一般从以下几个方面来评价：企业的历史、行业背景、组织结构、竞争环境、员工、股东、顾客、供应商、公共利益相关者等。企业社会绩效评价指标体系的核心指标是：社会贡献、增加就业、环境保护、遵纪守法和社区关系等。

企业的社会责任一般包括广义和狭义两个方面。广义的社会责任就是指企业的经济责任、法律责任、伦理责任等；狭义的社会责任只包括企业的伦理责任和慈善责任。企业社会绩效的评价体现了和谐发展的要求。可以通过企业诚信状况和顾客的满意度等方面进行评价。

2. SA8000 社会绩效指标

按照社会责任国际制定的 SA8000 标准，社会绩效指标包括以下几个方面的内容：

一是工作与劳动方面的评价指标。具体包括员工的满意度、员工养老保险、工伤保险、生育保险、失业保险、医疗保险以及公积金的计提率，每千人工作事故数，平均每个员工每年的受培训时间，培训费用与有效增加值之比。

二是社会方面的评价指标。具体包括是否建立对企业腐败行为的监控机制，企业诚信级别，公平竞争的行业内评价。

三是产品责任方面的评价指标。具体包括顾客满意度，产品安全性系数等。

社会绩效的环境影响主要体现在可持续发展上，可持续发展的含义就在于企业在创造价值的过程中能够让环境承受较少的废弃物。企业的绩效评价体系的设计在一定程度上也是为了能够促进企业的可持续发展，让环境受到最低程度的伤害。以波特为代表的修正学派认为，一个企业如果能够提高资源和能源的利用率，加强污染防治，降低成本，减少企业因环境责任造成的风险和损失，那么这个企业就能够获得更好的企业和产品形象，从而获得更多的市场份额。因此，企业必须要注重环境影响对企业造成的影响。可以从以下几个方面来评价环境影响：能源的投入产出率、再生能源使用率、再生原材料使用率、产品平均寿命与标准寿命的比率、原材料的投入率等。

3. 企业社会绩效评价的模式

克拉克森认为企业社会绩效评价模式的建立应该以企业利益相关者管理框架为基础。他认为利益相关者可以分为主要利益相关者和次要利益相关者。主要利益相关者包括股东、投资机构、职工等；次要利益相关者包括媒体、社会团体、非营利组织等。经过上述分析，根据我国的国情和具体情况，可以得出企业社会绩效评价的模式包括社会责任和社会敏感性两个方面，具体如下：

社会责任包括经济责任、法律责任、道德责任和其他责任。

社会敏感性包括局外人的可接近性、对公共事务的准备性、公共活动中的表现性、对外言论的可信性、批评者眼中的合法性、对外重大事件关注度和企业利益的清晰度等。

企业的经济绩效和社会绩效之间的关系可以描述为：好的经济绩效可以导致好的企业社会绩效，因为企业提高社会绩效的途径有传统的关系途径和市场途径，好的社会绩效是需要企业良好的市场表现来做支撑的。企业需要全面考虑问题，在将经济利润投入与社会绩效有关的活动时，要考虑企业的战略目标等因素，不能盲目地把所有的经济利润都投入其中。

➢案例 5-2 惠普公司绩效评估

惠普的绩效管理目的是要让员工相信自己可以接受任何挑战，可以改变世界，这也是惠普的车库法则的主要精神所在。惠普的绩效管理可以分为两个内容：一是组织绩效管理，管理的对象是公司绩效；二是员工绩效管理，管理的对象是员工。惠普用四个指标来衡量组织绩效，分别是员工指标、流程指标、财务指标和客户指标。

员工满意度调查是员工指标中的重要一项。在总结各种影响员工工作表现的因素以后，惠普提出了一个待遇适配度、满意度和重要性并重的员工满意度分析方法。薪资并不是员工唯一的需求，员工的工作行为还取决于老板素质、岗位的适配性、能力的增长性、工作挑战性和休假长度及质量等其他因素。问题的关键是怎样来衡量这些指标，惠普的方法是，对每一项指标，都要从适配度、满意度和重要性三个方面用具体的可比较的数据做出衡量，比如员工对目前岗位的认可度，对直接老板的认同度，对工作前景的展望，公司都会把这些看起来无法衡量的指标化为数据进行比较，这些数据是从平常众多的调查表中总结出来的，具有非常高的有效性和可靠性。中国惠普的管理层基本上每年都要做员工满意度调查。

组织绩效评估的员工指标除了员工满意度以外，还有人才流失率和员工生产率等因素，这些因素看起来无法衡量，但可以在平时的工作中做好记录，点点滴滴，就可以汇成大海。

组织绩效评估中另一个指标是客户指标，其中又包括市场份额、老客户挽留率、新客户拓展率、客户满意度和客户忠诚度等几个因素。以客户忠诚度为例，惠普每年都要对现实客户和潜在客户做出调查，比如一个客户（集体客户或个人客户）明年要采购的打印机是多少台，计划从惠普采购的是多少台，到年底再次做出调查，看客户实际从惠普购的打印机又是多少台，这样公司就能把客户的忠诚度化为一组组可衡量的数据，这种把客户忠诚度直接和公司销售业绩用具体数据相关联的做法，能使公司上下对忠诚度这一很难衡量的指标有了现实的直接感受，也就能促使公司去努力提高客户忠诚度。

惠普的组织业绩评估尚有其他两个指标：流程指标和财务指标。流程指标包括响应周期、总缺陷率、成本改进率和产品开发周期四个因素；而财务指标则包括销售收入、经营利润和经济附加值三个因素。

资料来源：朴愚，顾卫俊．绩效管理体系的设计与实施．北京：电子工业出版社，2006

➢本章总结

1. 企业历史分析的目的是为了通过了解企业以往的经营状况以及企业历史上重大事件来评价目前企业的价值以及预测企业的发展状况，并为企业战略制定提供支持。包括两部分内容：企业成长阶段分析和企业历史关键事件分析。

2. 企业使命分析主要是对企业使命的现状和内容进行分析，企业使命分析必须回答企业究竟如何进行自我定位以及为什么要进行使命定位等问题。包括资源配置的有效性分析、定位的合理性分析、定位的有效性分析等。

3. 企业治理结构与战略分析和战略实施都有密切的关系，之所以要首先进行治理结构分析，是因为了解一个企业、制定该企业的战略必须了解谁是真正的决策者。这是企业治理结构分析的主要目标。

4. 企业的绩效分析包括经济绩效和社会绩效两个方面。经济绩效包括财务指标、非财务指标、产品质量指标、创新指标等；社会绩效是对企业履行社会责任的效果评价。企业社会绩效一般通过以下几个方面来评价：企业的历史、行业背景、组织结构、竞争环境、员工、股东、顾客、供应商、公共利益相关者等。

参考文献

蔡秉坤，李清宇．2005. 企业治理结构模式的比较与借鉴意义．兰州学刊，(6)
邓路，符正平．2007. 全球 500 强企业使命宣言的实证研究．现代管理科学，(6)
丁栋虹．2002. 论企业分析的四维理论模式——兼对流行企业理论的回顾与批判．财经研究，28 (1)
高汉祥．2005. “家族人”与中国家族企业治理结构．重庆工商大学学报（西部论坛），15 (3)
格里·约翰逊，凯万·斯科尔斯．2004. 战略管理（第六版）．王军等译．北京：人民邮电出版社
乐宜男．2007. 试探企业定位中的帕雷托法则．财经界（中旬刊），(1)
马璐．2004. 现代企业绩效评价系统的演变与发展趋势．科技进步与对策，21 (7)
秦晓蕾，杨东涛，魏江茹．2007. 制造企业创新战略、员工培训与企业绩效关系实证研究．管理学报，4 (3)
师彪，于新花．2004. 企业分析系统——智能分析平台研究和新算法模型综述．计算机应用研究，21 (1)
王海燕．2006. 质量竞争战略与企业绩效模式的选择．中国工业经济，(4)
王忠．2005. 我国企业绩效评价指标体系构成研究．北京工商大学学报（社会科学版），20 (4)
张维迎．1999. 企业理论与中国企业改革．北京：北京大学出版社
朱火弟，蒲勇健．2004. 企业社会绩效评价的模式研究．现代经济探讨，(4)
Blair M M. 1995. Ownership and Control Rethinking Corporate Governance for the Twenty-first Century. Washington DC: Brooking Institution

Tricker R I. 1994. International Corporate Governance. New York: Prentice Hall. 20

Vafeas N. 1999. Board meeting frequency and firm performance. Journal of Financial Economics, 53 (1): 113～142

推荐阅读材料

哈罗德·德姆塞茨.1999. 企业经济学.梁小民译.北京：中国社会科学出版社

作为企业理论领域的著名思想家，哈罗德·德姆塞茨的这本书对企业的存在、定义进行了批判性的研究，对经营管理中的若干问题如代理、控制、管理者报酬、竞争等做了经济学分析。

原口俊道.2000. 东亚地区的经营管理.上海：上海人民出版社

该书讨论了东亚地区企业的经营管理的历史发展、理论与思想，尤其对中国、日本、韩国、菲律宾等国的企业经营管理进行了比较，由此我们可以看到理解企业历史及其差异的重要性。

金占明.2004. 战略管理——超竞争环境下的选择.北京：清华大学出版社

该书的主要框架是：首先对战略管理作概述，然后论述了战略管理中的四大分析，即宏观环境分析、行业结构分析、企业资源和能力分析；其次介绍企业的三种战略，即企业的一般战略、企业的成长战略、国际战略；最后介绍战略的评价与选择以及与组织结构的关系。

鲁百年.2006. 全面企业绩效管理.北京：北京大学出版社

该书主要介绍了用于监控、制定和管理整体企业绩效的方法、准则、过程和系统的组合。推荐阅读该书第四章企业绩效管理的现代方法中的企业绩效管理的考核目标。

李维安等.2001. 公司治理.天津：南开大学出版社

通过该书，读者可以比较全面地了解公司治理的主要内容，其中包含了许多理论与实践的内容，由此可以帮助我们分析一个企业的公司治理结构。

第6章

外部环境分析

企业总是在一定的环境中运行，环境对企业的经营具有至关重要的影响。脱离了环境，企业的竞争优势也就无从谈起。因此，对环境的分析成为企业制定和调整战略方向的基本前提。广义的环境包括外部环境和内部环境，本章主要介绍有关外部环境的知识。外部环境分为不同的层次，包括宏观环境、行业环境、竞争环境等。本章首先介绍企业战略环境的基本知识，其次介绍宏观环境、行业环境和竞争环境等三个层次的基本概念和分析方法。

➢案例 6-1　政策对房地产业的影响

2007 年，中国的房地产行业实现了最快速的发展。2008 年，中国经济总体增长态势不变，金融市场逐步开放，居民可支配收入高速增长，房地产龙头企业完成上市的飞跃，这些有利因素都在一定程度上保证了 2008 年房地产行业将与中国经济一样，增速放缓，但仍保持向上。

唯一不确定的因素是政策。从 2003 年开始的对房地产行业的宏观调控在很长时间内被视作“空调”，越调控房价越飞涨。2007 年，这种情况发生了根本性的转变，9 月底出台的对第二套房的各种贷款政策似乎成了压倒房地产市场的最后一根稻草。此后，高烧的珠三角房价回落，上海、北京楼市成交量萎缩。房地产业的发展与国家的宏观经济政策联系非常紧密，尤其在我国现有的土地政策、财政、税收等政策框架内，未来的震荡将与政策变化密切相关。

资料来源：王琦．房地产：拐点近．中国企业家，2008，(Z1)

6.1　企业战略环境

6.1.1　企业战略环境的概念

企业的环境是一个复杂系统，企业是其中的一个子系统，与外界环境间存在不断的物质、人力、资金、信息等的交流。外部环境包括了各种各样的要素，其中，能够对企业形成（或潜在地形成）重大影响的要素可被视为战略环境要素。由战略环境要素构成的环境系统是企业的战略环境。广义上，战略环境包括外部环境和内部环境两个方面。

企业外部环境是存在于企业组织外部，并与企业经营活动有关的各种要素的组合。这些要素一般不在企业管理者的短期控制范围内，但又确实影响企业经营活动的进行和经营成果的获得。对企业面临的机会与威胁的分析通常在外部环境的范畴内进行。

企业内部环境通常也被称为内部条件，包括企业内部的资源和能力，由内部的条件要素组成。这些要素一般可以在企业的控制范围内，企业根据其战略选择来调整内部条件要素的组合，而这些组合及其变化往往影响着企业的竞争优势。对企业竞争力的分析通常在内部环境的范畴内进行。

6.1.2 企业战略环境的特点

企业总是存在于一定的外部环境之中，受到外部环境的影响。那么，在分析战略环境时，就必须了解企业战略环境的特点。本章主要讨论外部环境，具体地说，企业外部环境有以下三个特点。

1. 外部环境及其变化是客观存在的，不受单个企业的控制

外部环境的范畴极为广泛，包括了政治、经济、社会、技术等多个方面的内容，远非单个企业所能够控制。即使是某行业中具有垄断地位的企业，也只能对外部环境中的某些方面形成或大或小的影响，而难以控制整个外部环境。因此，企业面对总体的外部环境，往往只能采取接受的态度。比如，经济发展水平决定了市场的消费能力，企业无法改变它，只能在既定的环境下制定战略。

2. 外部环境是不断变化、难以预测的，具有鲜明的不确定性

企业的外部环境总是处于时刻变化的状态，而非静止不变。这种变化可能是渐进式的、可预测的，也可能是突发的、不可预测的。外部环境的动态性决定了企业的外部环境分析工作并非一次性就能完成，而是需要长期地、持续地进行、要求企业抓住环境中已发生的变化并且很好地预测将来的变化趋势。企业必须根据环境的变化不断修正战略，达成战略与环境之间新的平衡和匹配。

3. 外部环境对不同产业和不同企业的作用和影响不同

每个企业的经营活动都处在外部环境的作用之下，企业所面临的外部环境具有共性。但是，企业对环境又有自己的诠释和理解，从而形成其特有的外部条件。企业本身的特点、管理者的眼界等都可能形成这种特有性。外部环境的特有性要求企业不能套用既有的战略模式，而需要具体情况具体分析，突出特点，形成自己独特的战略风格。

6.1.3 企业战略环境的构成

企业面临的战略环境可以分为三个层次，即宏观环境、行业环境和微观竞争环境，如图 6-1 所示。

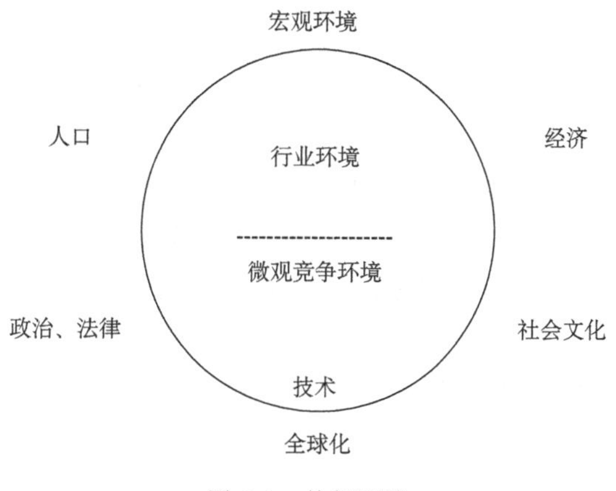

图 6-1　外部环境

宏观环境包含的因素有：人口因素、经济因素、政治法律因素、社会文化因素、技术因素和全球化因素，如表 6-1 所示。

表 6-1　宏观环境中的主要因素

人口	经济	政治、法律	社会文化	技术	全球化
人口增长率 人口年龄分布 人口地区迁移 平均寿命 出生率 民族构成 收入分布	GDP 趋势 通货膨胀率 利率 贸易赤字或顺差 货币供给 失业率 贬值/升值 能源供给与费用 可支配收入	反垄断法规 环境保护法 劳工训练法规 税法 特殊激励 外贸法规 雇用与晋升法案 取消管制的趋势	生活方式的变化 妇女就业 职业预期 消费者积极性 对工作生活质量的态度	民间和政府研发总费用 技术努力重点 专利保护 产品创新 技术应用 技术的最新发展 自动化带来的效率提高	经济全球化 科技的应用 智力资产 文化价值观 竞争面貌的改变

资料来源：迈克尔·A. 希特．2005. 战略管理：竞争与全球化（概念）（原著第 6 版）．北京：机械工业出版社

行业环境包含的因素有：新进入者的威胁、现有竞争者之间的竞争强度、供应商的讨价还价能力、购买方的讨价还价能力和替代品的威胁。

微观竞争环境主要指同业竞争对手所构成的竞争环境，这一环境直接影响到企业的竞争战略选择，微观竞争环境分析主要是竞争对手分析，是对宏观环境和行业环境的进一步补充。

宏观环境分析着眼于未来，行业环境分析重视企业的获利因素，而竞争对手分析的目标则是竞争对手的相关信息和行为。企业分别就此收集信息，然后综合考虑所有收集到的信息。

6.1.4　环境因素的变化对企业的机遇和威胁

外部环境是不断变化的，有些变化对企业影响很大，有些变化对企业影响很小。政

治法律环境的变化可能导致一些制度背景和商务规则的变化，有的业务可能因此而被禁止，有的可能被鼓励。技术环境的变化可能导致一些企业的优势技术迅速成为累赘。经济周期的交替也会显著影响消费者的购买能力，导致大部分企业的利润受到影响。而股市的快速波动，无论是上涨还是下跌，都能带动证券报纸的销量。在行业中，新进入的竞争对手通常会增加竞争的激烈程度，使行业的平均利润下降。而竞争对手之间也可能有合作行为，适当的合作在短期内对参与的各方都有好处，但随着合作的发展，以及各方实力和策略的不同，有些企业可能把握机遇，而有些企业可能面对威胁。

➢案例 6-2　胶片巨头柯达转做数码

2003 年，115 年来主要靠卖胶片赚钞票的全球第一大影像巨头伊士曼·柯达公司（简称柯达）宣布实施一项重大的战略性转变：放弃传统的胶卷业务，重心向新兴的数码产品转移。除了重新定位之外，柯达别无选择。近年来，经济的不景气和数码相机的普及正在抢走柯达产品的销售量，柯达一直倚重的传统胶卷业务正不可避免地处于下滑趋势，由于数码相机在美国、日本的普及以及中国市场爆炸式的增长，这个下降趋势的加速度正在增大。柯达在声明中表示："增加在非影像业务领域的投资，并在数码业务领域进行新的尝试；与此同时，将不再向传统的胶卷业务进行任何重大的长期投资。"这对于柯达来说将是一个历史性的转变，这意味着在传统影像领域绝对称王的柯达终于决定摆脱"传统、数码"两线并重作战的市场策略，而向风起云涌的数码技术革命挺进。

资料来源：蔡恩泽．悲壮大转型——新形势下企业的战略调整．中国外资．2003，(12)

机遇与威胁是相对的，某些环境的变化对一些企业来说是机遇，对另外的企业来说是威胁。同样，即使对某个特定的企业，在短期内可以视作威胁的环境变化，在长期来看，也许就是机遇。在一个较长的时期，机遇与威胁的组合会影响企业的战略路径。当然，实际的路径还受到企业自身的优势与劣势的影响，并取决于企业战略决策者对外部环境和内部条件的认知程度。

6.2　宏观环境分析

6.2.1　宏观环境的构成要素

宏观环境，是指那些给企业带来机会或者造成威胁的主要社会、经济、政治与技术力量，它们直接或者间接地影响着企业的战略管理，包括那些在广阔的社会环境中影响到一个产业或企业的各种因素。宏观环境处于企业面临的各种环境的最外围。

企业的宏观环境主要包括以下几个方面：人口因素、经济因素、政治法律因素、社会文化因素、技术因素和全球化因素等。行业和行业中的每一个企业都受到这些因素的综合影响，因此需要密切地关注它们的变化所带来的机遇和挑战。

1. 人口因素

人口因素对市场的容量、结构和潜力都有重要的影响。所以，人口的数量、年龄结构、分布、民族构成和收入分布的变化是非常重要的一个外部环境因素。

世界人口持续增长，预计到 2200 年，世界总人口将达到 100 亿。其中，发达国家出现的人口负增长，将导致人口逐渐减少。而人们的平均寿命在延长，使得人口结构趋向老龄化。这样的趋势带来老龄化人口对产品和服务的特殊需求，给企业带来无限的商机。发展中国家人口则快速增长，消耗着大量的自然资源。这些预示着 21 世纪的商机和主要挑战。

通信技术的进步使人们可以在家里完成工作，于是出现了 SOHO 一族。而发达国家人口的老龄化，使得它们需要移民来补充劳动力资源。移民的流入使民族结构多元化，就业人口多元化。所以，对外，企业必须认真地研究，发现不同族群的特殊需求，开发并且销售能够满足这样的需求的产品和服务；对内，企业必须学会如何有效地管理一个多元化的工作团队，才能激发团队的差异化所蕴涵的创造性，才能成功地竞争，为企业创造竞争优势。

企业还需要收集人们收入分布的具体信息，这些信息可以帮助他们了解不同群体的实际购买力，然后企业就可以有针对性地为某一群体提供符合他们需求的产品和服务。

2. 经济因素

经济环境是指企业所在的或者可能参与的经济体的经济特征和发展方向。比较重要的经济因素包括经济增长、利率、通货膨胀、汇率等。

经济增长描述了一个经济体经济总量的发展变化情况，一般用国内生产总值（GDP）的变化来衡量。由于 GDP 只能反映总量的情况，在实践中，人均国内生产总值也成为常用的参考指标。经济增长反映了一个经济体的市场容量和市场潜力，对企业来说，经济增长影响到其目标定位、产品设计等多方面的考虑。

利率主要从两个方面影响企业。第一，利率影响企业的融资成本和投资收益。企业往往需要通过金融市场进行融资，利率直接决定了其融资成本。第二，利率影响消费者的购买成本。大量的消费者通过贷款消费，利率提高，导致其成本提高，从而减少其购买的驱动力，进而影响企业的市场销售。

通货膨胀影响到企业的实际业绩。企业的投资收益需要经过通货膨胀率的计算之后才能够得到其真实的收益。通常，3%～5%的通货膨胀率是正常的，对企业影响不大。但是，如果出现恶性通货膨胀，就会破坏经济发展，对企业也是不利的。

汇率影响企业海外投资或进出口业务的进行。如果企业同时在多个国家进行投资，那么在其收益的计算中，汇率就是一个重要的指标。如果企业需要从国外进口材料、设备或者需要将自己的产品出口到国外，汇率也是一个重要的问题。

3. 政治法律因素

政治、法律因素是各种组织和政府之间相互影响的结果，主要体现为对企业的经营活动具有直接或者潜在作用力的政治力量和法律法规。具体来说，政治、法律因素分析包括国家和企业所在地区的政局稳定情况，执政党所推行的基本政策以及这些政策的连续性、稳定性等。它们对大小企业都构成重要的机遇和威胁。例如，行业和企业若严重依赖政府合同或补贴，那么政治预测成为其外部环境分析中的侧重点；专利法规的变化、反垄断立法、取消行业管制、制定劳动培训法等均可以显著地影响企业的经营和所能获取的利润。

企业需要调整战略方向或控制战略实施的一些问题，以应对不断变化的政治、环境因素所带来的挑战。而面对新的政治或政府行动，企业又必须修改或放弃原来的战略。例如，迫于环境保护的压力，很多核电站项目被停止，部分钢铁厂也被关闭。

随着21世纪的到来，企业的竞争走向全球化，一个世界性的市场正在形成，它不同于各个国家各有特色的国家市场。很多国家降低了关税，消除贸易障碍，鼓励自由贸易。今天的国际商务环境远甚于昨天，越来越多的企业发现，仅仅依靠本国市场，它们将难以生存。日益激烈的国际竞争使得准确地预测政治、法律变化趋势变得更为必要。

4. 社会文化因素

社会文化蕴涵着一个社会的态度和价值，推动着人口、经济、政治法律、技术的变革。社会文化因素强烈地影响着企业的经营方式和人们的购买决策。不同的国家继承各自不同特色的文化传统，企业的生产经营活动只有融入当地文化，才能提供符合消费者需求的产品和服务，才能取得成功。

例如，瑞士人将GDP的10.2%花在医疗保健上，德国是10.4%，美国则是14%。工作和休闲的界限在美国变得模糊，员工的工作时间越来越长；而在法国，工作超时就会触犯法律，劳工检查员就会给企业施加压力。企业要从中得到什么呢？若美国企业想在法国拓展业务，或法国企业想在美国开办分公司，它们都需要充分地了解社会文化环境对员工期望的影响。在全球化日益深入的今天，文化差异对公司经营的影响力显得越来越突出。

随着女性受教育水平的不断提高和思想观念的逐步开放，女性就业人口比例节节攀升，她们宝贵的劳动力资源为提高国家的竞争优势注入了新的活力。早在1969年，美国就有120万名女性实业家，到了1991年，则超过了300万人。在此期间，女性实业家的增长率是男性的5倍。

女性就业人口的增加使就业人口日益多元化，并且带来了不同管理风格的长处，有利于每个员工拥有充分发挥能力的机会。虽然现在许多国家都已规定男性和女性就业机会同等，报酬同等，但是实际上男女性工作报酬仍然存在差距，“玻璃天花板（glass ceiling)”现象（女性在升职问题上的微妙障碍）仍是广泛存在的。

5. 技术因素

技术变革正在对企业产生深远的影响，新技术不断地涌现，包括计算机、机器人、空间技术、通信与网络、生物技术、新材料等。

技术进步对企业的产品、服务、市场、供应商、分销商、竞争者、消费者、制造工艺、营销方法和竞争地位产生极大的影响。技术进步可以创造新市场，促使产品的改进和诞生新的产品，改变企业的成本状况在行业中的相对位置，改变企业的竞争优势。技术的变革可以减少或消除企业间的成本壁垒，改变员工、管理者和消费者的价值观和预期。

在技术变革中，既有机遇也有威胁，最先引入新技术的企业可能获得先入为主的优势，也可能因承受不了风险而失败。对多数行业来说，都存在主导技术。主导技术是被大多数企业所采用，并成为事实标准的技术。主导技术不是一成不变的，而且会经历稳定期和变革期。在稳定期，各企业努力在产品质量和服务等方面进行竞争。在变革期，各企业会重新考虑是否沿用既定的技术。新技术的出现会导致企业新一轮的对主导技术的争夺。在整个过程中，技术、专利、标准成为关注的焦点问题，而标准则是核心问题。

除了作为产品的核心以外，技术的发展还能够促进市场的发展，降低交易成本。Internet 的普及促进了电子商务的发展，加快了商品的分销和配送速度，创造了新的产品和服务，消除了传统区域市场的局限。Internet 还可以改变进入壁垒，重新定义行业与供应商、债权人、消费者和竞争者之间的关系，使中小企业也能够有机会进入某些市场。

6. 全球化因素

全球化是当今时代的重要特征。科技的进步使通信不断得到改善，越来越多的国家已经门户大开，跨国贸易、投资已经成为许多大型企业对外扩张、实现全球经营的首要手段。

随着经济全球化的迅猛发展，世界经济相互依赖、相互制约的程度加深，大多数国家不愿意只局限于本国市场，他们把目光投向周边国家乃至全世界。波音 777 型客机的制造要用到 13 万多个机械配件和来自全球 500 多家供应商，这是全球制造人员共同努力的结果。

在当代社会，无形的智力资产才是最宝贵的资产。智力资产包括知识本身、使用知识的能力和创造知识的能力。人才已经成为 21 世纪重要的资源，现代企业竞争可以说就是人才的竞争。因为人力资源的独特性、价值性、不可复制性是企业获得持续竞争优势的来源。全球化更使得人才成为企业重要的战略资源。

另外，网络技术的发展颠覆了许多传统的思维和经营模式。网上交易日益盛行；网络直销模式，如戴尔计算机公司的 Build-to-Order 模式大幅度降低了存货、运输及其他成本，成为企业获得成本优势的重要基础。计算机的使用大幅度降低了产品开发的时间和产品的生命周期，大量虚拟组织、虚拟店面、虚拟办公室等的出现，给企业带来巨大的机会，同时也带来不小的挑战。

全球化使得传统的产业界限变得越来越模糊。每一个企业应该说都是为了满足顾客的需要创造顾客的价值，获得最大化利益。在现代企业中，速度、便利、创新和特色业已成为新的竞争利器。更快更好地满足顾客的需要显然可以应对更多的购买群。

6.2.2　宏观环境分析的主要技术

宏观环境的构成包括了人口因素、经济因素、政治法律因素、社会文化因素、技术因素和全球化因素六个方面，这些因素涵盖范围很广，因此需要一个比较好的分析模型对其进行分析。目前使用较多的宏观环境要素评价模型是外部因素评价矩阵。

外部因素评价矩阵（external factor evaluation matrix，EFE）可以帮助战略制定者归纳和评价经济、社会、文化、环境、政治、政府、法律、技术及竞争等方面的信息，如表 6-2 所示。建立 EFE 的步骤如下。

步骤 1：列出影响外部环境的因素。因素总数在 10～20 之间，包括企业所面临的机会和威胁。首先列举机会，然后列举威胁，要尽量写具体。

步骤 2：赋予每个因素一定的权重，以表明该因素对于企业经营成败的相对重要性。权重的数值由 0.0（不重要）到 1.0（非常重要），并使各因素权重值之和为 1。机会往往比威胁得到更高的权重。确定权重的方法包括对成功的竞争者和不成功的竞争者进行比较，以及通过集体讨论而达成共识。

步骤 3：按照企业先行的战略对各因素的有效反应程度为各因素进行评分，范围为 1～4。“1”表示反映很差，“2”表示反映为平均水平，“3”表示反映超过平均水平，“4”表示反映很好。

步骤 4：将每个因素的权重与相应的评分相乘，得到各要素的加权得分。

步骤 5：将所有因素的加权分数相加，以得到企业外部机会与风险的综合加权评分值。

显然，根据上述评价过程可知，对于任一企业来说，其可能的综合加权分数最高为 4.0，最低为 1.0，综合加权平均值为 2.5。无论因素有多少，总加权分数为 1.0～4.0。综合加权平均值为 4.0 反映企业在整个产业中对现有机会与威胁做出了最好的反应。综合加权平均值为 1.0 表明企业的战略不能利用外部机会或规避威胁。综合加权平均值为 2.5 表明企业处于平均水平。

表 6-2 提供了一个外部要素评价矩阵的示例。以我国家电产业为例，由表可得到如下信息：总加权分为 2.98，说明我国家电企业在利用外部机会和规避外部威胁方面高于平均水平。

表 6-2 外部因素评价矩阵

关键外部因素	权重	评分	加权分数
机会			
1. 中国加入 WTO，经营国际化使成本大大降低	0.08	4	0.32
2. 中国经济持续发展，人均收入提高，高收入人群增加	0.15	3	0.45
3. 数字家电技术的发展	0.10	2	0.20
4. 家电业的规模效应明显	0.10	3	0.30
5. 家电业企业走向差异化道路	0.12	4	0.48
6. 消费者的喜好偏向多元化	0.05	2	0.10
威胁			
1. 中国加入 WTO，国内企业直接面临国外企业的竞争	0.09	4	0.36
2. 家电企业库存压力大，可能会暴发价格战	0.05	1	0.05
3. 消费者的议价能力不断加强	0.06	2	0.12
4. 消费者的品牌忠诚度在下降	0.10	3	0.30
5. 国内家电企业的整体技术较弱	0.10	3	0.30
总计	1.00	3	2.98

6.3 行业环境分析

➢案例 6-3 4S 店路在何方？——从行业环境分析的角度来看这种销售模式

4S 店是 1998 年以后才逐步由欧洲传入中国的舶来品。它与各个厂家之间建立了紧密的产销关系，一般采取一个品牌在一个地区分布一个或相对等距离的几个 4S 店的方式。按照生产厂家的统一店内外设计要求建造，投资巨大，由于其诱人的暴利和厂家的不断推崇。种种迹象表明：2004 年在汽车业进入“冰封期”时，集各种矛盾、压力于一身的 4S 店运转显露疲态，有的甚至倒闭歇业。

1. 进入 4S 市场的通行证

①我国的 4S 店大都是模仿欧洲的建设标准建设，硬件上与国外形似，但在软件上却没有达到同样的标准。因此，一家 4S 店如果没有自己的核心能力和资源将很难立足。②4S 店对资本的要求也很高，依靠自有资金做品牌专营的很少，大都靠银行贷款。一旦银根紧缩，资金链则很可能出现问题。③4S 店的选址很重要，一旦锁定目标且地址相对封闭则对手很难进入。

2. 厂商的绝对强势地位

受前几年汽车销售井喷的诱惑，以及对国内巨大的汽车市场容量的预期使得各方资本涌入这一领域，中国成为世界上独一无二的厂家强势市场。国产宝马的经销权之争可谓将这种一边倒的厂家关系体现得淋漓尽致：2000 多家经销商使出浑身解数争夺 24 个名额，据说这中间还创出了国内轿车行业“公关费用”的新纪录。

3. 客户的讨价还价能力

伴随着近几年国内汽车生产厂家大幅度增产，卖方市场已转变为买方市场客户群持币待购。厂家的轮番降价更给购车者以心理预期，导致 2004 年年初起汽车市场就持续低迷。而 4S 店在汽车销售的最前沿自然受的冲击最大。

4. 替代品的威胁

汽车“大卖场”的销售模式无论是在北京还是在杭州已经是一个较为成熟的方式。这些“大卖场”有的自己经营，有的出租给汽车经销商，经营风险大大低于 4S 店。据悉，销售同一品牌汽车的经营商，在该大卖场经营每年只需缴一二十万元租金。大卖场与 4S 店比，其优势更体现在经营的灵活性上。4S 店只能销售单一品牌汽车，而大卖场可经营多种品牌，东边不亮西边亮；加之不少汽车超市都是采取买断经营方式或大批量进货，产品定价也较 4S 店灵活，经营风险自然已大大减少。

资料来源：焦鹏．4S 店路在何方？中外管理，2005，(3)

6.3.1　行业特征分析

行业由一组生产彼此近似的替代品的企业所组成。行业不同，其技术背景、竞争环境、利润前景等也各不相同。例如，汽车行业和零售行业相比较，两者在各方面的差异就很大；影响快餐业和有限电视业务的行业竞争环境的相似性也很小。如果企业的管理者不能将企业所拥有的资源、能力和企业所面临的行业竞争环境相匹配的话，管理者就还没有洞悉企业所面对的战略形势，也就无法确定企业的长远发展方向。所以进行行业环境分析的第一步就是要把握该行业的特征。

我们在概括某一行业特征时应考虑以下因素：

(1) 市场规模。市场规模大能够吸引企业加入竞争，规模小对大的或新的竞争者的吸引力则小。

(2) 竞争范围。行业及行业内的企业是在全球范围内参与竞争，还是在全国、区域或者当地范围内参与竞争。

(3) 市场增长率及行业目前所处生命周期中的阶段。企业愿意加入增长迅速的市场，而在增长缓慢的市场中，由于竞争激烈，弱小的竞争者可能无法生存。市场增长率随着行业生命周期的变化而变化。当市场处于增长阶段时，市场增长速度快；当市场处于成熟阶段时，增长速度则慢。

(4) 行业赢利水平。该行业的赢利水平相对于平均水平而言如何。高于平均赢利水平的行业吸引潜在竞争者的加入，低于平均赢利水平的行业将导致现有竞争者的退出。

(5) 竞争者的数量及其相对规模。行业是由为数不多的大企业所垄断还是由许多的小企业所细分。

(6) 消费者的数量及其相对规模。高价位产品的消费者数量较少，规模较小；低价位产品的消费者数量众多。

(7) 创新速度。产品及技术的创新速度快，使得企业原有的技术和设施等过早变得陈旧，这将加大企业的风险。

(8) 产品及服务的差异性。产品服务的差异性大，企业的竞争力就强；若产品服务属于同质的，消费者的选择余地就大，其权利也相应增加。

(9) 分销渠道。了解行业内产品到达购买者的渠道的种类。

(10) 一体化程度。行业内企业向前及向后整合的普遍程度。

(11) 资本条件。资本需求量是决策者考虑是否进入行业的关键因素。

(12) 规模经济。企业是否能够实现采购、制造、运输、销售、广告等方面的规模经济。

(13) 学习及经验效应。行业中的某些活动能否产生学习及经验效应，使得单位成本随产量的增加而降低。

(14) 进入及退出障碍。障碍大一般能够对行业内企业起到一定的保护作用，障碍小则容易被新进入者突破。

6.3.2 行业演变分析

行业中的变化是时刻发生着的，这些变化迫使企业做出反应。能够把握行业演变的过程并且预测到其变化对企业来说非常重要。

1. 产业生命周期

产业生命周期是以产品的发展特征为基础形成的，类似所形成的企业生命周期我们在第五章企业成长分析中已讨论。产业生命周期，是指从行业出现到行业完全退出经济活动所经历的时间，一般分为四个阶段：幼稚期、成长期、成熟期和衰退期。

幼稚期：行业开始形成并初具规模的时期。在此阶段行业产品具有质量不稳定、批量不大、成本高、发展速度慢等特征，此时行业还不具有竞争力。因此，对企业来说，进入幼稚期的行业必须做好应对困难的准备，随着本企业和行业的发展，企业可能会在此行业树立起一定的地位。例如，有着“朝阳产业”之称的生物工程目前正处于幼稚期，在行业特点、竞争状况、用户特点等方面的信息较少，但在产品、市场、服务等方面的发展空间较大。在这一阶段，企业进入该行业相对容易。

成长期：这一时期行业内的企业数量增加，行业的市场增长率很高，需求高速增长，技术趋于稳定，行业特点、竞争状况、用户特点已比较明显，产品品种和竞争者数量增多，此时企业进入行业比较困难。如果企业所处的行业位于此发展阶段，会给企业带来很多发展机会，目前电子、信息等行业正处于这一发展阶段。这一阶段是企业进入该行业的理想阶段。

成熟期：这一时期行业的市场增长率不高，需求增长不明显，技术已经成熟，行业特点、竞争状况、用户特点清晰，买方市场形成，行业赢利能力下降，新产品和产品的新用途开发也比较困难，此时进入该行业已变得较困难。

衰退期：这一时期行业的市场增长率下降、需求下降、产品品种和竞争者数量下降，行业内的一些企业已经开始转移生产领域并逐步退出该领域，此时企业没有必要选择进入该行业。

2. 行业演变的驱动因素

从根本上说，行业演变之所以发生是因为有推动行业变革的力量存在。由这些力量产生的动力或者压力，促使行业逐渐演变，我们可以将其称为演变过程。

1）行业增长的长期变化

行业的增长率是引起行业变革的一个重要因素。增长率的变化会影响行业内产品的供需平衡，改变行业对潜在进入者的吸引力，决定现有竞争者之间的竞争强度等。以下因素将导致行业增长的长期变化：人口因素、需求动向、替代产品地位的改变、互补产品地位的改变、顾客群的渗透产品的革新。

2）目标客户的变化

企业所服务的客户不是固定不变的，企业可以通过生产不同的产品（广义范围），使用不同的营销技术等来创造新的细分客户群。当然，企业也可能不再为某些原来的客户提供服务。在重新定位后，细分客户群的需求也不同于以往，这将对原来的行业结构产生重要影响。

3）需求的变化

需求的变化可能导致竞争态势的变化。购买者会逐渐要求产品提供新的功能，具备新的特性以及更完善的客户服务，这会迫使企业改变其服务方式，扩大或缩小产品线，选择不同的销售途径等。比如说，现在人们对健康的关注使得健身设备、户外服装、休闲中心、维生素及营养补充等行业迅速发展，但却成为烟草行业变革的驱动因素。

4）消费者的学习

随着接触产品时间的增加，消费者对产品的特点及同类竞争品牌越来越了解，对产品的选择也变得越来越挑剔，对保修、技术支持等服务的要求将会增加。为了满足消费者的需求，企业需要不断改进其产品。技术含量越高的产品，消费者的学习速度越慢；产品对消费者越重要，消费者的学习速度越快。因此，企业需要给产品增加新的使用特性，转变新的样式；当然，也可以另外寻找尚无经验积累的新消费者。

5）风险的降低

一个新兴行业往往含有很多不确定性，例如成本结构不明确，这个行业的市场究竟能有多大，其技术难题能否被攻克等，这就带来了风险。由于不确定因素太多，企业无法对未来有很好的预测，因此所采用的战略大多建立在对未来的猜测之上。随着时间的推移，这些不确定性渐渐降低，风险也就渐渐降低，更多的较为保守的新进入者将逐步进入。

6）技术的扩散

某企业开发的新产品或者新技术将随着时间的流逝而扩散，竞争优势逐步减少甚至丧失。扩散可以通过多种途径发生，直接的途径有：兼并与重组、技术转让等；间接的途径有：示范与模仿、人员流动、供应链前后关系等。技术扩散对企业有利有弊，有的企业主动将其技术或标准开放，使自己的技术平台获得主导地位；有的企业也竭尽全力阻碍技术扩散。不同的选择取决于企业的具体情况以及其战略上的考虑。

7）经验与知识的积累

当企业生产产品的单位成本随着生产、销售经营的积累而下降时，就产生了经验效应，可能使企业领先于竞争对手。企业知识管理的重要目的就是将经验转化为知识，使之能够发挥作用。

8）成本与效率的变化

产品成本的变化也能够改变行业的竞争结构，包括：劳动力成本和资金成本，当劳动力成本下降而资金成本上升时，鼓励用劳动力来代替资金作为投入；原材料成本，其变化显然将影响产品的成本和售价，从而改变需求状况；通信成本，其改变可能导致分销渠道的差异，所采用推销媒介的性价比不同；运输成本，其变化可将目标市场的范围扩大，避免与过多的对手在同一个市场中竞争。另外，由于管理的优化或技术的进步，企业往往能够大幅度地提高效率，同时降低成本，这也会对行业的竞争结果造成影响。

9）产品的更新

产品的更新能够开辟新的市场，实现行业的增长，加强差异化程度。推行产品更新的企业往往可以提高竞争优势，在市场中获得领先地位。而推出新产品所需要的高额营销成本将改变行业的进入障碍。产品的变化也能够抵消买主的经验，重新增加销售额。新产品既可以由本行业中的企业研究制造，也可能来自行业外部。

10）营销的创新

如果企业成功引入全新的销售方式，将可能激起消费者的兴趣，扩大行业的需求，提高产品的差异性。营销创新的途径主要有：广告媒介的突破（如把 Internet 作为产品销售的新媒介），推广新的营销主题，建立新的销售渠道。

11）技术的进步

技术的进步使生产者能够以更低的成本生产更优质的产品，并且开辟行业的前沿领域。技术进步还可以使资本需求降低，企业达到有效生产的最小规模，影响学习及经验效应等，从而大大改变行业的结构。现在，计算机及网络技术正迅速地改变人类的工作、生活方式，带领人们进入“信息时代”。

12）政策的变化

政府对行业结构的影响显著，其方式分为直接和间接两种。政府通过约束行业的进入条件、行业的竞争活动和赢利水平来对行业施加直接的影响；通过限制产品质量、保护环境、关税、国外投资等来达到间接影响行业的目的。例如，政府管制的解除成为提高航空、银行、通信及电力设施等行业竞争力的强大力量，政府对健康保险的改革是健康保险行业的重要驱动力。

13）大企业的进入或退出

实力雄厚的企业进入行业，将对本行业的结构产生重要的影响。当企业看到市场的增长，认为该行业有利可图时，它就会通过兼并收购或者创办自己的公司进入行业，运用其技能和资源改变行业的竞争状况，建立新的竞争规则，从而改变行业结构。而大企业的退出一方面减少了行业中的有力竞争对手，另一方面也可能预示着行业的吸引力在降低。

6.3.3　行业结构分析

不同的行业竞争强度不同，获利能力也不同。企业制定战略必须首先了解行业中的竞争格局，找出竞争压力的起源。

迈克尔·波特的“五力模型”是分析行业结构的基本工具（图 2-1）。该模型提出了影响行业竞争强度和潜在收益的五种基本力量，即行业新进入者的威胁、现有竞争者之间的竞争强度、供应商的讨价还价能力、购买方的讨价还价能力和替代品的威胁。企业的竞争对手不仅仅只有直接参与竞争的其他企业，还包括供应商、买方、替代品和行业潜在进入者。行业的结构和竞争现状决定了企业可能采取的战略，因此明确每种力量的强弱至关重要，这些力量都是由一系列经济因素决定的。

1. 行业新进入者的威胁

新进入者可以是一个新成立的企业，或者通过兼并而进入该行业的企业。行业中增加了新进入者，就会带来新的生产能力。新进入者往往拥有可观的资源，希望获取较大的市场份额。如果产品需求没有增加，额外的生产能力将引发企业间的激烈竞争，迫使价格下跌，利润下降，对现存的企业构成威胁。企业进入某一行业的可能性大小取决于该行业的进入障碍和行业现有企业的预期反应。如果进入障碍大或认为会遭到现有企业的强烈反击，新进入者加入该行业的概率就小，新进入者威胁就小。

1）进入障碍

进入障碍的大小主要由以下因素决定：

（1）规模经济。规模经济是指规模逐渐增加时，企业的边际效益递增的现象。从生产角度来看，即指在一定时期内，单位产品的生产成本随产品数量的增加而降低。规模经济的存在对行业中现有的竞争者起到了一定的保护作用。因为新进入者若以小规模进入则必须忍受成本劣势，若以大规模进入则必须承担竞争者做出强烈反应的风险。企业既可以通过生产，也可以通过采购、营销、研究和开发、售后服务等各种企业活动获得规模经济，从而形成本行业的进入障碍。

（2）产品差异性。由于现有企业过去所做的广告、提供的客户服务、产品特性或者企业在该行业历史悠久，产品在消费者中形成了独特的差异性，并赢得了消费者的忠诚。新进入者如果想加入该行业，则必须花费大量的时间、金钱，借助广告和促销来消除消费者对原有产品的偏好，建立起自己的品牌，逐渐获得产品的市场份额。建立品牌是一个需要时间的过程，初始阶段一般是以亏损为代价的，而且具有特殊的风险，因为一旦失败，所有投资将无法收回。

（3）资金需求。在行业中竞争，就意味着大量的投资，而且风险很大。厂房设施、生产设备、消费者信贷、存货经营、启动亏损等都需要资金。尽管有时新行业颇具吸引力，但可能筹集不到进入该行业所需要的资金。

（4）转换成本。转换成本是指顾客从原供应商转而投向另一个供应商购买产品时所支付的一次性成本。转换成本由增加新的辅助设备、重新训练业务人员、考核新资源所需的费用、产品再设计等因素产生的，甚至包括结束原有关系的心理成本。转换成本很高的话，新进入者必须提供更好的服务或更优质的产品，以吸引消费者购买他们的产品。

（5）销售渠道。当企业已与行业中的分销商建立良好的合作关系时，销售渠道的进入可能会成为新进入者的一个很大的进入障碍。由于销售渠道有限，新进入者必须通过降低价格和分摊广告费用等方法来说服分销商接受自己的产品，使分销商获得更大的利益，而新进入者的利润因此也降低。

（6）与规模无关的成本劣势。现有的企业具有新进入者无法比拟的成本优势。例如，专利产品技术、获得原材料的有利途径、厂址优势、政府补贴、具有学习曲线效应等都是形成成本优势的原因。新进入者必须采取措施，设法降低或消除这些因素带来的成本优势。例如，厂址偏僻的企业，通过为消费者提供送货上门的服务来减少厂址的影响。

（7）政策和法律。具有约束力的政策和法律是一种有力的进入障碍。国家可以通过多种方法来限制甚至封锁对某些行业的进入，形成这些行业的有力的进入障碍。例如，药品、食品、邮电等行业的进入要求许可证；银行业、保险业、电信业等的进入需要政府颁发的执照；国家有关控制环境污染、保护水资源等法令都可能引起企业进入行业资金需求的增加、设施规模的提高。另外，一些公益性行业政府同样限制企业进入，因为它们需要向所有人提供高质量的服务以及为此所需的资金量大。

2）预期的反应

除了克服进入障碍，潜在的进入者还必须考虑现有企业如何做出反应。如果现有企业采取迅速而激烈的报复行动，使进入者处于十分困难的境地，那么进入者就有可能放弃进入该行业。现有企业如果拥有充足的资源，发展缓慢，使用专门的固定资产且与行业休戚相关，又或者一直勇于报复行业的新进入者时，企业做出激烈报复的可能性就很大。例如，为了实现“数一数二”战略目标，通用电气公司将对新进入者实施强烈的报复措施。

2. 现有竞争者之间的竞争强度

一般来说，行业的赢利水平主要取决于行业内现有企业之间的竞争。由于行业中的各个企业是相互依存的，企业的行为会显著地影响竞争对手，会引起竞争对手的报复。当一个或多个竞争者感受到了压力，或者看到了改善自身地位的机会，竞争就产生了。企业采用的主要竞争手段包括价格战、广告战、产品革新、增加保修业务和顾客服务等。

1）大量的或势均力敌的竞争者

当行业参与者数量众多时，有些企业会习惯性地认为它们的单独行动不会引起竞争对手的报复。然而，实际上其他企业都会注意到这些行动并有选择地做出反应，使竞争趋于激烈。当行业高度集中化，仅有一个或少数几个大型企业主宰市场时，它们拥有庞大的资源采取有利的行动和反应，竞争亦非常激烈。

2）缓慢的行业增长

当行业处于快速增长阶段时，企业可能将所有的资源都用于满足不断扩大的市场需求上，很少采取措施去吸引竞争对手的客户，所以行业内竞争相对不激烈。然而，当行业增长速度趋向缓慢，甚至是停滞不前时，竞争的目标就变成争夺彼此的市场份额。为了夺取对手的市场份额，或者保住自己的市场份额，企业随时准备投入到激烈的竞争中去。这些竞争行为通常会引起市场的不稳定，减少整个行业的利润。

3）高额的固定成本或库存成本

固定费用高的行业会迫使企业充分利用其生产能力，增加产量，使成本在更多的产品中分摊。如果行业中许多公司都采取这种行动，就将导致产品供给过剩。企业为了降低库存，往往采取恶性降价行为，使竞争激化。

4）差异化小或转换成本低

当产品形成差异化，获得消费者的偏好时，企业拥有各自的顾客群，它们之间竞争的激烈程度较低。反之，如果产品几乎是同质的，价格和服务将是影响消费者选择的依据，由此而引发的竞争将非常活跃。转换成本带来的影响与差异化产品相类似。转换成本低时，消费者有很大的选择自由，企业容易通过提供低价和优质的服务来吸引顾客。转换成本高则能对本企业形成一定的保护作用。

5）行业生产能力过剩

由于某些行业的技术特点和规模经济的要求，行业内企业的生产能力会大幅度提高。额外的产品供给将打破行业中的供需平衡。在产品供大于求的情况之下，企业通常采用降价的方式恢复这一平衡。但是，这样会使得竞争变得激烈，对企业的利润产生负面影响。

6）竞争对手的多样性

同一行业中的竞争对手在组织形式、战略等方面各不相同，它们也有不同的企业文化，树立不同的企业目标。因此，各企业很难归纳出一致的竞争规则、准确地把握彼此的意图。企业如果仅仅将市场看做其过剩生产能力的销售出路，就会采取倾销等方法。多元化经营的企业，若把某个行业的产品视为厚利产品，就会选择扩大或巩固销售量的策略，促使该行业稳定发展。小型企业则为了维护所有权的独立性，可能宁愿取得低于正常水平的收益来扩大自己的销路。这些行动都将引起行业竞争的激化。

7）战略利益的重要性

如果在某个行业取得成功给企业带来很大的战略利益，那么这个领域的竞争将更加变化多端。例如，多元化的企业在某个行业的成功会影响它在其他行业的经营，从而推动整个企业的成功，那么它将把这个行业视为重点。国外企业为了树立声望或者取得技术上的优势，而选择在某一重要的国外市场建立市场地位，为了达到目标，企业可以不惜以牺牲其利益为代价，只求扩张。

8）退出障碍大

当退出障碍很大时，即使已经在竞争战中失败的企业也想继续待在行业中。它们为了维持竞争，不得不诉诸极端的策略，导致现有企业竞争急剧升温，行业整体利润率低下。退出障碍包括：高度专用性的资产、退出的固定成本、战略协同性、感情因素、政府和社会的约束等。

关于进入障碍和退出障碍，迈克尔·波特提出了两者之间的相互关系（图 6-2）。从行业利润的角度来看，进入障碍大、退出障碍小是最佳情况。在这样的行业中，潜在的进入者将受到抵制，经营失败的企业会离开该行业。而进入障碍小、退出障碍大是最糟糕的情况。在这样的条件下，企业竞相在行业吸引力大时进入，当行业不景气时，过剩的生产能力又得不到释放，企业竞争激烈。

退出障碍 \ 进入障碍	大	小
大	风险，利润高	风险，利润低
小	稳定，利润高	稳定，利润低

图 6-2　进入障碍与退出障碍

3. 购买者讨价还价的能力

购买者总是希望以更低的价格购买更好的产品，索取更多的服务，并且在竞争者的相互对立中获利，使得整个行业利润率降低。在下列情况下，购买者的讨价还价能力是强大的。

（1）购买者相对集中并且大批量购买。如果本行业产品销售额中的大部分由少数几个买方购买，那么这几个购买者的地位就很重要，他们的行为会对行业产生重大的影响。

（2）购买者从行业中购买的产品在总成本或总购买量里所占比例大。如果是这样的话，购买者花费的资金量大，为了获得优惠，他们不惜耗费时间精力并且选择性购买。反之，购买者则对价格不甚敏感。

（3）从行业中购买标准化产品。产品标准化程度越高，购买者的选择余地越大。购买者总是可以找到满意的供应商。

（4）购买者的转换成本低。转换成本高，则购买者对供应商的依赖性大。如果购买者能够以很低的成本甚至零成本转向购买另一个供应商的产品的话，其拥有的讨价还价筹码越多。

（5）购买者的利润低。低利润使得购买者对价格非常敏感，他们千方百计地压低成本。利润高的购买者对价格的敏感性则较低，他们可能从长计议，考虑供应商的利益，维护与供应商的良好关系。

（6）购买者采用后向一体化的倾向对供应商构成了威胁。如果对供应商不满意，购买者可以自己生产。这使得他们在讨价还价中占据有利地位，可以争取更多的优惠。

（7）本行业的产品对购买者的产品质量和服务影响小。若本行业的产品对购买者产品的质量和服务至关重要，则购买者通常不计较价格，对企业构成的压力较小。

（8）购买者掌握的信息充分。若购买者充分了解了市场状况，甚至供应商的成本情况，则使自己处于更有利的位置，拥有更多的筹码去争取最优惠的价格和服务，而且可以在供应商声称他们的经营受到威胁时予以反驳。

4. 供应商讨价还价的能力

供应商向行业中的企业施加压力的手段是提高产品价格或者降低所供应产品或服务的质量，从而使行业利润下降。如果企业无法有效地抵消增长的成本，那么供应商行为带来的影响就很大。供应商的实力和购买商的实力是此消彼长的，在下列情况下，供应商具有较强的讨价还价能力。

（1）供应行业由几家大企业控制，并且比购买者所在的行业更为集中。少数几家企业供给行业中众多分散的企业，则供应商将会在价格、质量和交货日期上对购买者施加相当的压力。

（2）供应商无需与替代产品竞争。只要存在合适的替代产品，即使供应商再强大，他们的实力也会削弱。

（3）对于整个供应行业来说，该行业的企业不是他们的重要顾客。如果本行业的销售额占供应商总销售额的比重不大时，供应商更易于运用其讨价还价能力。反之，若供应商的命运与该行业息息相关时，他们乐于制定合理的价格来保护这个行业，也是保护自己。

（4）供应商的产品是购买者的重要投入要素。当这种投入对购买者的生产或产品质量起关键性作用时，则会提高供应商的讨价还价能力。

（5）供应商的产品已经差异化，或给企业制造了很高的转换成本。面对产品的差异化或转换成本，购买者打消了利用供应商矛盾的可能性。

（6）供应商可能向前一体化，进入购买者行业，对购买者构成有力的威胁。

5. 替代产品的威胁

替代产品是指那些来自于不同行业的产品和服务，这些产品和服务的功能与本行业的相类似。例如，陶瓷杯代替玻璃杯，果汁代替碳酸饮料。从广义上讲，企业也在同所有生产替代产品的公司相竞争。替代产品为本行业的产品价格制定了一个上限，其价格/性能比越高，对购买者的吸引力就越大，这种限制作用就越强，对本行业的压力也越大。所以，与替代产品的竞争需要调动全行业一起行动。比如说，如果行业中的每一个企业都大量制作广告宣传自己的产品，则可能大大改善行业的整体情况。

当替代产品的价格/性能比优于该行业很多时，当替代产品产自高利润率行业时，它们的威胁就很强。在购买者相关的各个地方实行差异化（如价格、产品质量、售后服务、地点等），可以有效地降低替代产品的竞争力。

6.3.4 战略集团分析

1. 战略集团的概念

战略集团是由在同一产业中采用相似战略，具有相似竞争特征的公司组成的集团。更为正式的定义是，战略集团是指行业内在同一战略要素上采取相同或相似战略的一组企业。对战略集团进行划分，可以确定行业内所有战略集团诸方面的特征，揭示行业中各竞争者所占据的竞争位置，并且便于发现与公司最相邻的竞争者，加深企业战略管理者对整个行业总体状况的了解和把握。通过战略集团这个基本分析框架，企业可以很好地分析并判断竞争对手的状况、定位以及行业内企业的赢利状况，从而更好地把握整个产业的竞争结构。

尽管企业在许多方面都会有差异，但并不是所有差异都可以作为划分战略集团的特征。波特指出，以下一些变量可以用于识别战略集团的特征：产品（或服务）差异化（或多样化）的程度，各地区交叉的程度，细分市场的数目，所使用的分销渠道，品牌的数量，营销的力度（如广告覆盖面，销售人员的数目等），纵向一体化的程度，产品的服务质量，技术领先程度（是技术领先者还是技术追随者），研究开发能力（生产过程或产品的革新程度），成本定位（如为降低成本而做的投资大小等），能力的利用率，价格水平，装备水平，所有者结构（独立公司或者母公司的关系），与政府、金融界等外部利益相关者的关系，组织的规模。

根据以上特征对产业进行考察，如果产业内各个企业基本上实施一致的战略，市场地位也比较接近，则该产业内就只存在一个战略集团；从另一个极端考虑，如果行业内每一个企业都有自身独特的经营战略，且企业之间市场地位差异很大，那么每一个企业都是一个战略集团，即战略集团的数目和企业的数目是相同的。

需要注意的是，在对所有企业进行战略划分时，以哪些特征作为划分依据是十分关键的。如果选择不当，则最后产生的后果可能对企业产生负面影响，从而误导企业战略的制定。因此，企业战略管理人员最好选择符合产业本身的特征以及产业在竞争中所采取的较独特且具有决定性的关键成功因素作为划分群组的依据。例如，在白酒酿造业，主要考虑其酿造工艺水平、企业促销能力、更多的分销渠道；在计算机行业，要更多地考虑产品的研发能力、技术领先程度、产品的品牌价值以及价格定位。

2. 战略集团分析的意义

进行战略集团分析的意义在于：

（1）战略集团是行业与个别企业之间的一个连接点。行业是由一群生产类似产品的企业所组成，但是从市场细分的角度考虑，每个企业还是有自己的目标市场，并非每种产品都具有替代性，如果只是把一个企业作为整体来研究，便会忽略了各个企业自身的风格特色；而如果把每一个企业都作为离散的点来研究，又会使战略制定者很难准确把握企业的定位。战略集团的观念，正是用来弥补行业整体面与企业个体面分析的不足，在行业和企业之间架起了一道桥梁。

（2）它可以帮助企业了解所在战略集团内各个竞争对手的优势、劣势和战略方向。由于同一战略集团内的企业向相似的顾客群销售相似的产品，它们之间的竞争会十分激烈，所以各个企业受到的威胁就越大，正所谓："知己知彼，百战不殆"，充分认识竞争对手，也就是充分认识自己。

（3）它有助于了解战略集团间的竞争情况。战略集团之间采取的战略和强调的战略要素越接近，它们之间产生竞争的可能性就越大，但是我们还应该看到，战略集团之间存在着某种"移动障碍"，即一个集团转向另一个集团的障碍。这是因为企业对外部环境的假设和认知不同，企业内部的资源、能力、核心竞争力也存在差异，因此采用的战略必定具有某些配合要素，这些战略的必要配合要素便是该战略集团的移动障碍。当其他企业缺乏此种战略的配合要素时，便会阻碍其从某一战略集团转移到另一个战略集团。

（4）战略集团分析还有利于企业更好地观察整个行业的态势，预测市场的变化或者发现新的战略机会。因为行业的状况不是一成不变的，各个企业的集中和分散情况也会发生变化，及时发现行业中的空缺领域，便能为新的战略集团提供机会。

6.4　微观竞争分析

6.4.1　竞争对手

竞争环境就是指同行的动向，这是对企业战略产生最直接影响的因素。我们可以把范围缩小到某一种产品，如个人电脑的制造商，它所面临的竞争环境就是每一家个人电脑生产厂商形成的市场。同行的范围也可略为扩大，例如，以家电业为同行考虑的范围，就会同时考虑电视、电冰箱、空调机等不同的产品。

了解竞争对手的情况对所有的行业都很重要，企业的经营行为直接受竞争对手的影响并直接影响其竞争对手。这就决定了竞争对手分析在企业外部环境分析中的重要性。当行业中主要是为数不多的企业相互竞争时，这种分析显得尤为重要。就像 Nike 与 Adidas，Coca Cola 与 Pepsi Cola，它们都愿意花费代价去尽可能多的获悉对手的目标、战略、设想和潜力等。

通过有效的竞争对手分析，企业可以建立对竞争对手的概略了解，具体包括：

（1）什么驱使着竞争对手，即其未来目标；

（2）竞争对手在做什么和能做什么，即其现行战略；

（3）竞争对手关于自身和行业的假设，即其设想；

（4）竞争对手的强项和弱项，即其潜力。

通过收集和分析这些方面的信息，我们将得出竞争对手会如何反应的概要：

（1）竞争对手的攻击行动。通过分析竞争对手对现有地位的满意度，相对于现有地位的目标、设想和潜力，竞争对手可能采取的行动以及行动的力度，可以预测对手可能发起的战略变革。

（2）竞争对手的防御能力。竞争对手对哪些战略行动最为敏感？对哪些外部环境的变化最为敏感？什么行动将使竞争对手感到威胁，招致其激烈的报复？什么行动会妨碍竞争对手，以致其不能迅速地做出反应？

（3）选择战场。假设竞争对手要对某企业发动进攻或者进行报复，则该企业的战略要求是选择最佳战场与其竞争。这个战场是竞争对手准备不足、或对竞争对手最为不利的细分市场。理想的情况是找到一个令竞争对手在当前条件下无法报复的战略，或者即使对报复有效，也会使竞争对手的利益受到更大的损害。

由此便可以了解竞争对手的当前战略及其实质和成功的可能性，竞争对手对其他企业的战略、对可能发生的行业变迁和环境变化做出的反应等。有效的竞争对手分析可以帮助企业了解、诠释、预测对手的动机和行为（图 6-3）。

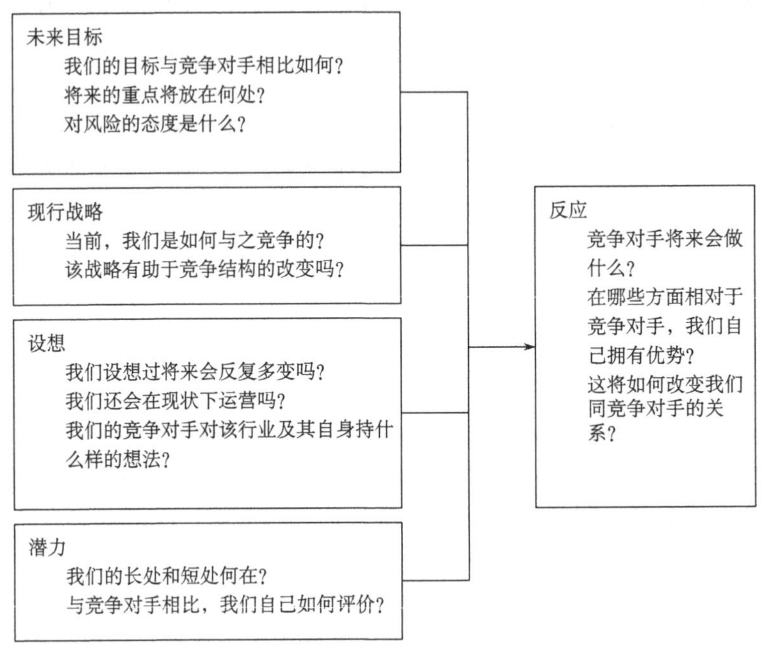

图 6-3　竞争对手分析的主要内容

资料来源：Michael A. Hitt，R. Duane Ireland，Robert E. Hoskisson. Strategic Mamagement：Competitiveness and Globalization（Concepts）. 7th ed. Thomson Learning，2007

6.4.2　竞争情报

有效的竞争对手分析需要大量的数据和信息，有效的数据和信息统称为竞争情报。支持全面竞争对手分析所需的情报不是通过一次努力就能得到的，而是要靠点滴汇集，并经过一段时间的归纳整理才能获得有关竞争对手的综合情况。每个企业收集竞争情报的方式不尽相同，也似乎不存在一种唯一正确的收集资料方式，但是有一点非常明确，即必须对收集竞争情报这项工作给予足够的重视，才能避免失去许多有用的信息。

企业应当通过正当的途径收集竞争对手的相关资料。合法并且合乎道德准则的资料来源包含有：对公众披露的信息，如竞争对手的求助广告、年报、公众持股企业的财务报表、商业法典等；参加交易会和展览会，获取竞争对手的宣传册、产品介绍等。相反，另外一些不道德甚至是不合法的做法是企业应当避免使用的，如窃听、窃取机密文件，私自闯入竞争对手员工的个人电脑等。表 6-3 罗列了一些有争议的情报收集方式。

表 6-3　一些有争议的情报收集方式

情报收集方式	说　明
以不正当的借口利用买方	以更好地为买方服务为借口，向买方询问有关竞争对手的信息
实施侵略性对抗成本	在协商会或专业会议上以超出仔细聆听的方式或通过宴请对手的雇员来探究竞争对手的信息（例如：侵略性地刺探，询问竞争对手的雇员以获取特定的信息）
雇用竞争对手的关键雇员	为获取竞争对手在发明或技术创新等方面的信息而挖走竞争对手公司中学识渊博的人员
制造虚假的求职面谈	为一个并不存在的职位创造出求职面谈的机会，以期望那些对竞争对手不满，但又学识渊博的人前来应聘该职位，并自愿透露一些内部信息
利用冒名顶替者	雇用某些人以某种身份（如学生、经营咨询人员、政府检察员或新闻记者）去获取竞争对手的有关信息
获取竞争对手的废物、垃圾	购买竞争对手的废物、垃圾以便获取对手的文件，分析其次品等

资料来源：Michael A. Hitt，R. Duane Ireland，Robert E. Hoskisson. Strategic Mamagement：Competitiveness and Globalization（Concepts）. 7th ed. Thomson，2007

如今，互联网已经成为企业向当前的和潜在的顾客发布信息的有效途径，但同时，企业也给自己的竞争对手提供了一个很好的信息获得渠道。随着互联网的流行，信息的流失和非法盗取现象越来越严重，企业应当加强防范意识，谨慎地通过网站发布企业的信息。

1. 竞争情报的类型与来源

根据信息来源的不同，竞争情报可分为若干种类。虽然企业最关注的还是竞争对手的动态，但其他情报一样重要。不同的来源具有不同的作用，企业在使用时，需要综合考虑各种来源的情报。

立法机构动态。立法机构的动态包括其正在讨论的主要问题、即将进行投票的法案、即将颁布的法律法规等。这些从制度上决定了企业间竞争的游戏规则，对企业来说，显然是需要认真关注的。

国家经济决策。包括国家为了对经济进行宏观调控而进行的利率调整、存款准备金率调整、税率调整、财政补贴等。

统计年鉴。包括国家、地方和行业的统计年鉴。年鉴中的大量数字蕴涵着大量的经济价值，虽然由于统计方法等原因，其数字代表的意义可能与企业所需要的不完全一致，但其价值仍旧不可替代。

市场数据。包括第三方机构提供的市场调查报告，行业分析报告，一些重要刊物的评论员文章等。市场数据是企业了解市场容量和潜力、消费者偏好等重要信息的主要途径。

竞争对手动态。企业竞争对手的一举一动是非常值得关注的事情，因为这是企业进行决策的重要参考。了解动态的时间越早，企业就越有时间进行详细的分析和决策，对企业越有利；反之亦然。

2. 情报的收集和处理方法

情报的来源多种多样，大量的信息存在于我们身边。从海量的信息中收集到需要的信息并整理成有用的情报是重要的。通常通过以下途径来收集情报：

（1）访问互联网。互联网已经成为全球最大的信息库和知识库，来自全球的各种信息在第一时间出现在互联网上，而空间和时间已经不是访问的障碍，我们可以在有网络接入的任意地方，在任意时刻获取需要的信息。

（2）查阅统计年鉴和公报。通常，国家统计局和各地的统计局网站上会定期发布统计年鉴和公报，可以免费访问；而行业统计年鉴往往是收费的服务。

（3）订阅专业的期刊和报纸。一些针对某行业或某种技术的期刊对特定的企业来说也是重要的情报信息来源。如果有必要，企业可以考虑订阅一些刊物，或者到当地的图书馆进行浏览。报纸上发布信息的速度一般比期刊要快，但分析深度一般不如期刊。

（4）追踪竞争对手的动态。包括各种方式，如通过各种方式了解其新产品的研发和生产，在市场上随时跟踪其营销策略和手段等。

（5）通过第三方机构收集情报。一些公司专门提供此类服务，对于没有精力自己收集情报的企业来说，这是一个好的选择。

仅收集到的大量文本和数据是远远不够的，企业需要对它们进行分析和处理。通常，有以下方法：

（1）内容分析法。通过对研究问题的限定，将定性的文献资料抽象出适当的维度和概念，在一定的范围内进行定量的统计分析，从而得出结果。

（2）数理统计法。通过对数据的回归分析、相关分析等处理，预测要素的变化趋势，或发现要素之间的相关关系或因果关系。

（3）数据挖掘法。通过关联、聚类、决策树等各种算法，使用计算机进行建模和计算，从海量数据中发现有价值的规律。

（4）德尔菲法。聘请相关的专家，通过多轮对问卷的打分，经过反复归纳和修改，最后汇总成基本一致的观点，形成预测结果。

3. 合法性与伦理问题

在情报的收集和处理中，经常涉及信息的隐私以及获取情报的不良途径等问题。这些问题轻则触及伦理道德问题，重则形成违法行为甚至犯罪。对企业来说，通过合法、合理的途径与方法获取情报是必要的。

在以上所列举的情报来源中，公开的法律、政策、公报 、研究报告、年鉴、新闻等一般不会有问题。关于竞争对手的情报，特别是其内部的核心技术、战略文件等最为直接的情报信息成为最容易违反法律和伦理问题的行动目标。

一旦不良行为被觉察，企业的声誉将受到巨大的影响，甚至会被拖入法律审判的泥潭中。

6.4.3 竞争互动

1. 竞争-反应模式与竞争互动

随着全球化和信息化的不断发展，竞争对手间竞争优势交替变化的现象时有发生。竞争对手们总是在竭尽全力地通过各种方式进行竞争，以提高自身的竞争优势；另外，宏观环境的变化也会导致一些企业现有竞争优势的变化，有些企业可能在短期内迅速提高竞争优势，有些可能丧失竞争优势。通常，企业的竞争优势并不能长期保持，特别是在某些行业或某些市场中。企业必须认真考虑自己的行为在付诸实施以后，竞争对手会有什么样的反应，甚至要考虑多轮的竞争举措。这样，企业间的竞争就呈现为竞争-反应的互动景象。在某些行业中，这种竞争-反应的激烈程度特别高，以至于企业只能在很短的时间内保持自己的竞争优势。因此微观的竞争分析需要关注企业所卷入的竞争互动。

2. 竞争-互动的特点

根据企业间竞争性对抗的激烈程度，市场可分为慢周期市场、快周期市场和标准周期市场（Hitt，2005），竞争互动所体现的动态性主要对应于快周期市场。以下是在快周期市场的背景下企业竞争互动的动态性特征。

（1）竞争优势是短期的，而不是长期的。在激烈对抗的竞争中，企业的竞争优势难以长期保持。一个企业拥有竞争优势后，其竞争对手可能会发动反击，并在短期内赶上甚至超过它，而被超过的企业也完全可以在短期内继续反超。

（2）竞争优势可以从不同方面被超越。在慢周期市场中，企业的优势可以从规模优势、技术与标准、产品质量、生产成本、营销策略等若干领域中体现。在快周期市场中，竞争对手可从以上的各个方面进行超越。即使是规模优势、技术与标准等貌似短期内无法超越的优势，也可能通过兼并重组等方式迅速实现。

（3）不同市场的对抗和反抗的速度与强度不等。无论是竞争的发起者还是反抗者，都会针对其对手进行有力的对抗。对抗的速度与强度取决于对抗的动机、实力的对比、各方对市场的依赖程度等几个方面。

（4）新优势是对抗中取得有利地位的关键。在同一个领域或维度进行的对抗总会面临双方都难以提高的局面，如果在新的领域进行超越，将迅速实现新的优势。因此，把直接的对抗与间接的对抗相结合是关键。

➢案例 6-4 平板电视市场国产品牌力搏外资之四大举措

措施一：市场布局

在平板电视市场集中的一、二级市场中，国内几大彩电巨头与国美、永乐等连锁巨头强强联手，建立了深度合作关系。同时，还积极拓展三、四级市场网络，建立专营店、发展加盟店，将平板产品逐步导入各级销售网络，利用商家在当地的优势，提前推动平板电视在县城、乡镇市场的销售，建立了良好的品牌辐射。可以说，国内企业在平板市场上已提前构建了一套完善的营销大网。而这正是多年来外企在中国市场的最大短板。

措施二：服务

一直以来平板电视因维修价格高、服务混乱等原因，有“修不如买”之说，为此长虹、康佳、TCL、创维国内四大家电巨头今年高调宣布以产品和服务向外资发起挑战，策动反攻，抛出了中国平板电视售后服务的“春风计划”。其内容主要是：从4月20日起，在国家正式标准出台之前购买四大品牌平板的用户将享受整机保修一年，核心部件显示屏保修3年的服务政策，同时免费为消费者提供送货、安装、设计咨询、调试、保养等服务。

措施三：产业链

中国平板电视产业长期处于技术与产业链缺失的状况，为了弥补这两项短板，国产品牌也纷纷寻找突破。2006年下半年，长虹首度宣布将巨资投在绵阳兴建等离子屏生产线上。到目前为止，长虹事实上已经成为国内PDP产业资源的整合者，按照虹欧PDP项目的战略路线图，在量产的基础上将以PDP模组为龙头产品，最终在政府支持下建立“中国PDP产业集群”。这意味着在未来等离子上游发展的中国企业将扮演重要的角色。

措施四：产品延伸

国产品牌对用户消费需求把握得比较准确，这充分体现在新产品的开发上，而且能够快速地把新技术应用到产品中，像USB技术、打印技术、可录技术、时移技术，还有现在的120Hz技术，都是国产品牌首先应用到产品中的。也有观点认为国产品牌的这种行为是不掌握主流技术的表现，但是国产品牌对产品外延的拓展，赋予产品更多的功能，给消费者提供更多使用快感，这些努力无疑是值得肯定的。

资料来源：家电观察第18期：国产外资平板争夺战升级．新浪网．http://tech.sina.com.cn/e/watch_18.2007-6-5

➢本章总结

1. 企业总是处于一定的外部环境之中，受环境的影响。外部环境是客观存在的，不受企业的支配；外部环境具有显著的不确定性的特点；外部环境的变化对不同的行业和企业具有不同的作用。外部环境的变化可能给企业带来机遇或威胁。

2. 宏观环境处于外部环境的最外围。虽然很多宏观环境因素可能对企业没有直接的影响，但其间接的影响可能是巨大的。作为一个复杂系统，任何一个因素的变化，都可能牵动其他因素的变化，并对企业形成实质性的影响。

3. 行业环境是企业的具体业务所存在的小环境，行业中的企业往往是直接的竞争对手或合作伙伴，具有相同的市场背景和技术背景。对行业环境的分析可采用五力模型，但要注意五力模型中并没有提供对合作者的分析。

4. 微观竞争环境是企业直接面对的竞争对手所构成的环境。面对竞争对手，了解其战略动机、战略行为、资源和能力是极其重要的。因此，竞争情报的获取和利用是企业在竞争中取得成功的关键。竞争互动是另一个需要关注的微观竞争特征，尤其在快周期行业，企业间的竞争性对抗十分激烈，形成了竞争互动的动态现象。

参考文献

阿瑟·汤姆森，斯迪克兰德 . 2000. 战略管理——概念与案例（第 10 版）. 北京：北京大学出版社，香港：科文（香港）出版有限公司

林建煌 . 2005. 战略管理 . 北京：中国人民大学出版社

迈克尔·波特 . 1997. 竞争力量是如何影响战略的 . 哈佛商业评论，(March-April)

迈克尔·波特 . 2004. 竞争战略 . 陈小悦译 . 北京：华夏出版社

莫少昆 . 2007. 企业战略决策——如何建立竞争优势 . 北京：东方出版社

全国管理咨询师考试教材编写委员会 . 2007. 企业管理咨询实务 . 北京：企业管理出版社

邵一明 . 2006. 企业战略管理习题与案例 . 上海：立信会计出版社

王德中 . 1999. 企业战略管理 . 成都：西南财经大学出版社

希特等 . 2005. 战略管理：竞争与全球化（概念）(第 6 版）. 吕巍等译 . 北京：机械工业出版社

许玉林 . 2003. 组织设计与管理 . 上海：复旦大学出版社

佚名 . 2007-06-05. 国产外资平板争夺战全面升级 . http://tech. sina. com. cn/e/watch _ 18

Forte M, Hoffman J J, Lamont B T et al. 2000. Organizational form and environment: an analysis of between-form and within-form responses to environmental change. Strategic Management Journal, 21 (7)

Lenz R T, Engledow J L. 1986. Environmental analysis: the applicability of current theory. Strategic Management Journal, 7 (4)

Lenz R T, Engledow J L. 1986. Environmental analysis units and strategic decision-making: a field study of selected. Strategic Management Journal, 7 (1)

Sawyerr O O. 1993. Environmental uncertainty and environmental scanning activities of nigerian manufacturing executives: a comparative analysis. Strategic Management Journal, 14 (4)

Song M, Droge C, Hanvanich S et al. 2005. Marketing and technology resource complementarity: an analysis of their interaction effect in two environmental contexts. Strategic Management Journal, 26 (3)

推荐阅读材料

希特等 . 2005. 战略管理：竞争与全球化（概念）(第 6 版）. 吕巍等译 . 北京：机械工业出版社

该书首先给出了战略管理和战略竞争力的相关概念，然后分析企业外部环境（机会、威胁、行业竞争和竞争对手分析）、内部环境（资源、能力和核心竞争力）。该书在战略分析与制定中对产业组织模型和资源基础模型的并用是一个特色。

戴维 . 2006. 战略管理（第 10 版）. 李克宁译 . 北京：经济科学出版社

该书以“全球经济影响着所有企业战略决策”为主题，将企业战略管理放到国际经济与商务的大背景中去考察，从企业经营与国际竞争和技术进步等环境因素的关系入手论述战略管理。

王璞等 . 2003. 战略管理咨询实务 . 北京：机械工业出版社

在战略管理咨询中需要运用到许多分析方法和分析工具，学习一些战略管理咨询方法对理解战略分析有很大的帮助。该书在战略分析上介绍了许多咨询公司的经验。

丹尼尔·贝尔 . 1997. 后工业社会的来临 . 高铦等译 . 北京：新华出版社

战略环境分析不仅仅是罗列一些环境要素，还需要对环境有深刻的洞察力。该书讨论的是我们已经处于其中的所谓后工业社会或后现代社会的种种问题，在战略分析时我

们需要借助这些思想去思考。

富尔德.2008.商业情报密码.陈勇强，陈飕译.北京：机械工业出版社

竞争情报的工作与企业竞争战略分析具有密切的关系，管理者应充分利用竞争情报的知识为竞争分析和战略制定服务。该书的作者是竞争情报领域的著名专家，可以告诉你许多关于竞争情报的秘密。

第 7 章

内部条件分析

企业的竞争优势来源于企业的外部与内部条件，但是相对而言，企业的内部条件是竞争优势的根本来源。战略的分析与制定需要依据准确有效的内部条件分析，"知彼知己"才能"百战百胜"。内部条件分析与一般的企业现状分析不同，是一种直接指向企业战略资源和能力的分析，它的目的不是了解企业概况，而是制定战略。

➢案例 7-1　佳能公司的产品研发

佳能希望自己的每一款新产品都能够带给用户惊喜，因此从不吝啬使用新技术。20世纪80年代末，在光学产品领域，每个厂家都面临着照相机从手动对焦到自动对焦的变革。大部分厂家都选择了折中的方案，让自动对焦相机也可兼容以往的手动对焦镜头，而佳能迈出了令人震惊的一步，采用全新的电子接口，完全抛弃以往的镜头群。这个当时遭到很多人嘲讽的做法已经称为佳能又一个成功决策的例证，全新的电子接口让超声波马达、电子光圈等先进技术得以顺利采用；而当初选择折中方案的厂家则面临着无穷无尽的升级困扰。

以目前流行的数码相机为例，佳能起初在数码领域并不占优势，但许多数码企业在光学领域同样也不占优势，而佳能以光学技术为基础，再对化学、软件等多方技术进行有效整合，便衍生出许多别人所不具备的综合性技术产品，从而打造出自己独特的产业链。

资料来源：光电产业资讯网站编译组．佳能公司的"光学"技术．http：//www. optoelectro. com. 2003-11-29

7.1　企业内部条件

7.1.1　企业内部条件的概念

内部条件的概念是相对于外部环境而言的。20 世纪 70～80 年代，由于行业之间的利润差别明显大于行业内部的利润差别，企业的战略制定往往更加重视外部因素，特别是行业的选择和定位。随着时间的推移，人们慢慢发现，行业之间的差别并不是永恒的。行业内部的差别逐步显现出来，在同一行业内的企业，利润水平的差别往往比行业之间的差别更大。因此，竞争优势并不仅仅来自企业的外部环境因素，处于近乎同样外部环境中的企业，利润水平差距也很大，企业内部条件成为关注的焦点。

企业的内部条件包括企业的人员、技术、地理位置、资金、客户资源、品牌、组织等各个要素。这些要素的组合构成了企业的内部条件，使本企业区别于其他企业。

7.1.2 企业内部条件的构成

企业的内部条件虽然包括了很多的内容，但归纳起来，不外乎企业资源、企业能力和企业组织三个主要方面。

1. 企业资源

企业资源是企业所拥有的有形和无形资源的总合。有形资源是可见的，或者是具有实体形态的资源，比如：企业的固定资产、流动资金、人力资源、信息系统等。无形资源是没有具体形态的资源，很多甚至难以测量，比如：技术资源、品牌、声誉、文化等。

虽然资源本身可能无法直接形成竞争优势，但竞争优势往往来源于若干资源的恰当组合。随着实践的发展，人们逐渐发现，企业的资源与外部环境中的资源也具有一定的交互作用。竞争优势不但来自于内部资源，而且来自于内部资源与外部资源的良好协调。资源基础理论认为，企业的竞争优势来自于企业的资源，特别是独特的、难以复制的资源。

2. 企业能力

在资源基础理论提出后，人们发现具有相同或相近资源的企业，在竞争优势上仍然有差距，能力理论由此产生。该理论认为，企业的能力是竞争优势的来源，能力是企业分配和使用资源的效率。

知识被认为是能力的核心，企业的知识包括显性知识和隐性知识。企业知识管理的作用就在于将隐性知识显性化，并开发和转化新的知识。

企业能力的作用通常在某些职能领域最为明显。比如：戴尔公司的直销模式很大程度上依赖于其卓越的供应链管理能力，而微软公司在激励员工和授权方面的能力也是其竞争优势的重要来源，索尼公司和苹果公司强大的工业设计能力也造就了它们的优势。

3. 企业组织

企业的组织在内部条件当中虽然不那么引人注目，但却是非常关键的一个方面。在有些文献中，将其列在企业的能力范畴当中。它是企业资源和能力得以形成竞争优势的必要条件。合适的组织能够将企业的资源进行恰当的组合，并使企业的能力得以有效地发挥。

7.2 企业资源

7.2.1 企业资源的概念和种类

1. 企业资源的概念

企业资源一般而言是指投入到公司的生产过程中的各种投入物，如固定资产、雇员的个人技巧、专利、资金以及有才能的经理人员都可以被称为企业的资源。从它所包括的范围来看，资源包括了个人、社会和组织内的现象等一系列广泛的内容。

单独的资源通常不能导致持续的竞争优势，例如一支职业足球队可能从最优秀的后卫身上获益。然而，只有当这名后卫把他的防守风格与前锋的进攻计划及球队的整体战略完全融合在一起时，才能发展为持续的竞争优势。类似地，公司的生产技术如果没有专利或其他保护，就会被竞争对手购买或模仿。但是如果该生产技术与其他资源结合并形成一种潜力，就可能发展为具有持续竞争优势的核心竞争力。这样，正是通过几种不同资源的结合创造出了持续的竞争优势。这也正说明了我国许多企业虽然在生产或者技术上取得了竞争优势，但是这种竞争优势难以持久，由于难以与企业中软的、无形的资源相结合，因而这种竞争优势很容易被对手学到。

要鉴别清楚企业拥有的资源，单纯地依靠传统的方法，如查阅企业财务报表是远远不够的，时至今日，尚没有一种有效的统计资料可以完整的表明企业拥有多少资源。目前，常用的分析企业拥有资源的方法是把企业的资源分为有形资源和无形资源。有形资源是指那些看得见、摸得着或定量的资源。无形资源包括的范围很广，从专利、商标、版权等知识产权到技术秘密、网络、企业文化等各种资源，以及对其提供的商品或服务的信誉，公司与人们（如雇员、供应商、顾客）之间的相互影响方式等。

2. 企业资源的种类

1）有形资源

与无形资源相比，有形资源容易被识别，同时也容易估计它们的价值。作为有形资源，公司的借款能力、工厂和设备的状况、雇员的各种属性（包括数量、培训的类型和他们曾有的经历）都是看得见的。表 7-1 列出了企业主要的有形资源。

表 7-1 企业的有形资源

有形资源	主要特征	主要指标
财务资源	企业自有资金和融资的能力，总体上决定了企业的投资能力和资金使用的弹性	资产负债率 资金周转率 各项开支 使用制度
物质资源	企业工厂和设备的规模、技术、位置及灵活度；企业土地和建筑的地理位置和用途；企业拥有的原材料决定着企业可能的成本、质量以及生产能力和水准	固定资产的现值 工厂的规模 固定资产的多用途 固定资产的折旧率
人力资源	员工的训练和专业知识决定他们的基本能力，员工的适应能力表明了企业本身的灵活性。员工的忠诚度和奉献精神往往决定了企业维持竞争优势的能力	员工的教育和技术状况相对于该行业的员工工资水准
组织资源	企业的组织机构设置，人员配置科学性和合理性，企业正式汇报结构及其正式的计划、控制、协调机制	组织机构职能、责任 沟通机制 生产、管理计划控制制度

许多有形资源的价值可以通过财务报表予以确立。然而，财务报表不能完全地表达

战略意义上企业有形资源的价值，此外，它还忽视了一些无形资源的价值。在企业战略制定和实施过程中，企业管理者必须全面掌握企业所有的有形和无形资源的战略价值，显然，仅仅依靠企业的财务报表是难以做到的。资源的战略价值由它们在核心能力，最终是在持续竞争优势的开发过程中所做出贡献的大小来衡量的。例如，作为一种有形资源，分销设施将在企业的资产负债表上以货币价值的形式体现出来。然而，分销设施作为一种资源的真正价值是建立在其他因素之上的，是由于它靠近原材料和顾客，才使得它作为资源组的一部分，得以在最终具有发展成为潜力的能力。

对于企业有形资源的评估是企业战略制定的首要内容，对于企业有形资源的战略评估包括两个问题：

第一，有什么机会可以更经济地使用企业的库存和固定资产，即意味着是否可以用更小规模的有形资产去支撑一个相同的事业；或用同等规模的有形资产去支撑更大的事业。成功的企业往往可以通过有形资产的重组来达到提高效率的目的。

第二，有没有可能使现有有形资源在更高利润的地方被利用。通过本身有形资源的挖掘组合以及与他人组成联盟，甚至出售一部分有形资产给能更好利用之的公司，可以使资产利润率得以提高。

2）无形资源

随着知识在企业中所处的地位不断上升，企业有形资源无论在企业的总资产中，还是在企业的竞争优势中所占的比例和所起的作用都慢慢下降。相反，许多企业无形资源的分量越显突出。报表中诸如对研究与开发项目的投入规模并不能真正表达企业技术开发资源的战略意义。从企业发展趋势上看，由于无形资源看不见，竞争对手难于掌握和模仿它们。它们是唯一能始终保持竞争优势的核心能力的源泉，在企业战略中起重要作用。困难的是，与有形资源相比，无形资源更难以从企业的财务报表上体现出来，因此，如何识别企业的无形资源是企业战略制定过程中最为困难的一项内容。表 7-2 列出了企业的主要无形资源。

表 7-2　企业的无形资源

无形资源	主要特征	主要指标
技术资源	技术储备包括了专有技术和专有知识，决定了企业的技术应用状况、企业的商业秘密	重要专利的数量 出让专利的收入 专利、商标和版权
创新资源	企业的研究设备，科学技术人员、技术资料储备	研究开发人员占总员工的比例 研究设备技术水平
信誉	通过产品品牌、质量、与客户的关系，建立企业在客户心目中的企业信誉和企业在其供应商、金融公众、员工等公共心目中的信誉形象	品牌知名度 品牌重购率 产品市场表现的客观评价

值得注意的是，在这些无形资源中公司的信誉是最重要的一项资源。在一次对英国公司的 847 名总裁的调查中也证实了这一点。这项研究希望能了解公司的总裁对各种无形资源、对整个公司成功的相对重要性，研究的结果证实了公司信誉的重要性。在三种

无形资源中，总裁们根据其重要性把公司的信誉排在了第一位。

进入21世纪，随着知识对企业经营所起的作用日益递增，创新资源等涉及知识的资源成为企业最重要的无形资源，当前有专家指出对企业无形资源的研究就是对企业知识的研究。知识资本（intellectual capital）也将成为企业市场价值最重要的源泉。在知识经济中，由于企业无形资源的主体是以企业员工为载体，资源的吸收、转化、开发与使用必然与人的性质紧密相关。而人是有生命、智慧、知识、文化、情感的高级有机体，因而企业无形资源的本质属性必然含有人的某些特质，如记忆性、学习性与复杂性。无形资源的记忆性使其具有可重复使用性且保持资源形态不变，即不磨损性；学习与创新性体现了企业这一有机组织的生命活力，即自我完善与价值创造；复杂性表现为无形资源对企业运营与效益影响的不确定性；价值贡献性概括了效益、增值与催化性质；而非独占性使无形资源使用效率远远高于有形资源。随着企业对于知识依赖程度的不断加强，如何加强以知识资本为核心的无形资源成为企业战略制定过程中所要考虑的头等问题。

7.2.2 企业资源的作用

企业的资源是否能够带来竞争优势，要看具体的情况。在某些方面具有相似资源的企业，在处于不同的环境下时，可能具有不同的竞争优势。例如，两家具有近似的资本规模、接近的地理位置、近似的人员结构的企业，如果分别处于零售行业和制造行业，其竞争优势可能大不相同。

在外部环境基本相似的条件下，企业资源向竞争优势的转化也需要一定的条件才能实现。具体地，以下条件必须满足。

(1) 优越性。企业所拥有的整体资源要强于竞争对手，如拥有更多的资本、更先进的技术、更优秀的人才、更有效的信息系统等。如果只是部分资源强于对手，那么企业的优势就不会太明显。企业可能需要依靠某些资源的优化组合，或者开发和获取新的资源来实现竞争优势。

(2) 独占性。企业所拥有的资源是竞争对手无法获得或很难获得的。这在某些资源紧缺或垄断行业中比较普遍，如采矿企业、电力企业、公用事业单位等。这些企业依靠先天获取的独占性资源而享受着竞争优势。竞争对手很难与之竞争，甚至根本就没有竞争对手。

(3) 持久性。有些资源并不是能够长期保持的，比如，一些煤矿在开采了多年以后，面临枯竭的局面；而一些高科技企业，人才是其重要的资源，保持人员流动率不超出一定的范围也是其保持资源持久性的重要举措。自然资源的枯竭可能只对自己不利，而人才资源的流失则会直接造成自己与竞争对手之间力量的变化。

(4) 不可模仿性。有些资源是可模仿的。例如，企业拥有的良好地理位置可能被竞争对手模仿，在相似的地方建立自己的领地；企业拥有的某些生产设备也是可模仿的，对某些产品的生产来说，关键的设备能够保证其良好的品质，当竞争对手很容易获得同样的设备时，这些设备带来的优势也就不存在了。

除了能够带来竞争优势以外，资源还可能带来一些负面作用。有两个方面的原因可能使资源成为企业的劣势来源。

（1）企业的某些资源本身就是劣势的资源。相对于竞争对手来说，企业在某些方面具有先天劣势，并且无法在短期内改变，这样，企业在竞争中就处于不利地位，需要在其他方面进行更多的努力才能弥补。

（2）企业沉迷于现有的资源和优势，而不开发新的资源和优势。企业由于良好的资源而拥有某种竞争优势后，便很容易形成路径依赖，在此路径上发挥得越充分，对该路径的依赖便越深，导致难以去开拓新的资源优势。例如，摩托罗拉在模拟移动通信技术上的优势阻碍了其数字移动通信技术的步伐，因而被爱立信和诺基亚超越。

7.3 企业能力

7.3.1 企业能力的概念

企业能力是指对企业资源的运用、转换与整合，是企业资产、人员和组织投入产出过程的复杂结合，表现在整合一组资源以完成任务或者从事经营活动的有效性和效率。因此，这一观念重在“资源间”的整合，通过此种整合，可以更有效地发挥资源的作用。所以，企业能力往往包含着各种无形资源与有形资源彼此之间的复杂互动。企业能力也就是指企业有效整合所拥有的资源使其能采取某种行动的能力。

7.3.2 企业能力的构成

企业能力可分成组织能力和个人能力两部分，如表 7-3 所示。

表 7-3 企业能力的构成

企业能力	内涵
个人能力	专业技术能力
	管理能力
	人际网络
组织能力	业务运作能力
	技术创新与商品化能力
	组织文化
	组织记忆与学习

1. 个人能力

一个企业能取得较大的竞争优势，往往是因为其拥有某些关键人物。例如，松下公司拥有松下幸之助，台塑公司拥有王永庆，青岛海尔拥有张瑞敏，唱片公司拥有一位知名的歌星，等等。这些人（及其拥有的能力）都是企业重要的资源。个人能力可以分成三大类。

（1）与特定产业（或产品）有关的创新与专业技术能力。如歌星的金嗓子、微软比尔·盖茨对电脑的专业能力等，均和其所处的产业有直接且重要的关联，亦是公司成败的关键。

(2) 管理能力，亦即统领企业的能力。使克莱斯勒起死回生的艾克卡、台塑王永庆都具有这样的能力，他们的存在，事实上相当程度决定了企业的成功。

(3) 人际网络能力。在企业经营中，无论是促进企业内部的沟通协调，或是促成组织间的交易往来关系，都有赖于良好的人际关系，这种现象在强调人情面子的东方社会中尤其明显。因此，人际网络能力便成为企业营运中关键性的资源。

2. 组织能力

组织能力是一种运用管理能力持续改善企业效率与效果的能力。这项能力从属于组织，不会随着人事的更迭而有太大的变动，是一项特别值得珍惜与构建的核心资源。组织能力可以表现为以下几个不同的层面：

(1) 业务运作能力。良好的业务运作程序能够使企业的产品与服务以最精确的品质、最快速的时间接近顾客，满足顾客的需求。当以时间为竞争基础的重要性越来越高时，业务运作程序的能力就会显得越重要。因此，所谓业务运作程序，不仅包括日常“采购—生产—仓储—运输”的过程，还应包括“开发、上市及提供服务”等项目的流程。一般而言，业务运作程序愈长愈复杂，就愈难将其转变为策略能力，但好处是，此能力一旦建立，由于同业难以仿效，势将成为最具有价值的竞争优势。

(2) 技术创新与商品化能力。因技术进步、消费者偏好多元化的环境趋势，企业必须不断推出各式各样的新产品，才能维持良好的竞争地位。新产品的开发，一方面有赖于技术的创新，另一方面则有赖于商品化的能力。近几年来，许多研究均指出，快速的商品化能力，是新产品成功的关键。因此，在组织中营销、制造与研发三个部门进行同步工程的能力亦值得特别重视。

(3) 鼓励创新与合作的组织文化。文化是指应用并渗透于组织中个人和团体的行为、态度、信仰与价值。这些事项从表面上很难观察到，但是对于组织确有极大的影响。有的组织中自然流露着对人性的尊重、对创新与互助的鼓励，使组织的发展具有自我调适与改善的基本能力。这种独特的文化是其他组织很难模仿、无法超越的。

(4) 组织记忆与学习。组织和个体最大的不同之处在于组织可保有过去的经验并有效地运用这些经验于现有的决策之中。另一方面组织亦可以减少任务交付过程中的协调、沟通与执行的交易成本。因此，组织是个极有效率的机制，但要让组织具有这样的功能，则必须具备良好的记忆与学习的能力，让组织能积累过去的经验，成为具有良好思考能力的有机体。同时，让所有努力与贡献的信息保留在组织中，发挥社会记忆力的功能，使成员不必斤斤计较短期报酬。具备这样能力的组织，必能在同业竞争中取得不败的优势地位。

业务运作能力、技术创新与商品化能力、鼓励创新与合作的组织文化，以及组织的记忆与学习能力均是一个企业中重要的组织能力。这些方面的强化，均有助于企业形成竞争优势。

7.3.3 企业核心能力

1. 核心能力对传统企业战略理论的变革

核心能力已经成为战略管理最重要的概念之一。全球化加剧和知识经济是企业面临的两个最显著的外部环境变化。在新的竞争环境下，传统的竞争优势来源，如劳动力成本、资本和原材料，所创造的优势很容易通过全球化战略被克服，而知识经济又极大降低了这些优势在企业经营中所起的作用。因此，全球竞争的需要和对知识的有效管理使得企业开始重新思考如何获取竞争优势这个传统的问题。在新一轮的思考过程中，一些学者将思考的重点由企业的外部环境转向企业内部所具有的资源。1990 年，美国学者普拉哈拉德和哈梅尔在《哈佛商业评论》上发表文章《企业核心能力》一文，他们认为在新的环境下企业竞争优势的根源在于企业所具有的核心能力，核心能力是“组织中的积累性学识，特别是关于如何协调不同的生产技能和有机结合多种技术流派的学识”。在此后 20 多年时间内，通过构建核心能力来获取竞争优势成为企业战略管理的主流思想。

以核心能力为基础的企业战略观认为，企业是由能被用于创造排他性市场地位的核心能力组成的。这种观点表明，一个企业一定要拥有一些其他企业所没有的、特殊的资源或者能力，至少某种资源或能力不是以同样的方式组合。通过构筑企业的核心能力，企业能够比竞争对手更好地完成价值创造活动，或者能完成竞争对手不能模仿的价值创造活动。

2. 企业核心能力的特征

在过去几十年中，战略管理在很大程度上只是了解企业参与竞争行业的特征，在此基础上，针对竞争对手对自己进行定位。在陈述企业组织的资源在开发持续的竞争优势方面所发挥的作用时，一般都把重点集中在行业和竞争战略的变量上。而根据核心能力理论，是企业的核心能力构成公司战略选择的基础，而不是对企业的一般环境、行业环境和竞争环境分析的结果。因此，以核心能力为指导思想的企业在战略制定过程中，首先必须识别企业的核心能力，并以此为基础制定企业的战略。

并非企业所有的能力都对公司的战略至关重要。事实上，有些能力代表的是企业与竞争对手相比居于劣势的竞争领域，因此，这些能力抑制或阻碍着企业核心能力的开发。例如，没有充足的金融资本的公司可能无法购买设备，或雇用必需的熟练工人来制造能为顾客带来超值享受的产品。在这种情形下，金融资本就成为劣势。所以，企业需要寻找能够通过自己的能力进行开发而又避免在企业居于劣势的领域进行竞争的内部核心力量。

为选择使企业获取持续竞争优势的核心能力，需要对顾客和竞争对手进行分析。当某种能力能够帮助企业生产出特色产品时，它就变成了企业的核心能力。特色产品是指那些被顾客认为有特色和特征的商品或劳务。只有那些能使企业为顾客提供超值享受的能力才被视作核心能力。

巴尼指出，有价值的、稀缺的、不可完全模仿的、不能替代的能力是保持持续竞争优势的源泉，因此，不能满足这些准则的能力就不是企业的核心能力。

所有核心能力都是企业所拥有的能力，但并非所有能力都是企业的核心能力。只有企业的能力能满足持续竞争优势的四条准则，它才是企业的核心能力。只有当竞争对手试图模仿企业的战略来获利，但未能成功时，或当竞争对手失去企图模仿的信心时，企业才称得上已获得了持续的竞争优势。在短期内，企业有可能通过使用有价值的、罕见的、但却极易被模仿的潜力而获得竞争优势。但是如果要想获得持续的竞争优势，企业就一定要具备无法被竞争对手模仿的资源或能力。

1）有价值的能力

有价值的能力是指能帮助公司在其外部环境中开拓机会或消除威胁的能力。有价值的能力能使企业形成和实施为特定的顾客群创造价值的战略。例如，索尼的生产能力和精致的设计技术就是一种有价值的能力，索尼利用它来设计、生产并销售微型电子技术产品，捕捉一系列的市场机会，产生了便携式的 CD 播放机和 8mm 的摄像机等产品。索尼想让客户进入它的“数字世界”，而这些机会稍纵即逝，必须快速抓住。

2）稀缺的能力

罕见的能力是指那些只有极少数当前或潜在的竞争对手所拥有的能力。许多相互竞争的企业都拥有的能力，在追求竞争优势的过程中，能够以同样的方式进行开发。换句话说，拥有相同能力的企业选择了同样的战略去实施，公司间实施相同的战略阻碍了它们获得持续的竞争优势。只有当企业创造并发展了那些与竞争对手之间共有能力不一样的能力时，才会产生竞争优势。比如，戴尔发展出自己的直销商业模式，它比竞争对手更有效率，也使得它的增长率高于同行业的水平。因此，戴尔的直销商业模式是罕见的能力。

3）不可完全模仿的能力

不可完全模仿的能力是指那些其他企业不容易开发的能力。当存在着下述一种或三种原因的组合时，就能产生不可完全模仿性。

第一种原因：企业的能力是在独特的历史条件下形成的，或是由企业在时间和空间上的定位而获得或开发出来的。例如，一家位于某一特殊地点的企业取得了比预期更大的效益，这就表明它拥有不可完全模仿的资源。在学院和大学发展之前建立起来的坐落在学院或大学校园周围的停车设施，就不容易被模仿。在这种情况下，教育机构周围遗留下来的土地的价值远远超过了当初作为停车设施的经济价值。

一个拥有独特组织文化的企业，由于该文化是在企业的早期生涯中发展起来的，能够对竞争对手产生不可完全模仿的优势，这就是拥有独特企业文化的惠普、诺基亚等优秀企业之所以能够保持持续优势的重要原因。反之，企业独特的文化也能变成竞争劣势的源泉。在一个企业的发展过程中，文化的急剧变化可能导致像通用汽车公司和国际商业机器公司分别在 20 世纪 80 年代和 90 年代所遭遇的竞争麻烦。最初，决策过程是建立在准许企业在占有市场的同时高效地控制其成本的基础之上的。当企业在一个相对稳定的环境中运行时，如那些已经建立起来并且经过几十年的成功经营而存在的企业，依靠正式的组织控制来支配其决策和行动的文化是合适的。然而，在飞速发展的全球经济中，阻碍迅速的决策过程和产品引进的文化常常是竞争劣势的源泉。当前众多企业开始了瘦身运动，就是因为经过长期的发展，企业已经染上了“大企业病”，难以随着迅速变化的外部环境改变企业管理模式。

第二种原因：当企业的能力和它的竞争优势之间的因果关系不明确时，竞争对手不能准确地掌握企业运用其能力作为持续的竞争优势的方法。结果，竞争对手不能确定它们应该开发哪种能力来模仿其竞争对手的战略，分享其价值创造利润。

第三种原因：能力作为一种复杂社会现象的产物，意味着在某些情况下难以模仿，如经理人员之间的人际关系和公司对供应商、顾客之间的信誉。

4）不可替代的能力

不可替代的能力是指那些不存在战略等价物的能力。一般地，能力越是无形，企业寻找替代物的难度就越大，竞争对手试图模仿该企业的战略而面临的挑战也就越大。特定企业的知识、管理人员与非管理人员之间的互相信任的工作关系就是难于识别的能力，要寻找该能力的替代物也是极其困难的。

构建企业的核心能力是企业战略的重点所在，在企业战略制定过程中，需要寻找出企业的核心能力是什么，这可以通过在对企业的内部条件分析的基础上得到明确的答案，在企业战略实施过程中，需要做的就是加强这些核心能力或对其加以构建。

7.4 企业组织因素

7.4.1 企业组织结构与企业文化

1. 组织结构

企业的组织结构与战略密切相关。通常，特定的组织结构与特定的企业战略是对应的，组织结构一方面体现了业务运行的需要，另一方面反映了企业对经营资源配置和发展方向的基本认识。

现代工商企业的组织不断发展，形成了多种结构形式，包括直线制、职能制、事业部制、矩阵制等，其中最基本的组织结构形式是职能制结构。早期的企业规模普遍很小。随着邮电、电力、铁路、动力、机械设备的发展，企业的规模开始迅速扩大。原材料、能源等的采购以及产品和服务的销售可以轻而易举地扩展到更大的范围。在规模扩大的同时，一些企业开始了多元化的进程。在这一进程中，社会分工不断发展，除了工人、商人、农民等以外，出现了专业的管理人员。根据分工的不同，管理人员又分为经理、财务人员、人力资源管理人员、仓储管理人员、运输管理人员、技术管理人员等多种角色。职能结构成为整合企业资源的基本结构，我们在观察某个企业的成长过程时，仍然能看到职能结构形成和完善的历史影子。

每种形态的组织结构代表了不同的管理方式，也适应于不同的战略定位。福特汽车完善了汽车流水线的生产模式，同时也意味着一种大规模生产的组织结构的形成；通用汽车在纵向多元化发展和市场细分的过程中形成了事业部的结构；现代电子制造业企业则充分利用高速公路和信息技术建立起网络化的生产与销售方式，企业的组织结构又发生了重大变化。因此，对组织结构的分析是战略分析的重要内容。

在实践中，除了组织结构以外，企业文化也与企业战略密切相关，而组织结构与企业文化往往也存在密切关系。

2. 企业文化

企业的文化是企业在发展中，特别是经过长期的发展，逐步形成的对外部环境适应以及对内部事务管理的行为方式。文化的形成时间越长，稳定性也就越高，对企业战略而言，由文化导致的优势或劣势也就越显著。

企业的文化包括各种类型，如开放的、封闭的、创新的、保守的、严谨的、灵活的、热情的等。而每种类型的文化又会通过价值观、理念、语言、制度、管理方式等多个方面体现出来，并渗透企业的各个角落中。

文化对企业战略实施的影响体现在两个方面：第一，根深蒂固的文化可能阻碍新战略的实施。新的战略选择往往意味着组织结构、人事安排等的调整，虽然整体上应该是有利的，甚至对个人也是有利的，但在保守的文化环境中，员工与管理者仍旧可能抵制变革。第二，在过去取得巨大成功的企业，也往往形成了与同一时期相对应的特定文化。这种文化的力量之强，甚至可能影响到战略分析本身，使战略分析者或决策者无法对企业的真实情况有清晰的认识。

在全球范围经营的跨国公司，文化对战略的影响尤为重要。处于不同国家和地区的子公司处于不同的文化氛围中，再加之这些公司所大量聘用的当地员工和管理者，导致在整个企业中，存在多元化的文化，这使得企业的全球战略以及各地方子公司的战略都面临着巨大的复杂性。

7.4.2 企业高层管理者

企业的战略一般由高层管理者制定，即使由咨询公司或专门的管理顾问来分析并制定战略，高层管理者也将充当决策者和实施者的角色。可见，高层管理者在企业中的作用是非常独特的。高层管理者的管理理念、做事风格、个人性格都会对企业的发展产生重要的影响。

对一些企业来说，某个高层管理者甚至能够改变企业的命运。虽然经理们并不直接生产产品或提供服务，但他们将企业的资源进行恰当的组合，并发挥企业的能力，这些工作具有更大的价值。高层管理者的作用是非常巨大的，如：斯隆对于通用汽车的管理、乔布斯对于苹果电脑的管理、比尔·盖茨对于微软的管理等。

因此，高层管理者在事实上具有双重属性。一方面，他们是企业的重要而独特的资源；另一方面，他们又在管理企业的其他资源，并影响着企业能力的发挥。在企业的诸多内部条件中，高层管理者处于核心地位，高层管理者是战略的内部条件分析不能忽视的部分。

7.4.3 企业组织因素与企业能力的互动

当我们考虑了各种组织因素之后，还需要对这些因素之间的互动给予关注，一个企业的成功发展不是各个因素孤立作用的结果，奥秘恰恰在这些互动与整合之中。企业的组织因素主要包括了组织的结构、组织的文化等，它们对组织的能力分别起到框架性和核心的作用，另外，企业的高层管理者也对企业的能力起到了重要的影响。

由前文我们知道企业的能力分为个人能力和组织能力。首先，企业要想充分发挥出个人的能力，必须有很好的组织结构作保障，同时，良好的组织文化也对个人能力的发挥产生巨大的作用。例如，个人的技术创新如不能及时通过组织进行推广，则会极大地影响企业能力；企业文化的弱化，没有合理的激励惩罚措施，则会影响到员工个人的工作积极性。组织对个人能力的互动关键在于，组织必须能够保证个人的能力得到有效的输出，同时能够激发出更大潜力；反过来，个人能力的充分发挥会进一步促进组织的健康发展。其次，如今的企业已经很少出现个人的单独作战情况，团队合作成为企业进行日常工作的重要形式。因此，如何发挥好团队的作用，进而发挥企业整个组织的潜力，成为一道难题。组织能力的强弱关键还在于组织结构的合理与否，能不能保证企业日常工作的有序有效地运行，同时还要激发企业进一步发展的动力。

因此，企业组织因素与企业能力的良性互动还在于符合企业正常发展的组织结构和贯穿于其间的优秀企业文化。企业能力的发展还能进一步推动组织因素的优化。

7.5 企业内部分析的主要方法

7.5.1 价值链分析

波特认为，企业的每项生产经营活动都是起创造价值作用的经济活动，企业所有的互不相同但又相互联系的生产经营活动，构成了创造价值的一个动态过程，即价值链。

企业内部条件分析中的价值链法是一种将企业在向顾客提供产品过程中的一系列活动分为在战略上相互关联的活动类，从而理解企业的成本变化以及引起变化的原因和方法。企业的经营都可以视为一个由设计、采购、生产、营销、交货等价值活动所组成的集合。企业的部分优势就是来源于企业能比竞争对手更便宜、更有效地完成那些具有战略意义的活动。企业的价值活动分为基本活动和辅助活动（又称支持活动）两大类。基本活动包括产品的有形创造，销售和配送以及售后服务，它包括内勤、营运、外勤、市场与销售、服务等五个方面。辅助活动为基本活动提供必要的支持，辅助活动包括公司基础结构、人力资源管理、技术开发和采购。基本活动贯穿于产品或服务的整个形成和运动过程（图 7-1）。

图 7-1 波特的基本价值链

1. 基本活动

（1）内勤活动是与物料投入生产过程有关的一切活动。它决定了投入生产过程的物料的数量、质量、时间和地点，影响到生产连续性和效率。从时间上看，内勤活动处于物料进入企业与物料投入生产环节之间，它包括物料的接收、储存、物料在厂内的运输、存货控制、物料的发放、向供货商退货等活动。

（2）生产活动是将投入物转变为最终产品过程的各项活动。在制造性企业中，生产活动包括：机械加工、包装、装置、设备维修、检测和生产日程安排等活动。生产活动决定企业产品或服务的内在质量、种类和生产成本。

（3）外勤活动处于产品已经生产出来和产品送到用户手中的活动之间，包括产成品的归集、储存、配销和发运等活动。例如，完工产品的储存、产成品在厂内的搬动、交货运送、订货处理及交货日期安排等活动。外勤活动的质量将影响到企业的存货水平和资金的及时回收，影响到产品质量的保持以及企业与用户的关系。

（4）市场营销活动是指向用户提供产品购买手段并吸引用户购买本企业产品的有关活动，包括广告、促销和推销活动，产品定价和报价，选择销售渠道，建立销售网络等活动。

（5）服务活动主要指售后服务，即是为了提高或维持产品价值而提供的活动，它位于产品确定用户和最终结束其使用寿命之间，包括：产品的安装和维修，用户使用人员的培训，零部件和备件的供应，产品调整等活动。近年来，服务活动的范围和内容在逐步扩大。从范围上讲，售后服务活动已经超前于产品确定用户的时间，逐步延伸到营销过程，并且服务活动也不再随着产品使用寿命的结束而终止，而是延续到新一轮服务的开始。从内容上看，服务活动甚至包括为用户提供预测；实现本企业生产与用户生产的一体化；对用户提供财力、技术、人员和管理支援等方面。

2. 辅助活动

（1）企业基础活动包括企业的一般管理活动，例如，企业的公共关系活动、法律活动、财务活动、战略计划活动，以及所有与其他基本活动和辅助活动分离但又贯穿整个价值链的活动。

（2）人力资源管理活动包括企业人员的录用政策、培训、提升和激励等活动。人力资源管理活动以人为对象，而企业的一切活动都是与人直接发生联系的，因此，人力资源管理活动与企业所有的基本活动有关。

（3）技术开发活动贯穿于企业产品设计及价值链形成过程中各种创造及改良活动之中。技术开发活动是许多独立活动的组合，其中大部分由企业的研究与开发部门进行，但也有一些技术开发活动发生于研究与开发部门以外的部门，例如，物料流动系统的改进；新的管理方式的形成；使用计算机服务信息网。企业中任何活动都含有一定的技术，因此，技术开发活动服务于企业的全部活动。

（4）采购活动是指投入物的购买活动，如原材料、机械设备、劳务的购买活动。由于企业的各项活动都需要使用不同的购入物，因此，采购活动对企业各项活动都提供支持，贯穿于整个价值链。企业采购活动可以由不同的部门进行，例如，企业中原材料采购一般由采购部门负责；机械设备的采购由动力部门负责；劳动力的获取由人事部门负责。采购内容也随着产品种类的变化、生产过程的调整、资源质量、获得地点和价格的变化而常有变化。

价值链法为企业对现实的及潜在的优势和劣势进行内部分析提供了有效的指导方法，企业通过价值链法分析自己的内部条件，判断由此产生的竞争优势和应采取的战略。首先要把企业所有活动进行系统分割，确定自己的价值活动，然后识别价值活动的类型，寻找出具有独特优势的活动，并将它们作为企业竞争优势的来源而做进一步分析，然后构成具有自身特色的价值链，以此形成企业的竞争优势。

在当前全球化加剧，知识经济逐步影响企业的日常经营活动的背景下，在大多数行业中，已经很少有某一个企业单独完成从产品设计到销售的全部价值活动，企业一般都会围绕企业的核心能力选择部分增值过程展开生产经营，其他的过程则会通过外包、采购等方式进行。任何一个企业都成为全球经济下产品或者服务的价值制造系统的组成部门，因此，在对企业进行价值链分析时，不能仅仅将分析的对象局限于企业的内部活动以及他们之间的联系，而应该对整个价值链的过程，包括企业内部和企业外部两部分进行深入的分析和了解，只有这样才能对企业的价值链形成比较全面和可信的分析结论。

价值链除了作为战略要素的确定工具之外，在企业的竞争优势分析中也有广泛的应用。

➢案例 7-2　丰田与 JIT

在产品的交货时间上，丰田对客户的承诺是，新订单到达后只需 5 天就可交付新车，在完成订单方面被认为是产业内效率最高的。这从一个方面体现着丰田的竞争优势。JIT 系统在其中起着必不可少的作用。JIT 是"just in time"的缩写，直译为准时生产制，其含义更加广泛，我们可以理解为在正确的时间、正确的地点，做正确的事情。在丰田，零部件在使用前几小时内才被运送到装配工厂，如果提前运到，会影响到其他物料的生产流程。

丰田成功后，很多企业开始模仿，但能够达到同等效果的几乎没有。有人认为是嵌入在管理中的文化造成了丰田能够成功，而欧美企业难以模仿。但是，同样来自日本的其他企业也少有模仿成功的，包括本田和日产。

这种难于模仿的能力构成成为丰田竞争优势的重要来源。

7.5.2 SWOT 分析

SWOT 是英文 strengths（优势）、weaknesses（弱势）、opportunities（机会）和 threats（威胁）的首字母缩写。SWOT 分析实际上是对企业内部和外部条件各方面内容进行综合和概括，进而分析企业的优劣势、面临的机会和威胁，从而对企业的内部整体情况进行客观公正的评价的一种方法。利用 SWOT 方法有利于识别企业的各种优势、劣势、机会和威胁因素，有利于开拓思路，正确地制定适合企业实际情况的企业战略。其中，优劣势分析主要着眼于企业自身的实力及其与竞争对手的比较，而机会和威胁分析将注意力放在外部环境的变化及对企业的可能影响上，但是，外部环境的变化给具有不同资源和能力的企业带来的机会与威胁却可能完全不同，因此，两者之间又有紧密的联系。

SWOT 分析通常的做法是通过形势分析确定企业的主要内部条件要素和外部环境要素，然后画出如图 7-2 所示的图标，分别将这些要素填在优势表、劣势表、机会表和威胁表中。通过将这些优劣势和机会、威胁互相组合，就可以产生不同的战略供企业选择。例如，通过使用企业的相对竞争优势来利用机会，就形成了 SO 战略，这种战略一般是增长型战略；相反，ST 战略代表的是利用优势来避免威胁，如多元化战略；WO 战略则是通过利用机会来克服企业的劣势，这种战略包括扭转型战略；为了避免所面临的威胁并使弱势最小，企业就必须选择 WT 战略，防御型战略是这种战略的代表。

	优势 (S) 优势表	劣势 (W) 劣势表
机会 (O) 机会表	SO战略 使用优势来利用机会	WO战略 通过利用机会来克服劣势
威胁 (T) 威胁表	ST战略 使用优势来避免威胁	WT战略 使劣势最小化和避免威胁

图 7-2 SWOT 矩阵

SWOT 矩阵的目的是构思供选择的战略，而不是进行战略选择。因此一般来说，进行 SWOT 矩阵分析时应先构思出企业所有可能采取的战略，以生成一个具有所有可能战略的表格，然后再根据 SWOT 矩阵对这些战略进行归类和筛选。

7.5.3 财务比率分析

长期以来，美国企业进行战略决策以及管理决策时，所参考的主要资料就是企业的财务报表，可以说，财务报表给企业管理者提供了最为真实的企业经营情况。随着无形资产在企业经营中的地位的不断上升，以及日本企业经营模式的冲击，加之一些财务丑闻的爆出，财务在企业决策过程中起到的作用逐步下降，但是长期以来通过财务分析方法来对企业的经营作出评估依然是企业内部条件分析过程中非常重要的一种方法。

财务比率分析法是利用企业财务报表（资产负债表、利润表、现金流量表等三大表以及有关附表为特征的报表体系），通过有关财务比率的计算，获得企业在某一时点的情况，以及企业在一段时期相对于整个行业平均水平的情况。财务比率分析通常从两方面进行：一、从横向分析计算本企业有关财务比率，并与同行业中的竞争对手进行比较，或与同行业的平均财务比率进行比较，借以了解本企业同竞争对手或同行业一般水平相对比的财务状况和经营成果；二、从纵向分析将计算得到的财务比率同本企业过去的财务比率和预测未来的财务比率相比较，借以测定企业财务状况和经营成果在一个较长时期内是否有所改善或恶化。

财务比率分析评价体系主要由四大类构成，包括流动性、杠杆、业务、赢利能力。流动性比率是对公司支付其短期债务能力的度量参数；杠杆比率指的是企业的资本结构，包括它的债务量的大小；业务比率说明对某些资产管理的好坏；赢利能力比率则是企业将销售转化为各种利润的能力（表7-4）。上述四大类构成了一个有机整体，借以从不同侧面透视企业，从不同视野评价企业，从而使理财职能领域有效地支持企业经营战略的制定与实施。

虽然财务比率分析是决策的重要工具，但是它也有一些局限性。财务报表和比率分析所表现出来的完整性和精确性会产生误导。公认会计原则允许对许多项目进行不同的处理方法，如折旧、库存价值、税收以及研发费用等的处理。这些不同的处理方法会影响所报告的数字，以及以此进行的后续分析。比率分析只不过是一种指示，而且有时又会对一个企业健康状况产生误导的指示。此外，需要指出的是，并非所有的财务比率指标都适用于各类行业企业的分析，不同性质的行业企业对各类财务比率都有一定的可选择性。

表7-4 主要的财务比率

类型	比率	公式	度量的指标
流动性比率	流动比率	流动资产/流动负债	企业能够偿还其短期债务的能力
	速动比率	(流动资产—库存)/流动债务	企业不依赖出售库存而偿还其短期债务的能力
杠杆比率	债务与自有资产之比	总债务/总的股东资产	有借贷人提供的资金占所有者资产的百分比
	利润与利息之比	支付利息和税收之前的利润/总的利息支出	企业在尚未无法支付其利息成本时，其利润的下降程度
业务比率	库存周转率	销售额/制成品的库存额	表示企业处理其库存量大小的能力
	资产总额周转率	销售额/资产总额	相对于企业的资产，是否产生了足够的销售额
	应收账款周转率	年度内赊销额/应收账款	企业回收赊销账款平均时间长度（以百分比表示）
赢利能力比率	毛利润率	（销售额—已销售货物的成本）/销售额	扣除经营费用后产生赢利的总利润率
	经营利润率	支付利息和税收前的利润（EBIT）/销售额	不考虑税收和利息的赢利能力
	净利润率	净收入/销售额	每美元销售额所产生的税后利润
	总资产回报率(ROA)	净收入/总资产	每美元资产的税后利润，又叫做投资回报率（ROI）
	自有资产回报率	净收入股东总资产	股东投资于该企业的每美元税后利润

7.5.4　战略要素评价矩阵法

战略要素评价矩阵法是企业内部条件分析的有效方法，它可以帮助企业经营战略决策者对企业内部各个职能领域的主要优势与劣势进行全面综合的评价。企业内部战略要素评价矩阵分析法的具体分析步骤如下：

第一步，由企业高层管理者识别企业内部条件中的关键的战略要素。通常列出10～15 个。

第二步，为每个战略要素指定一个权重以表明该要素对于企业经营战略的相对重要程度。权重取值范围从 0.0（表示不重要）到 1.0（表示很重要），但必须使各要素权重值之和为 1.0。不论该要素是否具有优势，只要它对企业经营战略产生最重要的影响，就可以指定为最大的权重值。

第三步，以 1、2、3、4 各评价值分别代表相应要素对于企业经营战略来说是主要劣势、一般劣势、一般优势、主要优势。

第四步，将第一要素的权重与相应的评价值的乘积加总，就可求得企业内部条件的优势与劣势情况的综合加权评价值。

➢本章总结

1. 企业的内部条件是企业区别于其他企业的根本，包括了企业的人员、技术、地理位置、资金、客户资源、品牌、组织等各个要素。这些要素的组合构成了企业的内部条件，成为企业区别于其他企业的根本所在。企业的内部条件主要包括企业资源、企业能力和企业组织三个方面。

2. 企业资源主要包括有形资源和无形资源。有形资源有财务资源、物质资源、人力资源和组织资源；无形资源有技术资源、创新资源和信誉。

3. 企业能力是指企业有效整合所拥有的资源使其能采取某种行动的能力。企业能力可以分为个人能力和组织能力。企业的核心能力是某一个企业所拥有而其他企业所没有的、特殊的资源或者能力，至少某种资源或能力不是以同样的方式组合的能力。通过构筑企业的核心能力，企业能够比竞争对手更好地完成价值创造活动，或者能完成竞争对手不能模仿的价值创造活动。

4. 企业的组织因素通过具体的组织结构、企业文化以及与企业能力的互动从而影响企业的内部竞争条件。

5. 企业内部条件分析的主要方法包括价值链分析法、SWOT 分析法、财务比率分析法、战略要素评价矩阵法。

参考文献

迈克尔·波特．1999．竞争战略．陈小悦译．北京：华夏出版社

莫少昆．2007．企业战略决策——如何建立竞争优势．北京：东方出版社

夏宽云．2000．战略成本管理及其模式与方法．外国经济与管理，22（2）

希特等．2005. 战略管理：竞争与全球化．吕巍等译．北京：机械工业出版社

许玉林．2003. 组织设计与管理．上海：复旦大学出版社

Black J A，Boal K B. 1994. Strategic resources：Traits，configurations and paths to sustainable competitive advantage. Strategic Management Journal，15（S2）：131～148

Li J et al. 2008. Strategic human resource management，institutionalization，and employment modes：an empirical study in China. Strategic Management Journal，29（3）：337～342

Noda T，Bower J L. 1996. Strategy making as iterated processes of resource allocation. Strategic Management Journal，17（S1）：159～192

Ray G，Barney J B，Muhanna W A. 2004. Capabilities，business processes，and competitive advantage：choosing the dependent variable in empirical tests of the resource-based view. Strategic Management Journal，25（1）：23～37

Richard H. 1992. The strategic analysis of intangible resources. Strategic Management Journal，13（2）：135～144

Scott L N. 2008. Value，rareness，competitive advantage，and performance：a conceptual-level empirical investigation of the resource-based view of the firm. Strategic Management Journal，29（7）：745～768

Wernerfelt B. 1984. A resource-based view of the firm. Strategic Management Journal，5（2）：171～180

Wiklund J，Shepherd D. 2003. Knowledge-based resources，entrepreneurial orientation，and the performance of small and medium-sized businesses. Strategic Management Journal，24（13）：1307～1314

Yuri Mishina，Pollock T G，Porac J F. 2004. Are more resources always better for growth? Resource stickiness in market and product expansion. Strategic Management Journal，25（12）：1179～1197

推荐阅读材料

科利斯等．2005. 公司战略：企业的资源与范围．王永贵等译．大连：东北财经大学出版社

该书主要阐述和讨论公司战略问题，但其观点有两个基本视角：一个是已经在战略管理领域引起普遍关注的公司资源基础论；另一个是组织经济学，特别是交易成本分析和代理理论。

坎贝尔等．1999. 核心能力战略——以核心竞争力为基础的战略．严勇等译．大连：东北财经大学出版社

在该书中有许多关于公司能力和竞争力的文献资料，并可以进一步了解在多业务公司内如何以能力为基础开展战略管理。

斯图尔特．2003. "软"资产：从知识到智力资本．邵剑兵译．北京：中信出版社

这是一本讨论知识企业管理准则的书，如何管理企业中的知识资产，如何运作知识企业是一个非常新的问题。该书为企业的知识管理提出了一些非常具有操作性的思想和方法。

梅尔·希尔伯曼．2003. 企业咨询调查问卷精选．单敏，丛蓉译．北京：电子工业出版社

企业内部条件分析必然需要对企业进行调查。然而，如何调查一个企业？该书是一本企业调查的工具书，包括了领导、员工、团队、组织、战略规划等各个方面问题的调查问卷，可以供咨询者参考。

罗思韦尔等．2001. 组织发展的实践．吕峰，张静梅译．天津：南开大学出版社

组织发展对于企业成长中的企业来说非常重要，该书介绍了组织发展的基本内容，讨论了介入、启动、分析与反馈、行动计划、实施、评估、采纳以及退出的组织发展实施过程。由于组织发展包含了组织诊断、干预、评估的管理过程，非常有助于我们进行企业的内部条件分析。

第三篇

战略制定

战略使命与战略目标

在企业对内外环境进行详细的分析之后，企业便能够依据外部环境，结合自身的优势劣势，制定一种协调的、涉及全公司范围的长期发展战略。这个过程包括：制定企业的战略使命，详细列出企业战略目标和目标体系，制定组织各个层次的战略。

➢案例 8-1　摩托罗拉在华的战略目标

摩托罗拉中国公司曾提出四大战略：其一，投资与技术转让：坚持投资与技术转让并重，不断加大在研发上的力度；其二，管理本土化：培养本土的管理人才；其三，配套产品国产化：在中国培养供应商，使配套产品本地化；其四，推行合资合作项目。这些思想战略都体现了摩托罗拉对中国市场的长期承诺。

2004 年，摩托罗拉中国公司进一步明确了发展目标，将中国建设成为摩托罗拉世界级的研发基地之一和生产基地之一，并积极开展包括数字集群、宽带业务、汽车电子等新业务，继续在华投资，加大本地采购。

资料来源：王志乐 .2005 跨国公司在中国报告 . 北京：中国经济出版社，2005

8.1　战略意图与战略使命

8.1.1　什么是战略意图

1. 战略意图的含义

雄心勃勃的公司几乎都无一例外地是从与其当前能力和市场地位不相称的战略意图开始。企业要想获得成功，必须在企业内部大力宣传自己的战略意图，实现战略目的与战略手段的和谐。1989 年，哈梅尔和普拉哈拉德在《哈佛商业评论》上发表《战略意图》一文，引起了战略观念的突破，具有划时代的意义。哈梅尔和普拉哈拉德对战略意图（strategic intent）所下的定义是：一个雄心勃勃的宏伟梦想，它是企业的动力之源，能够为企业带来情感和智能上的双重能量。借此，企业才能迈上未来的成功之旅。战略意图，即组织理想的未来状况，它是一个组织愿望，是战略管理者希望组织全体成员齐心协力、共同努力去实现的愿望。

当一个公司竭尽全力地追求一个雄心勃勃的战略目标，并集中所有的资源、能力和竞争活动来努力实现这个战略目标时，该公司就展示了它的战略意图。为了更好地理解战略意图，可以通过以下一些具体实例来了解。佳能公司在复印设备行业中的战略意图是“打倒施乐”。雅马哈在摩托车行业超越本田时，本田的反应是“征服雅马哈，压扁雅马哈，屠杀雅马哈”。耐克在20世纪60年代的战略意图是超越阿迪达斯。在整个20世纪80年代，沃尔玛的战略意图是“超越西尔斯”，成为美国最大的零售商。网景公司和微软公司在因特网浏览器软件上展开激烈角逐时，网景公司鼓励员工将“打倒微软”的标语挂在办公室的墙上。美国在线的战略意图是“在因特网上建立最强大、最知名的品牌”。在这种情况下，公司的战略意图代表了公司志在必得的决心——击败行业领导者，或者巩固行业领导者的地位，或者从长远的角度出发，大大加强公司的业务地位。

2. 战略意图的特征

哈梅尔和普拉哈拉德认为，战略意图具有方向、发现和命运三个方面的属性。第一，战略意图是企业对于未来“方向的感觉”（sense of direction），是企业对于构建今后长期的市场和竞争地位的观点，战略意图能够为企业提供一种统一的、深入人心的方向感。第二，战略意图表现为一种“发现的感觉”（sense of discovery），它可以从企业内部的各种资源、能力中区分出来，着眼于企业未来的独特竞争优势，带领全体员工去探索新的竞争领域。第三，战略意图表现为一种类似“命运的感觉”（sense of destiny），具有一定的情感成分，并且能够使员工感知到它的内在价值。

战略意图往往表现出一种迎接未来挑战的张力。一般来说，公司的战略意图总是带有一定的英雄主义色彩，是企业当前的资源和能力不足以完成的目标和挑战，是企业需要花费一二十年甚至更长时间的奋力拼搏才能实现的目标。例如，一家大公司的战略意图可能是在全国或者全世界范围内获取行业领导地位。一家小型企业的战略意图或许是占领某一细分市场，为某些特定的顾客提供最好的产品或服务。一家注重技术创新的公司其战略意图可能是开创一项有前途的发明，将新的技术转变成为能够改变人们生活和工作方式的产品。正是这些非常有野心或者侵略性的战略意图，号召全公司的管理者及雇员共同奋斗。

3. 战略意图设置流程

战略意图设置流程，通常分为三个步骤。

（1）制定战略意图。战略意图需全面包含方向、发现和命运三方面的属性。

（2）设置挑战。根据战略意图，寻找和分析企业目前将面临的机遇和挑战，将恰当的挑战转变成企业实现战略意图的手段和动力。在此过程中，要与全体员工进行沟通交流，使他们认同和信任企业的战略意图，并随时准备迎接挑战。例如，假设佳能公司的战略意图是“击败施乐”，那么其面临的一项挑战可能是开发价格在1000美元左右的家用复印机。

（3）战略意图执行。战略意图的顺利实现需要企业每一个员工的参与。企业高层管理人员的任务是汲取众人的智慧和力量，加强沟通和协作，从企业内部不断获取新的思想和主意。

在今天激烈的市场竞争中，企业还需要一整套将战略意图转化为实际行动的激励和管理机制。此外，企业仅仅知道自己的战略意图是不够的，只有了解了其他公司的战略意图，才能知道竞争对手的决心、持久力和投资，才能在市场中更好地生存发展壮大，巩固和开拓公司的市场地位。许多日本公司之所以能够成功，就是因为它们对竞争对手、供应商、合作伙伴和顾客的战略意图很了解。

8.1.2　什么是战略使命

1. 战略使命的含义

每个企业自创建之日起，在实现其社会目的的同时，承担着相应的社会责任，并履行着其使命。使命的基本含义是任务，是与工作或学习相关的、要达成的目标。战略使命通常是指组织的总体目标，是企业存在的目的。在理想情况下，战略使命总是与主要利益相关方的期望和价值观相一致，关注的是组织的活动范围和界限。有时它表现为一个看似简单实则颇具挑战性的问题："我们从事什么业务？我们向社会提供什么样的产品或服务？"战略使命不是企业经营活动具体结果的表述，而是为企业提供了一种原则、一种方向。企业的战略使命应当是独特的，体现了企业独特的经营哲学和管理思想，是能够把企业与其他的竞争者区分开来的。澳大利亚 Bankwest 银行的使命是："给我们的顾客提供一流的服务，同时也给我们的员工创造一个令人鼓舞、富有回报的环境，从而为我们的股东增加财富。"明确企业的使命不仅关系着企业的生存和发展，也有助于加强企业员工的使命感和归属感，帮助企业树立一个良好的公众形象。

2. 经营哲学、企业宗旨和战略使命

一般来说，企业使命包括两个方面的内容，即企业的经营哲学和企业宗旨。经营哲学是一个企业为其经营活动方式所确立的价值观、信念、态度和行为准则，是企业在经营过程和社会活动中对所发生的各种关系的认识和态度的总和，是企业从事生产经营活动的基本指导思想，它是由一系列的观念所组成的。企业无论是否已经认识到、自觉或不自觉，客观上都存在着自己的经营哲学。例如，麦当劳的经营哲学是"质量、卫生、服务"。日本大荣公司的"员工盘活"哲学，打破等级观念，强调每个岗位都很重要，强调对人的实际工作能力的培养。惠普的经营哲学是"你就是公司"，员工与公司心心相印，融为一体。日立的经营思想是"和、诚、开拓"，注重内部自由坦率的讨论，保证产品的高质量和保修服务，勇于创新，不断开拓进取。玛丽·凯的"开门原则"，总经理办公室的大门永远敞开着，营造了一种人性的关怀与和谐的工作氛围。

企业的经营哲学涉及的内容相当广泛，人们对经营哲学中的主要关系的认识仍旧有差异，这里提出几个主要的基本观念。

（1）市场观念是企业处理自身与顾客关系之间的关系的哲学。企业什么时候生产、生产什么、生产多少以及产品以什么方式去满足顾客需求是市场观念的基本内涵。

（2）竞争观念主要涉及企业如何处理自身与竞争对手之间的关系，如何争夺更有利的生产经营地位，从而获得更多的经济利益。

（3）效益观念是关于企业处理自身投入产出关系的经营哲学，强调处理好投入、转化和产出的综合平衡。

（4）创新观念是关于企业如何处理现状和变革之间的关系，主要体现在技术创新、市场开拓和组织创新三方面。

（5）长远观念是企业处理近期利益与长期发展关系的指导思想，企业领导者如何兼顾这对矛盾是长远观念的核心。

（6）社会观念是有关企业处理自身发展关系的哲学，强调企业与所有利益相关者互惠互利，共同发展。

（7）民主观念是企业领导在决策过程中处理与下属职工之间关系的经营思想，是关于领导者如何激发和提炼广大员工的想象力和创造力的观念。

宗旨包含做事的原则、方针、标准和精神。企业宗旨就是对企业“形成和存在理由”的宣言，是企业在未来发展过程中自我坚持和发扬的价值判断标准，是企业为了完成使命而必须坚持的基本准则，是企业的所有者、经营者精神理念的浓缩和宣扬，是企业之魂。企业宗旨是确定企业经营领域与重点、制定战略目标和分配资源的基础。企业宗旨不仅陈述了企业未来的任务，而且要阐明企业为什么要完成这个任务以及完成任务的行为规范是什么。一般地，企业宗旨陈述可以从九个要素考虑：即顾客、产品或服务、地域市场、技术、财务、价值观念、自我认知、公众形象、对员工的态度与责任等。例如长虹的企业宗旨是这样描述的：“员工满意，顾客满意，股东满意”。

如今并非所有公司都有自己公开发布的宗旨，但是已经有越来越多的企业开始将企业宗旨的陈述看成是企业战略的一个重要组成部分。

3. 战略使命与战略意图的关系

企业的战略使命与战略意图紧密相关，战略使命与战略意图一起为企业带来设计和实施战略过程中所需要的各种知识。一般来说，战略意图是一个“鼓舞人心的伟大梦想”，充满了探索精神和使命感，体现了组织未来的理想状态和愿望，是与企业当前的能力和市场地位不相称的。战略愿景的陈述通常都提出了企业希望在行业内取得的地位，并且大都声明要做“行业领导者”或者“战胜最好的”，“提供最优的产品/服务”。战略使命则是企业未来经营管理的一项长期任务，是企业根据消费者的客观需求所界定的未来的业务范围、能力要求和长远目标，是企业根据市场的客观现状和科学预测得出的将来要完成的任务。因此，可以将战略使命理解为企业为了实现“战略意图”而精心设置的总体目标和具体任务。例如，微软的战略意图表述为“使人们能够在任何时间、任何地点、任何安装设备驱动程序上运用伟大的软件。”微软的战略使命描述为“让每一张桌子上、每一个家庭中都有一台计算机，都使用微软的软件”。事实上，在具体实践工作中，管理者常常将“战略使命”、“战略愿景”、“战略意图”作为可以相互替代的词来使用。

➢案例 8-2　麦当劳的战略愿景

作为全球快餐业的领军者、品牌价值超过 260 亿美元的企业，麦当劳对于企业战略愿景有清晰的描述。

麦当劳的企业使命界定为：一张有限的菜谱，质量一致的美味快餐食品，快速到位的服务，超值定价，卓越的顾客服务，便利的定位和选址，全球的市场覆盖。

麦当劳的业务使命确立的中心是：在全球范围内（麦当劳在 90 多个国家拥有两万多家饭店，通过这些饭店麦当劳每天为三千万顾客提供服务）向一个广泛的快餐食品顾客群“在气氛友好卫生清洁的饭店里以很好的价值提供有限系列的、美味的快餐食品”。

麦当劳公司的战略展望是占领全球食品服务业：在全球范围内处于统治地位以及在建立客户满意度标准的同时，通过执行“服务便利·增加价值·履行承诺”战略，提高市场占有率和赢利率。

资料来源：陈炳岐．麦当劳与肯德基：全球两大快餐帝国的连续餐饮秘诀．北京：中国经济出版社，2006

8.2　制定企业的战略使命

8.2.1　制定企业战略使命的原因

战略使命不仅仅是一句有吸引力的、朗朗上口的口号，而且是对公司的未来进行战略性思考的产物。提出和确定清晰的、睿智的战略使命，是企业战略制定工作的第一步，对企业的发展有着积极的作用。

（1）明确企业的业务范围和经营方向，为企业的生存发展指明方向。企业使命的确定为企业构筑了一个明确的前进方向，企业将去往何处；企业应该生产和提供什么样的产品和服务；企业应该致力于满足哪一个具体细分市场的顾客需求；在既定的发展方向下，公司在未来的 5～10 年内应该如何调整企业的经营结构；企业需要建立什么样的长期市场地位来对抗竞争对手。企业的战略使命指明了企业未来的发展方向，勾勒出了企业前进的目的地。

（2）平衡当前经营和长远发展的需要，有助于企业实现可持续发展。经过对自身所处的内外部环境进行客观评价分析之后，企业在生产经营过程中所拥有的优势、劣势变得一目了然。制定战略使命，有助于管理者更加有效地进行决策，将当前经营的短期利益同企业未来的发展方向相衔接，逐步调整前进的步伐，确保企业的持续发展。

（3）在公司内部形成一股强大的凝聚力和向心力，增强企业的经营实力。清晰、可行的战略使命能够激起员工的使命感和自豪感，激起员工为公司奋斗的激情和承诺，从而在企业内部形成强大的引力，号召全员以“目标-手段”为导向共同追求最高使命的实现。同时，战略使命还可以指导企业的管理决策，减少战略执行过程中的暧昧模糊，将企业中的各种行动统一为一股团队的力量，增强企业在市场竞争中的竞争能力。

(4) 表明企业与竞争者之间的差异，塑造企业特有的战略轮廓和对外形象。战略使命描绘了企业未来的前景，阐明了企业的经营地位和前进路线，界定了企业的目标消费者群体及其消费特征，能够让消费者更好地认识和接受企业的长远规划，让企业内、外部的公众知道企业的发展愿景，让社会明确企业的定位范围，让利益相关者能够迅速、简略地了解企业，了解企业在做什么，使其有别于其他企业，从而塑造了企业别具一格的形象。

8.2.2 界定企业的当前业务

界定企业当前的经营业务，即战略性地思考企业定位的顾客群是谁，企业需要尽力满足的需求是什么，以及企业在满足目标市场过程中所采用的技术和开展的活动是什么。企业业务的界定直接影响到企业产品的定位，企业竞争对手的确定，以及企业营销、财务策略等的制定。主要步骤如下。

1. 界定企业所处的行业

行业背景是企业战略管理过程中必须要考虑的客观环境因素，了解企业所在的行业可能是战略生存的关键，因此，为了制定好的战略，管理者们需要清楚地界定企业所处的行业，了解该行业的经济特征和经济结构。

界定企业所属的行业，有助于管理人员识别那些能够导致公司及其产品或服务在竞争中获胜的要素，即关键成功因素（KSF），包括创新的技术、有效的分销渠道、价格优势、有效的促销、先进的物质设施、公司的经营经验、原材料的成本地位、生产的成本地位、研发的质量、财务资产、产品质量、人力资源等（Pearce and Robinson, 1994）。每一个因素在不同的行业或同一行业的不同时点上，具有不同程度的重要性。

行业的经济结构反映行业的竞争态势：各行业成员面临的竞争力量的类型是什么，每种力量有多强，行业竞争对手占据怎样的市场位置，竞争对手下一步可能会采取怎样的战略行动，行业态势将如何发展等。依照迈克尔·波特的观点，一个行业的竞争激烈程度不是事物的巧合，其根源在于其内在的经济结构。在不同行业中，各竞争力量的综合强度各不相同。例如，在钢铁工业中，竞争的关键力量是外国的竞争者和可替代的材料；而在远洋油轮行业中，竞争的关键力量一般是购买者（主要是石油公司）。作为一个行业的基本经营单位，企业应在本行业中寻找一个合适的位置，在这个位置上，企业能较好地发挥它的竞争优势。

2. 界定企业经营所属的种类

企业经营所属的种类即企业所提供的产品或服务属于行业价值链的哪一环节。有些企业承担产品的设计和生产功能，有些企业提供产品的销售和服务功能，有些厂商集中经营行业从生产到分销价值链的某一个阶段，也有些公司的经营运作覆盖了从原材料的生产到产品分销、服务的所有价值链环节。例如，沃尔玛的经营运作聚焦于零售，麦当劳专注于提供快餐食品和服务，德尔塔航空公司将经营活动局限在把旅行专用商业喷气式飞机从一个地点运送到另一个地点。明确了企业经营活动在价值链中所处的环节后，要思考企业准备采用何种技术和开展哪些活动来满足相关顾客的需求。

3. 界定企业经营的范围

在对企业所处行业的经济特征和经济结构有了详尽的了解之后，管理者需要对企业的经营范围进行界定，确定企业具体专注于提供何种产品或服务，立志于满足哪些顾客群体的何种需求，以及企业的经营业务覆盖哪些地理区域等。例如，美国邮政服务公司将其经营范围界定为："在全球范围内为所有类型的邮件发送者提供邮件递送服务。"相对来说，联邦快递公司的经营界定就要窄一些，它的基本经营是："为那些时间比较紧和不期而遇一些意外事件的顾客提供隔夜邮件递送经营。"泰晤士镜报公司将自己描述为"一家媒体和信息公司，主要从事报刊出版、书、杂志及其他业务"。泰晤士镜报公司覆盖的领域很多，但其对自身经营领域的界定还是比较清晰的。与此同时，有许多企业尤其是规模较小的企业，它们的经营范围则可能定得很窄，有时甚至直接界定为"某一固定规格或型号"的单一产品。

经营范围的宽窄（表 8-1）与企业的经营焦点、经营意图有关，企业应综合考虑自身的资源、能力和战略意图以及外部的环境因素来界定企业的经营范围。一般来说，多元化企业和单经营公司相比，前者的经营范围界定要更宽一些。宽泛的经营界定允许企业管理层拓宽思维，追求无限条开放性的战略路线，有利于企业产品和服务的创新。然而，这种宽泛的经营界定方式不会给企业提供任何实际的战略指导，同时朝几个方向发展，将企业有限的资源和能力分散到不同的领域，会产生缺乏经营核心和分散精力的危险。相对来说，较窄的经营范围界定则对企业管理者和管理过程更有指导意义。将焦点集中在一个市场机会之上而没有获得成功的公司很少，但是，想要追求的东西太多而这些经营又大大超出了公司的能力和实际的意图，从而使公司竞争失败的例子却很多。

表 8-1　宽窄两种范围的经营界定

较宽的范围界定	较窄的范围界定
· 饮料	· 软饮料
· 化妆品	· 彩妆
· 家具	· 嵌钢草地家具
· 全球邮件递送	· 隔夜邮件递送
· 旅游	· 加勒比海游艇旅游服务

8.2.3　确定企业的长期战略展望

分析和界定了企业的经营业务之后，管理者对企业应该做什么和不应该做什么已经有了基本的概念。企业的长期战略展望是对企业当前业务的延伸和扩展，是企业的长期战略路线，主要内容通常包括：在未来 5～10 年内，企业应该从事的各种经营活动和未来发展方向；企业未来应该采取的经营结构和组织类型；企业应该选定的目标顾客群体和企业倾力于占领的市场地位等。

1. 战略展望的制定

管理者制定战略展望时需要综合考虑企业面临的各种新的发展态势和即将出现的环

境变化，时刻关注各种迹象，敏锐把握稍纵即逝的成长机会。优秀的企业家和战略家往往非常关注顾客的需求和想法、新技术的发展情况、进入有吸引力的外国市场的机会以及经营成长或者衰退机会的其他重要信号，并巧妙利用这些微妙的线索和信息，客观评价新的“顾客-市场-技术”机会，创造性地思考企业的未来。精心策划、措辞恰当、激人奋进的战略展望可以使企业的高层管理者对企业的长期发展方向和未来经营结构有一个清晰的认识，降低管理部门缺少战略展望和制定决策时的风险，低层的管理部门也可以依照它来制定部门使命，设置部门的目标体系，制定与企业发展方向和战略协同一致的部门和职能战略，有助于为公司规划未来做好充分的准备。

2. 有效传播企业的长期战略展望

战略展望要以一种清晰、激动人心、催人奋进的方式进行传播，激励员工竭尽全力为实现企业的战略展望做出自己的贡献。避免使用乏味的语言，避免使用陈词滥调，避免使用单调的空话大话，这种语言只能松懈人的激情而无法激起人的斗志。倘若员工无法理解或者不能接受组织发展方向的重新定位则可能会在企业内部产生一种对变革的抵制力，使得企业朝最新制定和选择的战略路径前进的难度增加，因此必须高度重视战略展望在企业内部的有效传递。以令人信服的方式阐述和解释制定新战略展望的必要性，确保每一个人都能够理解其中的种种原因并在他们之间取得一致的意见。借助同员工进行互动性的交流和谈话等方式，赢得全体成员对战略展望的源自心底的认同和全心全意合作的承诺，在企业内部形成一股强大的力量，将人们的注意力转到公司所设计的方向上来，使整个组织进入一场新的奋斗中去。

8.3 制定企业战略目标体系

8.3.1 建立目标体系的必要性

战略目标是企业使命和展望的具体化，任何企业的战略目标都不可能是单一的，并且由于企业内各部门、团体都有各自的利益，各部门、各层次战略目标之间不可避免地会出现冲突和矛盾。例如，企业生产部门的产量目标和销售部门的销量目标之间可能存在冲突，企业降低成本、增加利润的经济目标和依法纳税、保护环境的社会责任目标之间可能存在冲突等。为了确保战略性思维和战略驱动性的决策渗透到整个组织的行为之中，保证总体目标的实现，必须将其层层分解，有效的方法是建立企业战略目标体系，使战略目标之间相互联合、相互制约，从而使战略目标体系整体优化，反映整个企业战略的利益要求，而不是满足个人或部门的局部利益。

战略目标体系是企业制定战略的基本依据和出发点，反映企业战略的整体要求和总体方向，表明了企业的具体期望和行动纲领；战略目标体系是企业实施战略的指导原则，将企业中的各项资源和力量集中起来，有利于缓解企业内部的冲突，营造和谐的工作氛围，提高管理效率和经济效益；各层次的战略目标是企业实施战略控制的评价标准，这些具体和可衡量的目标，有利于及时发现预设目标和实际结果之间的差异，尽早找出导致差异出现的原因和相应的解决办法。建立企业战略目标体系，是企业战略管理的前提和关键，对企业行为有着重大的指导作用。

➢案例 8-3　煮石头汤与蒙牛的追随之道

《伊索寓言》里有个故事：一个饿汉来到富人家门口，对主人说：我带了些石头，想用你的锅煮点石头汤喝。主人很奇怪，石头怎么能煮汤喝？于是主人让他进来，给他准备了锅。饿汉把石头放进锅里，煮汤得加水啊！主人给了一些水。煮汤需要盐，于是主人又给了盐，又给了一些作料。饿汉喝上了有滋有味的汤。

这个故事说明：只要有目的，什么方法都能找到！很多企业在起步时没有资源、没有市场，但仍旧在较短的时间里快速发展起来，目标很重要。

1999 年蒙牛刚诞生的时候，没有奶源，没有厂房，没有市场，可以说是一无所有，作为创业者的牛根生对于企业发展战略有其独到见解，首先，实力相对较弱的企业，为了尽快赶上领先的企业，经常采取“跟随战略”，选择一个跟随对象，然后在产品、定价、甚至包装等方面模仿领先企业。在这里，牛根生提出向伊利跟进的口号，当时，蒙牛宣称要做“内蒙第二品牌”，蒙牛还在冰激凌的包装上打出“为民族工业争气，向伊利学习”的字样；有的广告牌上写着“千里草原腾起伊利、兴发、蒙牛乳业”。人力资源方面，包括牛根生本人在内的蒙牛高层有一大部分是从伊利跳槽而来，蒙牛用伊利的人，做伊利的事，用伊利的经验，奠定自己的根基。

在蒙牛成长到一定程度后，牛根生及时修正了跟随战略，及时吸纳摩根士坦利及英联的国际资本，配以时尚的宣传营销手段。蒙牛一跃成为在全国市场上和伊利并驾齐驱的乳制品航母。

资料来源：孙先红，张治国．蒙牛内幕．北京：北京大学出版社，2005

8.3.2　按经营内容设置目标体系

企业的战略目标体系是由若干目标项目组成的多元化体系，既包括经济性目标，也包括非经济性目标；既包括定量目标，也包括定性目标，它们都从不同的侧面反映了企业的自我定位和发展方向。彼得·德鲁克认为所有企业的生存都取决于一些同样的因素，需要制定目标的领域往往也是一样的。在《管理实践》一书中，他提出了八个关键领域的目标：

(1) 市场方面的目标：表明本公司希望达到的市场占有率或在竞争中占据的地位；

(2) 技术改进和发展方面的目标：对改进和发展新产品，提供新型服务方面的认知及措施；

(3) 提高生产力方面的目标：有效衡量原材料的利用，最大限度地提高产品的数量和质量；

(4) 物质和金融资源方面的目标：获得物质和金融资源的渠道并加以有效利用；

(5) 利润方面的目标：用一个或几个经济指标表明希望达到的利润率；

(6) 人力资源方面的目标：人力资源的获得、培训、调配、开发及管理人员的培养；

(7) 职工积极性发挥方面的目标：员工激励、薪酬福利等措施；

(8) 社会责任方面的目标：关注公司对社会产生的影响。

战略目标可以按照企业经营的内容形成目标体系，以下是一些常用的目标。

(1) 利润目标是企业的基本目标，赢利目标的达成取决于企业的资源配置效率和利用效率，包括生产资源、资本资源、人力资源等的投入—产出目标。生产目标通常用利润、投资收益率、每股平均收益、销售利润率等来表示；人力资源目标如提高员工素质、建立良好的人际关系等，通常用出勤率、人员流动率、培训人数或将实施的培训计划数来表示；资本资源目标通常用资本构成、新增普通股、现金流量、流动资本、回收期等来表示。

(2) 产品目标是企业战略目标的一个重要内容，反映了企业存在的价值和对社会的贡献，包括产品的组合、产品线、产品销量和销售额等。确定产品的种类、特性、开发期；明确产品线的宽度，吸引力，生产产品或服务的流程、成本控制、生产的装备；设立产品的赢利目标，包括产品的产量、销售额、废品率、销售利润率等。

(3) 市场目标反映了企业预期达到的市场地位，要求对顾客、目标市场、产品或服务、销售渠道等作仔细分析。包括目标市场的定位、销售渠道的确定以及广告、营业推广活动的预算及预期效果等沟通目标。

(4) 发展目标关系着企业的持续发展，企业的创新、研发和人才开发活动是组织发展的根本动力。创新的主要目标是设计一套规则和程序以降低交易费用，包括企业经营思路、组织结构、管理风格和模式、资源配置方式等方面的改变与创新；研究和开发目标包括原材料、能源、设备、产品和服务等有形的研发目标，以及工艺程序设计、操作方法改进等无形的研发目标；人才开发目标包括专业技术人才的培训、考评、激励和奖酬等，中高级管理人才的培训、轮岗、晋升和激励等，以提高其忠诚度和奉献精神，减少人才流失。

(5) 竞争目标的建立在于为企业赢得下列成果：获取足够的市场份额，使整体成本低于竞争对手的成本，在产品质量、客户服务或产品革新等方面压倒竞争对手，提高公司在客户中的声誉，在国际市场上建立更强大的立足点，建立技术上的领导地位，获得持久的竞争优势，抓住诱人的成长机会等。

(6) 社会目标反映企业对社会的贡献程度，如环境保护、节约能源、支持社会福利事业和地区建设活动等。

在实践中，一个企业并不一定在以上所有领域都有制定目标，战略目标也并不局限于以上六个方面。由于企业所处的发展阶段和行业性质不尽相同，战略目标体系中的重点也大相径庭。企业应依据实际情况，对影响企业成败有着重要作用的每一个关键领域建立目标体系。战略目标的设定不在于辞藻的华丽，而在于适合本企业的发展，且能深入人心，保证每个组织单元及其成员都深切明了，力求简单、清晰、适合。同时，在制定战略目标体系的过程中，还需要正确处理短期目标和长期目标的关系，两者发生冲突时，应优先考虑长期目标。

8.3.3 按企业经营层次设置目标体系

企业战略目标体系还可以由总体战略目标和分解的低层次子目标组成。战略目标的对象不仅仅是整个组织，还应该在战略总目标的基础上为组织的每一项经营、每一个产品线、每一个职能领域和每一个部门制定子目标，形成完整的战略目标体系。总体战略目标根据企业的宗旨和使命来制定，分解出来的低层次子目标则是总目标实现的保证，各层次的目标之间相互联系、相互影响。只有当每一个单元的战略目标都能够支持整个公司的战略总目标、每一个部门都清楚地知晓各自的战略角色时，目标的制定过程才真正完成，公司的各个组织部位才会真正推动组织沿着既定的战略道路前进（图 8-1）。

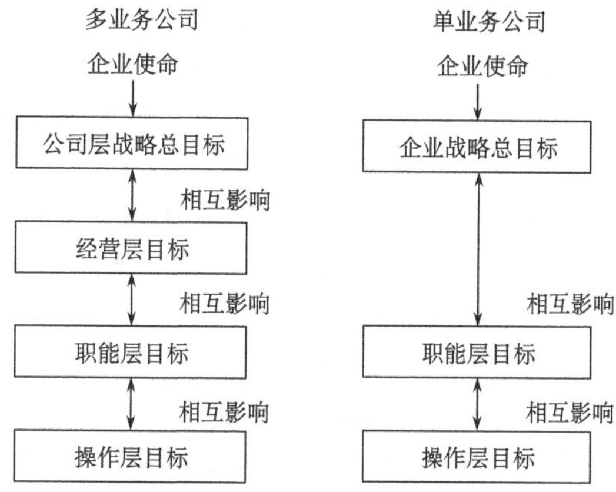

图 8-1 多业务公司与单业务公司的战略目标制定

战略目标体系的建立需要各层级的管理者的广泛参与。一般来说，通常由高层管理者首先建立整个公司层的战略总目标，然后各级管理者分别在各经营单元、分公司、职能部门及运作单元层面上建立各级战略子目标，使得企业中的每一个单元都有其具体的、可测度的业绩目标，并且这些目标必须对完成战略总目标具有实际的意义。战略总目标指导下属进行各层次的目标制定和战略制定工作，有助于在组织内各个单元的目标和战略之间创造协调一致性，促使企业朝着有利于实现整个企业战略目标和战略愿景的方向努力。

8.4 战略制定方式

制定战略的组织过程有多种形式，管理者参与评析公司态势和确定公司战略的方式也各不相同。在规模较小的民营企业中，战略制定往往取决于管理者个人的经验、观点和看法，较少有科学的数据采集和分析过程，是公司高层管理者的企业家式的判断结果。最后形成的战略大多数也只存在于企业家的头脑之中，或仅限于与少数关键员工之间的口头交流和传播，很少会以战略规划的形式用正式文件表达出来。大型公司则倾向于以更加科学，更加规范的方式制定战略，成立专门的战略管理小组，发掘组织内部人员的集体智慧和力量，注重信息的收集分析和深入研究，综合分析企业的资源和能力、机遇与挑战，制定出若干可行的备选战略方案，并从中选出最优方案。以下介绍四种基本战略制定方式，即卓越战略家方式、管理咨询方式、合作方式及支持方式。

8.4.1 卓越战略家方式

战略制定的卓越战略家方式是指战略方案的形成和选择权主要集中在个别企业领导者手中，领导者充当首要战略家的角色。例如，那些具有专制作风的企业家往往一人承担评价分析企业态势、制定备选战略计划以及最终确定战略方案的整个过程。有些企业可能根本没有明确的战略计划，而是由企业家构思的组织愿景来替代战略。

事实上，许多小企业的所有权和经营权都集中在一个人手中，战略的制定也往往是一个人说了算。当然，卓越战略家制定方式并不等同于管理者个人包揽了所有的战略制定工作，而是强调该管理者对战略制定过程施加了强大的影响。由企业家个人规划出战略的部分或全部层面，其他成员或组织只起辅助作用。譬如，有不少的大企业在战略制定过程中，尽管企业家也会征求他人的意见，但主要还是依据自己的设想、分析和判断形成战略。“卓越战略家”是战略司令，是既定战略的主要制定者。

卓越战略家最终选择何种战略方向，受管理者个人的雄心壮志、价值观、商业哲学以及管理者本人对企业未来图景畅想的影响，是一种企业家判断的结果。如果负责的管理者对公司的未来去向及达到这一目标的方式和途径有着强大的、颇有洞察力和前瞻性的展望和观点，那么，这种高度集中的战略制定方式就会很奏效。但这种方式也存在一定的缺陷，企业的战略能力完全取决于个人的战略制定技能和企业家眼光，风险较大。尤其大型企业需要采取的战略行动很多，战略制定的任务十分复杂，卓越战略家制定方式往往会失去其有效性。

8.4.2 管理咨询方式

管理咨询是具有丰富的管理知识和经验，并且掌握了咨询技法的人所从事的高智能的服务事业，要求咨询人员深入企业并且和企业管理人员密切结合，找出企业存在的主要问题，利用各种科学方法与实践经验，为改进企业经营，谋求企业持续发展而提供各种知识和服务，提出系统性的解决方案，完成咨询报告并作系统的跟踪服务。借助管理咨询公司的力量制定企业战略已经成为一种被越来越多企业认可的战略制定方式，相应地形成了一类咨询服务产品。

战略咨询是管理咨询产业中最高层、也是最复杂的咨询服务，即咨询公司通过对客户自身、市场环境、宏观政策的调查研究，为企业提供战略设计、制定战略规划，并确定阶段性策略、竞争策略、业务领域分析与规划设计等。企业应当根据自身的条件，选择适合的管理咨询公司，并配合咨询顾问的工作，加强互动沟通和合作，使战略制定工作更加高效地进行。

依靠专业管理咨询公司的帮助制定企业战略，有助于降低决策风险。管理咨询方式引入了外部的高级人才，他们拥有专业的管理知识和技能，丰富了企业的智力资源，并且他们更容易站在一个客观的角度去思考企业的现状和前途，有助于企业更加清醒地进行定位。然而，咨询公司始终只能充当企业高级管理层的顾问，决不能本末倒置而取代高级管理层的活动。管理咨询公司制定的战略有效与否取决于方案本身是否科学可行，是否能够有效地在企业内部全面推广。这也是需要咨询公司与企业管理层的共同努力的。

8.4.3 合作方式

合作方式是指管理者在制定战略时，需要获得企业内部其他管理者和员工的帮助和支持，最后形成的战略是所有参与者共同努力的结晶，而整个团结合作的过程则由负责的管理者个人来领导。合作方式最适合以下情形：战略问题涉及多个传统的职能领域和部门组织，需要从有着不同背景、技能和观点的人身上充分挖掘其战略观点和解决问题的技巧，战略制定时让尽可能多的人员参与并赢得他们对战略全力执行的承诺。很多战略问题影响太深远或情况太复杂，以至于这些问题所在领域的管理者个人难于胜任，必须要求交叉领域的专家共同做出贡献，这就要求组织中不同部分的管理者进行充分合作，最后再决定进行谨慎周全的战略行动。这种战略制定的方式有一个长处：担负制定战略责任的人可以让担负实施战略责任的人来充当，这样做不但有激励意义，而且意味着他们必须负责使战略正常运转，使战略最终奏效。

然而，团队合作的战略制定方式往往成为中庸之道式的折中，缺乏大胆创新的行动，所制定出来的战略又可能只是一种政治结果。一些因素必须考虑，如具有影响力的下属、强大的职能部门、或者某些由多数人组成的联盟等，他们对战略有着自己的利益，战略制定过程可能会受到组织内部权力和政治的影响。

8.4.4　支持方式

支持方式即企业鼓励中下层各类管理人员通过自己的努力制定、支持并宣传及实施组织的战略。执行经理人员扮演评判员的角色，他们对那些需要得到他们批准的战略建议进行评审。通常，这种方式在大型多元化企业中往往很奏效，因为在这种公司中，公司的首席执行官不可能对各个经营部门制定出来的战略部分亲自进行协调。总部的执行经理要想利用组织中那些能够洞察出他们所不能洞察出的战略机会的人员，他们就必须把制定战略的一些主动性下放给经营层次的管理者。总公司层次的管理者负责清晰地阐述一般的战略主题作为战略思维的指导原则，激励并奖励热情的支持者所洞悉出来的各种全新的战略行动。

支持方式可以鼓励处于组织低层的人敏锐地寻找有利可图的市场机会，提出创造性的战略来抓住这些机会，为新的经营风险行动承担责任，有助于革新和激活一个组织追求创新和成长的能力。另外，由于这一系列的行动来自组织的很多地方，如果没有一些强大的自上而下的领导，企业会被淹没在这些战略提案中，而无法形成一个清晰的战略方向。支持方式的另一个缺陷是：执行经理人员可能关注他们的名誉而不去支持某些情况下出格的革命性战略，这样一来，一些创造性的观点就可能被公司的正统所抹杀。

➢本章总结

1. 战略意图，即组织理想的未来状况，它是一个组织愿望，是战略管理者希望组织的全体成员齐心协力、共同努力去实现的一个愿望。战略意图往往表现出一种迎接未来挑战的张力，总是带有一定的英雄主义色彩，是企业当前的资源和能力不足以完成的目标和挑战。

2. 战略使命为企业提供了一种原则、一种方向。战略使命应当是独特的，体现了企业独特的经营哲学和管理思想，是能够把企业与其他的竞争者区分开来的。战略使命不仅仅是一句有吸引力的、朗朗上口的口号，而是对公司未来进行战略性思考的产物。

提出和确定清晰的、睿智的战略使命，是企业战略制定工作的第一步，对企业的发展有着积极的作用。

3. 经营哲学是一个企业为其经营活动方式所确立的价值观、信念、态度和行为准则，是企业在经营过程和社会活动中对所发生的各种关系的认识和态度的总和。企业宗旨就是对企业“形成和存在理由”的宣言，是企业在未来发展过程中自我坚持和发扬的价值判断标准，是企业为了完成使命而必须坚持的基本准则，是企业的所有者、经营者精神理念的浓缩和宣扬，是企业之魂。

4. 企业的战略展望提出了企业的发展方向和未来的抱负志向，指明了企业未来的经营组成和公司前进的目的地，清晰地描绘出企业即将竭尽全力进入的事业和当前事业的前景变化，使得整个组织的一切行动有了目标。

5. 企业的战略目标体系是由若干目标项目组成的多元化体系，既包括经济性目标，也包括非经济性目标；既包括定量目标，也包括定性目标，它们都从不同的侧面反映了企业的自我定位和发展方向。企业战略目标体系一般是由总体战略目标和分解的低层次子目标所组成。战略目标的对象不仅仅是整个组织，还应该在战略总目标的基础上为组织的每一项经营、每一个产品线、每一个职能领域和每一个部门制定子目标，形成完整的战略目标体系。

6. 制定战略的组织过程有多种形式，管理者参与评析公司态势和确定公司战略的方式也各不相同。一般来说，管理者使用的基本战略制定风格主要有四种，即卓越战略家方式、管理咨询方式、合作方式、支持方式。四种方式各有长短，企业应根据组织的现实状况选择最适合自己的方式。

参考文献

阿瑟·汤姆森，斯迪克兰德.2004.战略管理：概念与案例（第10版）.北京：北京大学出版社

陈炳岐.2006.麦当劳与肯德基：全球两大快餐帝国的连锁餐饮秘诀.北京：中国经济出版社

戴维·亨格，托马斯·惠伦.2004.战略管理精要（第3版）.北京：电子工业出版社

刘冀生.2003.企业战略管理（第2版）.北京：清华大学出版社

孙先红，张治国.2005.蒙牛内幕：首次全面揭开蒙牛高速成长之谜.北京：北京大学出版社

谭劲松，张阳.1998.战略管理.北京：中国水利水电出版社

汤普森，斯特里克兰.2005.战略管理（第10版）.段盛华，王智慧，于凤霞译.北京：中国财政经济出版社

王志乐.2005.2005跨国公司在中国报告.北京：中国经济出版社

周宗耀.2003.智力资本——知识管理13堂课.北京：经济日报出版社

Andrews K R. 1965. The Concept of Corporate Strategy. Homewood, IL: Richard D. Irwin, Inc.

Ansoff H I. 1965. Corporate Strategy. New York: McGraw-Hill Book Company

Christensen C R, Andrews K R, Bower J L. 1978. Business Policy. Homewood, IL: Richard D Irwin, Inc.

Davies A. 1999. A Strategic Approach to Corporate Governance. Gower

Deephouse D. 1999. To be different or to be the same? It's a question (and theory) of strategic balance. Strategic Management Journal, 20 (2): 147～166

Doyle E. 2000. Implications of ownership for strategy: the example of commercial semi-state bodies in Ireland. *In*: Johnson G, Scholes K. Exploring Public Sector Strategy. London: Prentice Hall. 187～205

Frederick W, Post J, Davis K. 1992. Business and Society: Management, public policy, ethics. 7th edition. New

York：McGraw-Hill Book Company

Freeman R E. 1984. Strategic Management：A stakeholder approach. Boston：Pitman

Hamel G，Prahalad C K. 1994. Competing for the future. Boston MA：Harvard Business School Press

Harrison J，Caron H. 1991. Strategic Management of Organisations and Stakeholders：Concepts and Cases. Cincinnati：West Publishing

Johnson G. 1990. Managing strategic change：the role of symbolic action. British Journal of Management，1（4）：183～200

Johnson G，Scholes K. 2001. Exploring Public Sector Strategy. London：Prentice Hall

Johnson G. 1992. Managing strategic change：strategy，culture and action. Long Range Planning，25（1）：28～36

Johnson G. 1998. Exploring Techniques of Analysis and Evaluation in Strategic Management. London：Prentice Hall

Mead R. 1994. International management：Cross cultural dimensions. London：Blackwell

Miles R E，Snow C C. 1978. Organisational Strategy Structure and process. London：McGraw-Hill Book Company

Pfeffer J. 1994. Managing with power：Politics and influence in organizations. Harvard：HBS Press

Schein E. 1997. Organizational Culture and Leadership. San Francisco：Jossey-Bass

Tricker R I. 1999. International Corporate Governance：Text，cases and readings. Prentice Hall

van der Heijden K. 1997. The art of strategic conversation. New York：John Wiley & Sons Inc.

Werhane P，Freeman R E. 1999. Business ethics：the state of the art. International Journal of Management Reviews，1（1）：1～16

推荐阅读材料

休·考特尼等．2000．不确定性管理．北京：中国人民大学出版社

该书是《哈佛商业评论》的论文集，包括“不确定性条件下的战略”、“为赢得未来而竞争”等论文。这些文章均是面对不确定性的未来所进行的战略思考。

彼得·德鲁克．2008．管理：任务、责任和实践．刘勃译．北京：华夏出版社

该书是德鲁克对企业及管理深邃思考的成果，企业中关于企业是什么、企业的使命与目标的分析发人深省，由此展开了德鲁克对管理、管理者、高层管理者工作、责任与实践的深入探讨。

肖斯特兰．2000．管理的两面性：雅努斯因素．赵康英译．沈阳：辽宁人民出版社

该书讨论的主题是管理行为同时具有理性与非理性的特点，而其中的界限又是非常不清晰的。这种管理的两面性导致了战略管理的复杂性，因此需要对战略管理中的许多理性分析作出新的认识。

戴维·亨格，托马斯·惠伦．2004．战略管理精要（第 3 版）．北京：电子工业出版社

该书将战略管理中最重要的概念与方法简明扼要地提炼出来，对战略管理所关注的诸多主题都进行了非常严谨的阐述。内容包括战略管理基本概念、公司治理与社会责任、环境扫描与产业分析、组织分析、战略制定、战略实施与控制以及案例分析等。

汤普森，斯特里克兰．2005．战略管理（第 10 版）．段盛华，王智慧，于凤霞译．北京：中国财政经济出版社

该书强调公司战略必须与它的外部市场环境和它的内部资源及竞争力相匹配，将商业模式与战略联系起来讨论，包括：战略管理过程、确定公司方向、行业及竞争分析、评价公司的资源和竞争能力、战略与竞争优势、全球市场中的竞争战略、互联网时代的商业模式和战略、战略与具体的行业和公司形式之间的匹配、多元化经营公司的战略和竞争优势、评估多元化经营公司的战略、建立资源力量和组织能力、管理内部组织以促进更好的战略实施、公司文化和领导等内容。

公司层战略（一）

9.1 企业成长与公司层战略

现代企业是一个有机生命体，成长是其必然要求。但是，不同的企业有不同的成长路径，人们对企业成长的认识也不尽相同，企业如何成长与变革是企业面临的一个重要的战略问题。

任何企业的成长都需要战略，在不同的企业成长阶段，战略能确定企业应朝向哪个方向，采取什么样的行为，达到什么样的结果，以及在下一个阶段有什么样的整体规划等。显然，企业成长是要依托战略来进行的。企业战略为企业成长提供方向、方法与动力。另外，企业成长是企业战略执行的目标。企业战略的任务就是预测企业业务的外部环境与竞争的变化趋势，评估内部的资源与能力，制定战略计划并加以实施，其目的是最终实现企业既定的成长目标。

公司层战略直接关系到企业成长路径的选择。公司层战略是相对经营层战略而言的，其目的是使公司整体力量大于每个业务单位力量简单相加之和。如果说经营层的战略是考虑在既定范围内和资源配置条件下，如何实现可持续竞争优势的问题；那么，公司层战略就要决定企业的经营范围和资源配置方式。这种经营业务范围和资源的配置不能理解为静态的，而是一种动态的配置甚至是持续创新。企业通过公司层战略来进行业务选择与安排、资源与能力的分配与创新，实现企业的持续成长。另外，公司层战略也更加关注企业组织成长过程中如何与外部动态环境相匹配；在多元化成长中如何实现协同，如何推动组织结构的变革；在培育公司整体优势过程中如何处理好整体与部分之间的关系。

9.1.1 企业成长阶段

1. 企业生命周期

企业从诞生到死亡的整个过程为企业的生命周期，它反映了企业成长受到各种内在与外在因素的影响而形成的周期性。但是在这一过程中企业实际上在努力通过各种变革进入新的成长周期，实现永续经营。20 世纪 70 年代后期，美国管理思想家伊查克·麦迪思在《企业生命周期》一书中，把企业生命周期形象地比做人的成长与老化，从企业的灵活性和可控性这两个方面出发，将企业的生命周期分为成长阶段、再生与成熟阶段、老化阶段三个大的阶段，进而把企业生命周期细分为孕育期、婴儿期、学步期、青春期、盛年期、稳定期、贵族期、官僚化早期、官僚期、死亡期十个阶段（图 9-1）。每个阶段具有自己的行为特征、领导、目标、形式和功能以及生命周期定位的决定因素。对企业生命周期阶段的划分，为企业制定相应的经营战略提供了依据。

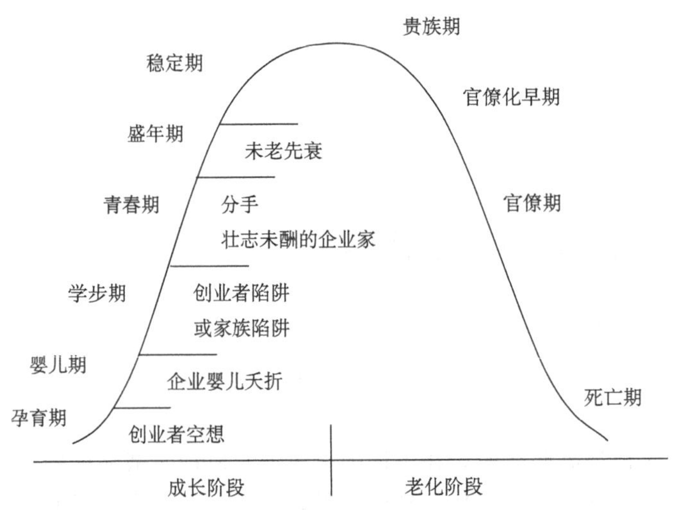

图 9-1 麦迪思的企业生命周期示意图

根据麦迪思理论，壮年期是企业生命周期曲线中最为理想的点，在这一点上企业的自控力和灵活性达到了平衡。壮年期的企业知道自己在做什么，该做什么，以及如何才能达到目的。壮年期并非生命周期的顶点，企业应该通过正确的决策和不断的创新变革，使它持续增长。但如果失去再创业的劲头，就会丧失活力，停止增长，走向官僚化和衰退。另外，企业生命周期除了受企业自身能力的影响外，还受企业生存环境的影响。

2. 企业成长与企业变革

企业成长与企业变革是相伴而行的，在不同的成长阶段企业面临不同的战略问题，需要不断地实现变革以突破成长的约束。如何在成长之中进行改革战略方向的选择，如何有效地进行管理变革是战略管理的任务。

在企业成长阶段，企业一般以单一业务起步，逐渐面临能力约束与市场机会的各种挑战，企业需要逐步建立明确的企业战略。从业务上来看，专业化和多元化的发展战略是企业在进入成长阶段后所面临的选择，实际上变革在成长中就已经开始。变革的触发因素主要来自市场，因为是业务的高速增长带来了企业管理和经营资源系统的不适应。业务的发展进一步促使管理的改革，企业的经营权和所有权开始发生分离，企业目标发生转换，企业各项制度开始完善。新生企业倾向于增加销售额，而不是增加利润和建立形成一套责任清晰、职权分明、信息通畅的制度体系以规范个人在企业中的行为，而成长期的企业却必须考虑加快组织化和制度化的进程。于是，企业需要通过战略来为业务的选择和管理变革指明方向。

在企业成熟阶段，企业的经营权与所有权正式分离，企业家退居幕后关注企业的长期发展战略，职业经理人具体负责企业日常的经营和管理活动，企业完成向专业化管理企业的过渡。在授权的过程中经常会引发企业的失控问题。因此，企业在成熟阶段要加强对授权的控制。企业的管理重点需要转移到一个无形却真实、重要的财富——企业文化上。企业需要寻找新的业务增长点和利润支撑点。企业现有的产品或服务不能推动企业未来的充分发展以维持企业目前的增长率，因而对于许多企业来说，企业经营的多元化就成为其必然的选择。无论是相关还是非相关的业务多元化，企业都需要寻找新的业务增长点和利润支撑点。

在企业再生阶段，企业成熟后为了避免衰退而进行变革，变革的制约因素主要来自市场和技术等。这时需要重新树立企业的创新精神，采取一些措施如更换公司 CEO、兼并一家富有活力的小公司等。另外一个重大的行为是对企业的组织结构进行重构，例如加强团队式管理以增强企业的创新能力、强化企业管理的协调工作。成熟期形成的企业文化在这时可能成为企业变革最大的制约因素，成为企业变革的巨大阻力。越是成功的企业其企业文化的影响就越大，因而这一阶段的企业变革重点将会是企业文化。从企业变革的内容层次上来看，公司层次的变革最为突出。

企业生命历程呈周期性演变的事实告诉我们，没有最好的组织形式和管理体系，只有最合适的组织形式和管理体系；没有绝对合适的组织形式和管理体系，只有相对合适的组织形式和管理体系。战略管理也是一种企业成长的管理，企业应根据自身实际情况选择适合自己的组织形式和管理体系，并不断进行改革和调整，以适应变化的内外部条件。

3. 企业成长上限与学习型组织

企业成长过程是企业的知识积累和学习能力不断提升过程，这一成长过程并非一帆风顺，而是充满着各种困难和矛盾。这些困难和矛盾形成了企业成长的上限，制约了企业成长的持续性。

1990 年彼得·圣吉提出学习型组织和五项修炼，以系统动力学的观点解释了企业成长上限形成的根本原因和解决途径。五项修炼是：自我超越、改善心智模式、建立共同愿景、团队学习、系统思考。

企业组织成长上限是彼得·圣吉在《第五项修炼》中提出的一个系统基模：事物的成长是由于某种因素的推动和影响，使其逐渐发展壮大，但这种发展是有限度的，当它发展到一定程度时，总有其他因素限制或抑制事物的成长，使其成长逐步减缓，甚至停止。企业成长无不是一个超越成长上限的过程。

系统思考是五项修炼的核心，它要求人们运用系统的观点看待组织的发展，在企业实际工作中的系统思考，是要把企业管理置于一个大的宏观背景中，避免“只见树木，不见森林”的片面性，以开放的心态和相互联系、相互作用的思维方式，全方位、多角度地审视事物的运动规律，从而正确把握企业改革的方向。

成长上限系统基模的基本结构见图 9-2。

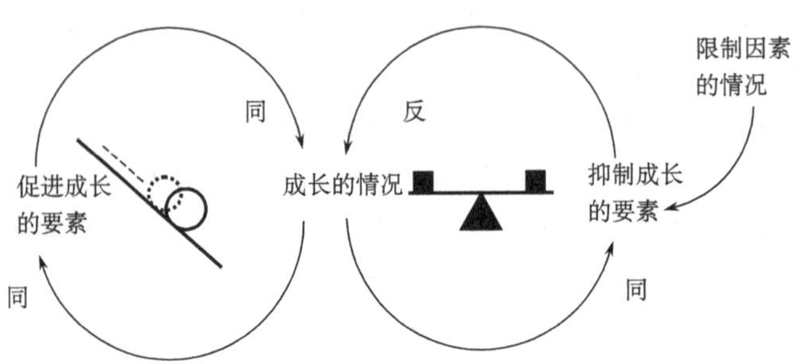

图 9-2 成长上限系统基模的基本结构

从系统思考的角度来讲，企业的诞生、成长、成熟到衰退的过程，实际上是一个不断增强的反馈环路，这个环路本身应该促进企业逐步成长。企业的成长可以使各种促进企业进一步成长的要素得以发展，如企业知名度提高、市场占有率扩大、技术水平上升、利润增加、人才素质和管理能力增强等，而这些要素的发展又促进了企业进一步的成长，成为企业持续成长的引擎。不断增强的反馈环路一方面促进了企业的快速成长，另一方面也在不知不觉中触动了一个抑制成长的调节环路开始运作。这些抑制成长的瓶颈或要素主要有：竞争者增多、管理者的自负情绪增加、创新精神减弱、授权过度或不足、组织机构臃肿复杂、市场反应迟缓等。这种抑制成长的调节环路完全有可能使企业成长减缓、停顿、甚至下滑。所以，在企业成长过程中，增强环路和抑制环路的同时存在是“企业成长上限”形成的根本原因。

企业持续成长过程是增强环路与调节环路博弈和均衡的过程，在遇到成长瓶颈和陷阱时，如果一味地推动企业成长要素的发展，在短期内可能效果显著，但这种“症状解”可能会导致成长调节环路的加速运作和催熟，最终加快企业成长、终止的步伐。因此，突破企业成长上限，推动企业持续成长，其杠杆解应在调节环路，而不在增强环路。认清和改变限制成长的因素，继而改变系统思维模式和行为方式是唯一有效、持久的方法。

9.1.2 企业成长路径

企业如何选择成长的路径？一般可以从企业关于市场与业务选择的经营决策及企业内在组织、流程与战略变革的管理决策两个方面思考。

1. 企业成长路径：外部限制的突破

安索夫曾经以产品、市场两个维度定义了一个企业成长路径，他认为企业战略应解决的问题之一是确定企业的成长路径，即企业从现有产品和市场相结合的态势向未来产品和市场相结合的态势移动的方向。他认为，以现有的产品面对现有的顾客，力求增大产品的市场占有率，属于市场渗透；用原有的产品去开发新的市场，属于市场开发战略；在原有的市场中投入新开发的产品，属于产品开发战略；用新的产品去开发新的市场，就属于多元化战略。由于企业大量的外部机会存在于新市场、新产品或服务的开发中，且新市场地域和新业务领域的高度混合，难以区分。这是一种企业外部成长路径，人们一般更倾向于用专业化和多元化成长来描述。

1）专业化成长路径

企业采用专业化成长途径，其优点是能集中资源，有利于形成竞争优势，因而这种战略尤其适用于规模较小，资源有限的中小企业。但潜在风险也是明显的，由于全部业务都在一个行业之内，如果需求发生重大变化或者强大的竞争者进入该行业，企业将面临生存的考验。

从持续成长的角度来看，企业未来的发展将受到成长空间的制约。如果企业处于新兴行业，则成长空间越来越大，有利于持续成长；如果处于成熟产业，则空间相对稳定；如果处于衰退行业，则空间越来越小。当行业严重衰退时，企业可以实行战略转移，进入新的空间以谋求继续发展。

企业采用专业化战略，其持续成长主要受市场规模、竞争能力两大因素的制约。地域扩张是突破市场规模制约的成长路径。但是市场规模扩大并不一定能保证企业持续成长，因为这还取决于企业的竞争能力，而且竞争能力的制约更有普遍性。即使企业处于新兴行业，也可能由于竞争能力相对较弱而被对手挤出去。而在成熟行业甚至是衰退行业，具有明显竞争优势的企业也可以继续成长。专业化企业的成长空间只存在于一个行业，积极培育、巩固和发展核心竞争能力，其重要意义不言而喻。

2）多元化成长路径

多元化是企业成长最重要的一种方式，安索夫认为“多元化是公司发展到一定阶段，为寻求长远发展而采取的一种成长或扩张行为”。1965年，安索夫在《公司战略》中提出了四种多元化的类型，即水平多元化、垂直多元化，同心多元化和混合型多元化。尤其值得注意的是，他提出了“协同性”（synergy）的概念，并认为企业在多元化发展时要最大限度地利用协同性。

多元化经营可以通过充分利用内部优势和分散公司经营风险来提高公司价值。多元化经营公司与单一经营公司相比，相当于将原来由多个单一化经营公司的经营活动组合在一个公司内进行。在这个公司内，管理人员借助于计划和行政手段决定不同经营方向之间的资源配置，以减少交易成本，提高资源配置的效率。

2. 企业成长路径：内部限制突破

对企业成长路径的寻求还可从突破企业内部因素出发。认为企业成长过程中，不仅受到来自企业外部环境的成长约束，企业还要受到来自企业内部的成长约束。主要表现为管理能力、组织结构、效率等组织约束。企业需要通过企业再造和组织变革等来突破成长限制。

1）再造业务流程

迈克尔·哈默与詹姆斯·钱皮在1993年出版的《企业再造》一书中，将业务流程再造定义为：为了在衡量绩效的关键指标上取得显著改善，从根本上重新思考，彻底改造业务流程。其中，衡量绩效的关键指标包括：产品、服务质量、顾客满意度、成本、工作效率等方面。其核心内容包括：流程再造的出发点是顾客需求；再造的对象是业务流程；再造的主要任务是对业务流程从根本上重新设计；再造的目标是企业经营绩效的巨大飞跃。

2）再造战略

再造战略是企业对自己的战略进行重新思考和构造，采取全新的战略。这是企业为了获得可持续竞争优势，根据所处的环境、自身能力或资源整合与利用已经发生的变化，企业应对其自身整体能力进行评估，以及结合战略、管理与能力三者之间的动态协调性原则，改变企业战略内容的发起、实施、可持续化的系统性过程。

再造战略包括以下内容：①战略变革：企业定位（包括产品类型、顾客特征及其产销活动所涉及地理区域等）与核心专长（组织建立其竞争优势所需要的资源与能力）的改变；②技术变革：企业的技术、生产流程设备、作业方法及相关规章制度与政策的改变；③结构变革：结构变革主要包括组织结构的改变，个别职务内容的重新设计，以及这两者衍生的权利结构变化；④人员变革：通过组织学习实现人员的理念、技能、知识水平等的改变；⑤文化变革：组织成员共同价值观与行为规范的改变。

3）再造产业

哈梅尔曾提出战略是一种革命，企业必须借助于战略管理新范式，创造新的产业并打破产业现有的规则。通过企业经营观念、产品服务、技术方法的创新，寻求主动影响企业所在的产业环境。再造产业的思想不是要求企业通过业务选择来获胜，也不是通过内部的变革来获胜，而是要求企业创造出新的产业来获胜。例如微软对于操作系统的创新、雅虎对于互联网搜索产品的创新，实际上是一个行业的创造。再造产业表现在几个方面。

第一，企业经营理念的创新。企业要改变过去仅仅从市场现实需求分析，明确消费者的要求，针对性地开发相应的产品和服务的市场驱动战略，而转变为驱动市场战略，企业通过洞察消费者的潜在需求，并挖掘这种潜在的需求使之成为有购买能力支持的欲望，进而转化为现实需求，以形成市场。正如哈梅尔和普拉哈拉德所说，企业应该比消费者走得更远些。

第二，企业产品服务的创新。重点是通过变革产业内生产条件和生产方式来提高生产率。不仅以不间断的新产品开发作为企业的生命线，更重要的是新产品开发策略选择上的革新，以最大限度创造顾客价值为原则主导新产品的开发研究。例如，企业交货愈发快速及时，信用担保体系建立、安装等售后服务也日趋完善。此外，企业努力使产品和服务的界限变得模糊不清，使硬件、软件和服务融为一体。

第三，企业技术方法与产业规则的创新。企业在技术上、产品服务管理方法上的创新，重点是使企业利用其市场上的影响力重新修改和制定产业规则，制造和加强产业进入壁垒。另外，企业着力于发现和开发新的产业。

9.1.3　企业战略态势

在公司层战略中考虑企业的成长，战略态势是一个非常重要的概念。战略态势是企业在成长过程中采取积极或保守的、进攻或防御的一种基本的战略姿态，反映企业在成长某一阶段的基本发展趋势。按照积极与保守的基本态势，企业在公司层的总体战略可分为三种类型，即扩张型战略（growth strategy）、稳定型战略（stability strategy）、收缩型战略（retrenchment strategy）。

1. 扩张型战略

扩张型战略是指企业为了利用市场机会，以内部资源和竞争能力为支持，以谋求更大发展为目的一种积极的战略。扩张的形式表现为地域扩张和领域扩张。

随着企业规模的扩大和市场需求的变化，企业还必须解决是通过内部积累还是通过外部收购来寻求扩张，企业在扩张过程中是以本身的技术还是市场作为考虑的基点和核心等问题。可见，扩张型战略主要涉及战略的可选方向及其实现形式。扩张战略可选择的方向有两个：一是产品、市场的扩张，二是企业的横向、纵向、多元化边界的扩张。

扩张型战略的优点。扩张型战略是一种使企业在现有的战略基础上向更高一级目标发展的战略。它的优点体现在以下几个方面：①企业可以通过扩张提高自身的价值，这体现在经过扩张后企业的市场份额和企业资产的增加。②企业通过不断变革来创造更高的生产经营效率与效益，避免组织的老化，增强组织的活力。③通过扩张可保持企业的竞争实力，增强企业的竞争优势。

当然，扩张型战略也存在一些弊端，具体如下：①可能导致企业盲目的扩张和为发展而发展，从而破坏了企业的资源平衡。②过度的扩张可能降低企业的综合素质，使企业的应变能力出现内部危机和混乱。③可能使企业管理者只重视市场占有率和组织结构等问题，忽视产品和服务的质量，重视宏观的发展而忽视微观的问题。

2. 稳定型战略

企业的生存和发展是一种有节奏的运动过程，不可能像人们希望的那样永远处于迅速发展之中。有时由于环境因素的变化，出现了一些障碍性因素，会妨碍企业的发展；有时企业在经历了一段高速发展之后，需要进行调整，巩固已有的成果，积蓄力量，争取新的发展。这时就需要稳定型战略。

稳定型战略是企业处于不利的情况下，既不可能扩张而又不愿意撤退时，为了稳住阵地、积蓄实力，以求寻机发展的一种积极的战略。我们主张的是积极的维持，如果消极地维持，实际上是难以守住地盘，迟早会被淘汰出局。

稳定型战略主要包括以下几种类型。

1）无变化战略

无变化战略就是基本上没有什么变化的战略。采用这种战略时，企业保持经营方针的连续性，只是根据市场的影响对企业经营目标做出调整。企业内部与外部环境不发生变化是无变化战略成功的依据。

2）维持利润战略

维持利润是指为了维持目前的利润水平而牺牲企业未来成长的战略。这种战略注重短期效果而忽视长期利益，其根本意图是度过暂时性的难关，因而往往在经济形势不太景气时被采用，从而维持过去的经营状况和效益，实现稳定发展。但运用不当的话，维持利润战略就可能会使企业的元气受到伤害，影响长期的发展。

3）暂停战略

经过一段时期的快速成长之后，企业可能变得缺乏效率，或者难以管理。通过购买或内部发展，新增的事业部或分公司使企业管理人员过度紧张，造成各种资源过分分散。暂停战略就是在一段时期内降低企业目标水平，放慢快速成长的步伐，使企业能够将各种资源合并在一起使用。暂停战略作为企业进行内部整顿的一种方法，一般都是暂时性的。

4）谨慎前进战略

如果企业外部环境中的某一重要因素难以被预测或变化趋势不明显，企业的某一战略决策就要有意识地降低实施进度，步步为营，这就是所谓的谨慎前进战略。

3. 收缩型战略

当企业处于一种十分险恶的经营环境之中，或者由于决策失误等原因造成经营状况不佳，采用发展型战略和稳定型战略都无法扭转局势时，企业不得不面对现实，减少经营领域，缩小经营范围，关闭不赢利的工厂，紧缩财务开支。这时就需要采用收缩型战略来维持企业的生存。

收缩型战略通常是在企业产品的市场疲软，竞争形势不利的情况下，所采取的以退为进的一种积极的战略。通过地域或领域的收缩，以便集中资源，去掉包袱，寻求新的生长点，目的是为了未来的健康成长。我们主张的是积极的收缩战略，如果被动地收缩，则是一种对环境变化的消极反应，往往会使企业处于越来越不利的地位，甚至导致彻底败退。

收缩型战略具有如下几种类型。

1）转变战略

转变战略是指企业经营由危机状况转变为正常状态的战略，其重点是改善经营效益。在企业经营充满问题但还不是很严重的情况下，采用这种战略是适宜的。转变战略包括三个阶段。一是收缩阶段。初始的工作是降低规模和成本，主要是削减人员和各种次要的费用开支。二是巩固阶段。制定规划，稳定效益较差的企业，使亏损企业扭转亏损局面，进一步巩固第一阶段的成果。三是重建阶段。如果企业通过收缩和巩固两个阶段成功地得到复苏，就可以进入重建阶段，在这个阶段，企业经营活动走上正轨，经营业务也逐步扩大，企业可以在经过一段稳定之后走向成长战略。

2）放弃战略

放弃战略较之转变战略更进一步，就是企业卖掉其下属的某个战略经营单位（子公司或事业部)、或者将企业的一个主要部门转让、出卖或者停止经营。这个部门可以是一个经营单位、一条生产线。放弃战略的目的是去掉经营赘瘤，收回资金，集中资源，加强其他部门的经营实力，或者利用腾出的资源发展新的事业领域，或者改善企业的经营素质，伺机抓住更大的发展机会。

3）清算战略

清算战略指企业受到全面威胁、濒于破产时，通过将企业的资产转让、出卖或者停止全部经营业务结束企业的生命。毫无疑问，对任何一个企业的管理者来说，清算都是其最不期望、最不乐意做出的选择，通常只有在其他战略全部失效时才采用。

但及时进行清算要比顽固地坚持经营无法挽回败局的事业可能要明智得多，结局也好得多。因为坚持经营无法挽回败局的事业，其结果只能是不可避免地破产，到那时可清算的东西就更少了。

一般来说，收缩型战略在经济不景气、资源紧缩、产品滞销、出现重大的内部矛盾、财务状况恶化以及原来的经营领域处于不利竞争地位时最常采用。这时，收缩型战略是企业对威胁做出的反应。

有时企业在经营中出现了更加有利的机会，企业为了抓住和利用这一机会，去实现长远的营运目标时，也常常采用收缩型战略。

9.2　单业务战略

9.2.1　单业务战略的概念与方式

1. 单业务战略的概念与特征

单业务战略又称业务集中战略，是指企业在详细分析外部环境和内部条件的基础上，选定一个特定目标市场提供产品和服务，把自己的生产和经营活动集中在该市场上进行，以建立企业的竞争优势及市场地位。通过实施单业务战略，企业能够划分并控制一定的产品势力范围。在此范围内其他竞争者不易与其竞争，所以市场占有率比较稳定。通过目标细分市场的战略优化，企业围绕一个特定的目标进行密集性的生产经营活动，可以更好地了解市场和顾客，能够比竞争对手提供更为有效的商品和服务，以获得目标市场的竞争优势。企业在选定的目标市场上，可以通过产品差别化战略确立自己的优势，也可以采用成本领先的方法在专用产品或复杂产品上建立自己的成本优势。

单业务战略最突出的特征是企业专门服务于总体市场的一部分。要实施单业务战略，企业最重要的是通过市场研究找到自己的目标市场。一种产品的整体市场之所以可以细分，是由于消费者或用户的需求存在差异性。引起消费者需求差异的变量很多，在实际中，企业一般是组合运用有关变量来细分市场，而不是单一采用某一变量。

2. 通过专业化与规模扩张实施单业务战略

从历史经验看，单业务战略的实施主要通过专业化和规模扩张来实施。

1）专业化业务

专业化业务指企业的业务服务于特定的细分市场，这些市场可以清晰的界定并且相互独立，不存在重叠。在细分市场中取得成功并占据主导地位的企业常常获得格外高的利润，这是因为企业所从事的专业化业务中技术的独特性，或者经验和学习效应是决定所从事业务成本结构的重要因素。

2）规模经济

一个企业依靠工业技术和组织，随着生产规模的扩大，企业的边际成本随单位时间内产量的增加而减少，我们就说该企业具有规模经济。其战略意义在于：规模经济不仅使企业降低成本增加利润，是一种强有力的竞争手段，而且已形成的规模经济，迫使进入者接受成本劣势，造成进入障碍。

3）规模扩张战略

企业实施规模扩张战略，就是企业在一个特定的时期内寻求企业生产规模的扩大途径，实现企业规模经济，寻求与竞争对手在成本上的差距。企业的规模扩张受限于企业资源和管理能力，也受限于外部机会。在企业发展初期主要依靠内部扩张，即依赖企业内部资源的积累、挖掘，达到生产的扩大，形成规模经济，从而获取更大的市场份额。内部扩张受限于企业实力增长速度，实现扩张目标可能需要较长的时间。在企业具有一定实力后，横向并购或联盟等外部扩张方式就成为企业追求规模扩张的更快和更合理的方式。

3. 小规模企业的单业务战略

对于许多资源有限或成长中的小规模企业，单业务战略是其参与市场竞争的主选战略。该战略有两种形式，即企业在目标细分市场中寻求成本优势的成本集中和在细分市场中寻求差异的差异化集中。这两种集中战略都有赖于目标市场与行业中其他细分市场之间的差异性。目标细分市场必须有特定需求的消费群体或有服务于目标市场而与其他行业的细分市场相区别的产品。上述的差异性意味着以广泛的市场为目标市场的竞争者在该细分市场中缺乏竞争性。因此，实施单业务战略的企业者可以赢得独有的竞争优势。

9.2.2 利基战略

利基是英文 niche 的音译。利基战略（market-niche strategy）是指企业为了避免在市场上与强大的竞争对手发生正面冲突而受其攻击，选取被大企业忽略的、需求尚未得到满足的、力量薄弱的、有获利基础的小市场作为其目标市场的营销战略。

利基战略主要指企业以某个狭窄的业务范围为战略起点，以专业化战略为基础的一种复合战略。它强调的是竞争战略中的集中与后发，以及职能战略中的市场细分。可将利基理解为一种企业成长战略。要实施利基成长战略，一般采取以下的战略行为方式：寻找利基、进入利基市场、占领并保持市场、企业的持续发展。

1. 寻找利基

寻找某个狭窄的业务范围——利基业务，需要专业化定位。如果符合以下标准，就可界定为利基业务：产品范围狭窄，在某个四位数行业内；市场规模不大，大企业不感兴趣；市场竞争程度一般，无垄断者；技术变革速度一般，研发投入不大；客户需求稳定且有一定的增长；产品在全球范围内具有通用性。

2. 进入利基市场

有三个主要方向：①将全部资源用于解决精心地挑选的一个客户群的需求；②持之以恒地制造或销售独特的、客户需要的产品，创造产品的独特价值；③设计出一个差异化的实现路径。

3. 占领市场

在利基业务范围内，以不同地域市场第一为阶段性目标，最终实现全球第一的目标，是利基战略的目标要求。弱小企业在一个狭小业务范围内成为第一的可能性是很大的，其原因在于：由于业务狭小，市场规模不大，强大企业不会涉及或者不会全力投入；而弱小企业如果全力投入，即可在局部形成绝对优势，在与强大企业的竞争中取胜。利基战略专注于某个狭小的利基业务，其市场变化的风险较大。因此，利基战略实施者都把地域市场的开拓作为规避市场风险和企业追求成长的主要战略行动。通常的地域市场拓展顺序是：本地市场、全国市场、周边国家市场、多国市场，最后是全球市场。

4. 保持利基市场

为了巩固自己的利基位置，不让其他人进入，利基战略要求通过多种途径来建造竞争壁垒，将其他竞争对手拒于利基市场之外。每个行业的壁垒设计都不一样，有些可能是技术壁垒，有些可能是法律壁垒，有些可能是品牌壁垒，有些可能是价格壁垒。企业要结合自身的特点，迅速地建立进入壁垒。

5. 专注与创新实现利基企业的持续发展

专注于企业已占领的利基市场的持续发展，继续利用现有的能力和资源，并继续向另一个利基市场出发，这需要企业持续的技术创新和保持对市场敏锐的观察，以保持选择利基点的正确性，这样企业的利基成长过程就成为一个发展的循环。

➢案例 9-1　聚龙成长的利基战略解读

梁伯强及其聚龙公司（简称聚龙）不仅选准指甲钳这个小产品作为利基业务，而且坚持多年，不断在质量、创新、品牌建设、建造壁垒等方面努力经营，已成为中国第一、全球第三的指甲钳生产企业，并继续向全球冠军目标迈进。

1998 年 5 月，梁伯强选择指甲钳为利基业务时，外部环境有以下特征：①中国经济总体上进入过剩经济初期，市场上大多数商品处在供大于求的状态；②广东作为中国最早改革开放的省份，市场经济规则基本形成；③小榄镇的“中国小五金之都”地位逐渐形成。

聚龙主要从事人造首饰、礼品手表、旅游纪念品的生产和经营，最好年份的销售额达到 6000 万元，在人造首饰配件行业颇有知名度，居这个分散行业的第一位。

指甲钳业务是聚龙实施利基战略的起点。在充分掌握国内外商业情报的基础上，梁伯强做出决策如下：以高档产品进入全球指甲钳市场。

指甲钳业务是一个典型的“小”利基业务，适合中国中小企业：

(1) 产品范围狭窄：指甲钳属于其他日用金属制品（行业代码 3489），是这个四位数行业中的一个小产品。

(2) 市场规模适当：全球年销售额 60 亿元，从未有过大企业涉足。而对梁伯强而言，这个规模又足够大，如果占其 50%份额，年销售额达到 30 亿元，在中国可成为一家大企业。

(3) 指甲钳生产属于传统的小型金属制造业，技术变革不快，无“革命性”创新，主要创新在外形设计上，研发投资也不大。

(4) 竞争分析：全球市场无主导品牌。韩国企业主导全球市场，但这些企业或者不是专门做指甲钳，或者企业首脑年迈且无人继承事业。与中国企业相比，韩国企业的成本较高，据测算中国制造综合成本只是韩国的60%左右。中国指甲钳生产以个体经营者为主，规模很小。

(5) 需求稳定且可增长。指甲钳是日常用品，人人需要它，需求是相当稳定的。指甲钳又是终端产品，年需求量可通过企业开发新产品来不断扩大。

(6) 全球通用性强。这是显而易见的。

实践证明，梁伯强的指甲钳业务决策是正确的：1999年产品正式投放市场，当年销售额达到6000万元，在这个极度分散的行业中成为中国第一，2003年开始进入全球前三名。目前，聚龙仍保持这样的位置。这表明，梁伯强及聚龙选择指甲钳为利基业务，与其构思的战略愿景和自身拥有的资源/能力基本上是匹配的。

资料来源：柯银斌，康荣平．冠军之道．利基战略设计与实施．北京：中国对外翻译出版公司，2006

9.2.3 单业务战略的动因和风险

企业实施单业务战略无疑是将自身的发展目标集中在一个比较狭小的竞争领域（产品品种的目标集中），而这个狭小的领域对于那些大型企业而言，吸引力相对较低而不受重视，这为本企业提供了生存与发展的机会，从而将自身有限的资源（比如资金、研发、设计、生产、销售、服务、人才等）集中在单一业务上，并在这个狭小的领域里与其他企业相比取得明显领先的竞争优势，从而通过定位在“小业务”身上获得企业的“大发展”。

企业必须意识到采用单业务战略也有一定的风险。第一，竞争对手可能会寻找与本企业匹敌的有效途径，来服务于目标小市场。第二，小市场使购买者的偏好和需求可能会转向大众购买者所喜好的属性。购买者细分市场之间的差异减弱会降低进入目标小市场的壁垒，会为竞争对手打开一扇方便之门。第三，集中化厂商所聚焦的细分市场非常具有吸引力，以至于各个竞争厂商蜂拥而入，瓜分细分市场的利润。

9.3 一体化战略

9.3.1 一体化战略的概念与类型

1. 一体化战略的概念

一体化战略又称垂直一体化战略或垂直整合战略（vertical integration），是指在某一企业范围内把技术上不同的生产、分销或其他经济过程结合起来。

1）产业价值链与一体化战略

企业实施一体化战略的主要方向是它的产业价值链方向。

价值链是企业内外经济活动组成的系统，而不是一些独立活动的简单组合。在企业内部是由基本活动、辅助活动组成的相互交叉、相互影响的价值增值、价值创造系统——企业价值链；在企业外部，则是由企业与其供应商、生产商、销售商、甚至客户相协同所组成的更大的“价值系统”——产业价值链。

随着产业内分工不断地向纵深发展，传统的产业内部不同类型的价值创造活动逐步由单一企业主导分离为多个企业的活动，这些企业相互协作构成上下游关系，共同创造价值。因此，处于产业链上经营的企业，不会在全部价值环节都有同样的实力和竞争力，而是会有所侧重，侧重于企业最具专长的那些价值链环节，这是其核心能力所在。但当一个企业在一些价值环节保有竞争优势时，进一步的行动可能就是进入产业价值链的其他环节，实施前向或后向一体化战略，以降低成本、保证原料供应或保证产品销售，实现企业的价值最大化。

2）产业价值链竞争

企业的一体化战略适应了企业竞争发展的需要。产业价值链是一个动态的系统，组成价值链的企业集合是不断变化的。这种变化主要表现在两个方面：一是企业集合的组成关系和结构发生变化，即价值链各环节的企业相互间地位、关系发生变化；二是产业价值链内企业的结构发生根本变化，即价值链延伸、拓展，甚至是在原有的价值链中衍生出新的价值链。现代企业竞争优势的基础已经超出了单个企业自身的能力和资源范围，它更多地并且越来越多地来源于企业与产业价值链上、下各环节的系统协同上，即竞争的优势应该建立在更大范围的、更多种类的产业资源和核心能力的基础上。因此，从更高层次上讲，现代企业的竞争已经演绎为企业所加入的产业价值链之间的竞争。

2. 一体化战略的类型

按照企业在产业价值链上拓展的方向不同，一体化战略主要有两种类型。

1）前向一体化（Forward Integration）

前向一体化指当一个企业发现它的价值链上的前面环节对它的生存和发展至关重要时，企业将对其进行整合，包括对原有产品做进一步深加工，或对资源进行综合利用，或建立自己的销售组织来销售本公司的产品或服务等。前向一体化通常是制造商采用的战略，通过采用前向一体化，制造商建立自己的销售渠道以消除对零售商的依赖。

2）后向一体化（Backward Integration）

后向一体化指企业产品在市场上拥有明显的优势，可以继续扩大生产，打开销售。但是由于协作供应企业的材料外购供应跟不上或成本过高，影响企业的进一步发展。在这种情况下，企业可以依靠自己的力量，扩大经营规模，由自己供应生产现有产品或服务所需要的全部或部分原材料或半成品。制造商和销售商都可能采取这种战略，因为它们都需要从供货方得到原材料或商品。

9.3.2　一体化战略的动因

企业实施一体化战略的主要目的是为了加强对原材料供应、产品制造、分销和销售全过程的控制，增强企业在市场竞争中的主动性，最终增加各个业务环节及整个业务链的利润。一般认为在市场条件相对稳定的情况下，企业采用一体化战略的动因是为了获得更好的经济性、稳定的供给和销售、市场力量、内部治理的优势。具体表现在以下几个方面：

第一，降低成本。①垂直一体化经营使企业各业务环节的关系实现了内化，他们的目的和利益高度一致，使企业在安排、协调交货时间以及应付紧急事件的成本将大大降低；②垂直一体化可以把当事人结合在一种长期的重复关系中；③实行垂直一体化经营的企业内部不需要组织任何销售力量和市场营销或采购部门，使内部交易过程的讨价还价成本比市场交易成本低；④垂直一体化可以减少收集某些类型的市场信息的总成本，一体化企业的各个部分可以分摊固定成本；⑤垂直一体化还可以避免多处来源造成的较高的运输成本。

第二，能产生联合经营的经济性。垂直一体化可以带来规模效益并从结合在一起的运营和共享的行为中产生经济性，保持稳定的生产和营销，企业有可能实现高效率。

第三，能建立稳定的经济关系。上下游生产企业都知道他们的采购销售关系稳定，因而能够建立彼此交往的有效专业化方式，还可以通过微调自己的产品，去满足下游企业的特殊要求，正是这种调节使上下游企业的配合更为密切，大大提高了企业的整体效益。

第四，有利于企业形成自己的市场力量，这包括形成防御性市场力量和攻击性市场力量。

实行垂直一体化经营的企业有利于形成防御性市场力量，例如，实行垂直一体化经营可以构筑竞争壁垒，获得竞争优势以及垄断利润；可以获得产业信息，避免私有信息的泄露；保护公司有价值的资产和技能，使其免受有害的仿制和扩散的侵害；提高进入和移动壁垒；防止被封阻。

在形成攻击性市场力量方面，实行垂直一体化经营的企业可以增加新的市场机遇，进入新的、上游或下游的业务领域；为已存在的经营业务，提供新的、可行的技术形式；通过控制与最终客户的接触面，促使产生不同的战略。有时，通过垂直一体化，企业还可以提高它的总投资回报率。

第五，垂直一体化还可以获得企业组织行政和管理上的优势。垂直一体化使当事人处于更强的治理结构中。当环境改变或出现争议时，最高管理层可以通过内部治理机制，直接解决那些由于原契约和新情况差异所造成的问题。

除此之外，垂直一体化经营战略还有消除不完全竞争影响、有利于生产各个环节的协调、满足专用性投资需要等利益。

9.3.3 一体化战略的风险

实施垂直一体化战略的也存在风险。

第一，尽管企业通过垂直一体化提高了产业中的移动壁垒，获得某些战略优势，但提高移动壁垒是需要付出成本的，如需要克服规模经济、资本需求以及由专有技术或合适的原材料而具有的成本优势引起的风险等。

第二，增加企业经营风险。垂直一体化增加了企业的固定成本部分，由于上游单位的销售量在两个业务中的任何一个引起波动的因素也会在整个整合链中引起波动，经营周期、竞争或市场开发都可能引起波动。因此，垂直一体化增加了企业的经营杠杆，使企业面临在收入上较大的周期变化，这就增加了企业的经营风险。

第三，降低改换或变化的灵活性。垂直一体化意味着企业的命运至少部分的由其内部供应者及顾客的成功竞争的能力决定。技术上的变化、产品设计（包括零部件设计的变化）、战略上的失败或者管理问题都会使内部供应者提供高成本、低质量或者不合适的产品和服务，内部顾客或者销售渠道失去了其应有的市场地位。

第四，较高的全面退出壁垒。战略上的内部关系或者对某一企业的感情联络的整合，可以提高总体退出壁垒。

第五，付出保持平衡的成本。纵向整合的上游单位与下游单位的生产能力必须保持平衡，否则就会出现问题。

第六，纵向各业务的管理要求存在不同。尽管存在一个纵向关系，企业也可能在结构、技术和管理上有所不同。弄懂如何管理这样一个具有不同特点的企业是垂直一体化的主要风险。能够很好地管理一部分纵向链的管理者不一定能够有效地管理其他部分。

9.4　多元化战略

多元化战略是 20 世纪 60 年代风靡全球的企业成长战略。世界上许多著名大公司的成长史多数是由单一业务走向一定程度的多元化经营的历史，富有实力的跨国公司通常也是跨国多元化公司。在 1950 年《财富》杂志所列的美国 500 强工业企业中，只有 38.1％企业多元化经营收入超过总收入的 25％，到 1974 年，这个比例增加到 63％；与此对应的单一或主导企业的公司的比例下降到 37％。随着资本的积累和技术的创新，适时、适度的多元化经营成为大多数企业追求的成长战略。

然而 20 世纪 80 年代以来，多元化经营企业开始遇到问题，强调核心竞争力和回归主营业务成为企业战略管理的主流。多元化企业纷纷剥离非核心产业，以提高企业的核心能力。从 20 世纪 70 年代后期开始，特别是在 80 年代中期，一个显著的趋势是许多企业重新集中于核心业务，而将与核心业务非相关的经营单位剥离出去。1981～1987 年，几乎 50％的 500 强企业重新集聚它们的核心业务，结果，到 1988 年，单一或具有主导业务的企业占到 53％。

企业实施多元化的经验表明，多元化走到什么层次，必须视公司的资源（尤其是财务资源）、核心竞争力以及外界环境的机会和威胁而定。只有这样做，才能获得战略竞争优势。

9.4.1　多元化战略的概念

多元化经营也称为多样化、多角化经营，安索夫在 20 世纪 50 年代运用产品-市场矩阵对多元化的概念进行了界定。单就多元化而言，包括产品多元化、市场多元化、投资区域多元化和资本多元化等。一般而言，多元化是指在不同的行业市场提供产品和服务。Gort（1962）指出，多元化指企业产品的市场异质性，即企业提供针对不同市场的多种产品就是多元化经营。Berry（1971）认为，多元化就是企业经营涉及不同的行业种类。不难看出，早期多元化和多元化经营的定义都假设了行业和市场的边界是既定的，也就是说我们可以容易区分不同的行业和市场。而 Pitt 和 Hopkins（1982）则用“业务”替代了行业，他们认为多元化经营就是企业同时参与各种不同业务。之后，多元化的概念多从战略角度来描述，强调企业多元经营业务之间的关联性和协同作用，而不是单纯从产业经济角度，只考虑涉及行业或业务种类的多少。

随着经济发展和企业组织结构的变迁及企业集团化、跨国化发展，企业多元化的内涵早已超过了早期多种经营的含义。多元化被赋予了新的理念，成为企业的一种战略即多元化战略。第一，多元化是一种企业成长，而不仅仅是一种经营方式，企业需要在多元化发展中建立多元化战略；第二，多元化经营应该是具有长远性、全局性、根本性的企业成长战略行为。第三，多元化通常与企业的产品策略有密切关系，但不是产品的系列化。第四，多元化强调的是企业生产经营异质性产品，进入异质市场或拓展新业务到新产业之中。

9.4.2 多元化战略的类型

对多元化类型的划分主要是通过业务关联性来衡量的。多元化公司的各项业务的关联程度不同，造成了各个多元化公司的具体类型也不同。图 9-3 列示了随着多元化层次的不同而产生的五种类型的业务关系。除了单一业务型或主导业务型公司，充分多元化的企业又被划分为相关型或不相关型多元化两类。如果事业部之间存在较多联系，这家企业就是相关多元化的。例如，事业部可能共享产品、服务、技术及分销渠道。事业部之间联系越多，约束程度越高。不相关类型是指事业部之间无直接联系。

1. 低程度的多元化

低程度多元化经营的企业都将精力集中在某一项或某主导业务上。如箭牌口香糖公司，它的全部精力都放在口香糖市场上。当一家公司收入超过 95%的部分都来自于某一主导业务时，该公司就应该划入单一业务型。主导业务型就是一家公司的收入中 70%～95%来自于某一业务。Kellogg 公司就是主导业务型的例子，该公司收入主要来自于早餐麦片市场。最近该公司推出了小吃，主要是因为公司麦片部门的销售已停滞不前。

2. 相关多元化与非相关多元化

当一家公司超过 30%的收入不是来自其主导业务且它的业务相互之间有着某种联系时，该公司的多元化战略就是相关型的。当这种联系直接且频繁时，该公司就属于相关约束型公司。这一类型的例子有宝洁、施乐、默克等。有的公司的业务之间的联系并不多，仅仅是一部分有联系，另一部分就没有。例如，强生、通用电气、施伦贝格尔等公司属于相关联系型公司。相关约束型公司各项业务共享很多资源及行动。相关联系型多元化公司各业务在资源和资金上共享较少，而知识及核心竞争力的相互传递却较多。高度多元化公司的各项业务之间没有关系，可以称为非相关多元化公司（图 9-3）。

3. 企业经营多元化程度的测量标准

测量企业经营多元化程度的方法主要是主观判断方法。主观判断方法是指对公司业务进行评估，确定各自的相关关系，然后计算公司各个产业销售额占公司销售总额的份额。

9.4.3 多元化战略的动因

企业是否实行多元化战略是由其所处的内外部环境决定的。外部环境指吸引企业进入新业务领域的环境状态和存在的机会。这些可能是企业合理定位后追求的富有吸引力的机会，也可能以某种威胁的形式存在。外部环境既能够促使企业呈现主动的扩张，又

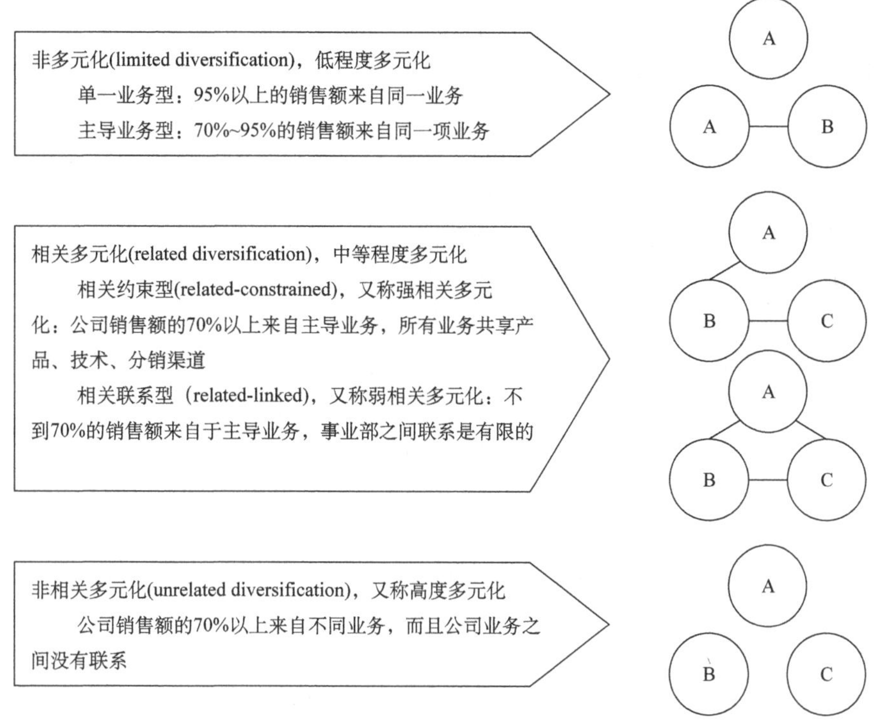

图 9-3　多元化的类型及程度

能够促使企业呈现防御性的扩张。内部环境在多数情况下都是主动性的，它产生于企业更加充分地利用和开发其现有资源的愿望。外部环境和内部环境的共同作用，决定了企业是否选择多元化战略。

1. 外部环境迫使企业选择多元化经营

1）追求企业的市场力量

市场势力理论认为多元化经营企业将比单一经营企业更为兴旺发达，这不是因为多元化经营企业比单一经营企业更有效率，而是因为多元化经营企业已经进入了集聚状态，可以形成强大的市场力量。

Corwin Edwards（1995）在其著作《作为市场势力源泉集聚巨人》中指出，生产多种产品并跨越多个市场的企业不需要把一个特殊市场看作企业经营策略的决定因素而努力实现每种产品的利润最大化；企业在一个特殊市场上的力量不仅仅是因为企业在该市场中所具有的优势地位，而且还因为企业在其他市场上的扩张。通过多样化市场策略而不是采取传统的营销策略，企业就可以开发和占有新的市场而保持竞争力。

企业可以通过三种方式实现市场力量：交叉补贴，即多元化经营企业可以用它在一个市场上获取的利润来支持其在另一个市场实行掠夺性定价，以挫败竞争对手；共同克制，即竞争对手们在多个市场相互抢占时，承认相互依赖的重要性，并以此降低竞争的程度；互惠购买，即在多元化经营的企业之间，如果一个企业对另一个企业无论作为买主或卖主都相当重要时建立互惠购买的关系，可以防止弱小的竞争者进入市场。

2）追求范围经济效应

获取范围经济效应是企业进行多元化经营特别是相关多元化经营的动机之一。范围经济是指企业经营范围扩大带来的经济性。在任一特定时刻，多数企业都存在对多个业务可共享的剩余资源和能力，但是这些富有价值的剩余资源是异质或扎根于企业内部的，或者由于交易费用而很难出售或出租。因此，企业通过多元化经营自己开发利用这些资源以便获取范围经济效应。企业可以利用现有资源、生产能力、核心技术、营销能力和渠道及管理能力发展相关产业，实现范围经济。当然，非相关多元化企业也可以共享优势竞争方法和财务管理技术等来获得效益。

3）规避行业衰退

任何产品、行业都有自己的生命周期，当行业处于衰退期时，企业进入新行业就成为必然的选择。而且在市场集中度较高的行业，少数企业在市场、成本上占有绝对优势，其他企业要想获得高增长率只能进入其他行业。

Rumelt（1974）认为多元化战略是企业在原业务前景不佳时的逃避手段。企业经营业绩不佳往往是由于企业处于竞争激烈、缺乏创新、成长性不足的行业造成的。企业在面临竞争压力时，会进行多元化经营，这时的目的是改变市场结构和提高经营业绩。

4）获得税收优势

多元化经营的企业可以在企业内部将投资从边际收益率较低的业务转移到边际收益率较高的业务，而避免在股权市场上转移投资和缴付相应的交易税费。同时，多元化经营也可以使企业在不同业务之间转移亏损，而不必在时间上向前或向后分摊损失。也就是说多元化经营企业可以通过多元业务获得税务抵消的优势。

5）应对政府的反垄断措施

反垄断法的实施是多元化经营产生的一个重要原因。由于要限制过高产业集中率的出现，当企业扩大某一产品市场份额超过反垄断法限制时，其扩张行为就要受到制止。因此，单纯的横向和纵向扩张就受到了限制。为此，企业常常改变扩张方向，谋求在不受法规限制的产业领域扩张成长，从而进行混合兼并、追求多元化经营成为企业进行扩张的一个重要手段。

2. 企业内部因素促使企业选择多元化

1）充分利用非专用性资源

从资源的角度看，企业多元化经营可以利用内部闲置资源或开拓一些技术性资源，企业的利润水平和多元化程度由其所拥有的剩余资源决定。Teece（1980，1982）指出，当企业无法将剩余资源在市场上出售、转让或出售、转让成本很高时，企业只好自行吸收，进入新的市场而形成多元化经营。企业的资源有的是专用性资源，只是应用在很少的行业，但专用性会产生高回报率。企业中存在许多非专用性资源，它们的广泛使用可以降低成本，为企业提供了多元化经营的基础。对拥有较少专用性资源的企业而言，相对高的多元化经营水平可以实现利润最大化；而对拥有较多专用性资源企业而言，以较低的多元化水平才能获得更高利润。

2）降低经营风险

单一经营企业在市场饱和或市场需求变化时风险极大。企业实行多元化战略，就如同投资于多种股票，使企业分散风险。当公司所有权与经营权分离时，管理者可以如同股东在资本市场上分散投资一样，依靠多元化经营来分散经营风险，从而在市场竞争中处于有利地位。

另外，多元化经营还可以减少管理者和职工的风险。当企业的赢利周期与取工周期波动密切相关时，多元化经营企业可以在企业内不同业务之间转移劳动力，这样多元化经营使波动平缓，从而使职工受益。对多元化战略降低风险作用，企业经营者比股东热情更高。因为经营者更关心自己收入和职位的稳定性，而这两者都与企业的经济绩效密切相关。

3）通过内部市场降低交易成本

企业内部可以通过行政手段对资源进行调整和配置，而企业与外部投资者之间则需要通过市场进行资源配置。企业实行多元化战略，就可以将各种交易成本内部化处理，从而提高企业经营利润，增强市场竞争能力。

另外，多元化企业可以通过内部资本市场将不同来源的资本集中投向高利润部门，大大提高了资本的利用效率。同时，内部资本市场可以扩大企业自身的财务能力，减少交易成本，保证企业有充足稳定的现金流。

4）目标差距导致追求多元化

企业发展需要制定战略目标，一般来说，如果能够达到既定的目标，企业开拓新产业领域、实行多元化经营的动机就不大；相反，当企业无法完成原定目标时，企业管理层就会考虑发展多元化经营。Cyert 和 March 在《企业行为论》中指出，当企业在经营存在很大的未完成目标差距时，企业不得不期望从多元化经营中得到满足，当目标差距越大时，企业进行多元化经营的动力就越大。

5）管理层追求多元化

这是代理理论的观点，Mork 等（1988）指出，当企业的管理层拥有很少股票，股东太分散而不能使股东价值最大化时，企业资产就会被用来满足企业经营者（管理层）而不是所有者（股东）的利益。由于管理层没有企业所有权，他们会以牺牲企业所有者利益为代价，追求能使其自身利益最大化的战略。

管理层追求企业多元化还有另外的原因：一是管理者为了满足“个人效用最大化”；二是企业管理者会将多元化扩张作为减少企业风险的方式，来巩固自己的职位，而不管是否损害企业股东的权益。所以管理者容易选择那些能降低企业风险而净现值为负的项目来着眼于稳定收入，开展多元化经营。

9.4.4　多元化战略的风险

1. 管理成本

多元化经营可能会因为提高了管理复杂度而影响企业的经济绩效。多元化经营会造成部门增多或下属子公司增多，这必然会增加高层管理者的管理跨度，而有效的组织结构应将管理跨度控制在一定范围内。多元化经营企业为了实现整合或范围经济，部门间要共享大量资源，这使得监督的复杂程度越来越高。相关多元化企业的资源共享和联合生产使衡量单个部门业绩变得复杂，实现协同作用需要管理层投入更多的精力进行协调。所以相关性高时，企业要投入更多的监督力量和评价工作，管理成本较大。比较而言，在企业规模小、多元化程度低时，非相关多元化管理成本最低。

2. 过度投资

多元化经营将为企业建立一个内部资本市场。多元化经营企业可以充分利用投资机会，但多元化经营企业可能会产生一个不良的倾向即过度投资。由于内部资本市场为企业创造了较多可供使用的资金，企业可能产生一些不应有的选择，导致投资效益不好，从而影响企业的收益。

3. 跨行业补贴

多元化经营企业各业务间相互补贴固然可以为企业带来一定的收益，同时也产生了跨行业补贴的弊端。当多元化经营企业的某一部门资不抵债时，可以利用其他行业方向上的赢利对亏损企业进行补贴，使亏损企业继续生存的可能性增加，这会造成资源利用的不经济。另外，相互补贴作用，很容易使企业管理层采纳降低企业价值的投资项目，以及让经营不好的部门消耗掉业绩好的部门的资源，造成资源利用的不经济。

4. 信息不对称

多元化经营企业由于经营规模庞大，经营范围广泛，需要以分权方式进行管理。在分权制企业中，最高层管理者与部门管理者之间存在信息不对称，因此有信息不对称成本发生。由于信息不对称，部门经理对本部门的了解更为深入，他们由于自身职业的稳定性及其他目的，可以利用这种信息优势取得有利于自己而不一定有利于企业的利益。

5. 主营业务不突出

多元化企业往往因为经营多个行业的业务，分散了企业在主营业务上的资源，影响主营业务的竞争优势。企业经营多种业务会分散管理者对主营业务的注意力，减少在主营业务领域培养专长和把握创新的机会。

9.4.5 多元化战略的分析方法

对多元化战略的分析，最为基本的问题是：如何选择新的业务，以及企业的资源如何在原有主营业务和新业务之间取得配置上的平衡。波士顿矩阵就是多元化企业进行这种业务选择、资源分配的主要分析工具。

波士顿矩阵（BCG Matrix）又称市场增长率-相对市场份额矩阵（图 9-4）。该方法是由波士顿咨询集团（Boston Consulting Group）在 20 世纪 70 年代初开发的。BCG 矩阵将组织的每一个战略事业单位（SBU）标在一种 2 维的矩阵图上，从而显示出哪个 SBU 是组织资源的源泉，哪个 SBU 提供高额的潜在收益，哪个 SBU 是组织资源的漏斗。BCG 矩阵的发明者、波士顿公司的创立者布鲁斯认为“公司若要取得成功，就必须拥有增长率和市场份额各不相同的产品组合。组合的构成取决于现金流量的平衡。”

1. 波士顿矩阵模型分析

（1）评价各项业务的前景。波士顿矩阵是用“市场增长率”这一指标来表示发展前景的。这一步的数据可以从企业的经营分析系统中提取。

（2）评价各项业务的竞争地位。波士顿矩阵是用“相对市场份额”这个指标来表示竞争力的。这一步需要做市场调查才能得到相对准确的数据。计算公式是把一单位的收益除以其最大竞争对手的收益。

（3）表明各项业务在波士顿矩阵图上的位置。具体方法是以业务在二维坐标上的坐标点为圆心画一个圆圈，以圆圈的大小来表示企业每项业务的销售额。

（4）确定纵坐标“市场增长率”的一个标准线，从而将“市场增长率”划分为高、低两个区域。

比较科学的方法有两种：①把该行业市场的平均增长率作为界分点；②把多种产品的市场增长率（加权）平均值作为界分点。需要说明的是，高市场增长定义为销售额至少达到 10%的年增长率（扣除通货膨胀因素后）。

（5）确定横坐标“相对市场份额”的一个标准线，从而将“相对市场份额”划分为高、低两个区域。

对于“相对市场份额”，布鲁斯认为，这个界分值应当取为 2。他认为：“任何两个竞争者之间，2 比 1 的市场份额似乎是一个均衡点。在这个均衡点上，无论哪个竞争者要增加或减少市场份额，都显得不切实际，而且得不偿失。这是一个通过观察得出的经验性结论。”一种比较简单的方法是，高市场份额意味着该项业务是所在行业的领导者。需要说明的是，当本企业是市场领导者时，“最大的竞争对手”就是行业内排行老二的企业。

波士顿矩阵见图 9-4。

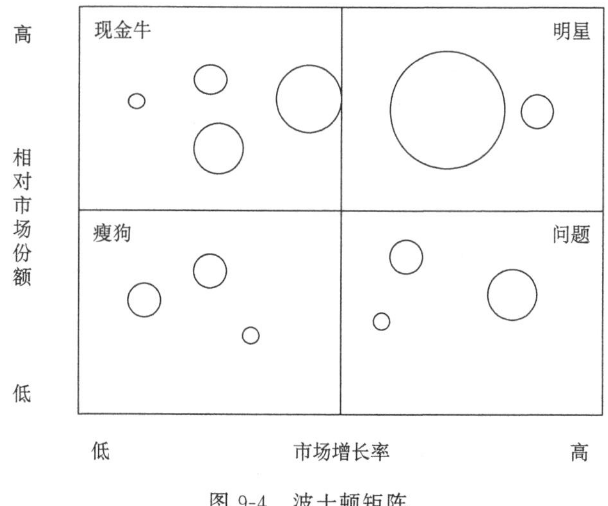

图 9-4　波士顿矩阵

2. 波士顿矩阵区分出的 4 种业务组合

1）问题型业务（question marks，指高增长、低市场份额）

处在这个领域中的是一些投机性产品，带有较大的风险。这些产品可能利润率很高，但占有的市场份额很小。这往往是一个公司的新业务，为发展问题业务，公司必须建立工厂，增加设备和人员，以便跟上迅速发展的市场，并超过竞争对手，这些意味着大量的资金投入。公司必须慎重回答“是否继续投资，发展该业务?”这个问题。只有那些符合企业发展长远目标、企业具有资源优势、能够增强企业核心竞争力的业务才得到肯定的回答。得到肯定回答的问题型业务适合于采用战略框架中提到的增长战略，目的是扩大 SBU 的市场份额，甚至不惜放弃近期收入来达到这一目标，因为要将问题型业务发展成为明星型业务，其市场份额必须有较大的增长。得到否定回答的问题型业务则适合采用收缩战略。

2）明星型业务（stars，指高增长、高市场份额）

这个领域中的产品处于快速增长的市场中并且占有支配地位的市场份额，但也许会、也许不会产生正现金流量，这取决于新工厂、设备和产品开发对投资的需要量。明星型业务是由问题型业务继续投资发展起来的，可以视为高速成长市场中的领导者，它将成为公司未来的现金牛业务。但这并不意味着明星业务一定可以给企业带来源源不断的现金流，因为市场还在高速成长，企业必须继续投资，以保持与市场同步增长，并击退竞争对手。但是必须具备识别行星和恒星的能力，将企业有限的资源投入在能够发展成为现金牛的恒星上。同样地，明星型业务要发展成为现金牛业务适合于采用增长战略。

3）现金牛型业务（cash cows，指低增长、高市场份额）

处在这个领域中的产品产生大量的现金，但未来的增长前景是有限的。这是成熟市场中的领导者，它是企业现金的来源。由于市场已经成熟，企业不必大量投资来扩展市场规模，同时作为市场中的领导者，该业务享有规模经济和高边际利润的优势，因而给企业带来大量现金流。企业往往用现金牛业务来支付账款并支持其他三种需大量现金的业务。现金牛业务适合采用战略框架中提到的稳定战略，目的是保持 SBU 的市场份额。

4）瘦狗型业务（dog，指低增长、低市场份额）

这种剩下领域中的产品既不能产生大量的现金，也不需要投入大量现金，这些产品没有希望改进其绩效。一般情况下，这类业务常常是微利甚至是亏损的，瘦狗型业务的存在更多的是由于感情上的因素，虽然一直微利经营，但像人养了多年的狗一样恋恋不舍而不忍放弃。其实，瘦狗型业务通常要占用很多资源，如资金、管理部门的时间等，多数时候是得不偿失的。瘦狗型业务适合采用战略框架中提到的收缩战略，目的在于出售或清算业务，以便把资源转移到更有利的领域。

BCG 矩阵的精髓在于把企业多元化战略规划和资本预算紧密结合起来，把一个复杂的企业行为用两个重要的衡量指标将其分为四种类型，用四个相对简单的分析来应对复杂的战略问题。该矩阵帮助多种经营的公司确定哪些产品宜于投资、宜于操纵，哪些产品可以获取利润，宜于从业务组合中剔除哪些产品，从而使业务组合达到最佳经营成效。

3. 波士顿矩阵的局限性

波士顿矩阵仅仅假设公司的业务发展依靠的是内部融资，而没有考虑外部融资、举债等方式。

波士顿矩阵假设这些业务是独立的，但是许多公司的业务是紧密联系在一起的。例如，如果现金牛型业务和瘦狗型业务是互补的业务组合，如果放弃瘦狗型业务，那么现金牛型业务也会受到影响。

波士顿矩阵背后假设是“成本领先战略”，规模的确能降低一定的成本。但规模不是形成竞争优势的充分条件，因此，波士顿矩阵不适用于差异化战略。

波士顿矩阵没有考虑利润最大化、综合效果以及事业部的重组等的问题。

4. 通用矩阵对波士顿矩阵的改进

针对波士顿矩阵存在的很多问题，美国通用电气于 20 世纪 70 年代开发了新的投资组合分析方法——GE 矩阵。与 BCG 矩阵相比，GE 矩阵也提供了产业吸引力和业务实力之间的类似比较，但不像 BCG 矩阵用市场增长率来衡量吸引力，用相对市场份额来衡量实力，只是单一指标；而 GE 矩阵使用数量更多的因素来衡量这两个变量，纵轴用多个指标反应产业吸引力，如市场增长率、市场规模、盈利性、竞争对手、进入壁垒、市场容量、外部环境、人才等因素，横轴用企业营销能力、知名度、技术能力、产品质量、行业经验、融资能力、管理、人员素质等多个指标反应企业竞争地位，同时增加了中间等级。GE 矩阵使用多个因素，可以增减某些因素或改变它们的重点所在，这样很容易地使 GE 矩阵适应经理的具体意向或某产业特殊性的要求（图 9-5）。

图 9-5　GE 矩阵

➢本章总结

1. 企业组织是一个有机生命体，持续成长性是企业的追求，然而作为有机生命体的企业有其生命周期，也存在衰落的必然性。本章认为公司层战略应该为企业指明成长的路径，以及企业如何变革突破企业成长上限，保证企业持续成长。

2. 本章首先讨论了企业的成长阶段与成长路径等基本问题，尤其引入了企业生命周期和学习理论的成长上限的概念来分析企业成长中面临的问题。

3. 本章主要从业务的拓展方式来划分公司层战略的类型，介绍了公司层战略中的单业务战略、一体化战略、多元化战略。这些公司战略主要关注讨论如何加强业务、进入新行业、突破地域限制进入新市场等。

4. 一体化战略是企业在产业链上进行业务扩展，形成前向一体化和后向一体化。

5. 多元化战略是企业经常采用的扩张战略，许多因素促使企业走多元化的道路，但多元化的风险也是显而易见的。

参考文献

菲利普·科特勒，加里·阿姆斯特朗．2003. 市场营销．俞利军译．北京：华夏出版社

刘珊．2005. 纵向一体化战略的利弊研究．价值工程，24（5）：64～66

毛蕴诗，欧阳桃花，戴勇．2005. 中国优秀企业成长与能力演进：基于案例的研究．北京：中国财政经济出版社．56～58

毛蕴诗．2005. 公司重构与企业持续成长路径．中山大学学报（社会科学版），45（5）：73～79

邬爱其，贾生华，曲波．2003. 企业持续成长决定因素理论综述．外国经济与管理，25（5）

项国鹏．2002. 西方企业战略变革理论述评及其对我国的启示．外国经济与管理，24（7）

薛求知，徐忠伟．2007. 企业生命周期的四种理论解说．经济管理，（17）：34～37

余来文，陈明．2007. 公司多元化战略的关键因素及其问题分析．当代经济管理，29（2）：65～68

周晖．2004. 企业生命模型研究．北京：中国财政经济出版社．35～73

Barney J. 2002. Strategic management：from informed conversation to academic discipline. Academy of Management Executive，16（2）：53～57

Berry C H. 1971. Corporate growth and diversification. Journal of law and Economics，31（10）：785～799

Campbell A，Goold M，Alexander M. 1995. Corporate strategy：the quest for parenting advantage. Harvard Business Review，73（2）：120～132

Ghoshal S. 1987. Global strategy：an organizing framework. Strategic Management Journal，8（5）：425～440

Gort M. 1962. Diversification and Integration in American Industry. Princeton：Princeton University Press

Gupta A K，Govindarajan V. 2000. Knowledge flows within multinational corporations. Strategic Management Journal，21（4）：473～496

Hamel G，Prahalad C K. 1989. Competing for the Future. Boston MA：Harvard Business School Press

Hamel G. 1996. Strategy as revolution. Harvard Business Review，July/Aug：69～82

Kogut B. 1985. Designing global strategies：comparative and competitive value-added chains. Sloan Management Review，26（4）：15～28

Kopczak L R，Johnson M E. 2003. The supply-chain management effect. Sloan Management Review，44（3）：27～34

Kor Y Y，Mahoney J T. 2000. Penrose's resource-based approach：the process and product of research creativity. Journal of Management Studies，37（1）：109～139

Krugman P. 1995. Growing world trade：causes and consequences. Brookings Papers on Economic Activity，26（1）：327～377

Malhotra N K，Ulgado F M，Agarwal J. 2003. Internationalization and entry modes：multitheoretical framework and research propositions. Journal of International Marketing，11（4）：1～31

Mork R，Shleifer A，Vishny R W. 1988. Management ownership and market valuation：an empirical analysis. Journal of Financial Economics，20（1）：293～316

Penrose E. 1959. The Theory of the Growth of the Firm. New York：Free Press. 3，4

Pitt R A，Hopkins H D. 1982. Firm diversity：conceptualization and measurement. Academy of Management Review，7：620～629

Porter M E. 1987. From competitive advantage to corporate strategy. Harvard Business Review，（3）：43～59

Rumelt R P. 1974. Strategy，Structure and Economic Performance. Boston MA：Harvard Business School Press

Teece D J. 1980. Economies of scope and the scope of the enterprise. Journal of Economic Behavior and Organization，1（3）：223～247

Teece D J. 1982. Towards and economic theory of the multiproduct firm. Journal of Economic Behavior and Organization，3（1）39～63

Walters D，Lancater G. 2000. Implementing value strategy through the value chain. Management Decision，38（3）：160～178

推荐阅读材料

伊迪丝·彭罗斯．2007．企业成长理论．赵晓译．上海：上海人民出版社

该书可以说是战略资源学派（包括核心竞争力理论）的思想源泉。该书以企业个体为分析对象，论述了企业成长的若干规律，探究了决定企业成长的因素和企业成长的机制，建立了一个企业资源-企业能力-企业成长的分析框架。

Porter M E. 1987. From competitive advantage to corporate strategy. Harvard Business Review，(3)：43～59

波特在此文中认为，公司战略就是指多元化企业的整体计划。多元化企业存在两个层面的战略：业务单元战略和公司层战略。业务单元战略是竞争战略，考虑企业如何在所处行业中创造竞争优势。公司层战略则关注另外两个不同问题：企业选择按各行业进入，即多元化战略方向；企业总部如何管理下属业务单元，即多元化业务之间的协调。作者还给出了四个公司层战略得以付诸行动的概念：资产组合管理、企业重组、转移技能、共享活动。

彼得·圣吉．1994．第五项修炼：学习型组织的艺术与实务．上海：上海三联书店

这本书已经是家喻户晓的一本管理学著作，彼得·圣吉所讨论的学习型组织实际上针对企业成长中的问题而提出的，如何认识企业成长及其问题，彼得·圣吉的回答是成为一个学习型组织。

小艾尔弗雷德·D．钱德勒．1999．企业规模经济与范围经济：工业资本主义的原动力．张逸人等译．北京：中国社会科学出版社

这是钱德勒另一本关于西方大公司发展及其战略的著作，他以历史的方法考察了西方几个大公司在规模成长和范围成长上的选择，勾画了一个管理资本主义的产生和发展历史。

小乔治·斯托尔克等．1999．企业成长战略．赵锡军等译．北京：中国人民大学出版社

该书是《哈佛商业评论》中关于企业成长战略的论文集，其中包含了多篇富有创新思想的论文，大多涉及企业成长的诸多战略思想和战略实践。

公司层战略（二）

10.1　企业集团战略

10.1.1　企业集团的概念

企业集团作为一种中间经济组织形式，早在第二次世界大战之前的一些欧美国家就开始建立并获得发展，但直到20世纪50年代，企业集团（corporate group）才作为一个专有名词在日本最早出现并开始流行。

1. 狭义的企业集团定义

狭义的企业集团定义主要存在两种代表性的观点：一是以日本学者金森久雄为代表，认为企业集团是“多数企业相互保持独立性，并相互持股，在金融关系、人员派遣、原材料供应、产品销售、制造技术等方面建立紧密关系而协调行动的企业群体”；二是以日本学者奥村宏为代表，认为企业集团“本质上是大企业之间在资本上相互结合，但体现为集团领导制，用康采恩的概念是不能概括的”。以此为基础，他将企业集团的主要特征概括为：“集团内大企业各自有机地多方面相互持股，从整个集团来看，呈环形相互持股状态；建立在相互持股基础上的社长会；成员企业以集团为单位的共同投资；大城市银行成为企业集团的核心；综合商社成为企业集团的另一个中枢；以银行、综合商社为核心形成了包罗万象的产业体系。”以上对企业集团的定义尤其是奥村宏的定义仅仅将企业集团限定于以银行为核心的企业集团或财团型企业集团的一种形式，而把具有现代典型意义的日本新兴的母子关系型企业集团、康采恩以及类似于卡特尔、辛迪加、托拉斯等早期垄断组织排除在企业集团范畴之外。

2. 广义的企业集团定义

广义的企业集团定义的观点主要以日本学者山田一郎为代表。该观点把企业集团定义进行了扩展，将早期的垄断组织卡特尔、辛迪加、托拉斯、现代企业的跨国联盟、康采恩、垄断财团以及松散的企业联合体等经济组织形式都归结为企业集团的不同组织形态。认为企业集团就是一种单纯的企业的集合。比如有代表性的定义是山田一郎所给出的企业集团的定义，该定义认为企业集团是“以各个成员企业在技术及其他经济机能上的互相补充为目的，以成员的自主权为前提，在对等互利原则下结成的持续长久的经营结合体形态和经营协作体制”。

3. 我国对企业集团的表述

在经济转型的初级阶段，我国的企业受到计划经济体制下条块分割的影响而很少发生横向或者纵向的联合，这种状况严重阻碍了社会生产力水平的提高，因此我国政府积极通过各种政策措施推动独立法人企业之间建立跨部门和跨地区的联合体，正是出于这样的需要，我们国家从国外引进了“企业集团”的概念。1986 年 3 月 23 日，国务院发布了《关于进一步推动横向经济联合若干问题的决定》，在这个文件中我国政府第一次在企业改革中提出了“企业集团”的概念，但是，这仅仅是对企业联合的一种指导性的建议，并没有提出“企业集团”的组建原则。1987 年 12 月 16 日，国家体改委、国家经委发布《关于组建和发展企业集团的几点意见》：“企业集团是适应社会主义计划商品经济和社会化大生产客观需要而出现的一种具有多层次组织结构的经济组织，它的核心层是自主经营、独立核算、自负盈亏、照章纳税、能够承担经济责任、具有法人资格的经济实体。”

随着经济转型过程的深入，松散型的企业联合体已经不能够满足我国经济发展的需要，因此，我国政府开始推动企业集团，它是以产权关系为基础，具有法人资格的紧密型企业联合体。

10.1.2　企业集团化成长动因

1. 经济学解释：节约交易成本

经济学对企业集团化成长的解释在目前影响最大，也是分析企业集团的成因、战略和组织结构时主要采用的分析框架，这里主要介绍制度经济学的交易成本理论对企业集团化成长的解释。

制度经济学理论认为交易成本本质上就是一系列制度成本（包括信息成本、谈判成本、拟定和实施契约的成本、界定和控制产权的成本、监督管理的成本和制度结构变化的成本）。市场交易成本的高低与产权制度、监督和执行契约的法律制度乃至市场中介组织的完善程度密切相关。企业集团化成长可以实现如下利益：

第一，市场交易内部化。科斯运用交易费用来解释和分析企业的性质和企业在产业链上上下游的垂直整合。企业通过垂直整合而形成企业集团，纯粹的市场交易关系变为企业集团内受到控制的交易关系，从而可以节约交易费用。而且，市场交易内部化还可以相对有效地排除外部交易的不确定性。

第二，获取规模经济效应。规模经济的存在是导致企业集团产生的一个技术经济原因。当产量足够大时，可以采用专业化的设备来提高生产效率，可以更好地分工从而改善劳动训练程度与经验积累。在规模经济条件下，只有规模扩大到一定水平的企业才能生存和发展。

第三，拓展经营边界。经营边界指企业经营范围的市场界限。企业经营边界拓展包括两种情况：一是在企业所属产业范围内生产产品的品种增多，从而扩大市场占有率；二是企业在继续生产原有主要产品的同时，又在新的产业领域从事新产品的生产经营，从而实现经营范围跨行业的扩大。组建企业集团是扩展经营边界的有效途径。

第四，发挥垄断优势。垄断优势理论强调市场结构的不完善性，例如由于市场信息的不对称产生的市场交易的不确定性提高了交易费用，为企业集团的发展提供了市场机会和空间。企业集团实现行业横向一体化和垂直一体化可以降低交易费用，发挥企业集团所拥有的垄断优势和规模经济效应。

2. 管理学解释：发挥协同效应

协同这一概念源自系统科学中的协同学理论。协同理论创始人哈肯在 20 世纪 60 年代通过对激光现象的研究，指出一个由大量子系统构成的复杂系统，各子系统之间既存在着相互作用和影响，又存在着相互制约和协作，在一定条件下，由于这种相互作用和协作，系统就会形成具有一定功能的自组织结构，在客观上产生时间结构、空间结构或使时空结构达到新的有序状态。

管理界逐渐接受了协同的观点，但对协同概念存在不同的解释。有人提出了企业协同性的概念，认为协同是建立在企业之间资源共享的共生互存关系之上的，强调企业的整体价值；有人把战略过程应当适应组织环境看做是一项重要的管理任务，认为协同是指如何通过合作实体之间的共享能力来巩固合作者彼此之间的竞争地位；有人从企业资源的角度看，认为协同是由隐性资产实现的，即从企业集团某一部分发展出来的隐性资产可以同时用于其他领域，且不会被损耗掉。

10.1.3 企业集团化成长战略

1. 企业集团作为一种组织

1）企业集团是一种企业和市场相结合的中间组织

如果将市场看做是主体之间松散联系的组织，企业是内部较为紧密联结的经济组织，那么现实经济中存在大量的中间组织，以一种介于市场和企业的方式对资源进行协调、管理与配置。企业集团就是这种中间组织，其内部既有市场的价格体制的作用，也有企业组织管理协调机制的作用，是市场和企业组织的相互渗透和结合。企业集团这种资源配置机制上的灵活性和高效性，使这种企业集团在组织上具有竞争力。

2）企业集团的灵活性

在当前的环境下，虽然企业需要进行高效率的业务统一调度，但其做法以及实现的手段已经发生了极大的变化，并不一定只有在一个企业组织结构内部进行。在现代信息技术迅速发展和普及的情况下，这种调度工作的大部分可以依赖娴熟、完善的技术手段，通过与其他企业共同建立高效的信息沟通网络，将内部许多业务分包给外部的企业，同时，通过在自身内部的生产、销售、研发等部门之间建立迅速有效的信息协调与反馈机制，完全可与其他外部企业之间实现以前只能在一个企业组织内部才能产生的业务调度的高效率。

在这种情况下，企业之间的业务协调不是由权力和命令来实现的，而是通过沟通、协调之道来进行的。企业组织型的内部业务快速调度可以部分的由企业组织间的网络完成。更为重要的是，企业组织网络由于内部存在一定的市场调节机制，各个不同构成企业具有较大的经营自主权，企业组织网络的内部竞争机制与创新机制较为灵活，因而，作为一种中间组织类型，企业组织网络的功能就明显强于纯粹的企业组织。这也是为什么在当前环境下企业集团化成长战略得到大量采用并得以迅速发展的一个原因。

2. 企业集团作为一种战略

企业集团既是一种组织，又是一种企业成长战略。企业的集团化战略是企业成长战略的重要内容，企业集团获取持续竞争优势的途径在于集团整合后的协同效应。

协同效应（synergy effect）是指企业集团通过对各部门、各环节、各要素的功能耦合和能力整合，使企业集团产生的整体功能远远超出企业集团各部门、各环节、各要素的功能之和的效应，简单地说就是产生 1＋1＞2 的效果；使企业集团的整体价值大于各部分的价值之和。这种隐性的、不易被识别的价值增值，能大大提升企业集团整体的竞争力。

企业集团化成长所形成的协同机制分为内部协同和外部协同两种。

1）内部协同：通过整合形成协同效益

集团内部协同主要通过集团整合战略实现内部的互动适应，增强组成企业集团复杂系统的各子系统之间的匹配，使集团整体实现效应最优和系统的整体战略柔性。企业集团有三种战略性内部协同行为，即企业集团业务行为的协同、资源配置的协同和集团形象的协同。

业务行为协同首先指分摊各职能的业务成本，实现规模效益，包括价值链上的设计、生产、销售、送货及服务。例如，研究开发和市场营销成本是最容易在企业之间产生规模效应的。另一方面，生产和采购成本又通常在成本结构中占有更大的权重。企业集团的协同效应水平不仅体现在业务领域中成本的规模效益，同时也体现了营销和研发费用的扩散效应。

资源配置的协同包括对有形资源的共享和对无形资源的共享。对有形资源的共享主要是对基础设施及配套的生产服务设施的共享等。对无形资源的共享则主要是对知识、信息、技术和技能等的共享。这是企业集团保持创新和竞争活力的源泉。企业集团内资源配置产生的协同效益的大小取决于成员企业之间的相似性和互补性。

集团形象的协同指在企业集团内部，任何一个企业在产品质量和企业形象等方面的信誉，都会对其他的成员企业及集团企业产生影响。如果每个下属企业在质量方面都始终优于竞争对手，那么企业集团的整体业务表现就比较高。

2）外部协同：通过竞合战略实现网络化

随着信息技术的发展、经济全球化以及外部经营环境的快速变化，企业集团在追求系统内部协同的同时，开始追求外部协同，以期通过系统内外协同及系统结构与功能的耦合来最大限度地发挥战略柔性，从而获得持续竞争优势。其典型表现就是企业集团采取竞合战略，通过战略联盟、虚拟组织等方式建立包括竞争对手在内的其他独立企业合作关系来共同开拓市场。在这种情况下，企业集团不再是一个个体，而是与其他相关企业相互联系，构成网络，上下游分别是需求者网络和供应者网络。

10.2 国际化战略

自从20世纪50年代以来，世界经济发展的一个显著特点是各国企业经营活动的国际化。人们熟知的一些著名公司，如IBM、大众汽车公司、通用汽车公司、松下电器公司、西门子公司、菲利浦公司、波音公司、柯达公司、美孚石油公司等，都从早期的产品出口转向国际范围内的生产经营活动。企业活动的国际化是国际经济发展的必然趋势。

企业的国际化经营是相对于国内经营而提出的，所以，企业国际化经营或国际化发展是指企业从国内经营走向跨国经营，从国内市场进入国际市场，在国外设立多种形式组织，对国内外的生产要素进行综合配置，在一个或若干个领域经营。当今作为国际化经营的高级形式——跨国公司已经在全球经济中占有举足轻重的地位。企业走向国际化经营以及跨国公司在全球各地的经营活动，相对于国内经营来说充满了更多的风险和机遇。

企业国际化与国际企业或跨国公司是两个既相互联系又有不同含义的概念，前者是企业融入世界经济一体化的发展过程，后者则是企业国际化的结果或表现形式。跨国公司指在两个以上国家或地区投资经营，以全球市场为目标市场的大企业。

企业国际化主要表现在两个方面：一是企业的生产经营活动范围逐步扩大的过程，二是伴随这种过程企业自身组织结构、生产经营环节的国际化的扩展和演变过程。

企业国际化的进程是一个双向演变的过程，包括外向国际化和内向国际化。如从市场状态来看，前者是“国内市场国际化”，后者则是“国际市场国内化”。

10.2.1 国际化发展与国际化战略

一个企业如何经历国际化过程而成为一个跨国公司呢？尽管目前对企业国际化发展及其战略形成了许多认识，实际上总是围绕两个最基本的问题展开的：一是如何描述企业国际化过程的连续性或阶段性，二是企业国际化的成长和发展的动因是什么。

1. 企业国际化发展阶段理论

一个国家总体的经济发展水平不仅决定着该国出口商品的种类，也影响着投资类型和方向。一国经济发展水平的划分体系有六阶段法和四阶段法。

1）罗斯托的六阶段划分法

传统社会阶段：社会以农业生产为主，自给自足的自然经济，几乎很少有进出口贸易。

起飞前夕阶段：社会开始出现工业，主要是以吃穿等基本消费品工业为主，纺织业是古典的主导产业。

起飞阶段：这是一个非常重要的阶段，这时经济开始迅速发展，一般以几个主导产业如钢铁、电力带动发展。

趋向成熟阶段：这时的产业主要以耐用消费品工业为主导产业，如汽车、家电等。

高度消费阶段：人们的生活水平普遍提高、消费能力迅速扩大，耐用消费品基本普及，第三产业开始迅速发展。

追求生活质量阶段：经济高度发达，人们开始追求享受型的生活，第三产业如服务业、咨询业成为主导产业。

2）菲利普·科特勒的四类型划分法

维持生存型：这些国家大部分人口从事农业，自给自足，很少进行商品进出口。在这种自给自足的经济结构中，几乎所有人都是从事单一农业劳动，生产的产品大部分被消费掉，以剩下的财物进行物物交换，也进行服务与财物的交换。显然，这种类型的经济能给外国提供的贸易或投资机会是很少的。

原料出口型：在这种经济中，某些国家拥有一种或几种丰富的自然资源，国家收入来源于这些资源的出口，主要消费品依赖于进口。例如，智利的锡和铜、刚果的橡胶、沙特阿拉伯的石油等就是如此。这类国家和地区是部分机械设备、材料加工设备、工具、器皿和运输工具以及奢侈品的良好市场。

工业化型：在这种经济结构中，工业占重要的地位，一般这些国家的制造业在国民生产总值中占的比例达 10%甚至 20%。随着工业的发展，进口较多的是钢材、重型机械、设备、半加工纤维制品，很少进口纤维制品、纸制品和汽车。随着产业的发展，出现新的富裕阶级和为数不多的中产阶级。他们都需要新式的商品，而且都要从外国进口。

工业经济型：这些国家经济非常发达，是制成品和资本品的主要出口国。这些国家消费多样化、个性化，商品进出口量也很大。它们根据工业技术或资本的输出程度建立起自己的工业基础，与其他工业国互换工业产品，与其他经济类型的国家之间用产品交换原材料和半成品。由于中产阶级在大规模产业活动中占有相当重要的地位，这些国家已是一切种类商品的广阔市场，并且也有许多的投资机会。

2. 企业国际化网络理论

国际化网络理论认为企业群体在特定产业内从事生产、销售、服务等活动构成了彼此的相互依存性，这种依存关系决定了“单个厂商的生存依赖于其他企业所控制的资源，企业是通过其在网络中的地位来得到这些外部资源”。企业国际化是企业在国际市场中逐步建立、发展和完善网络关系的过程，企业国际化的程度决定了其在国际市场网络中的地位。

企业国际化过程实际上是企业在国际市场上同其他企业在竞争中寻求合作，在合作中进行竞争的过程。

3. 企业国际化四要素理论

丹麦学者托宾·佩德森和本特·比特森于 1998 年提出的企业国际化四要素理论认为，企业组织成长是一个逐步发展的过程，决定企业国际化成长过程的主要有四个影响因素。

市场知识：企业组织成长是其对国际市场知识积累、同步发展的过程；

资源：企业组织成长是随同其掌握资源的扩大，国际化能力增强的过程；

市场占有率：企业组织成长是随着其市场占有率的提高而不断扩张的过程；

产业内竞争：随着企业所处产业内的竞争程度加剧，企业加强对海外市场的争夺，国际化进程加快。

企业国际化四要素理论的核心观点是企业国际化速度和程度取决于企业内部资源以及企业外部的市场两个方面综合作用的结果。

10.2.2 国际化战略的类型

企业在制定国际化战略中，最重要的是对当地响应（满足特定国家市场需求）和全球一体化（将全球市场作为一个统一的整体市场，不加细分）的取舍。依据这一选择，国际化战略可以分为三种类型，即多国战略、全球战略与跨国战略，见图 10-1。

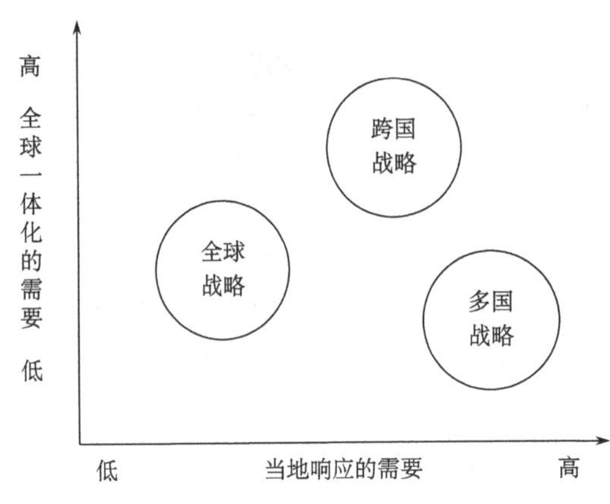

图 10-1 国际化战略的类型

1. 多国战略

为了满足所在国的市场要求，企业可以采取多国战略。这种战略与国际化战略不同的是其根据不同国家的不同市场，提供更能满足当地市场需要的产品和服务。企业采用这种战略主要是为了实现差异化战略。但是这种战略的成本结构较高，无法获得经验曲线效益和区位效益。在当地市场强烈要求根据当地需要提供产品和服务并降低成本时，企业应采取多国战略。但是，由于这种战略生产设施重复建设并且成本较高，在成本压力大的行业中不太适用，同时，多国本土化会使在每一个国家的子公司过于独立，企业最终会失去对子公司的控制。

2. 全球战略

全球战略是向全世界的市场推广标准化的产品和服务，并在较有利的国家集中地进行生产经营活动，由此形成经验曲线和规模经济效益，以获得高额利润。企业采取这种战略主要是为了实行成本领先战略。在成本压力大而当地特殊需求小的情况下，企业采取全球战略是合理的。但是，在要求提供当地特色的产品的市场上，这种战略是不合适的。

3. 跨国战略

跨国战略是在全球激烈竞争的情况下，形成以经验为基础的成本效益和区位效益，转移企业内的核心竞争力。具体而言，跨国战略的做法是，当企业在一个国家的经营中开发出了特定的产品和能力，能够满足当地需要，同时又能推广到别的国家，这时企业即以该国子公司为该产品全球经营的供应者。母公司与子公司、子公司与子公司的关系是双向的：不仅母公司向子公司提供产品与技术，子公司也可以向母公司提供产品和技术。企业采取这种战略，能够运用经验曲线的效应，形成区位效益，能兼顾当地市场响应和全球一体化的需要，同时实现成本领先战略和产品差异化战略。

10.2.3　国际化动机与风险

1. 进入国际市场的动机

企业进入国际市场的一个主要原因是国际市场提供了开拓市场的新的机遇。Vernon 认为，一个公司一般在本国市场上推出一种创新产品，在美国这样经济发达的环境中尤其如此，然后对于该产品的需求在其他国家有所发展，公司从本国工厂出口以满足这种需求，国外市场不断增长的需求促使国际资本直接投资于国外，尤其当其他竞争者也组织生产去满足日益增长的需求时更是如此。随着产品的标准化，该公司便理所当然地将生产转移至生产成本低的地区。另一个传统的动机是获取重要的资源。主要原材料的供应，尤其是矿产和能源，对一些企业来说至关重要。例如，铝的生产需要铝土矿的供应，轮胎企业需要橡胶，石油公司需要在全球寻找新的储藏。另一些公司则想获取廉价的生产工人，制衣业、电子业、手表业和许多其他企业已将他们部分的生产转向国外地区以便获取廉价的劳动力、资本或优惠的税收。

除了传统的国际化，新的动机也使企业国际化进一步扩展。例如，企业国际化的一个压力来自全球一体化的经营，如更多的一致产品需求；另一个压力来自企业产品服务当地化的要求，如产品的当地维修和支持服务。

综上所述，有以下几个主要的进入国际市场的动机。

1）拓展市场

通过进入国际市场，公司有时可以迅速地拓展潜在的市场。对于受本国市场发展条件限制的公司来说，进入国际市场对其有巨大的吸引力。例如，美国的软饮料行业已趋饱和，一个公司市场销售额的变化也就意味着竞争对手市场销售额的变化，结果为维持或扩大销售额竞争异常激烈。

2）投资回报

大市场对于工厂、主要设备和研究开发等大量投资的回报很重要。因此，许多需要大量研究开发的行业都是国际化的。例如，航空业需要大量投资来开发新型飞机，为了收回这些投资就需要在本国市场（对于波音和麦道公司来说是美国）和国际市场上销售新型飞机。

3）规模经济和学习效应

当公司拓展其市场时，他们可以从规模经济中获得好处，尤其是在生产经营之中。换句话说，他们可以将他们的固定成本大量分摊，从而使每一个所售产品获得较高的收益。这样，如果公司能够在不同国家将产品标准化并且使用一致或相似的生产设备，协调好关键资源配置，就能获得优化的规模经济，随着共同市场发展，这成为欧洲许多公司的目标。

4）区位优势

公司可以在其他国家设立工厂以降低产品或服务的费用。例如，他们可以很容易获得低廉的劳动力、能源和其他自然资源。其他区位优势包括获得主要的供应或资源以及客户。在某些情况下，如果不在所在地经营也许就无法获得特定的资源和客户，例如美国零售商发现墨西哥市场为他们的零售业提供了一个很好的发展机会。

2. 进入国际市场的风险

由于国际化企业具有跨体制、跨文化和多元文化的特性，以及国际环境的影响和制约，使国际化企业的风险来源与一般企业有所不同。

企业的国际化是一个漫长的过程，处于不同国际化阶段的企业面对的风险也不尽相同。从宏观层面上看，企业国际化所面对的风险主要包括以下三种：

(1) 文化风险。由于文化之间的差异而导致的文化误解、文化冲突有时会危及企业经营目标的实现。文化风险的具体表现形式可以概括为沟通风险、种族优越风险、管理风险及商务惯例与禁忌风险四种形式。

(2) 金融危机风险。金融危机是指一国或若干国家（地区）的全部或大部分金融指标，如短期利率、资产（股票、房地产、土地）价格、企业破产数和金融机构倒闭数的急剧、短暂和超周期的恶化。人们在提到金融危机时往往习惯从国家角度分析其危害。然而，对于国际化企业，金融危机同样是一种需要引起高度重视的风险。

(3) 政治风险。国际化经营的政治风险是指东道国政府机构的行为以及其他政治因素对企业的经营环境、利润和其他目标发生剧烈的影响的可能性。这些可能对国际化企业经营活动产生不利影响的政治事件主要包括政治不稳定性、东道国与国际化企业母国或第三国关系恶化以及东道国政府的政治干预程度。

10.2.4 发达国家企业的国际市场进入

企业国际化发展最先在欧美日等发达国家的企业开始，因此这些国家企业进入国际市场的方式成为比较经典的国际市场进入方式。

1. 国际市场进入方式

企业国际化市场进入方式，被理解为一种制度安排，也就是企业将产品、技术、人力、管理经验和其他资源转移到本国以外的市场的方式。它大致可分为三种模式，各种模式所包含的方法如表 10-1 所示。

表 10-1 企业国际化市场进入方式

进入模式	进入方式
贸易式	间接出口，直接出口
契约式	许可证协议（licensing agreement） 特许经营（franchising） 交钥匙合同（turnkey contracts） 管理合同（management contract）
投资式	合资企业（joint venture） 全资子公司（wholly owned subsidiary）

根据企业的发展目标、资源条件和对国际市场的了解程度，企业可以选择不同层次和介入水平的国际市场进入模式，其中包括出口、许可协议、战略联盟、收购和建立新的全资子公司等。

1）出口

很多公司以出口产品或服务到其他国家作为国际扩张的起点。出口不需要在进口国建立业务部门，但必须有某种市场营销体系来分销其产品。通常出口公司会和进口国公司签订一些协议，出口的缺点包括高运输成本和进口关税。此外，出口商对其产品在进口国的市场营销和分销控制较少，因此不得不支付分销商一定的费用或允许分销商提价以补偿其成本及利润。因此出口商很难通过出口来营销有竞争力的产品或向不同的国际市场提供定制化的产品。但是实践证明，成本领先战略能提高出口在发达国家的业绩，而差别化战略在新兴的市场更成功。

由于地理位置相邻而带来的相对较低的运输成本和更多的相似性，公司通常向与其工厂相邻的国家出口。小企业向国际扩张时最有可能使用出口。小企业要应付的最大问题是汇率。大公司有专家来帮助它们管理汇率，而小企业很少有这种专业知识。

直接出口和间接出口是企业进入国际市场的两种适用的模式。在直接出口模式下，企业参与在国外市场销售产品等必要活动，可以决定是否打开其在国外市场的销售网以及控制市场营销组合决策；而在间接出口模式下，企业并不直接参与国外市场上的营销活动，间接出口主要通过中间商来进行，因而企业在各方面并没有更多的选择。

2）许可协议

许可协议是指外国公司购买在其国内或其他国家生产和销售公司产品的权利。许可协议通常对每件生产和销售的产品收取一定的许可费。被许可者承担风险并投资设备生产、营销和分销产品或服务。由此可见，许可协议可能是国际扩张的成本最低的方式，这种方式是越来越流行的组织网络中的一种形式，尤其是在一些小公司中。许可证也有它的缺点，例如，公司对其产品在其他国家的制造和营销的控制权很小，此外，许可协议提供的潜在回报也很少，因为许可者和被许可者分享回报。

特许经营是由特许经营者向转让者付一定的转让费而获得专利、商标、产品配方或其他任何有价值方法的使用权。转让者不控制战略和生产决策，也不参与特许经营者的利润分配。由于在多数情况下特许经营者不仅负责产品的生产，而且负责与市场销售有关的任务，因而企业在决定国外市场介入程度上并没有太多的灵活性。在这种模式下，企业向提供资金的东道国合作伙伴派出管理专家和提供专有技术。这些管理专家起着合作公司顾问的作用，可以参与企业的日常管理，因而可以要求获得某些信息或专门报告，这对了解市场情况和随后的商业介入非常有用。

3）跨国收购

随着自由贸易在全球市场的扩展，跨国收购的数量也在猛增。最近几年，跨国收购占了世界收购总量的 40%。收购在欧洲尤其盛行。欧洲公司往往用收购来建立市场力量，并向全欧盟扩张。同样，外国公司也常用收购来进入欧盟市场以获得立足之地。收购为进行新市场提供了捷径。事实上，收购可能是国际扩张最快也是最方便的方式。尽管收购已成为进入国际市场的流行方式，但它并不是没有代价的。国际收购有着与国内收购一样的缺点。此外，它很昂贵且常要借债融资（这也增加了额外风险）。收购的国际谈判可能相当复杂——通常比国内收购复杂很多。而目标公司所在国家的法规限制和能否获得谈判所需要的准确情况也是频繁出现的问题。最后，将被收购公司并入收购公司也比国内收购复杂得多。收购公司要对付的不仅是不同的企业文化，还有潜在的不同社会文化和习惯。因此，尽管通过国际收购能快速进入新的市场，它也要承担代价和风险。

2. 影响国际市场进入方式的选择因素

选择一个或几个正确的国际市场进入方式对于一个企业来说是个非常复杂而困难的决策。它需要考虑各种影响因素，对所有可供选择的各种进入模式进行大量的分析比较。根据美国宾夕法尼亚大学沃顿管理学院鲁特（Root，1994）教授的观点，选择正确的进入方式应充分考虑企业外部因素和企业内部因素。

1）影响国际市场进入方式选择的外部因素

东道国的市场因素：包括东道国市场规模的大小、东道国市场的竞争结构。

东道国的生产因素：包括东道国的生产要素投入（原料、劳动力、能源等）以及市场基础设施（交通、通信、港口设施等）的质量和成本对进入方式的决策有较大的影响。生产成本低的国家应选择投资进入方式，反之生产成本高会抑制在当地的投资。

东道国的环境因素：包括东道国政府对外国企业有关的政策和法规，地理位置，经济状态，外部经济关系，本国与东道国在社会、文化等方面的差异，政府风险。

本国因素：包括国内市场规模、本国的竞争优势、本国的生产成本、本国政府对出口和海外投资的政策。

2）影响国际市场进入方式选择的内部因素

内部因素是指与公司自身条件和所处行业相关的影响因素。一家公司在选择国际市场进入模式时，如何对外部因素做出反应取决于内部因素。

公司战略：公司战略对进入方式选择有重要影响。

国际经营的经验：当企业跨国经营的经验不足时，企业会希望减少风险，也就倾向于使用资源承诺低的进入模式。

企业自身资源：如果企业的规模大，资源充足，或者更确切些，企业愿意并能够为进入外国市场付出较多资源、能够承受由此产生的风险，企业就可以采用资源承诺度高的进入模式。如果企业资源缺乏，就会寻求合资的模式，以获得必要的资源；或者采用许可经营等不需要太多资源投入的形式。

企业所处的行业：处于不同行业的公司会有不同的选择倾向。

企业产品服务因素：包括产品的差异独特性、产品所要求的服务、产品的生产技术密集度、产品技术的隐含性、适应性等。

10.2.5 发展中国家企业的国际市场进入

发展中国家的企业对外投资已经成为世界经济的一个新现象。根据联合国贸发会议2006年的报告，新兴经济体作为FDI来源的作用正在提高。2005年，其FDI流出量达到1330亿美元，相当于全世界FDI流出总量的17%左右。1990年仅有6个新兴经济体在报告中表示其FDI流出量超过50亿美元；而2005年，已经有25个发展中国家超过了这个水平线。

针对这些新现象，包括发展阶段论、小规模生产技术理论、技术地方化理论、技术创新和产业升级理论等的以发展中国家企业为对象的新 FDI 理论开始出现。这些理论表明，由于发展中国家企业与发达国家跨国公司在外部环境与内部条件上的不同，发展中国家企业的国际化市场进入方式与传统国际市场进入方式存在区别。

1. 国家路线

大多数发展中国家的企业选择相似甚至相邻的发展中国家作为首先进入的国家，以获取经验，培养人才，积蓄力量，然后再向欧美发达市场发起进攻。由于考虑到企业缺乏大型跨国公司的主要竞争优势如技术、品牌和成系列的产品，发展中国企业的主要竞争优势是低成本、高性价比。如果首先进入发达国家的市场，很难发挥自己主要的竞争优势。其次，进入相似的发展中国家市场，由于东道国环境的相似性，业务开展更为顺利。

少数的企业选择发达国家市场作为企业国际化过程中的首选进入市场。其中实力较为雄厚的企业，如我国著名企业海尔希望通过在美国市场的成功来高屋建瓴地进入发展中国家，但这种设想尚需要成功的业绩来支持。另一些企业加入大型跨国公司的供应链，通过分包业务、贴牌生产的方式成功进入发达国家市场，但企业业务处于全球产业价值链的低附加值区域。

2. 业务路线

所谓业务路线是从国际化的业务角度来界定的。国际化的业务包括以下几种：国际贸易、国际化的供应链管理、生产、研发、跨国购并。其中国际贸易和供应链管理相对容易控制，风险较低；而在海外投资建厂的投入最大，风险也最大。在组织形式上，从简单到复杂，依次是设立办事处、建立合资公司、建立子公司。

3. 中国企业的国际市场进入

与摩托罗拉、通用电气、惠普等成熟的跨国公司相比，中国企业在国际化的道路上都还处于摸索阶段。中国企业不仅缺乏国际化人才，还缺乏国际化运作的经验，同时一般还缺乏资金实力和国际知名度，因此，这些企业采取渐进式的国际化道路更加理性、风险更低。

近几年中国企业国际化不乏成功案例，体现了经济全球化潮流下我国企业国际化的最新动态和布局。总结这些企业的成功经验，其中很重要的一点就是，它们都根据各自产业、行业以及本企业的特点，确立了适合自身优势和特点的、符合国际惯例的海外投资发展战略，选择了合理的国际化经营的形式和步骤。大多数国际化经营获得成功的企业，如海尔、万向、科龙、正泰等都是先从贸易做起，再发展到在国外建立生产基地和研发中心。近年来，中国企业对外投资方式日益多元化。除了早期的贸易性对外投资及开发境外资源以外，越来越多的企业纷纷到发达国家创立新研发机构，开发技术资源，境外收购、参股、重组性投资都成为新时期境外投资发展的趋势。万向、远大空调、新希望等优秀民营企业以开展境外加工贸易为切入点，积极拓展国际市场。从他们的经营情况看，他们选择的方式和步骤都是比较成功的。

➢案例 10-1　TCL 的“农村包围城市”国际化战略

在国内市场，我国企业在同跨国公司的竞争中普遍采取了“农村包围城市”的战略，逐渐壮大，最终战而胜之。在国际市场，我国多数企业也采取了“农村包围城市”的国家路线。对实力不强，国际化经验极其缺乏的我国企业来说，这条道路最为现实、风险最小。这是一条渐进式的“国家路线”，选择这条道路在一定程度上是出于无奈。

TCL首先选定的地区是东南亚，在越南设了一个工厂，派去最优秀的员工，用了18个月才过了盈亏平衡点。正如TCL公司所说的，当他们去越南时，发现那里的情况和我国20世纪七八十年代非常像，连政府的官僚作风都似曾相识，所以业务开展非常顺利。成功进入越南后，TCL迅速推广到印尼、菲律宾、马来西亚、中国香港，进入了亚太大部分的国家和地区，现仅余泰国、缅甸没有进入，东南亚一役可谓基本成功。2003年，在有一定积累之后，开始关注比较发达国家的市场，

TCL“农村包围城市”的战略效果不错：2003年，TCL在越南市场占有率达16%，仅次于索尼，高过松下、三星、LG。今年上半年，TCL在菲律宾的市场份额超过10%，与索尼、三星并重。在斯里兰卡和南非，TCL市场占有率分别超过40%和35%，均位居第一。在孟加拉市场占有率25%，位居第二。在上述市场，TCL都已成为一个与索尼、三星、松下齐名的国际品牌。

2003年收购德国施耐德是TCL进入欧洲市场的一个战略投资。在成熟的市场，TCL想换一种做法，不是推广自己的品牌，而是收购当地的品牌，然后再进行经营。这样的方法可能快一些，而且比较容易用当地的文化、观念发展当地的业务和客户。

即使当TCL进入欧洲市场之后，“农村包围城市”仍然有现实意义，目前中国、欧盟、美国彩电市场已饱和，市场很难有大突破。但以俄罗斯、中东、东南亚为代表的新兴市场彩电普及率较低，未来成长空间巨大，因此在开发海外市场时充分重视新兴市场，比两眼盯在发达国家更具有现实意义。

资料来源：卢强．国际化的路线图．http：//www.emkt.com.cn/article/219/21979.html

10.3 兼并重组与战略联盟

10.3.1 兼并

1. 兼并的概念

企业兼并（Merger）有狭义与广义之分。狭义的概念有如下三种描述：

其一，在《新大不列颠百科全书》中，兼并的概念被定义为：“指两家或更多的独立企业或公司合并成立一家企业，通常由一家占优势的企业吸收一家或多家企业。”这一定义强调兼并仅指吸收合并，即兼并后只有优势企业保留了原有的名称及章程并取得其他企业的资产所有权，而使其他企业丧失了独立身份。

其二，在《国际社会科学百科全书》中，兼并被简单地定义为：“兼并是指两家或更多的不同的独立企业被合并为一家，这种合并可以采取多种形式。”该定义没有强调兼并后的企业是全新的组织名称，还是保留了优势企业的名称，因此该定义既包含了吸收兼并也包括了新设兼并。后者是指兼并后所有兼并前的企业名称及章程全部丧失，而组成了新的企业。

其三，在 1989 年 2 月 19 日财政部和国家国有资产管理局发布的《关于企业兼并的暂行办法》第一条中指出："企业兼并，是指一个企业购买其他企业的产权，使其他企业失去法人资格或改变法人实体的一种行为，不通过购买办法实行的企业之间的合并，不属本办法规范。"该定义的核心也是认为兼并包括了吸收合并（其他企业丧失法人资格）和新设合并（改变了法人实体）这两种类型。

广义的兼并除狭义兼并的两层含义外，还包括收购、接管及企业重组、企业所有权变更等一系列内涵。如在国家体改委生产体制司所撰写的《资本营运指导全书》中的第 342 页写道："我们将企业兼并的内涵概括为企业兼并或企业所有权的转移，或企业产权的转让。"

其中收购（acquisition）是指一家企业用现金、债权和股票购买另一家或几家企业的股票和资产，以获得企业控制权的行为。其特点是目标公司的经营控制权易手，但其法人地位并不丧失。收购有两种：一是资产收购（asset Acquisition），二是股权收购（share Acquisition）。资产收购是指一家企业购买另一家企业的部分或全部资产；股权收购是指一家企业直接或间接购买另一家企业的部分或全部股票，并根据持股比例与其他股东共同承担目标企业的权力与义务。

作为一种战略，兼并是指一个企业购买另一个企业全部或部分资产或产权，从而控制、影响被兼并的企业，增加企业长期竞争优势，实现企业战略目标。

2. 兼并的类型

从兼并企业与被兼并企业关系来看，企业兼并可分为三种。

1）横向兼并

横向兼并又称水平兼并。这是一种传统的企业兼并形式，是指具有竞争关系的、经营领域相同或生产产品相同的同行业之间的兼并，这种兼并的目的在于扩大生产规模，实现规模经济，提高行业集中程度，增强企业在同行业中的竞争能力，控制或影响同类产品的市场。购买同一市场上制造相同产品的企业能增加市场份额，减少竞争对手；购买不同市场上制造相同产品的企业，能实现区域扩张，以形成在某一行业的垄断地位。这种兼并形式的缺点在于：很容易出现行业垄断。因此，许多国家都密切关注并严格限制这类兼并的进行。

2）纵向兼并

纵向兼并又称垂直兼并。这是一种带有明显行业扩张意图的兼并形式，是指生产过程或经营环节相互衔接、密切联系的企业之间，或者具有纵向协作关系的专业化企业之间的兼并。主要是加工制造企业与其他有联系的原材料、运输、贸易公司实行的兼并。这种兼并的目的在于控制某行业、某部门生产及销售全过程，从而获得一体化的效益。兼并一家有利于接近最终消费者的公司，如产品制造商、经销商、零售商等，这种方式又称为"前向合并"（forward integration）。其目的在于追求更高的边际利润，争取稳定的产出，或阻止竞争者。同时，兼并一家供应公司有利于改善原材料供应条件，这种方式又称"后向合并"（backward integration）。其优势在于控制原材料的供应及半成品的投入。总之，兼并企业通过对原材料和销售渠道及用户的控制，可以降低生产成本，综合开发，以提高对市场变化的应变能力，从行业角度看，有利于简化经营环节，密切上下游产业间的联系。另外，纵向兼并还可以避开横向兼并中经常遇到的反托拉斯法的限制。纵向兼并的缺点在于企业生存发展受市场因素的影响。

3）混合兼并

混合兼并又称扩张兼并、跨行业兼并。是指横向兼并与纵向兼并相结合的企业兼并。其目的在于扩大企业自身的产业结构，积极参与和尽力控制企业可占有的市场。混合兼并一般可分为产品扩张型兼并、市场扩张型兼并和纯混合型兼并三种。产品扩张型兼并是指一家企业以原有产品和市场为基础，通过兼并其他企业来进入相关产业经营领域，以达到扩大经营范围、增强企业实力的目的。这种类型的兼并必须考虑组合的经济性。市场扩张型兼并是指生产同种产品，但产品在不同地区的市场上销售的企业之间的兼并。这种方式的兼并可以扩大市场，提高市场占有率。纯混合型兼并是指生产和职能上没有任何联系的两家或多家企业的兼并。这种兼并又称为集团扩张，这种扩张的目的是为了进入更具增长潜力和利润率较高的领域，实现投资多元化和经营多元化，通过先进的财务管理和集中化的行政管理来取得规模经济效益。

总之，兼并的类型很多，可以根据不同的需要进行不同的划分，分类的目的是为了更好理解和应用不同的兼并战略，实现企业的扩张。

3. 兼并的动因

公司实行兼并战略（或选择兼并）有许多潜在的原因。其中包括：通过增加市场支配力实现竞争优势、克服进入障碍和加快市场进入速度。相关的原因还包括：避免开发新产品时的高成本、高风险，实现多种经营（或相关或不相关）以避免竞争。

1）获得市场支配力

兼并的主要原因是获得更大的市场支配力。许多公司有核心竞争力，但缺少运用他们的资源和能力的规模。市场支配力通常来自于公司的规模和在市场竞争中公司的资源和能力。因此，绝大多数兼并是为了获得更大的市场支配力，购买高度相关性行业中的竞争者或企业，以便运用核心竞争力，并在兼并公司的主要市场上获得竞争优势。对竞争对手的兼并称作横向兼并。在高度相关的行业实行兼并称为相关兼并。

2）克服进入障碍

进入障碍指在当前市场运行的，与市场或公司相联系的因素，它们使新公司进入这个市场更困难、付出更大的代价。例如，在大而且稳定的竞争者的市场开发新业务可能很困难。为了达到规模经济和以竞争的价格提供货物，进入时需要在大型生产设备、广告和促销上大量投资。市场进入还要有把产品送达最终消费者的高效的销售渠道。如果消费者对市场上已存在的品牌很忠诚，在这种情况下公司会发现，通过兼并市场中某些公司来进入这个市场比较容易。虽然，这种兼并可能花费很大，但兼并公司能很快进入这个市场，并且其产品可能已有忠实的客户。事实上，某一特定市场进入障碍越大，越应使用兼并形式。

3）成本和速度

通常，内部开发新产品和开拓新业务要花大量成本和时间以实现投资回收。例如，新业务平均 8 年才能从中受益，12 年得到足够的现金流，据估计几乎 88％的创新无法得到充分投资回报。在获得专利后的四年内，有 60％的创新被仿制。因此，管理者会发现内部开发得承担高风险。由于开发的巨大成本和新产品进入市场的困难，管理者更喜欢其他能迅速进入而且风险较少的方法。兼并使得公司在已有的销售量和顾客基础上能迅速进入市场。这也是 AT&T 购买 NCK 公司的原因。兼并使 AT&T 能迅速进入计算机市场，并获得建立联网市场的机会。

4）多元化经营

实行多元化经营的最通用方法之一是兼并。事实上，公司发现在当前市场开发新产品和开创新事业很容易，因为它们的管理者对产品和市场比较熟悉。而开发与现有产品系列差别很大的新产品，进入这样的新市场很困难，因为管理者可能对这样的市场不熟悉。因此，公司很少采用内部开发新产品和开创新事业的方法拓宽其产品线。

5）减轻竞争压力

许多公司（特别是美国的公司）用兼并的方法进入相关和不相关的市场，以减轻市场的大量竞争压力。这种压力常常来自国外公司（如日本和德国）。人们都知道美国公司在许多行业难以维持其竞争力，日本、德国和其他外国公司强有力地进入美国汽车市场就是最好的例证。20 世纪 80 年代初，通用汽车在美国汽车市场约占 50% 的份额。然而，到了 90 年代初，已降低到 30%以下，日本公司抢走了大部分份额。通用汽车 80 年代中期兼并了电子数据系统（EDS）和休斯宇航公司（Hughes Aerospace）。

4. 兼并的风险

兼并战略可能存在的问题有：为目标公司支付太多、对潜力和协同效应估计太高、为筹资和准备兼并支付过高成本以及实现兼并以后与被兼并者的整合问题。实际上，长期以来，两个公司在兼并后的整合已成为一个重要问题。这些问题如图 10-2 所示。

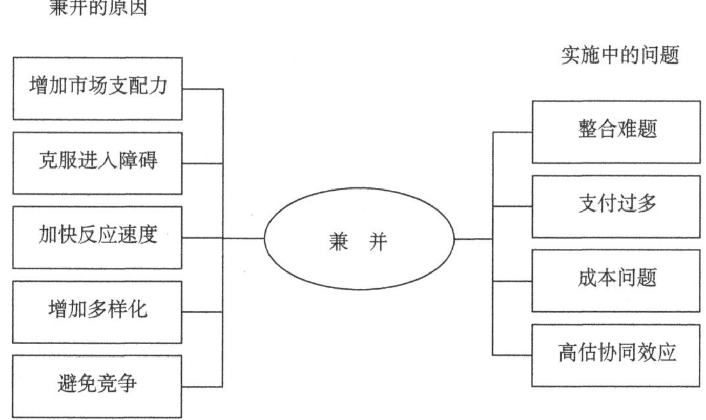

图 10-2　兼并的原因和实施中的问题

1）企业整合困难

由于兼并后的企业整合很困难，自然会出现许多问题。这些问题包括：两个不同公司文化的融合、不同财务和管理体系的连接、有效工作关系的建立（特别是管理风格不同）和解决有关被兼并公司管理者之间的不同地位的问题。

2）支付过多

为目标公司付出太多是另一个潜在的问题。如果公司对目标公司没有进行全面分析，并且对其市场价值缺乏足够的了解，在兼并时可能花费过大。此外，必须注意目标公司现有的股东会卖出他们的股票。他们经常要求得到超过现有股票价格的溢价，这种溢价常常介于40%～60%。

3）高成本

20世纪80年代进行的许多兼并带来了沉重的债务负担。20世纪80年代产生了一种称为垃圾债券的创新。垃圾债券指一种用货币（债务）解决风险兼并的新财务方式，这些货币（债务）为贷款者（经常称为债务持有者）提供了高回报。但由于不安全（没有和作为附属担保的特定资产联系起来）而存在着风险，所以垃圾债券的利率高达18%～20%。

4）对协同效应的过高估计

兼并存在的另一个重要问题是过高地估计了其中的协同效应和收益。通过兼并得到的持续竞争优势，公司必须实现其竞争对手无法模仿的内在协同效应和核心竞争力。内在协同效应指从兼并公司和目标公司的合并中得来的收益，来自于两个公司之间独特的资源或能力（一系列的资源）。不幸的是，竞争对手不易模仿的内在协同效应是很少的，这也许是兼并难以为兼并公司的股东带来预期回报的主要原因之一。

5. 兼并的方式

在我国，由于资本市场不够发达，且受到相关法律法规的约束，获得企业控制权的方式较为单一，多为协议收购，也有少数采取要约收购或吸收合并的方式，交换发盘、股票回购、杠杆收购等方式较为少见。

上市公司公开市场协议收购的流程包括三步：制定详细的并购计划——在公开市场购买被兼并企业的流通股——兼并成功，整合或资本运作获利。

要约收购（tender offer）又称发盘收购，是指收购方通过向被收购公司的股东，发出购买其所持该公司股份的书面意思表示，并按照其依法公告的收购要约中所规定的收购条件、收购价格、收购期限以及其他规定事项，收购目标公司股份的收购方式。要约收购具有公开、广泛、迅速的特点，充满敌意性、策略性。

10.3.2 重组

1. 重组的概念

重组（restructuring）的概念内涵比较丰富，可以包括并购，甚至包括企业的组织变革。企业是一个契约关系的集合，包括企业的所有者与企业的关系，企业与其拥有的资产的关系，企业与雇员的关系，企业与其债权人及债务人的关系等。当以“企业”的方式配置资源的效率与以“市场”的方式配置资源的效率出现动态变化时，就可能也有必要对上述这些契约关系进行再调整，这一调整过程就是企业重组。企业重组包括了企业的所有权、资产、负债、雇员等要素的重新组合和配置以及这些要素之间互相组合和作用方式的调整。企业重组的最高形式即是其产权关系的调整。企业兼并收购、企业公司化改制、股份制改组、行业或地区的企业优化组合、国有资产的授权经营、企业集团的资产调整、企业分拆、企业的破产处置等都属于企业重组的范畴。

从公司战略层面讨论企业重组主要从归核化战略出发。因此，企业重组被定义为企业缩减规模，放弃部分业务，对企业的人员组织进行重新构造。

2. 重组的方式

企业重组的一些主要方式见表 10-2。

表 10-2　企业重组的主要方式

重组模式	重组方式	定义	备注
扩张型企业重组模式	兼并收购	兼并是指在两家公司或两家以上公司合并中，其中一家公司因兼并了其他公司而成为存续公司的经济行为	承担债务式兼并、购买资产式兼并、吸收股份式兼并、控股式兼并、投资控股并购、二级市场收购、股权无偿划转、资产置换
	买壳上市	指非上市公司通过收购“壳”公司，获得上市公司的控股权之后，再由被收购的上市公司通过配股等“反向收购”的方式，注入优质资产，达到母公司间接上市的行为	
收缩型企业重组模式	企业分拆	通过资产转让而使企业变小的企业经济活动	资产剥离、公司分立和分拆上市
治理型重组模式	杠杆收购（LBO）	收购企业主要通过巨额负债融资筹集收购资金以获得目标公司产权，并从目标公司的现金流量中偿还债务的企业并购方式	
	管理层收购（MBO）	企业管理者集团在投资银行等金融机构的支持下通过收购企业的股票或资产来拥有企业的控制权	
	员工持股计划（ESOP）	企业内部员工出资认购本企业部分股权，委托一个专门机构（如员工持股会）作为社团法人托管运作，集中管理，再由该专门机构（如员工持股会或理事会）作为社团法人进入董事会参与管理、按股份分享红利的一种新型股权安排形式	
	经理股票期权（ESO）	以一定价格售予经理人员本公司的股票和给予其未来购买股票的选择权。由于股票价值是公司未来收益的贴现，于是经理人的个人利益就与企业的未来发展建立起一种相应的联系	

3. 重组的战略选择

企业重组的战略选择主要有：缩减企业规模、削减经营范围和杠杆收购。

缩减企业规模、消减经营范围都是从企业资产规模变动的角度出发进行分类的。而杠杆收购以及由之产生的管理层收购、员工持股计划等多种创新形式则涉及企业治理结构的改变。这种着眼于完善公司治理结构的企业治理型重组模式，对于处于转轨经济中的中国更具意义，因为内部人控制问题正是转轨经济中企业治理结构所具有的突出特征。因此，无论是企业控制权的转移，还是所有权结构的变更，都应以建立科学完善的公司治理结构为其重要目标之一。

4. 重组的效果

一个好的企业重组战略方案，不仅要考虑重组的短期效果，还要看到重组对企业今后长期发展所产生的影响。

缩减企业规模可以使在企业短期内达到减员增效、降低劳动成本，但其长期影响在于企业人力资本的损失，使企业缺乏发展后劲。

采取削减经营范围，企业资源得以集中，形成了规模优势，恢复和突出了核心业务，其短期明显效果是降低企业负债率，减少债务成本，提高了企业资产管理能力和战略控制力，最终取得良好经营业绩，获得核心竞争力。

杠杆收购是一种利用高负债融资购买目标公司的股份，以达到控制、重组该目标公司的目的，并从中获得超出正常收益的回报的有效金融工具。当杠杆收购的主体是目标公司的管理层或经理层时，LBO 就演变成了 MBO，即“管理层收购”。从短期看，管理层收购让企业的经营者拥有一定的股份，使其与企业所有者形成利益共同体，从而降低代理成本；同时提高了管理者对企业的控制力，有可能促进企业长期发展。然而，其高负债融资收购的本质会提高企业的负债率，给企业未来发展带来极大的风险。

10.3.3 战略联盟

近几年来，战略联盟发展迅速，成为企业多元化扩张或者兼并扩张的重要替代方式，战略联盟让公司之间分担风险、共享资源，进入新市场，对于公司未来竞争力有重要意义。此外，战略联盟的每一个合作都为这合作关系带来了知识资源。战略联盟的一个重要目的就是获取新的能力，其中最主要的是技术。

并不是所有的战略联盟都很成功，事实上很多都失败了，主要原因包括合作者间的不一致和冲突，而要管理战略联盟就难上加难了，合作者间的相互信任至关重要。

1. 战略联盟的概念

战略联盟（strategic alliance）的概念最早是由美国 DEC 公司总裁简·霍普兰德（J. Hopland）和管理学家罗杰·内格尔（R. Nagel）于 20 世纪 90 年代提出的概念，随即在理论界和商业界得到普遍赞同。战略联盟的称谓目前还不统一，有人称为企业联盟（corporation alliance）、虚拟企业（virtual enterprise）、战略同盟、企业联合或战略合作，有人还翻译为战略联营（乔尔·布利克等著，林燕等译，《协作型竞争》）；在国内还有人称作关联企业（龙登高，1998）、策略联盟（张洪吉，1996）等名称。

战略联盟的定义目前还有很大的分歧。目前最具有代表性的有两种观点：一种观点认为，战略联盟是由实力强大的、平时是竞争对手的公司组成的企业或伙伴关系，是竞争性联盟。该观点强调战略联盟是规模实力相当的竞争公司之间的合作。

另一种观点如迈克尔·波特认为，联盟是超越了正常的市场交易但并非直接合并的长期协议。它的一般做法是通过与一家独立的企业签订协议来进行价值活动（如供应协定）或与一家独立的企业合作共同开展一些活动（如营销方面的合资企业）。美国乔治·华盛顿大学的 Charles Hill 教授也认为，战略联盟是实际的或潜在的竞争者之间的合作协定。这种观点强调战略联盟是一种长期的契约关系。

综合各种观点，战略联盟定义包含四个方面的内容。第一，战略联盟是具有一定优势的企业之间的合作，这种合作包括互补性公司之间的合作与实力相当公司间的合作，没有任何竞争优势的公司是没有公司与之合作的；第二，战略联盟是为了实现某种战略目的。企业之间日常性的互相帮助、互相访问和互相交流信息不是战略联盟。战略联盟必须是联盟双方站在公司整体战略的高度，审视公司及伙伴现在及未来的发展而达成的具有战略意义的联盟；第三，战略联盟是一种长期合作，短则 3～5 年，长则几十年，几个月就结束的合作不是战略联盟；第四，战略联盟是一个动态的联合体，它不同于一体化的企业联合体，各个合作的公司仍是独立的、具备法人资格的经营实体；也不同于组织与组织之间的市场交易关系，而是在相互信任、资源共享、优势互补的基础上结成的一种平等关系，是一种较为动态的组织形式。"合则聚，不合则散"一直贯彻于战略联盟的始终。

2. 战略联盟的动因

企业之间建立战略联盟，在战略层次上进行合作，除了应对世界经济全球化、技术的飞速发展和产品寿命周期缩短等外在竞争压力，从企业本身来讲也是有其联盟的动因。

1）充分利用资源，增强竞争力

"合作就是力量"，战略联盟目标之一就是要广泛利用外部资源，利用联盟伙伴的技术、信息、资金、供应渠道和营销网络等经营资源，提高自己的竞争力。现实中，不少企业正是通过战略联盟走上成功之路的。第二次世界大战后的日本整体企业技术、生产水平落后，没有多少优势，但是日本企业通过国内外的战略联盟，将国内、国外企业的优势和市场需求巧妙结合，开发出众多适销对路的新产品，一举扭转了自身劣势，创造了令人瞠目的经营佳绩，并将日本经济引入了快速发展的快车道。在英特尔与微软的联盟中，英特尔主营芯片，微软则专门生产软件，每个公司的核心优势不同，通过联盟的优势互补，创造了单个企业无法实现的效益和产品创新速度。IBM、摩托罗拉和苹果公司为了与英特尔公司的微处理器相抗衡，建立战略联盟合作开发 POWER PC 微处理器，在此联盟中，IBM 拿出它强有力精简指令集计算机结构专利技术，摩托罗拉提供芯片外部结构的工艺技术，苹果公司则投入其软件技术专长，成功开发出 POWER PC 微处理器。

2）克服贸易壁垒，利用销售渠道

20 世纪 90 年代以来，随着经济全球化和一体化的盛行，世界经济又趋于集团化、区域化，一个区域外企业很难把产品打入欧盟、北美自由贸易区或 APC 区域的市场。这时，通过与不同区域、不同国家的企业合作与联盟，不仅可以绕过贸易和非贸易壁垒，而且可以通过企业联盟，形成联合的整体优势，改变势单力薄的状况，以达到共同开拓新市场，迅速掌握市场需求变化的信息，分散市场风险，扩大企业产品的市场覆盖率的目的。同时，建立销售网络是一项需要巨额固定成本投入的工程，通过战略联盟相互提供进入对方销售网络的机会，可以使每个合作伙伴避免一大笔沉没成本的支出。例如，法国雷诺汽车公司根据与美国汽车公司的市场联盟协议，通过美国汽车公司的1700个经销商网络，在全美国销售其雷诺汽车。由于日本市场比较难以进入，西方公司就通过战略联盟打入日本市场，德国福斯公司与日产公司的产销合作计划就着重在日产制造福斯公司的桑塔纳汽车并在日本销售。德国供应30%桑塔纳零件，剩下的70%零件由日本供应，并在日本进行装配作业。日本厂商在遭遇欧美贸易保护主义情况下，也纷纷与当地厂商联盟，例如丰田与通用汽车在加州合资成立新汽车联合制造公司，共同生产小型丰田汽车。通过合作，丰田不但在美国有了一个生产基地，而且顺利冲破了美国对日本汽车的“自动限制”，成功地打入了美国市场，扩大了市场份额。

3）发挥技术创新的集群效应，降低技术开发不确定性

激烈变化的市场竞争环境，对企业技术研究开发提出了三点基本要求：不断缩短开发时间，降低研发成本，分散研发风险。随着科学技术的发展，技术开发的成本也越来越高，风险也越来越大。目前，一项新产品从开发到售后服务已构成一个庞大的系统工程，没有他人的技术，单个企业难以成功。在这种情况下，通过战略联盟，进行技术合作，企业可以扩大信息传递的密度和速度，避免单个企业在研发中的盲目性和因孤军作战导致全社会范围的重复劳动和资源浪费，从而降低风险。

通过合作不仅可缩短开发周期，而且可共享技术成果，从而降低开发成本和投资风险。例如，美国通用电气和法国斯奈克玛（SNECMA）合作开发一种新型飞机引擎。这项研究和开发需10年时间，耗资在10亿～20亿美元之间。如此高昂的研发费用只有双方共同承担，才能共渡难关。

4）扩大企业无形边界，防止“大企业病”

一个企业为了尽可能地控制经营环境，不可避免地要不断扩大自己的规模。这一过程不仅伴随着巨大的资本投入，而且容易出现组织膨胀带来效率下降的所谓“大企业病”现象。例如，美国和日本昔日强大的企业，在20世纪90年代以后纷纷出现了无效率、僵化、缺乏适应能力等问题。这是由于一方面消费者的需求已由过去那种共性消费转变为追求个性消费，大企业过去的那种大批量少品种生产模式已不能适应形势要求；另一方面企业规模过大，使企业等级制度扩大，那么势必增加中间管理阶层，企业的部门、岗位会越来越多，信息沟通和横向联系会越来越困难，企业内部管理成本会越来越大，将出现企业的“恐龙症”。又由于政府对规模过大可能引起垄断的管制，如反托拉斯法、反垄断法对企业规模的限制，企业扩大规模受到了制约。而战略联盟不涉及人员的增加和组织的膨胀，因而可以避免企业组织过大僵化的风险以及政府的制裁，使企业组织更具弹性和保持灵活的经营机制。并且由于通过资源的结合，扩大了企业边界和经营规模，企业可以利用对方的资源，减少了资本投入和固定支出。

3. 战略联盟的形式

1）合资企业

这是由两个或两个以上的企业，为合作的目的共同投资兴建一个新的企业，然后联合经营，分享利润共担风险的合作方式。它主要是股权式合资企业。传统的观念认为，

51%等于 100%的控制权，49%等于没有控制权。股权各占 50%的所有权形成会阻碍决策达成，从而导致失败。确实，51%的股权可以确保多数的地位，和对人事、投资决策的控制。但是和谐的合作关系，如同和谐的婚姻一样，不能占用领先控制权。若一方想实现预期的利益，就需要双方共同努力和承担义务。例如，兰克施乐公司和富士胶片公司联合成立的富士施乐公司就是一个非常成功的股权各占 50%的公司。它的年销售额达 30 亿美元，利润非常可观。合资企业能降低市场的交易和协调成本，学习合作企业的技能和经验，因此国际上的合资企业发展迅速。

2）技术开发与研究联盟

由于技术开发风险大、耗资多，因此许多企业通过联盟获得充足的资金和自己所缺的技术，以减少开发新技术及技术应用于生产中的风险。这种联盟可以由包括大学、研究院和企业在内的众多成员组成，研究成果归所有参与者共同享用。具体形式有产品开发联盟、交换技术信息、成立合作研发机构、技术标准联盟等。例如，荷兰飞利浦与德国西门子、美国高级微型仪器公司、日本索尼公司联合开发新的存储器芯片；日本国际电信电话公司与新加坡电信公司根据相互持股的资本合作协议，共同开发面向跨国公司的新型数据通信服务；在世界生物制药领域，到 1995 年为止，史克必成公司（Smith-Kline Beecham）与 140 多家企业、大学和科研院所建立了联盟关系；葛兰素公司（Glaxo）也缔结了 60 多个类似的联盟。

3）产品联盟

产品联盟可以扩大增强企业的生产和经营实力，具体形式有联合生产、产品品牌联盟、供求联盟、生产业务外包等。有时某些产品的生产单靠一个企业无法完成，例如，航天、海洋、钢铁等大型工程项目，为弥补企业生产能力的不足，需要联合其他企业共同生产。有时为推出某个品牌，也进行联合生产。供求联盟包括生产商与供应商的联盟及生产商与零售商或客户的联盟，在供求联盟中由于零部件供应商提供的零部件质优价廉，交货及时，所以供求联盟可以降低生产成本，提高产品价值。把零售商和客户纳入自己的生产价值链中，所创造的价值是任何一方都无法独自创造出来的。如宝洁与沃尔玛的产销联盟及戴尔电脑公司面向客户的订货系统。

4）营销联盟

营销联盟可以互相利用联盟伙伴的分销系统以增加销售，从而绕过各种贸易壁垒，迅速开拓市场，赢得顾客。具体形式有特许经营、连锁加盟、品牌营销联盟、共享分销渠道等。特许经营和连锁加盟是指某个企业把自己开发的商标、商品、经营技术、营业场所和区域，以契约的形式授予另一企业在规定区域内的经销权和营业权。加盟企业必须交纳一定的营业权使用费，并承担规定的义务。典型代表是肯德基、麦当劳快餐连锁。品牌营销联盟是把不同品牌、不同制造商、不同特点的产品连接在一起销售。例如，买格兰仕空调，赠送价值 2880 元精时达手表，就是品牌营销联盟。

5）功能协议

功能协议是一种比较松散灵活的组织形式，并不需要创立一个单独的联盟企业实体，只是为了适应瞬息万变的市场，追求某一经济利益，而通过协议达成的一种高效敏捷的合作形式。包括联合开发、技术协作、合作生产、来料加工、补偿贸易等。

表面上看，战略联盟的有些组织形式并不新颖，但是这些组织形式是以实现前述各种战略目标为目的，而不像传统组织形式仅为获取廉价的生产要素为目的；而且联盟各方的关系为形式更为灵活的、新型金融、法律和合同关系，所以与传统组织形式有实质上的不同。总之，联盟形式是灵活的、多种多样的，只要双方目标、责任明确，可以任意选择合适的方式进行合作。

4. 战略联盟的管理

在联盟协议签订之后，一个战略联盟就算正式成立了。但这仅仅是联盟的开始，更大的挑战和考验在后面。若对企业战略联盟管理不善，很可能起不到节省成本、增加收益的目的，反而会成为联盟企业的拖累。大量的联盟实践证明，联盟的失败往往是管理不善造成的。由于战略联盟是介于市场和行政的中间组织，管理难度要比单一企业大。联盟各方的利益与冲突不能用行政命令解决，合作各方又要保持相对的独立性，所以一个科学有效的管理系统至关重要，它能创造出合伙企业的最高价值。

战略联盟管理主要有四个主要的目标：促使联盟目标的实现；解决联盟成员之间的冲突；合理配置联盟的资源；保护联盟母公司的利益。具体来说，对战略联盟的管理主要集中在以下几个方面。

1）联盟目标的管理

战略联盟的目标是随着联盟的发展而不断发展变化的，联盟各方高层领导人应经常讨论战略联盟的目标，不能在建立企业联盟之后，就忽略了彼此的交流。如果希望战略联盟能长期存在，就需要在完成初始战略目标之后找到一个新的共同战略目标。很多战略联盟就是因为找不到新的共同目标而解体，这就需要领导人的频繁接触和沟通。例如，欧洲零售联盟每个月定期开三次会，由三家公司轮流做东，请其他两家公司到自己国家开会。日本的三菱、松下通过他们的海外子公司作为同海外合作者沟通的基本媒介。

2）联盟人员的管理

首先要有一个有能力、不偏袒的联盟管理人，他应熟悉双方的文化，善于听取各方的意见，然后塑造一个团结的合作员工队伍。双方员工的互访和交流有利于建立良好的人际关系。双方员工的亲密关系有利于技术交流，有利于他们积极参与联合开发队伍，有利于发挥合作的最大效果。有了良好人际关系，一些小的冲突就有可能在扩大之前就得以解决。而且有时候有些问题即使再好的制度也没有用，必须靠个人关系才能解决。

3）联盟文化的管理

不同的企业有不同的文化意识，如何通过交流，筑起不同文化联络的桥梁，也是管理的一项重要内容。这时双方领导人和员工应该互相尊重对方的文化，积极地去了解对方的文化，在碰到问题时以诚相待，这样才有助于联盟文化的整合。例如，我国一些合资企业，中方经理到国外参加学习培训，以熟悉西方的管理作风；外方经理在中国的生活过程中了解了中国的风俗习惯，这样在互相学习中，经理人不仅培养出浓厚兴趣，而且学会了互相尊重不同的文化及组织差异。

4）联盟风险的管理

主要包括外部环境风险和联盟风险。外部环境风险是指政策法规、金融风暴、自然灾害等风险，这些风险是企业不可控制的，难以预防。所以关键是对联盟风险的预估。联盟风险主要来自以下三个方面：联盟初期双方力量的不均衡、合作过程中力量的此消彼长、潜在的冲突。

5）联盟知识的管理

知识和技术是联盟中的棘手领域，也是敏感的问题，对其的法律保护也是有限的。所以在战略联盟的合同里要订立保密条款和反向许可安排条款是非常必要的，即采取保留政策，使合伙人接触不到自身应予保护的关键技术信息。若合伙人对原有技术有所改进，必须将改进的技术以反向许可证方式返回给原技术的所有方。总之，重视学习，提高自己的知识和技术水平，是战略联盟的出发点和目的。

6）联盟利益的管理

市场上没有永远的盟友，有的只是永远的利益。企业为了利益而结盟，又为利益而背叛。因此战略联盟能否长久关键在于利益如何分配。联盟企业应制定利益分配方案以保证每个成员企业的基本利益。

7）联盟信任的管理

信任是企业合作的纽带。即使双方产生目标和利益上的矛盾，只要双方相互信任，共同努力，就不难化解矛盾。但信任不会凭空产生，需要双方长期的努力。首先要在战略联盟内部建立信任评审体系，即建立合作伙伴的信誉、行为机制、风险偏好的评审体系；然后要建立一套约束机制，对合作伙伴缺乏信誉和违约行为给予相应的惩罚，用来防止机会主义和相互欺骗。

8）联盟营销的管理

联盟成员的销售市场很有可能重复，因此必须要找到能使合作关系的互补性最大化，直接竞争机会最小化的方法。确保合作伙伴努力开发新市场而不是直接争夺现有的客户。否则，战略联盟就会演变为竞争对抗，合作营销关系就会变成价格战。在战略联盟中可以根据产品线和地理位置划分营销责任，以防止市场重叠。

9）联盟终止的管理

战略联盟是天生发展的、变化的动态结构，成功的联盟也会在达到合作双方的目标之后终止。联盟终止的原因包括战略目标的实现、战略重心转移、领导者发生了变化、对伙伴能力的期望不切实际、市场预期不能实现，等等。

由于一个企业可以和许多企业联盟，采取的联盟形式也可能各种各样，因此对联盟的管理不能采取同一个模式，应随着合作方式的不同，灵活变动以适应复杂的联盟活动。

过去，一般是通过设立一个单独的机构对战略联盟进行管理，这种方式在合作范围较小时还可行，但当合作范围扩大，联盟作业流程过于复杂时，一个机构就会难以胜任。这时，通过设立一个管理系统进行管理（实践证明比较可行），在该系统中，包括合作各方 CEO 会议、联盟董事会、指导委员会、执行委员会以及各种项目委员会，管理行为就通过这些不同的决策层实现。例如，通用电气公司和 Honeywell 公司就是如此。一开始双方企业建立了一个董事会去管理他们的合资公司。但合资公司的活动范围很快超过了董事会的监管能力，所以合作双方又建立了一个包括执行委员会、项目委员会的管理系统进行管理。要注意的是，对管理系统要明确规定各决策层的权利和责任，否则也可能引起冲突。

10.4 战略性外包

10.4.1 传统外包与战略性外包

1. 传统外包

外包（outsourcing）一词的直译是“外部寻源”，是“out source using”的简称。目前，虽然学术界对外包的理解不一，但都集中于将某一资源交由独立的第三方完成，以实现企业资源效率的最大化。概括起来，目前理论界普遍接受的外包定义为：“在企业内部资源有限的情况下，为取得更大的竞争优势，仅保留其最具竞争优势的核心资源，而把其他资源借助于外部最优秀的专业化资源予以整合，达到降低成本、提高绩效、提升企业核心竞争力和增强企业对环境应变能力的一种管理模式。”

伴随着产业分工的深化，外包衍生和派生出多种新型服务业，称为知识服务外包业。目前，知识服务外包主要包括信息技术外包（information technology outsourcing，ITO）、业务流程外包（business process outsourcing，BPO）和知识处理外包（knowledge process outsourcing，KPO）。

在某种意义上，外包已经存在了几十年，特别是在制造业部门，它是降低成本的一种手段。最早的外包活动主要由大企业进行，集中在信息技术服务领域。现在，随着网络技术、高速数据传输方面的进展以及带宽能力的增加，外包范围进一步扩大，开始包括一系列的企业经营管理事务。

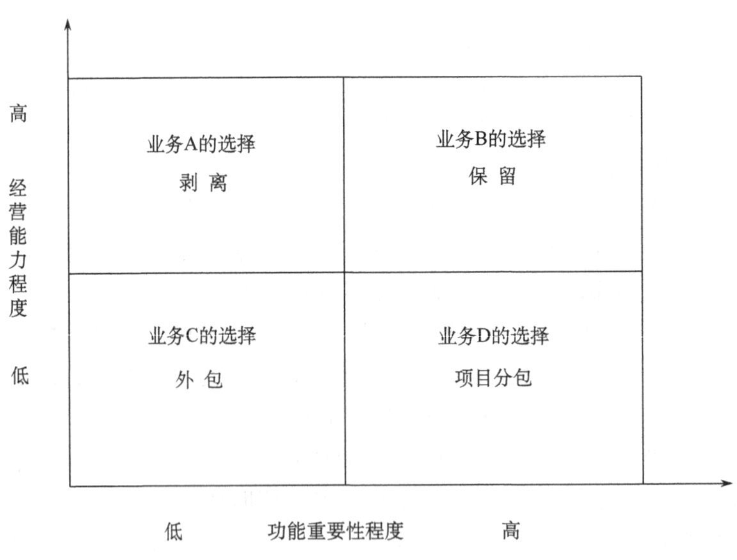

图 10-3 企业内部业务划分

通过分析我们可以初步了解企业产生外包的原因。根据功能重要性程度和经营能力程度，可以把企业内部业务划分成四种：业务 A 对于企业来说，尽管企业这方面的经营能力较强，但对企业发展或赢利并不太重要，可以剥离出去形成子公司，不仅对母公司提供业务 A 支持，又可以承接外包市场的业务 A；业务 B 是企业具备竞争力的核心业务，是企业发展和利润增长的源泉，自然是选择保留；业务 C 对企业而言既不擅长又不重要，日常需要支出大量费用，因此，可以在外包费用小于企业维持业务 C 的费用时，选择外包；业务 D 尽管对企业来说很重要，但企业自身不具备完成业务的能力，可以通过项目的形式由外包专家提供产品或服务，再将产品或服务纳入企业生产环节中以产生增值收益（图 10-3）。

外包在本质上是一种新的业务经营方式，当前，根据外包业务知识特征的差异，一般将传统外包划分为三种基本方式，即 ITO、BPO 和 KPO。图 10-4 是三者的主要关系。

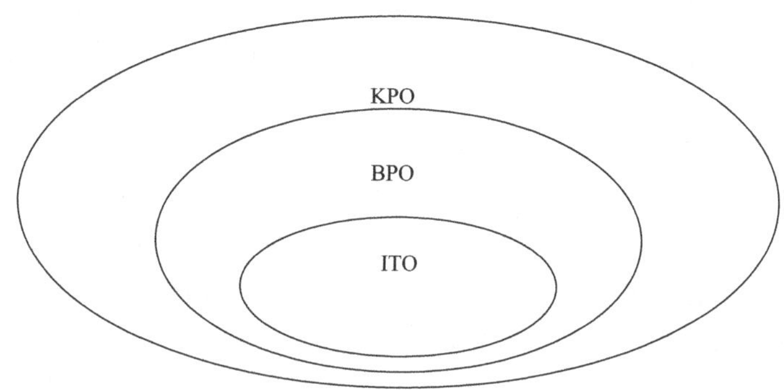

图 10-4 传统外包的三个层次

1）ITO

顾名思义，指的是 IT 开发外包，是客户将全部或部分 IT 工作包给专业性公司完成的服务模式。客户能够整合利用其外部最优秀的 IT 专业化资源，从而达到降低成本、提高效率、充分发挥自身核心竞争力和增强客户对外环境的应变能力的一种管理模式。

ITO 只是基于技术层面的外包，业务内容只是涉及企业经营活动中最基本的信息技术处理的发包和承包，比如基础软件编程、数据处理维护等，通常是发包企业以委托的方式和其他单位进行技术信息方面的转移和承接活动，两者只是一个业务中“你说我做”的关系，类似于上下级。

ITO 的主要业务类型包括应用开发、数据入库、数据库开发、数据库管理、桌面管理、灾难恢复、硬件支持、帮助桌面、网络和系统管理、建设网络、安全、服务器、软件开发、存储管理、网络开发、网络主机、网络管理等。

ITO 是最简单基本的传统外包方式，由于其附加值低，因此多采用离岸外包方式，这样能充分利用别国低廉的生产力，从而大大降低成本，也是外包最常用的业务方式。

2）BPO

BPO 是将企业内部的某些周期性、重复性的活动或者职能通过合约的方式转移给外部服务提供商的过程。业务流程外包的核心内涵是公司将其业务的管理和优化工作移交给第三方，由第三方按照既定的一系列标准进行活动。

BPO 是经营层的外包，涉及的业务范围相当广泛，是一种以信息技术为平台，寻求企业或组织中经营业务流程的最优组合方式，如人力资源管理外包、金融风险规避服务等业务的转移和承接。它更侧重于其真正经营层面的外包，是企业一项或者几项业务工作、甚至是整个部门的业务活动以及部分职能的外包，如对于客户管理、营销策划等。因此，必须通过合约的方式规定外包承接方必须履行的义务和责任，以及各项详细的规则，两者是对等的合作伙伴关系。

BPO 要求接包方具有更高的知识产权保护措施、国际化的管理水平和大量外语类专业技术人才。并且 BPO 需要签订长期合同，加上合同受较多因素的影响，因而在签订合同时，有很多不确定性，接包和发包双方需要谨慎、详细、周密地考虑。

BPO 涉及的业务范围很广，所以既适合离岸市场，又适用于在岸市场，是一种广泛而多角度的外包业务，是近几年迅速发展并广泛流行的一种外包业务方式。

3）KPO

KPO 指的是企业把自己业务中的知识创新、研发等环节的工作转移到第三方。这种外包过程主要涉及企业中的知识密集型业务流程，KPO 的核心是通过提供业务专业知识而不是流程专业知识来为客户创造价值。KPO 在创造出高价值的同时，也存在着高风险，因为这种外包需要发包和承包企业双方建立高度的信任和依赖关系，是真正利益上互相牵制的战略联盟，一般不容易达成。

KPO 只适用于知识密集型业务，对接包方要求很苛刻，必须有很强的研发和创新能力，对行业知识有着专家级的要求，同时也要求更高层次的监控和风险管理，任何细节的懈怠将不仅危及 KPO 承接商，而且可能影响整个由客户主导的流程。

KPO 领域的服务项目包括：知识产权研究，股票、金融和保险研究，数据研究、整合和管理，分析学（数据分析学/分析分析学）和数据挖掘服务，人力资源方面的研究和数据服务，业务和市场研究（包括竞争情报），工程和设计服务，设计、动画制作和模拟服务，辅助律师的内容和服务，医学内容和服务，远程教育和出版，医药和生物技术，研发（IT 和非 IT 领域），网络管理，决策支持系统（DSS）等。

2. 战略性外包

在传统战略管理领域中，西方主流学者对外包的理论研究集中于如何发包以及发包如何促进企业的转型等问题，认为管理者应该把主要的资源放在对企业具有战略意义的核心业务上，同时剥离、限制、外包出去那些非核心的业务。

而战略性外包又称变革性外包，其核心思想是通过外包战略降低成本或形成核心竞争力，以实现企业的组织变革和企业整体竞争优势的提高。其代表人物是 Linder 和 Quinn，主要代表人物 Linder 将变革性外包作为出发点，认为外包战略的目标是适应企业组织变革的需要以改善组织绩效。而 Quinn 则将知识系统业务外包作为理论出发点，将企业看成真正的虚拟组织或知识中心，主要通过共同利益和电子计算机系统，而不是权力和权威系统来实现外包管理，战略性外包也就是企业具有的核心竞争力。

Quinn 提出基于知识基础的战略性外包。他认为，今天的知识型和服务型经济为企业提供一个机会，即通过智力基础系统的战略外包以增加利润。随着企业的活动分解内部和外包更多智力业务到外部，他们的做法是将企业视为真正的虚拟组织或知识中心，主要是通过互动的共同利益和电子系统，而不是权力和权威系统来实现管理。战略性外包形成这种核心竞争力，被称为“战略模块”，以防止公司的供应商直接攻击其市场和提高公司的讨价还价能力和保证企业的垄断优势（Harzing，2002）。同时他也从创新的角度将战略外包提高到形成一种促进企业成长的创新行为（Normann，Rarnirez，1993），从而进一步丰富了战略外包的思想。但从主要的学术影响来看，变革性外包仍然构成战略性外包的核心内容。

战略性外包是一种追求企业战略转型的外包，它意味着对现有的商业模式实行一种激进的变革。有四种情况促进了战略性外包的发展。

(1) 企业需要快速攀登和追赶竞争对手；

(2) 企业需要在突破性成长时去除各种约束；

(3) 催化企业的经营管理变革；

(4) 进行激进的战略更新。

战略性外包对企业的重要意义主要有四点。

(1) 强化企业的核心竞争力。企业的核心竞争力是企业通过外包战略使企业集中资源与力量，选择能发挥自己专长的领域，从而形成自身的技术优势和规模优势。

(2) 增强企业的适应性与灵活性。在瞬息万变的环境中，能够灵活敏捷地对客户的要求做出反应、有效协调内外部资源、准确快速地优化配置资源的适应性企业才能拥有生存与成长的契机。采取外包战略，能够打破一条龙流水线式单行作业的生产经营模式，并代之以具有迅速反应能力的并行作业模式。

(3) 帮助企业进行业务转型。它能够帮助企业建立对不可预测事件的快速感应能力，使企业对快速变化的市场环境、顾客需求做出快速反应，进而相对容易地改变商业模型。

(4) 实现资源的优化配置。通过外包企业更强调对自己具有战略意义的业务或核心业务的创新，灵活的安排员工和调配资源于高价值的项目，使企业的核心业务与辅助业务紧密相连，通过利用其他企业的资源来弥补自身的不足，从而变得具有竞争优势。

10.4.2 战略性外包的动因

传统外包的动因与成本有直接的关系，这是企业争相实行外包的原因。战略性外包的动因则更多地与企业的战略变革有关（表 10-3）。

表 10-3 外包的优势

战术优势	战略优势	变革优势
降低和控制经营成本	改善业务关注点	为顾客带来更快、更新的解决方案
减少对非核心业务的投资	获取世界一流的先进技术	对日益缩短的产品生命周期做出反应
注入现金	促进组织重组	重新确定与供应商及合作伙伴的关系
获得内部缺少的资源	分担风险	超越竞争对手
克服职能管理失控的困难	释放资源用于其他用途	以较低的风险进行新的市场

1. 追赶竞争对手

在企业发现其生产经营已大大落后于竞争对手，落后于行业的发展，其核心能力已几乎没有什么价值的情况下，建立新的核心能力就成为企业恢复活力、进而赶超竞争对手的关键。简化活动，轻装上阵，对一些业务实行外包，不仅可带来短期的成本好处，更为重要的是，外包使公司拥有了喘息的时机，可使其重构关键能力；如果企业能够找到处于领先地位的外包伙伴，还可以直接地向其学习新的经营理念和新技术。

2. 顺应价值链的改变

当由于顾客需求的改变而带来了企业价值链的变化时，昔日的核心能力变成了核心边缘，而其他业务变成了新的核心。价值链的利润源往往从一方面转到了另一方面。如由营销转到供应或由生产转到营销等。这样，企业把过去的核心业务进行外包，既可降低成本又可提高自己的柔性，并将精力专注于新的核心业务，挖掘新的利润源泉。

3. 应对新技术的挑战

当技术产生更替时，旧的核心能力已过时，企业为了保持竞争地位，就需要对业务重新定位，不断获得新诀窍和新技术。如内部不能够开发，就有必要进行外包。

4. 抢占新市场

一方面，某些产品市场出现时，技术和顾客都有着很强的不确定性，如多媒体市场等。公司为了灵敏地抓住新技术和新市场，通常会对业务以复杂联盟的形式进行外包。因为在变化莫测的市场中，仅靠单个企业的核心能力远远不够。企业只有勇于与外部组织共享信息、共担风险、共享收益，迅速扩展自己的核心能力，依靠整体的力量才能快速抢占市场。另一方面，对于潜在的新市场，即使顾客是确定的，但时间胜似一切。谁赢得了时间，谁就赢得了市场。企业仅靠自己的力量同样难以取得胜算。

10.4.3 战略性外包的风险

战略性外包也同时创造了新型的风险：

第一，可能丧失对供应商的控制。由于潜在利益的不同，买卖双方有可能发生激烈的冲突。因此，对外购业务要加强同供应商的信息交流与联络，双方高层管理与业务负责人员要经常进行沟通，共同解决合作过程中的各种困难和问题。

第二，可能丧失职能交流带来的创新机会。企业的核心能力往往是跨职能各部门的技能或知识集群。各种职能部门的具有各种技能（术）的人员相互作用时常常能够发展出意想不到的新观点或解决问题的新办法。企业担心业务外包会使这种交叉职能“碰撞”所带来的好处全部丧失。

第三，合作期限很长，不能靠人来维系日常的事务。必须利用项目机制，避免由于员工的流动或者职位变化造成工作进展的问题。

第四，对外包双方的要求很高，尤其是人员素质的要求，必须有专业化、技能化的员工，因而限制了进行此项业务的企业范围。通常情况下面对的是大企业，而中小企业则往往由于自身原因无法开展此类外包业务。

10.4.4 战略性外包的实施与管理

一般来说，一个企业要成功地实施基于核心能力的业务外包，通常需要三个阶段。

第一阶段：企业的内部分析和评估。

在这一阶段中，企业主要是要明确外包的需求并制定实施的策略。在制定外包战略时，战略制定者必须深入思考如下问题：①明确企业的经营目标和外包之间的联系；②明确哪些业务领域需要外包。

第二阶段：评估自己的需求，并选择合适的业务外包厂商。

企业的领导层要听取来自内部或外部专家的意见，这支专家队伍至少要涵盖法律、人力资源、财务和外包的业务等领域。在综合各方面的意见后，要写一份详细的书面材料，其中包括服务等级、需要解决的问题以及详尽的需求等。在这一切都准备就绪后，就可以按照自己的需求去寻找最合适的厂商了。一般来说，对于外包商的评价指标体系应至少由以下三个方面的指标构成：①投入指标：外包商拥有的固定资产、人力资源、技术资源等生产要素；②能力指标：外包商的生产能力、技术创新能力等综合能力；③兼容指标：核心企业与外包商在生产、文化等方面的兼容性。

第三阶段：外包的实施和管理阶段。

基于企业核心能力，企业需要在分析企业业务专用性和战略重要性程度，当确定了所要外包的业务后，应通过加强组织内外部的管理来更好地参与到价值链中。在组织内部，需要构建基于核心竞争力知识库的学习型组织，不断优化企业流程来增强企业外包设计能力。在组织外部，则与价值链中的合作伙伴共同采取最优价格策略来达到价值链整体利润最优，实现双赢的目标。企业可以借助电子商务、电子商场等手段发掘企业之间新型关系管理方法，通过与合作伙伴之间交易成本和核心竞争力的互补与促进来推动核心能力的发展。

在外包实施的初期，企业还要帮助自己内部的员工适应这一新的战略业务方式。同时，企业应注意按照实行业务外包的新要求，对过去传统的经营关系结构、管理结构进行必要的调整。

战略外包并不是一种现成的、毫不费力的方法，企业要给予高度的重视。它不但包括与外包商、通过外包商与广大客户的关系调整，也包括对内的业务外包的专门管理和对外业务外包专项管理的调整，特别要注意两方面都牵涉到的人力资源管理。只有这样，战略外包才可以获得有效的机制保障。

➢案例 10-2　新西兰 Kinleith 造纸厂人力资源外包环境的转变

Kinleith 造纸厂隶属于 Carter Holt Harvey 有限公司（CHH），是该公司最大的制造厂。CHH 总部位于美国奥克兰，是国际纸业集团的成员（2004 年，国际纸业集团拥有 CHH53%的股份），也是新西兰最大的林业产品制造公司之一。Kinleith 制造厂主要生产成品纸以满足新西兰国内市场的需求，同时也在争夺正遭受慢性产能过剩困扰的国际纸浆产品市场的份额。

1987～2002 年，Kinleith 造纸厂经历了一系列的变革以压缩成本。尽管大量的成本被缩减，但是 CHH 仍然没有获取竞争优势。在智利，大型现代化的制造工厂拥有每吨仅 200 美元的成本优势。潜在的竞争者方面，俄罗斯公司的一些厂家正在筹集资本，建造工厂，这些厂家毗邻亚洲这一 Kinleith 造纸厂主要的海外市场，因此在成本上优势明显。

经过多年的努力，Kinleith造纸厂的工会已经获得了相当大的权力，因此管理层多次同意了劳方的要求以防止代价高昂的罢工。Kinteith造纸厂支付其270名维修工的工资，超过新西兰平均工资数的两倍。更糟糕的是，雇员已经学会消极抵制所有的工艺改进措施，公司与工会的敌对关系已成为Kinleith造纸厂运营的显著特征。

为了确保生存，Kinleith造纸厂启动了清洁纸张项目，他们认为引入该“绿色工程”可以使造纸厂得以重获新生。但是，“绿色工程”可能会造成工厂三分之一的雇员失业。当这个看似激进的计划正式实施时，Kinleith造纸厂的领导者们认为单靠他们的力量是无法完成的。他们认真考虑了来自ABB维护服务公司的关于外包此项职能的建议。Kinleith造纸厂经理David King说道：“Kinleith造纸厂可怕的劳工合同已经有50多年历史了，以至于工厂连未来几年的运行资金都无法保障。在一个经济低迷的时代，我们处在更加危险的境地。外包是我们最后的救命稻草。”

该外包活动分为两个阶段。

阶段一：在接下来的几个月里，工会代表和工厂管理层进行了一场激烈而又痛苦的谈判，最终达成了一项有关外包如何运作及管理层是否有权决策的协议。维护部经理Lan Whyte回忆道：“我与员工住在同一镇上，有时候事情真的很棘手。也许不这样改革还会好过些，但我们知道那样工厂就没什么未来，除非我们坚持下来。”最终，Kinleith造纸厂为所有维护部员工发放遣散支票，如果他们愿意继续留下来工作的话，需到ABB维护服务公司重新申请工作。

ABB维护服务公司以完全不同的雇佣条件雇用了其中130名员工。这些人得到同样的时效工资，除非工厂有紧急任务需要完成，否则节假日和周末不需要加班。ABB维护服务公司还跨部门培训员工，以让他们可以成为多技能的员工，以便承担更多的责任。ABB维护服务公司的区域经理Juergen Link说：“他们都是熟练的工人。如果他们改造厨房，他们会有个计划，会做预算，会预算控制，还会动手自己做。我想让他们能够承担更多的职责。”

阶段二：随着ABB维护服务公司开始有效地缩减开支并改善维护工作，Kinleith造纸厂的管理层将他们的注意力转向绿色工程的其他部分。他们重新设计了业务角色，削减了45个岗位，并同工厂剩余的270名员工达成了新的劳资协议。该协议以月薪制取代小时工制，将加班工资的费用从百分之十二缩减到百分之一，并且增加了工作弹性。

依据其后的财务数据，经过18个月维修工作外包的运作，Kinieith造纸厂竞争力显著增强，同时ABB维护服务公司也实现了2006年承诺的运营业绩。

Kinleith造纸厂的经理David King骄傲地总结了实施绿色工程对企业发展的影响：“费用戏剧性地减少了，并且由于采用的措施得当，工厂生产力也得到了提高。工厂一直以来就非常优秀的品质也得以改善。所有与合同有关的抱怨都消失了，所以我们可以更快地进行决策。虽然我们知道将维护业务进行外包是一项冒险的策略，但是我们惊喜地发现这一决策给工厂其他部门带来了美妙的影响”。

资料来源：Jane C. Linder. Outsourcing as a strategy for driving transformation. Strategy & Leadership,

2004，32（6）：26～31

➢本章总结

1. 本章主要从企业的外部市场角度来划分公司层战略的类型。企业如何拓展市场、如何与其他企业进行竞争与合作，这些问题导致了企业需要建立相关的公司战略，本章主要介绍的公司战略包括集团化战略、国际化战略、兼并与重组战略和战略外包。

2. 企业集团既是一种组织形态，也是一种成长战略，企业集团通过内部与外部的协同机制获得竞争力，在现代市场竞争中已经成为一种重要的战略。

3. 国际化战略是许多企业在成长过程中采取的一种成长战略，企业国际化需要考虑动机与风险、恰当的市场进入方式。值得注意的是，最近发展中国家企业的国际化发展迅速，呈现与传统国际化战略不同的特点。

4. 兼并、重组和战略联盟是企业整合资源的战略方式，在全球竞争中如何通过并购实现企业能力的提升和资源的外取，如何实施公司重组和建立战略联盟，这也属于公司层战略的范围。

5. 战略外包不同于传统的外包，在激烈的竞争中通过将核心业务逐步外包而实现战略转型对企业提出了新的挑战，这也需要在公司层进行整体的考虑。

参考文献

安德鲁·坎贝尔等．2000．战略协同．任海通，龙大伟译．北京：机械工业出版社．196，207～209

常丹，王金银．2005．ASP 模式下的信息系统外包决策框架．科技管理研究，25（2）：104，105

高晶，赵春江，关涛．2007．基于协同效应的企业集团竞争战略研究．学术交流，（10）：90～92

黄文胜，徐建新．2001．实施业务外包的意义和策略．商业研究，（12）：96～98

李沐纯，彭说龙．2005．“资源外包”及其经济学分析．企业经济，（3）：58，59

刘俊．2006．人力资源管理职能外包的初步研究．中国民营科技与经济，（8）：70～73

吕源，姚俊，蓝海林．2005．企业集团的理论综述与探讨．南开管理评论，8（4）：28～35

马明，苏勇．2006．战略性外包：企业核心能力的“辅助舵”．上海管理科学，28（6）：75～77

那宝魁，陈恒庆．1991．企业标准化——管理现代化的基础．世界标准化与质量管理，（10）：24～26

潘菁，刘辉煌．2007．国际知识型服务贸易发展的现状、前景及我国对策分析．南京财经大学学报，（4）：21～25

乔尔·布利克，戴维·厄恩斯特．1998．协作型竞争：全球市场的战略联营与收购．林燕等译．北京：中国大百科全书出版社

任浩等．2005．企业集团组织设计．上海：学林出版社

谭劲松，张阳．1998．战略管理．北京：中国水利水电出版社．255～259

王一．2000．企业并购理论及其在中国的应用．上海：复旦大学出版社

魏光兴．2003．企业集团的战略进化．技术经济与管理研究，（2）：103

杨供法，魏拴成．2001．企业“业务外包”的动因及策略．企业经济，（5）：4，5

姚小涛，席酉民．2002．环境变革中的企业与企业集团．北京：机械工业出版社．143，144

于建国等．1998．国外企业收购与兼并．上海：上海人民出版社

Anand J，Singh H. 1997. Asset redeployment，acquisitions and corporate strategy in declining industries. Strategic Management Journal，18（Summer Special Issue）：99～118

Barkema H G, Schenkar O, Vermeulen G M et al. 1997. Working abroad, working with others: how firms learn to operate international joint ventures. Academy of Management Journal, 40 (2): 426～442

Bowman E et al. 1999. When does restructuring improve economic performance? California Management Review, 41 (2): 33～54

Browning L D, Beyer J M, Shetler J C. 1995. Building cooperation in a competitive industry: SEMATECH and the semiconductor industry. Academy of Management Journal, 38 (1): 113～151

Capron L, Dussauge P, Mitchell W. 1998. Resource redeployment following horizontal acquisitions in Europe and North America, 1988～1992. Strategic Management Journal, 19 (7): 631～661

Colombo M G. 2003. Alliance form: a test of the contractual and competence perspectives. Strategic Management Journal, 24 (12): 1209～1229

Das T K, Teng B S. 2000. A resource-based theory of strategic alliances. Journal of Management, 26 (1): 31～61

Dyer J H, Kale P, Singh H. 2004. When to ally & when to acquire. Harvard Business Review, 82: 109～115

Gereffi G. 1999. International trade and industrial upgrading in the apparel commodity chain. Journal of International Economics, 48 (1): 37～70

Ghoshal S. 1987. Global strategy: an organizing framework. Strategic Management Journal, 8 (5): 425～440

Gulati R. 1998. Alliances and networks. Strategic Management Journal, 19 (4): 293～317

Harzing A W. 2002. Acquisitions versus greenfield investments: international strategy and management of entry modes. Strategic Management Journal, 23 (3): 211～227

Insinga R C, Werle M J. 2000. Linking outsourcing to business strategy. Academy of Management Executive, 14 (4): 58～70

Linder J C. 2004. Outsourcing as a strategy for driving transformation. Strategy & Leadership, 32 (6): 26～31

Linder J C. 2004. Transformational Outsourcing. Sloan Management Review, 45 (2): 52～58

Normann R, Rarnirez R. 1993. From value chain to value constellation: designing interactive strategy. Harvard Business Review, 71 (4): 65～77

推荐阅读材料

Insinga R C, Werle M J. 2000. Linking outsourcing to business strategy. Academy of Management Executive, 14 (4): 58～70

该文讨论了外包与战略之间的关系，企业如何在战略层面和运营层面对外包决策进行不同的考虑，在运营层面做出的外包决定很容易导致对外包的依赖，引发了战略上的问题，因此需要在战略上给予适当的指导。

Colombo M G. 2003. Alliance form: a test of the contractual and competence perspectives. Strategic Management Journal, 24: 1209～1229

作者主要对战略联盟产生的契约观点和能力观点进行比较分析。契约观点认为在选择联盟时主要考虑使交易成本最小化；能力观点认为选择联盟的形式主要考虑该形式要能够最大限度地支持相互学习的过程。

Dyer J H, Kale P, Singh H. 2004. When to ally & when to acquire. Harvard Business Review, 82: 109～115

该文讨论了联盟和收购的选择问题。当管理人员在决定是收购还是联盟之前，必须仔细地考虑关键因素，他们需要决定集合、合并哪些资源，希望去创造哪种协同，面对哪种竞争市场，即建立一种框架去做出相应的战略选择。

石井昌司．1998. 日本企业的海外战略．林青华译．广州：花城出版社

日本企业的跨国经营战略非常成功，使日本走上了经济振兴之路。该书详细介绍了日本企业的全球化战略的形成和发展，其中包括了许多著名的日本公司海外扩张的案例。

西口敏宏．2007. 战略性外包的演化——日本制造业的竞争优势．范建亭译．上海：上海财经大学出版社

该书对日本企业的供应商体系的演变过程进行了全面的考察研究，认为日本企业的竞争优势有赖于建立了企业间协调和相互解决问题的革命性体系，使我们从根本上重新审视有关日本企业的竞争力问题。

第11章 经营层战略

11.1 竞争优势与竞争战略

11.1.1 竞争优势

竞争优势是战略管理中的一个核心问题，一般是指企业在与同行业企业的竞争中所表现出来的相对于竞争对手的一种优势。企业在竞争中依赖于这种优势可以获得超过本行业平均收益率的高额回报。早期的战略管理以战略计划为主体，强调企业发展的整体计划或企业政策，竞争优势的概念并不突出。但是随着外部环境的变化和市场竞争越来越多地影响企业的经营业绩，如何获得竞争优势成为企业战略管理中的核心问题。

企业竞争优势具有一些基本特征。例如，企业获得的任何竞争优势都具有时效性，也就是说竞争优势是在一定时期内的优势，必须以动态的观点看待竞争优势；企业的竞争优势是一种比较优势，一般以行业为背景，以竞争对手作为比较对象。

企业对竞争优势的重视反映了企业对环境变化和竞争的关注。虽然不同的企业对竞争优势的认识差异很大，但都反映了各个企业的管理者对企业战略的基本认识，是一种战略观，有时这种认识具有哲学思考的特征。

竞争优势理论是人们对企业竞争优势的系统性思考，它希望回答的问题是：为什么一些企业相对于其他企业能够获得更好的经营业绩？造成企业之间经营业绩差异的原因是什么？不同的竞争优势理论对竞争优势产生的根源做出了不同的解释。

1. 产业组织的观点

以波特等为代表的行业结构学派在战略管理领域中最早对竞争优势进行了系统的研究，由于波特的观点以 Mason 和 Bain 等的产业组织理论为基础，因此被称为竞争优势的产业组织观点。产业组织理论（theory of industrial organization）主要研究特定产业内部的企业之间竞争和垄断及规模经济的关系和矛盾，希望揭示产业组织活动的内在规律，为产业组织政策的决策者提供理论依据和政策建议。产业组织理论的基本范式是S-C-P（结构-行为-业绩），也就是说，企业的业绩与它的竞争行为具有密切的关系，而它的竞争行为又与产业结构具有密切的关系。因此，一个企业在市场上的业绩表现主要取决于它所参与竞争的产业环境。

波特将这一基本观点运用于企业竞争优势的分析，认为企业竞争优势来源于企业所在的行业及其结构，取决于企业在行业中的恰当定位。在此基础上波特提出了著名的"五力"模型，认为一个行业的竞争状态取决于五种力量，即供应商、顾客、替代者、互补者和同业竞争者的相对强度，这些竞争力量合在一起决定了一个行业的最终利润潜力，企业在行业中的定位则决定了行业内不同企业之间的业绩差异。

为什么在行业中企业竞争面临的各种力量所形成的结构会导致企业业绩产生差异呢？波特认为主要存在这各种行业壁垒，包括规模经济、产品差异、资本需求、转换成本、分销渠道、与规模无关的成本劣势、政府政策等。

波特在《竞争优势》一书中提出两种基本的竞争优势形式，即成本领先优势和差异化优势。其认为，成本优势是公司积极地建立有效规模的生产设施，在经验基础上全力以赴降低成本，抓紧对成本与管理费用的控制以及最大限度地减少研究开发、服务、推销、广告等方面的成本而达到的，从而使得处于低成本地位的公司可以获得高于产业平均水平的收益。另一个竞争优势形式，即差异化优势，是公司所提供的产品或服务在全产业范围中是具有独特性的东西。它是利用客户对品牌的忠诚以及由此产生对价格的敏感性的下降来使公司避开竞争，达到利润增加而不必追求低成本。客户的忠诚以及某一竞争对手要战胜这种"独特性"需要付出的努力就构成了进入壁垒。

20 世纪 80 年代及其之前关于竞争优势的产业组织观点比较流行，但 90 年代后受到许多批评。因为，以前如钢铁、汽车、化工等产业属于资本密集型的产业，在长期的竞争中逐渐形成了比较稳定的产业结构，由这些产业竞争所得出的经验比较适用于相对稳定的产业。80 年代后期，随着市场需求的多样化，技术革新和产品升级换代的速度加快，市场竞争变幻化也越来越快，一些产业发生了急剧的升级和变化，许多企业难以从各种壁垒中获得和保持竞争优势，纷纷转向探寻企业竞争优势的内在来源。

2. 核心能力的观点

同产业组织观点不同，核心能力的观点认为从企业的内部寻找竞争优势的来源。企业是一系列资源和能力的集合体，不同的企业有不同的资源和能力，这是造成企业之间业绩差异的根本原因。因此，企业所拥有的独特的资源与能力是企业竞争优势的根本来源。

核心能力的观点认识竞争优势与 20 世纪 80 年代后的经营环境变化有密切的关系，这时技术进步日新月异，技术诀窍与知识呈迅速扩散之势。一方面企业竞争日趋全球化，产品的生命周期不断缩短；另一方面市场不断细分，顾客的需求日益个性化、差异化，这些因素改变着企业经营环境的性质和竞争规则，企业的经营环境变得越来越动态化和不确定。企业在这种动态的环境中寻求内在的竞争优势来源成为一种趋势。

在核心能力观点中，关于能力基础和资源基础的认识还存在着值得注意的差异，正如哈梅尔和普拉哈拉德所言，决定企业竞争优势的能力是企业多方面的资源、技术和不同技能的有机组合，而不是单纯的企业资源。资源异质性的背后是人的异质性，企业竞争优势的根源由具体的、客观性的资源变成了企业对资源配置、开发与保护资源的能力。

3. 企业知识理论

企业知识理论是对核心能力观点的进一步发展。一些以通信、信息技术、金融服务为代表的知识型企业在成长和竞争中表现出的独特性引起了广泛的关注，尤其是那些新兴的信息技术企业迅速成为领先者并形成赢者通吃的态势。那么促使这些企业获得竞争优势，隐藏在能力背后的又是什么呢？企业知识理论认为，隐藏在能力背后，决定企业能力的是企业的知识以及与知识密切相关的认知学习，它们是企业竞争优势的更深刻的来源。测度企业竞争优势的基本尺度包括四个方面，即创新能力、难以模仿、可持续性以及学习能力，正是这几个方面形成了企业竞争优势，企业知识尤其是默会知识在其中发挥了关键的作用。

4. 国家竞争优势和钻石模型

在企业努力创造以及持续全球竞争优势的过程中，国家发挥的重大作用凸显。国际竞争优势的形成同时体现了企业与国际环境密不可分的关系。一般来说，每个国家之间有不同的竞争优势，贸易的条件来自经济规模、技术领先和独特的产品，拥有这些条件的企业就有出口能力。但是，哪一个国家的企业能够拥有这些高级技术能力、生产高质量产品，并能抓住客户需求呢？这些能力是如何形成的呢？

波特的“钻石模型”解释了国家如何能在某个特定产业的国际竞争中获得成功，并且成为国家竞争优势理论的核心内容。波特认为在国际市场竞争中，企业的竞争优势受到四项因素的影响，它们分别是：①生产要素条件；②需求条件；③企业的战略、结构和竞争对手；④相关的支持性产业。波特认为，一国的某产业或企业若突出地具备了上述四条件中的一两项，才能说是具有竞争优势，这就是著名的“钻石模型”。

1）生产要素条件

波特认为一国的要素禀赋在决定一国的竞争优势方面所起的作用要比通常所认为的更为复杂。他指出，在大多数产业的竞争优势中，生产要素通常是创造得来而非自然生成的，并且会因各个国家及其产业性质而有极大的差异。无论在任何时期，天然的生产要素都没有比被创造、升级和专业化的人为要素条件更重要。波特提出了两种要素分类方式：第一种分类方式是将它们分为初级要素（basic factor）和高级要素（advanced factor）两类，即初级要素是一国先天拥有的，或只需要简单的私人及社会投资就能得到的要素，如天然资源、气候、地理位置、非熟练劳动力、融资等；高级要素是需要长期投资或培育才能创造出来的要素，包括现代化的基础设施、高等教育人力（如电脑科学家和工程师）以及各大学研究所等。第二种分类方式是根据生产要素的专业程度分成通用要素（generalized factor）和专用要素（specialized factor），通用要素包括公路系统、融资、受过大学教育而且上进心强的员工，它们可以被用在任何一种产业上；而专用要素则限制于技术型人力、先进的基础设施、专业知识领域以及其他定义更明确且针对单一产业的因素。波特认为，一个国家想要由生产要素建立起产业强大又持久的竞争力，则必须从事要素创造，要着力发展高级生产要素和专业性生产要素，这两类要素的可获得性决定了竞争优势的质量及其可持续性。

2）需求条件

这里的需求条件指的是国内市场需求。波特认为，国内市场需求会影响一国产业发展的效率。他分析了国内需求市场对产业竞争力的影响的三种不同方式。①国内市场的性质。这包括三层含义：一是本国需求是否具有全球性；二是本国需求是否具有超前性；三是本国需求是否最挑剔，即往往最挑剔的购买者会迫使当地企业在产品质量、品质和服务方面满足消费者的高标准要求，而在这种需求环境下成长起来的企业具有较高的竞争力。②国内市场的大小与成长速度。波特认为，国内市场规模是一把“双刃剑”。一方面，具有激励厂商投资、再投资的动力，因而成为产业国际竞争力的一大优势；另一方面，庞大的国内市场所带来的丰富机会可能导致厂商丧失向海外拓展的意愿，这就形成不利于国际竞争的因素。因此，必须综合考虑各种竞争要素，才能看出市场规模对产业竞争力的利弊。③国内市场的国际化能力。国内市场需求转换为国际市场需求的能力高，则企业就可以将更多的本国产品或服务推向海外，从而提高本国产业的国际竞争力。

3）企业的战略、结构和竞争对手

波特认为，由于各个国家环境不同，需要采用的管理体系也就不同；适合一国环境的管理方式能够提高该国产业的国际竞争力。波特通过实证研究发现，强有力的国内竞争对手普遍存在于具有国际竞争力的产业中，这也说明，激烈的国内竞争是创造和保持国际竞争优势的最有力的刺激因素。其原因在于，国内竞争会迫使企业不断更新产品，提高生产效率，以取得持久、独特的优势地位。此外，激烈的国内竞争还会迫使企业走出国门在国际市场上参与竞争；而经过国内激烈竞争锤炼的企业往往更加成熟，更具有竞争力，更容易在国际竞争中取胜。

4）相关的支持性产业

波特指出，相关和支持性产业之间存在着密切的协同效应。一方面，当本国的支持产业（波特指的是供应商）具备国际竞争力时，它会通过以下方式为下游产业创造竞争优势：以最有效的方式及时地为国内企业创新；促进信息在产业内传递，加快整个产业的创新速度。另一方面，竞争力强的产业也会通过“提升效应”（pull-through effect）带动相关产业发展。

5. 竞争优势的市场与非市场因素

无论产业组织的观点还是核心能力的观点，实际上都认为企业的竞争优势是通过企业的市场竞争行为而形成的，只不过这些市场竞争行为的焦点是内在的资源能力或外在的产业定位。这种思考主要继承了早期安索夫以产品与市场为核心决定企业战略的思路，基本上是在市场体制的假设之上的。

但是，企业在现实的竞争中实际上受到了市场因素和非市场因素的共同影响，越来越多的企业意识到，政府的管制和政策、公众的支持、利益相关者、新闻媒体的介入都是它们获取竞争优势的重要来源。在企业的国际竞争中，由于存在复杂的国家利益、政治集团利益和公众利益，非市场因素对企业竞争优势的影响尤其不可忽视。

以前认为非市场因素的影响是间接的，但由于企业越来越多地担负起社会责任，如环境保护、社区服务、公民责任等，许多非市场因素对企业竞争有时产生的影响是直接的，而不仅仅是通过对市场因素起间接作用。现实中，一些企业通过促使政府对竞争对手或替代品生产商施加管制，或者赢得与竞争对手相比更加优惠的政策，或者通过某些政策影响上下游企业而赢得讨价还价的能力等诸多措施使得企业赢得超越竞争对手的比较优势。

对于竞争优势的市场与非市场因素，企业往往采取整合的方式（图 11-1)。整合模式不同会进一步造成企业竞争优势的差异。

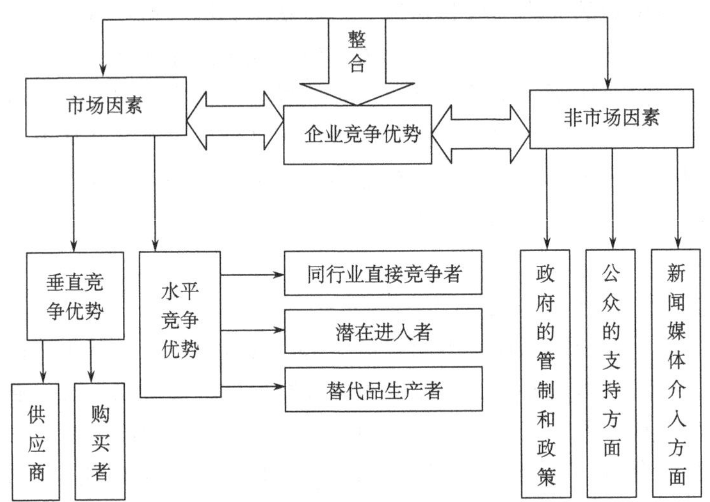

图 11-1 竞争优势的市场与非市场因素整合

11.1.2 竞争战略

竞争战略是企业所制定的开发核心竞争力和在市场上获得竞争优势所采取的一系列整合的或协调的竞争行动。它表明一个企业怎样努力在一个特定的产品市场中竞争，并获得超过对手的竞争优势。竞争战略的基本内容一般由竞争方向（如目标市场选择及市场的细分)、竞争的基本目标及实现途径等构成。

一个企业可以从公司层面和经营层面考虑如何竞争，但是企业某个业务在其市场中的竞争是最基本的，因此，本章对竞争战略的介绍主要是基于经营层面的。在经营层面的竞争战略需要思考几个基本问题。

1. 竞争战略的三个基本问题

第一个问题是：客户是谁？企业为谁服务？

企业在竞争激烈的环境中必须时刻问“服务的对象是谁”这个问题。一旦对这个问题的认识模糊了，竞争战略就会发生偏差。企业一旦明确它将为谁服务，就必须集中精力于这一客户群体或其中的一部分。企图“为所有的人做所有的事”是不现实的。

第二个问题是：满足客户什么需求？

所有客户都希望购买有价值的产品和服务，但是顾客所需要的价值究竟是什么？需要企业不断地挖掘。只有不断为客户提供价值日益增长的产品，企业才能获得战略竞争力，赢得高额利润。公司在认识和理解客户需求时，高层经理起着关键作用。他们需要通过倾听客户的心声获得对客户需求有价值的认识。因此，一个企业与客户交往不仅是市场及销售部门的责任，也是高层管理者的责任。

第三个问题是：怎样满足客户需求？

企业应该用他们的核心竞争力去满足客户的需求，本田的摩托车、小汽车、除草机和发动机等经营都是在公司长期以来所建立的发动机和动力车的核心竞争力基础上的。但是，如何从内在的核心竞争转化为外在的竞争优势？这种实现路径的设计或探索是竞争战略最有价值的部分。

在解决上述三个问题时，企业不能孤立地看问题，竞争战略的制定和实施不是孤立的，必须考虑竞争者的反应，包括来自环境方面的反应。

2. 市场竞争战略及其类型

简单来说，市场竞争战略就是直接和市场供给及需求相关的竞争战略，主要是指企业为取得市场竞争中的优势地位，依据本企业的状况和对市场环境变化及发展趋势的分析而采取的各种战略的总称。波特关于竞争战略的观点是市场竞争战略的代表。

波特认为竞争战略“是要在竞争发生的产业宏观舞台上追求一种理想的竞争地位”，竞争战略是“旨在针对产业竞争的各作用力建立有利的、持久的地位”。因此，这里所谓的“市场环境”具体地说即企业所在的产业环境，企业在产业环境中建立竞争战略是波特对竞争展露的基本观点。波特进一步说，“竞争战略的选择由两个中心问题构成。第一个中心问题是由产业长期赢利能力及其影响因素所决定的产业的吸引力”，“第二个中心问题是决定产业内相对竞争地位的因素”。因此，不是所有产业都提供持续赢利的机会，竞争战略需要首先选择产业；在同一产业中总有一些企业比其他企业获利多，竞争战略还需要在产业中恰当地定位。

市场型竞争战略的制定一定是围绕关键市场因素如产品、客户等提出来的，波特提出的竞争战略的主要类型包括三种，即低成本战略、差异化战略、集中化战略，这三种战略的划分依据是企业对产品特征与市场特征的分类。本章将主要讨论这三种竞争战略。

3. 非市场竞争战略及其类型

企业涉及非市场的活动范围是十分广泛的，Baron P. David 对非市场竞争战略的定义是，在非市场环境中，通过改善整体行为以增加价值所采取的一致性行动策略。例如，企业通过本国政府采用贸易政策去开拓国外市场，企业通过正式或非正式的途径向政府部门或官员递交企业的研究报告、产业分析和本企业的观点；企业通过直接或间接的途径找到政府官员，希望他们成为企业利益代言人；等等。

企业常用的非市场竞争战略的包括：

第一，政治战略。政府作为影响企业经营管理的一个主要的非市场力量，对企业的经营环境和企业的经营绩效都产生了很大的影响，企业非市场环境的不确定性更多的是由政府的各项宏观政策、规章的变化引起的。在西方，影响企业经营运作的公共政策与法规的出台一直是社会各种利益团体（包括企业）的权力斗争和利益平衡的结果。一般来说，对于政治战略的研究是将企业政治行为、竞争战略与竞争优势联系在一起的，认为企业影响政府政策制定过程的行为直接关系到企业的经营业绩及企业竞争力（Hillman，Hitt，1999；Schuler，1996）。企业越是有长远发展的观念，就越重视政治战略的制定和实施，在很多企业，这已经成为一项重要内容（Baron，1995）。

第二，社会公众战略及媒体战略。企业对社会公众的影响和社会责任的行为已经上升到企业战略管理的层面了，这不仅凸现了企业对社会文化环境的关注，而且也表明这些方面对企业的发展起着至关重要的作用。企业日渐形成了媒体与公众战略及利益相关者战略等非市场战略形态。巴伦（2004）认为新闻媒体是非市场力量的重要信息来源，它可以提醒公众、活动家、行政官员、利益群体关注企业发展中的非市场问题，企业有必要把媒体作为非市场战略的一部分。媒体战略的主要任务是引导媒体与利益相关者及公众的相互交流，从而帮助企业获得资源和发展。

然而，需要强调的是，企业采取市场战略与非市场战略，两者不是孤立的，它们之间是需要整合的。

11.2 经营战略的基本类型

11.2.1 低成本领先战略

所谓低成本领先战略，是指企业在提供相同的产品或服务时，通过在内部加强成本控制，在研究、开发、生产、销售、服务和广告等领域内把成本降低到最低限度，使成本或费用明显低于行业平均水平或主要竞争对手，从而赢得更高的市场占有率或更高的利润，成为行业中的成本领先者的一种竞争战略。成本领先战略的目标是想方设法建立一个单位成本比竞争对手更低的成本结构。一般来说，实行低成本领先战略的企业依靠以降低成本为主要目标的商业模式实现竞争优势和超过平均水平的利润率。它所具有的优势主要体现在：①对竞争者进入同行业形成障碍；②增强自身讨价还价的能力；③降低替代品的威胁；④企业可获得乐观的市场占有率。

1. 低成本领先战略的优点

(1) 对竞争者进入同行业形成障碍：企业已经建立起的巨大的生产规模和成本优势，使欲加入该行业的新进入者望而却步，从而形成进入障碍。

(2) 增强自身讨价还价的能力：面对强有力的购买商要求降低产品价格的压力，处于低成本地位的企业在进行交易时握有更大的主动权，可以抵御购买商讨价还价的能力。

(3) 降低替代品的威胁：企业处于低成本地位上，可以抵挡现有竞争对手产生同类产品的对抗。即在竞争对手在竞争中不能获得利润、只能保本的情况下，该企业仍能获利。

(4) 企业可获得乐观的市场占有率：采取低成本领先战略的企业，与行业中同类企业提供的是相同的产品或服务，顾客更愿意选择较低价格的相同产品。因此，低成本战略的企业会在行业中占有一定比例的市场份额。

2. 低成本领先战略的缺点

（1）引起价格战。

（2）企业高层领导把过多的注意力集中于低成本战略，会导致企业忽视顾客的需求、顾客对产品差异的兴趣以及对价格敏感性的降低等，这样很可能被采用产品差异化战略的竞争对手所击败。

（3）破坏产业价值链的良好协调关系。

（4）企业投资较大，因为企业必须具有先进的生产设备，才能高效率地进行生产，以保持较高的劳动生产率。

3. 低成本领先战略的实施条件

在实践中，实施低成本领先战略要想取得好的效果，需具备相应的环境条件，主要体现在以下几个方面：

（1）产品和服务的销售量对价格很敏感，具有较高的价格弹性。品牌之间的差异化对购买者来说并不重要，或获得对购买者有价值的差异化的途径不多，购买者对价格差异十分敏感。一般来说，购买者对价格越敏感，就越倾向于购买价格最优的厂商的产品，低成本战略就具有吸引力。

（2）行业的产品基本上是标准化产品或者商品化同质产品，购买者很容易从很多卖方厂商那里获得，购买者从一个卖方厂商转向另一个卖方厂商所承担的转换成本很低，因此，购买者很容易转向低价格同质量的卖方厂商。在这种条件下，购买者可以以最优惠的价格购买产品。

（3）绝大多数购买者使用产品的方式是一样的。用户要求相同，产品标准相同，在这种情况下，低销售价格就成为购买者选择产品的主要因素，而不是特色或是质量。

（4）购买者具有很大的降价谈判能力。

4. 低成本领先战略的主要风险

采取低成本领先战略者，在与竞争对手的对抗过程中，企业存在的风险主要体现在两大方面：一是低成本领先地位的丧失，二是企业的成本优势难以弥补差异化劣势。

（1）低成本领先地位的丧失：实行低成本领先战略的企业面临的最大的挑战就是必须始终保持产业内的低成本地位，但要做到这一点，比获得成本领先地位更加困难。一方面是技术问题。处于成本领先地位的企业，通常拥有相对先进与完善的技术体系，这一点竞争对手深知，然而，竞争对手要想获胜就会绞尽脑汁寻求新的技术体系来取代原来的技术体系，一旦某产业的技术体系发生了质变，就必然会使得过去的领先企业在技术领域的投资大幅度贬值。另一方面是成本降价空间的问题。企业要想维持成本领先地位，必须不断降低成本以保持对竞争对手的成本优势。但随着技术与产业的成熟，企业降低成本的空间与幅度会日渐缩小，这是不容忽视的事实。

（2）企业的成本优势难以弥补差异化劣势：在市场上，价格优势是成本领先企业获胜的有力武器，而其所具有的劣势就是产品没有个性。当企业产品的价格优势无法弥补差异化所带来的劣势时，企业必然会拱手把市场优势让与实施差异化战略的企业。导致企业差异化劣势过分突出的原因，既可来自企业的内部经营不善，也可来自外部市场环境的变化。

11.2.2 差异化战略

差异化战略的指导思想是：企业提供的产品和服务具有独特性，即具有与众不同的特色，能够满足顾客特殊的需求，从而形成竞争优势的战略。实施差异化的目的在于创造企业产品或服务的独特性。其分别通过产品、服务、人事以及企业形象四种途径来实现。这种产品由于具有与众不同的特色而赢得一部分用户的信任，使同产业内的其他企业一时难以与之竞争，其替代品也很难在这个特定的领域与之抗衡。总之，差异化战略是一种极具顾客导向的战略，它很注重研究顾客需求与满足顾客需求。其目标是比竞争对手更好地满足顾客需求，其手段是使产品融入顾客需要的独特个性。独特个性的融入，使实施差异化战略企业的产品与众不同。因此，差异化战略所具有的优势也由此而体现。

1. 差异化战略的优点

实施差异化战略，可以培养顾客对品牌的忠诚，降低顾客对价格的敏感性。因此，差异化战略是使企业获得高于同行业平均利润水平的一种有效战略。其优点主要概括为以下五个方面：

（1）容易形成产品特色。

（2）企业能够获得较高的溢价。由于实行差异化战略，本企业生产的是名牌产品，因而增强了本企业对原材料或零部件供应商的讨价还价能力，从而产生较高的边际收益。

（3）削弱了顾客的讨价还价能力。

（4）企业通过差异化来建立起顾客对本企业产品的信赖，使一般的替代品无法在差异化上与本企业开展竞争。

（5）降低顾客敏感程度。

2. 差异化战略的缺点

（1）企业形成产品差异化的成本过高。因为实行这种战略要增加设计及研究开发的费用，要用高档的原材料，企业是把保持产品经营特色放在第一位，降低成本放在第二位，因此，企业产品差异化所取得利润的一部分或大部分要被产品成本的提高所抵消。

（2）竞争对手推出相似的产品，降低产品差异化的特色。

（3）竞争对手推出更有差异化的产品。

（4）购买者对差异化所支付的额外费用是有一定支付极限的，若超过顾客的支付极限，低成本、低价格产品对顾客的吸引力与高价格差异化产品对顾客的吸引力相比就显示出竞争力。

（5）进入成熟期时，差异化优势也容易被竞争对手模仿。对于那些具有差异化优势的企业，竞争者会想方设法地学习与模仿，以改进自己的产品或服务，达到缩小或弥补差异化劣势的目的。因此，获得差异化优势的企业既不可高枕无忧，也不可一劳永逸，必须注重差异化优势的保护，维持与强化，又要不断寻求新的差异化优势。

3. 差异化战略实施的条件

（1）顾客需求的差异化，顾客对产品的需求和使用的要求多种多样。

（2）企业具有较强的研究开发能力，研究人员有创造性的眼光，并且所创造的产品与竞争对手的产品存在的差别被顾客所认同。

（3）企业具有以产品质量和技术领先的声望，企业要具有很高的知名度和美誉度。

（4）企业具有很强的市场营销能力。要使企业内部的研究开发、生产制造、市场营销等职能部门之间有很好的协调性。

（5）企业研究开发、市场营销、产品生产等部门之间具有良好的协调机制。

（6）企业具有吸引高级研究人员、创造性人才的物质条件。

4. 差异化战略的风险

（1）企业对购买者需求特点缺乏准确的分析把握。导致这个问题的关键是企业没有理解或者确认购买者真正认为和想要的有价值的东西是什么？企业所强调的独特特色，对购买者而言并没有多大的价值。

（2）企业的差异化缺乏独特的来源。

（3）企业过度差异化，导致成本大幅上升后差异化属性超出需求，购买者难以接受或认同。

（4）企业向购买者索要太高的附加价格。

11.2.3　集中化战略

严格地说，集中化战略不是一个独立的基本战略，它是低成本领先战略与差异化战略在某个边界条件下的一种折中战略。对一些企业而言，由于资源和能力的制约，它既无法成为成本的领先者，也无法成为差异化者。波特指出，如果这种企业能够约束自己的经营范围，那么企业也可以在这样一个较小的目标市场上获得竞争优势。因此，所谓的集中化战略就是把企业的经营战略重点放在一个特定的目标市场上，为特定的地区或特定的购买者集团提供特殊的产品或服务的战略。

其主要有四种类型：第一种是产品专一化（product specialization），即公司集中力量为不同的细分市场提供同一种产品；第二种是地域专一化（geographic specialization），即公司向一个较为狭窄的地域市场提供一系列的相关产品；第三种是顾客专一化，就是公司向一个特定的顾客群提供大量的不同的产品；最后一种类型叫做利基市场，指的是公司向一个细分市场提供一种产品。这种战略的优点在于企业能够控制一定的产品势力范围，在此势力范围内其他竞争者不易与之竞争，故其竞争优势地位较为稳定。

1. 集中化战略的优点

（1）相对于企业的能力规模，目标小，而市场足够大，可以赢利。

（2）企业有条件深入钻研以至于精通有关的专门技术，熟悉产品的市场、用户及同行业竞争方面的情况，因此有可能提高企业的实力，争得产品及市场优势。

（3）目标小市场不被主要竞争厂商所擅长或重视。

（4）企业拥有采取集中战略有效服务于目标小市场的资源和能力。

（5）企业可凭借集中战略建立起来的顾客商誉和服务能力来防御行业中的各种挑战者。

2. 集中化战略的缺点

(1) 定位于细分市场的竞争厂商很难满足目标小市场的专业化或特殊需求，或者如果要满足这个市场的专业化需求，其代价往往十分昂贵。

(2) 没有其他的竞争厂商在相同的目标细分市场上进行专业化经营，没有市场竞争或竞争被弱化。

(3) 一家企业没有足够的资源和能力进入整个市场中更多的细分市场，整个行业有很多小市场和细分市场，从而一个集中厂商只能选择与自己的强势和能力相符合的目标小市场。

3. 集中化战略的实施条件

集中化战略往往在下列情况下能够取得最好的效果：

(1) 购买者群体在需求上存在着差异，用户有独特的偏好或需求，也就是具有完全不同的用户群。

(2) 没有其他竞争对手在相同的目标细分市场上进行专业化经营。其他竞争对手尚未打算在企业的目标市场上采用集中化战略。

(3) 目标市场具有一定的吸引力。

(4) 本企业资源有限，无法追求更大的目标市场。整个行业有很多小市场和细分市场，本企业资源实力有限，没有足够的资源和能力进入整个市场中更多的细分市场，从而选择与自己的强势和能力相匹配的有吸引力的目标小市场。

(5) 行业中各细分市场在市场容量、成长速度、获利能力、竞争强度等方面存在很大差异，致使某些细分市场比其他部门更有吸引力。

4. 集中化战略的风险

(1) 由于狭小的目标市场难以支撑必要的生产规模，所以集中化战略可能带来高成本的风险，从而又会导致在较宽范围经营的竞争对手的竞争。

(2) 由于技术进步、替代品的出现、价值观念更新、消费偏好变化等多方面的原因，导致企业原来赖以形成的集中化战略的基础丢失。

(3) 企业以较宽的市场为目标的竞争对手可以采取同样的集中化战略；或者竞争对手从企业的目标市场中找到了可以再细分的市场，并以此为目标实施更集中的战略，从而使原来采用集中化战略的企业失去优势。

11.2.4 大规模定制战略

大规模定制的思想在20世纪70年代提出来，随后的发展颇为引人注目。大规模定制将大规模生产和定制生产这两种传统上矛盾的生产方式结合在一起，并对企业经营管理产生了重大的影响，因此大规模定制战略不仅是生产战略，而且涉及企业竞争战略的转变。

大规模定制战略是指企业以大规模生产的成本和速度生产和提供定制化的产品和服务，通过一些适应于新时代市场竞争特点的指导思想和生产、管理的原则，帮助企业实现经营目标并在竞争中获胜，同时借助计算机辅助功能和信息技术及敏捷的组织结构支持企业满足客户对价格低廉，个性化、定制化产品和服务的需求。

大规模定制战略起源于制造业企业的改革，但是不仅局限于制造业，如今在服务业也得到广泛的运用，典型的例子是银行业对大规模定制战略的运用。

1. 大规模定制战略的优点

大规模定制战略如今得到了越来越多的企业和公司的认可和实践，这主要是因为大规模定制适应了新的市场竞争形式，其优越性日益凸显。

1）满足了市场多样化和个性化的需求

一方面，随着社会物质财富的积聚，供应商阵营不断扩大，卖方市场转为买方市场，激烈的行业竞争为消费者提供了选择的空间。另一方面，市场全球化给跨国公司带来前所未有的机遇的同时，也使它们必须面对各个国家不同的市场和不同需求的消费者。此外，客户需求呈现层次化，某一类特定商品的购买冲击力不再集中，消费热点难以形成或形成后难以持久，转移加快，因此多样化、个性化产品需求蓬勃发展。大规模定制模式采用定制化生产能够满足市场的这种多样化、定制化的需求。

2）适应了企业争取市场份额的需要

需求的多元化和个性化使以往统一稳定的大市场逐渐变成许多不同层次和不同区段的细分市场，市场呈现总额在逐渐增长但每个细分市场在不断缩小的趋势。企业要在竞争中取胜，就要在满足个性化市场需求的同时，尽量占取更多的细分市场，这就使得企业陷入了专注于细小市场和扩大总市场份额的矛盾中，但是由于各个细分市场之间存在着内在联系和许多相似的需求，因此，找到这些联系和相似需求，同时发现每个细分市场的特殊性和个性化的需求，这对企业在定制化基础上实现规模化提出了要求，也成为现代企业赢得市场竞争的关键。

3）满足了市场对低成本、高质量、定制化产品的需求

新的竞争形式下，企业赢得市场所需要的产品和服务的高质量不再是废品率和故障率等统计概念，不再仅是“遵循标准”或“消除误差”，而是意味着生产正确的产品，在正确的时间、正确的地点递送到客户手中，从而满足客户的期望需求和潜在需求。大规模定制将定制与规模性有效结合，满足了市场对产品低成本、高质量及定制化的需求。

4）适应了产品开发周期和生命周期的需要

个性化需求和细分市场很不稳定，不断变化，企业只有不断地以更快的速度开发出满足客户需求的产品才能获得成功。市场的需求要求企业的产品开发周期和生命周期缩短。在大规模定制模式下企业采用新产品技术和过程技术，使得企业高效快速地制造产品成为可能。

➢案例 11-1　戴尔的成功

美国戴尔电脑公司（简称戴尔）的成功就是大规模定制最好的范例。戴尔是近年发展最快的电脑公司，其经营方式也采用了大规模定制，也就是说，消费者在通过电话或国际互联网向厂家下订单的时候，可根据需要自由组合各种配置，如芯片、内存、硬盘、光驱、显示器等单元，实现想要什么就有什么。其成功的原因可归结为：精简客户订货流程、精简产品从供货到制造流程的复杂企业管理模式、应用网络技术、了解新技

术发展情况。戴尔每年生产的数百万台个人计算机，都是根据客户的具体要求组装的。要实现大规模定制的梦想，就必须掌握各个客户订货以及自己企业各种资产的全部信息。戴尔的立足之本就是以低于竞争者的成本向客户提供有价值的个性化的服务，他们最关键的竞争武器就是掌握信息。以福特汽车为例，戴尔为福特汽车不同部门的员工设计了不同的配置。当通过福特汽车内部网络接到订货时，戴尔马上就知道订货的是哪个工种的员工，它需要哪种计算机，从而为顾客组装合适的硬件，甚至安装适当的软件。可见，戴尔的后勤服务软件十分全面和先进，因此能以较低的成本开展大规模定制服务。

资料来源：叶明，闵捷，2001. 高技术企业基于互联网的大规模定制战略——戴尔公司的经营模式及其启示．科技导报，2：50～55

2. 大规模定制战略的缺点

大规模定制战略需要高超的管理技巧，需要对传统经营管理加以改革，由此也带来许多失败。

（1）在信息系统及先进的生产技术，如 FMS、CAD/CAM、JIT 和 CIMS 等方面需要大量的投入，费用很高。

（2）在培训人员，特别是培养全面的熟练工人和高水平的设计人员方面要增加开支。

（3）管理以及协调的费用必定上升，并且组织的工作量加大。

（4）因品种增加而生产批量相对减少，会使生产成本上升，如组织工作不力，或片面追求多品种化，则有可能使成本迅速上升。例如，日本一些汽车公司，如丰田，尼桑和马自达等公司由于过分单纯追求多品种化，而使成本大幅上升，最近不得不宣布削减品种。

3. 大规模定制战略的实施条件

（1）存在大量的对公司产品有个性化需求的顾客。

（2）产品更新换代很快，生命周期很短。

（3）企业有一批高素质的、富有活力的设计人员和高水平的多能化熟练工人。

（4）扁平化的组织结构。

（5）高层管理人员有很强的组织能力和协调水平。

4. 大规模定制战略的风险

1）市场风险

市场风险是指由于产品不适应市场需要或变化而未被市场充分有效接受或被市场淘汰所导致的风险。尽管大规模定制是一种以市场为导向的速度经济，但随着现代技术的迅速发展，电子商务不断成熟，用户需求变幻莫测，经济形势、经济政策以及法规等不断的变化更增加了市场环境的不确定性。

2）技术与整合风险

先进技术是实现大规模定制的关键。大规模定制需要先进的生产组织和管理技术、如供应链管理、企业资源计划以及先进设计制造技术等方面。然而开发或引进先进的生产技术系统难度大、费用高、时间长，失败的可能性大。并且，大规模定制所要求的各项技术是一个非常复杂的技术系统，并非孤立使用就能达到效果，必须将这些先进技术有机地整合在一起才能真正实现大规模定制（曾明星，2007）。

3）供应链网络风险

大规模定制要求企业以尽可能低的成本快速响应顾客，既需要快速地从企业外面购买原材料、零部件，又要将个性化产品及时送至顾客手中。而单个企业的资源和能力相对有限，离不开一个由供应商、制造商、分销商、零售商、顾客以及第三方物流企业等供应链合作伙伴组成的高效供应链网络（曾明星，2007）。供应链网络各环节与节点并非企业所能完全有效控制，其成员绩效低下以及各节点的延误均会影响企业物流的时间，降低企业响应顾客的速度。

4）财务风险

大规模定制战略进行业务流程再造，由高度专业化分工的高耸型组织结构向密切协作型的扁平型组织结构转变，企业管理及协调难度加大，费用急剧上升。培养多面手的熟练工人和高水平的设计人员需要增加开支。如果企业不仔细分析自身的内部条件和外部环境，好高骛远，盲目决策，一旦达不到大规模定制的效果，企业将失去原有顾客，降低竞争能力，甚至发生财务危机。

5）人员与文化风险

先进生产方式需要彻底改变原有工作方式、协作关系、观念、分配机制，没有营造合适的企业文化将面临更大的变革阻力。而企业文化的建设涉及企业员工思想、价值观念等的转变，不但需要合理的制度平台，而且需要良好的人文环境，不可一蹴而就，而应循序渐进，在这个漫长的过程中给企业带来了较大的不确定性。

11.3　不同产业环境中的经营战略

产业性质不同和产业演变的阶段不同，导致了企业在制定经营战略时，除了运用一般的通用竞争战略模式作为指导之外，还需要进一步细致考虑自己所处的产业环境特征，不同的产业环境中的经营战略是不同的，波特曾对此做了比较细致的分析。

11.3.1　零散型产业的战略

1. 零散型产业概述

零散型（fragmented）产业是由为数众多的小型和中型企业构成的，如干洗店、餐馆、健身俱乐部和律师事务所等产业。零散型产业由众多小企业构成而不是由几家大企业控制的，那么造成产业零散的原因是什么呢？

首先，对于几乎所有的零散型产业来说，进入壁垒都不高。这一方面容易理解，正由于其总的进入壁垒都不高，才会有如此众多的小公司涌入。

其次，不存在规模经济或经验曲线。许多零散产业使制造过程的规模很小，几乎没有因规模经济或经验而造成的成本下降，其原因在于：这种过程是一种简单制造或组装作业，是一种纯粹的储藏作业，是某种本身要求人工多的产业（安全保卫），或是某种本身就无法形成日常程序的工作等。例如，龙虾捕捞业的生产单位是单船。

多船作业对降低成本的作用极小，因为全部船只都将在同一水域作业，获得好的捕捞量的机会也相差无几。这样就形成了许多小作业者以几乎同样的成本作业（周海炜，薛红霞，2007）。

再次，高运输成本。在有些产业，如水泥、液体钙、高腐蚀化工等，运输成本都较高。在许多服务业中，为了以顾客为前提，或顾客必须前往提供服务之地，其运输成本也相当高。

最后，多种市场需求。在某些产业中，顾客的口味是零散的，每一个顾客希望产品有不同式样，也可能为这种要求付出代价，并且不愿接受更标准化的产品。因此，对某一特定产品式样的需求很小，这种数量不足以支持某种程度的生产、分销或市场营销策略以使大企业能发挥优势。

2. 零散型产业采取的战略

1）集中战略

对于某些零散型产业，企业应当首选竞争战略中的集中战略。不少产业分散状态的出现是因为其业务具有地区特性，一旦业务推广到其他地区，就需要不同的经营方式，甚至不同的职能战略。所以，企业可以按顾客群、顾客需求或地理位置来实行专业化，这样就会出现许多小型的、专业化的企业在同一地区经营。例如，所有的顾客定制产品都属于这一类别。

2）增加附加值

绝大部分分散行业提供的是标准产品，或是不具备显著识别特征的产品，因此不能形成对市场的特殊吸引力。所以，为产品增加某些特征（附加价值）可以是一种改变现状的方式。例如，纯净水业务在我国刚出现时，其市场还是相当集中的。但随着生产厂家的增加，市场已出现了分散的状态，纯净水业务本身的标准化特征迫使其生产企业不得不在其服务上创造更多的价值。

3）合并零散型产业的新的战略

企业们为了获得低成本战略的成本优势以及差异化带来的销售收入增加的优势的同时，力求找到能够合并零散型产业的新的业务层战略，这样就能够获得合并型产业中更高的利润回报。这样的企业包括零售业沃尔玛和 Target、快餐业麦当劳和汉堡王、维修商店 Midas Muffler，甚至包括咨询公司和律师事务所等。

4）“超市”战略

在维持各经营点较小规模和足够的自主权的同时，加强企业内部对各经营点的协调和控制，在满足当地特殊需要和政府规定的同时，集中使用那些各经营点均涉及的活动和资源，取得在共享资源和共享活动上的规模经济性。商业系统采取的“超市”就是一种成功的战略。现在，“超市”方法已被运用于其他行业，例如，建筑业在保持各建筑物独特设计的前提下，采用统一的施工标准、统一的预制件及标准基础材料等方法来降低成本。这一战略的成功要求企业同时具备集中控制的能力和有能力的当地管理人员。

5）特许经营战略

与连锁经营一样，特许经营也是一种业务层战略，像麦当劳与 21 世纪房地产公司这样的服务型企业通过运用特许经营战略实现成本领先或差异化，从而获得优势。在特许经营中，许可方（母公司）授权被许可方在某一地点或区域使用母公司的品牌、声誉和商业模式，以此来换取可观的特许使用费或一定百分比的利润。这一战略拥有一项特别的优势，即被许可方往往自己本身就是企业的所有者，他们拥有强大的激励发挥商业模式的效力，保证品质和标准的持续，从而使顾客的需求总是得到满足。

11.3.2　萌芽与成长型产业

1. 萌芽产业与成长产业概述

1）萌芽产业概述

萌芽产业是刚刚开始发展的产业，如同 1976 年的个人电脑产业。在产业的萌芽阶段，由于购买者不了解产业的产品，因此，产业成长较慢，企业无法实现规模经济导致的高价格以及分销渠道发展不完善。这个阶段，产业的进入壁垒来自掌握技术上的诀窍而不是规模经济所要求的成本或品牌忠诚。

2）成长产业概述

在产业处于成长阶段时，大量新顾客的涌入导致消费需求增长迅速。成长阶段的典型特征是顾客对产品逐渐熟悉，经验曲线和规模经济的效应使价格下降，分销渠道也变得较成熟起来。一般来说，产业进入成长阶段后，技术知识作为壁垒的重要性已经消失，但由于几乎没有一家企业实现了规模经济或建立了品牌忠诚，产业进入壁垒也不是很高。

2. 萌芽产业与成长产业的战略

1）萌芽产业的战略

产业处于萌芽期时，不论企业强弱，均更注重建立市场份额战略。因为，在这一阶段，企业投入的需求很大，主要是建立一种独特的竞争优势。然而，建立市场份额战略的目标就是通过建立稳定和独特的竞争优势吸引对公司产品不了解的顾客，并由此建立市场份额。企业的研发能力及销售与服务方面的能力建立需要投入巨额资本，这在企业的内部不可能独立地产生或完成。因此，企业的成功取决于向外部投资者证明自己独特的竞争力。一旦失败，企业唯一的结果就是被迫退出市场。总之，萌芽产业采取的战略即建立市场份额战略。

2）成长产业的战略

产业在成长阶段，企业面临的任务是巩固自己的地位。此时应该采取或更强调的是成长战略。成长战略的目标是在快速扩张的市场上保持相对的竞争地位。只要有可能，就必定扩大。也就是说，成长战略的目标是在扩张的市场上继续发展。成长阶段也是企业试图巩固现有市场、寻求进入新市场的时机，只有这样才能提高自己的市场份额。提高市场细分水平、成为广泛的差异化企业同样要付出很高的代价。企业必须投入资源发展新的销售和营销能力。因此，在成长阶段，企业需要调整自己的竞争战略并做出决策，根据自身的实际情况，现有的财务需求和相对竞争地位决定投资于哪一种优势，是差异化，是低成本还是集中战略等，这些都是成长产业应结合实际考虑的战略。

11.3.3 成熟型产业的战略

1. 成熟型产业的概述

通过激烈的竞争后，产业进入了合并状态，成熟产业通常是指由为数不多的大型企业所统治的。尽管在这一时期市场上仍存在着许多中型的企业和诸多小型的专业化企业，但产业的竞争却是由大型企业主导的，因为他们可以影响五种竞争力量。在成熟产业阶段，企业已经清楚了产业内各种商业模式和战略的重要性，同时明白了自己的战略一旦改变，竞争对手就会做出回应。因此，在成熟产业中，业务战略的变化围绕着现有的企业如何采取集体行动减弱产业竞争，以保护本企业和本产业的赢利能力。

2. 成熟型产业的战略

1）产品多样化战略

企业往往面向不同的细分市场生产系列广泛的产品，因此拥有丰富的产品线。有时，为了减少进入者的威胁，他们会扩大产品类型，形成一系列的利基产品。这为潜在的竞争者制造了进入壁垒，因为所有的细分市场都被填满了，无法建立进入滩头阵地。通过丰富的产品线阻碍进入者的战略成为产品多样化战略。

2）降低价格战略

价格竞争激烈是产业成熟阶段的基本特征，通过采用更经济的产品设计、使用更低廉的零部件、提高生产和销售的效率及削减管理费用等方法，企业可以获得低成本优势，从而在竞争中发挥价格优势。

➢案例 11-2　掉入“囚徒困境”的陷阱：可口可乐 PK 百事可乐

在软饮料产业中的两大可乐生产商——可口可乐和百事可乐都具有很高的赢利。其两者的竞争主要是在广告方面将各自的产品属性界定为不同的抽象的生活状态，而不存在价格的竞争。在 20 世纪 70 年代中期，百事可乐的广告表现的是：喝百事可乐更酷，而可口可乐的是“可口可乐让生活更美好”。可口可乐在这一时期处于市场的领导地位。然而，百事可乐不甘示弱，发起了新的挑战，其这时的策略是一种品尝策略，就是让顾客蒙上眼睛来品尝两种可乐，做出更喜欢哪种的选择。尽管百事可乐的市场份额落后于可口可乐，但 55%的顾客表现出对百事可乐的偏好。此外，百事可乐的挑战还改变了产业竞争的本质，其将竞争转向了产品真实属性的对比——口味。这时，可口可乐决定采取攻击性的反应：在百事可乐装瓶厂力量较弱的地区进行可口可乐大折扣促销。不久，百事可乐同样做出了降价的策略。这一举措使得顾客开始期待降价，导致品牌忠诚度破坏与差异化相联系的价值减少。两家公司的赢利均受到影响。

资料来源：格林沃德，卡恩．企业战略博弈：揭开竞争优势的面纱．程炼译．北京：机械工业出版社，2007

3）扩大顾客购买范围战略

产业内部争夺市场占有率的竞争使企业寻求新的客户十分困难，理想的措施是扩大企业现有客户的购买范围来增加销售。具体的方式有：增加外围设备的供应与服务，提高产品的档次，增加产品的种类等。

4）走国际化道路的战略

随着国内市场的成熟，企业可以积极地开拓国际市场。由于各个国家内部市场的发展状况不一致，国内市场饱和的产品在国外市场却可能拥有巨大的需求。同时，企业也可以把产业向不发达国家和地区转移，以降低生产成本和费用，提高产品的国际市场竞争能力。

11.3.4　衰退型产业的战略

1. 衰退产业的概述

产业总是要进入衰退期，这是不可避免的事实，在这一时期，市场总值也会开始萎缩。这类例子数不胜数，如烟草、铁路等产业。衰退阶段存在利润减少、产品种类减少、研究与开发及促销费用减少以及竞争对手减少的特征。因为这一时期不少企业无力生存，退出了市场，市场上就只剩下几家大公司和一些补缺者。然而，导致产业衰退的原因有哪些呢？

（1）技术替代。技术革新创造了替代产品，或者通过显著的成本与质量的变化而生产了替代产品，引起顾客对传统需求的衰退。

（2）需求的变化。由于社会问题或其他原因使用户的需求或爱好有所变化。例如，不可降解的塑料包装制品的需求下降，其主要原因是社会问题，即政府为了减少白色污染而出台的限制措施。

（3）人口因素。购买某种产品的客户群规模减少引起需求下降，导致某一产业的衰退。

2. 衰退产业的战略

衰退产业战略的选择需要根据产业结构对企业留存的合适程度及企业与竞争对手的相对地位来做出决定。主要可根据实际情况选择以下战略。

1）领导地位战略

采取这种战略一方面要求产业结构有利，另一方面要求企业在与竞争对手的竞争中有相当的实力。领导地位战略就是在产品定价、营销等方面采取积极的措施以提高市场占有率；兼并某些竞争对手的资产加强自身的生产能力；降低竞争者的退出障碍；通过新产品的开发或工艺创新，扩大投资，进一步提高企业的竞争力；等等。

2）合适地位战略

实施这种战略的企业在与竞争对手的竞争中拥有较强的实力，但企业试图取得领导地位有一定的困难，如果放弃又会严重影响企业的收益。因此，企业可以在对现有市场进行细分的基础上，选择一个或两个细分市场作为企业的目标市场，以保持稳定的需求或延缓衰败，从而获取较高的收益。当然，针对选择的目标市场，企业优势也需要增加一定的再投资以开发新的技术和产品。

3）收获战略

采取收获战略的企业是通过削减投资，减少设备与设施的维修，利用现有的生产条件来提高产品的价格或利用企业的信誉获取收益。具体来说，可以采取减少产品的种类、减少分销渠道的数目、减少同小客户的交易量等方式。实施这一战略对产业来说，要具有不确定性和高度的退出障碍，企业相对实力强的条件。

4）放弃战略

针对于这一战略的特点是企业自身实力有限，而产业的不确定性和退出有相当的障碍。企业的目的是最大限度地收回投资。选择放弃战略的时机可以在产业进入衰退之前或成熟阶段，而不一定是在衰退期后。因为，此时转移资产的价格往往会被低估，理所当然存在风险。

11.3.5 高技术产业的战略

1. 高技术产业的概述

高技术（high-tech）产业是指产业中企业所用的主要技术进步极快、产品与服务的属性同样快速改进的产业。计算机产业通常被作为高技术产业的典范。还有一些基于网络和无限通信的技术的电信产业，制药产业和电力产业、航空航天产业，等等。然而，我们为什么要专门探讨高技术产业的战略呢?

1）技术在经济活动中所占的比重日益增长

据统计，信息技术产业大约占美国经济活动的12%～15%。这个数字实际上并没有真正凸显技术对经济的影响，因为还没有考虑其他的高技术产业。

2）随着技术进步，不少低技术产业也在提高技术含量

例如，生物技术和基因工程的发展改变了长期以来被视为低技术的状况，如今这一产业现在成了高技术产业。

3）高技术产品进入了极为广泛的领域

现在，一辆福特金牛座轿车里面的电脑的计算能力比当年阿波罗登月计划中所用的价值数百万美元的主机更强大，沃尔玛这样的实体商店的竞争优势则来自信息技术的应用（Woodall，2000）。

2. 高技术产业的战略

1）技术标准的战略

技术标准是指一组生产产品和配件时必须遵守的持有者拥有的重要的竞争优势，特别是在高技术产业中。总的来说，产品差异化的源泉就是建立在技术标准上的。由于往往只有一个标准能够主导市场，所用高技术产业内的竞争主要是产业标准之争。因此，对于一家在新技术标准方面领先的企业来说，要面对的关键问题是如何使得自己的标准成为产业内的主导标准。企业采取技术标准战略就是企业应当尽快为自己的标准建立用户群，吸引消费者承担转换成本，最终将市场锁定在自己的技术上。

2）先发优势的战略

先发优势是领先技术和产品所带来的持久的竞争优势。例如，思科公司在1986年生产出第一个互联网协议路由器，至今仍然在这一设备市场上处于主导地位。一些先行者从领先的活动中获得了巨大的优势，并发展成一种持久的竞争力。但是，实现先发优势并不是轻而易举的，它存在在诸多方面的风险。例如，苹果公司是首家推出掌上电脑的企业，但这一产品却失败了。企业要建立先发优势战略，首先必须具备开发和销售的创新，并且这种创新是自身完成的；其次以战略联盟、合资公司的形式与其他企业一起开发，进行销售创新，这一点十分重要。

3）知识产权的战略

新技术是智力与创造活动的成果。知识产权指的是任何智力与创造性活动的产品，不仅包括新技术，还包括其他一系列智力创造。在社会的意义上，我们认为智力产品和创造性活动的产品都是有价值的，知识产权被视为经济进步和社会财富的重要推动力。在高技术产业中，知识产权的创造是一项中心工作，知识产权的管理已经成为这类企业管理工作的重要内容。开发、保护和强化知识产权的战略是竞争优势的重要方面。

➢案例 11-3　知名商标保护案件

天津狗不理集团终于与日方“狗不理”商标注册人办理了友好转让手续，“狗不理”商标自 1997 年被一家日本公司抢注，漂泊 10 年之后终于“回家”，日本有关方面也将正式核准天津狗不理集团是“狗不理”商标在日本的权利人。不难想象，10 年来，狗不理集团为讨回商标付出了怎样的努力和代价。不过“狗不理”算是幸运的。当年“海信”商标被西门子公司在欧洲抢注，海信集团花了数百万欧元才买回自己的商标；著名的“同仁堂”商标被日本、美国、韩国等多个国家的企业抢注，已无法通过诉讼或赎买讨回。据不完全统计，目前我国知名商标被海外抢注达 200 多起，有 15%的国内企业商标已无法在境外申请注册。作为企业知识产权的组成部分，知名商标的价值不言而喻。因此，面对知名品牌被恶意抢注的事实，我们必须懂得和学会保护自己。商标的使用受时间、行业、地域限制，注册了一个商标，并不意味着在全球各行业、各地区都能受到保护。因此，无论是拥有知名商标的企业还是暂时默默无闻的企业，都要强化品牌安全观念，树立商标先行意识，在出口市场进行防御性注册。

资料来源：朱宁宁．从“狗不理”十年回家路看知名商标流失背后．http：//www. legaldaily. com. cn（法制网）．2009-3-30

➢本章总结

1. 本章主要论述企业经营层战略，相对于公司层战略，经营层战略集中对某经营业务的发展和竞争优势进行谋划，因此，经营层战略主要是一种关于业务的竞争战略。

2. 竞争优势与竞争战略是学习经营层战略需要了解的两个基本概念，产业组织的观点和核心能力的观点对竞争优势做出了不同的解释。竞争战略有三个基本问题，即客户是谁？满足客户什么需求？怎样满足客户需求？这是制定竞争战略的三块基石。此外，竞争战略又可以从市场与非市场角度来分别阐明其包括的因素及战略内容。

3. 论述了低成本领先战略、差异化战略、集中化战略以及大规模定制战略。这四个经营战略的基本类型分别从优势、劣势、实施的条件以及存在的风险来阐明。

4. 说明不同产业环境中的经营战略。论述了零散型产业的战略及高技术产业的战略，并且立足于产业生命周期的视角来论述了萌芽产业、成长产业、成熟型产业和衰退型产业的战略。

参考文献

程国平，王克慧，刘晓芬.2003. 企业大规模定制的战略研究. 武汉理工大学学报（信息与管理工程版），(2)
大卫·巴伦.2004. 商务市场与非市场环境. 北京：北京大学出版社
丁宁.2005. 企业战略管理. 北京：清华大学出版社，北京交通大学出版社
贺远琼，田志龙，高勇强.2004. 西方企业政治行为研究评述. 外国经济与管理，24（8）
李丹，吴祖宏.2005. 产业组织理论渊源、主要流派及新发展. 河北经贸大学学报，(3)
托夫勒.1985. 未来的冲击. 孟广均等译. 北京：中国对外翻译出版公司.229～282
夏大慰.2002. 产业组织：竞争与规制. 上海：上海财经大学出版社
曾明星.2007. 企业大规模定制风险研究. 商业时代，(19)
周海炜，薛红霞.2007. 西方非市场战略的研究及其启示. 科学学研究，25（3）
Baron D P. 1995. Integrated strategy：market and non-market components. California Management Review，37（2）：47～65
Baron D P. 1995. The non-market strategy system. Sloan Management Review，37（1）：73～85
Baron D P. 2004. 商务市场与非市场环境（英文影印版）. 北京：北京大学出版社
Bureau of Economic Analysis. 2001. Survey of United States Current Business
Hillman A，Hitt M. 1999. Corporate political strategy formulation：a model of approach，participation and strategy decisions. Academy of Management Review，24
Porter M. 1980. Competitive Strategy：Techniques for Analyzing Industries and Competitors. New York：Free Press. 191～200
Romer P M. 1994. The origins of endogenous growth. Journal of Economic perspectives，8（1）：3～22
Shane S A. 1996. Hybrid organizational arrangements and their implication for firm growth and survival：a study of new franchisors. Academy of Management Journal，39（1）：216～234
Utterback J M. 1994. Mastering the Dynamics of Innovation. Boston MA：Harvard Business School Press
Woodall P. 2000. Survey：the new economy untangling e-conomics. Economist，(September)：S5～S7

推荐阅读材料

希尔，琼斯.2007. 孙忠译. 战略管理. 北京：中国市场出版社

具有丰富和代表性的案例是该书的最大特点。开篇有9个案例，结尾12个案例，还有行动案例10个，这些案例都与相应的章节内容高度契合，尤其是第三章讲到了竞争优势，读者可把这两本书结合来了解、理解竞争优势和竞争战略。

小阿瑟·A. 汤普森等.2006. 战略管理：获取竞争优势. 北京：机械工业出版社

该书主要是围绕企业如何可以获得竞争优势这一论题展开的，重点就是论述竞争优势的，所以它阐述的知识点比较全面和具体，包括竞争优势相关概念的界定以及企业获取竞争优势的途径等分析和陈述。

Baron D. 2004. Business and its environment. 4th ed. Pearson Education Inc.

这是一部介绍非市场战略与市场战略理论与应用的教材，最大的特点是在对西方非市场环境、市场环境和由此产生的非市场战略、市场战略的划分和整合进行了深入的介绍。该书对我们了解西方的非市场战略有很大帮助。

陈收，毕少菲.2003. 企业战略管理：战略选择与核心能力. 长沙：湖南大学出版社

该教材以企业竞争结构与环境分析为切入点，讨论了影响企业竞争的主要因素与力素，为企业战略选择提供支持。重点介绍了总成本领先战略、差别化战略、多角化战略、先发制人战略等战略管理的精髓。

格里·约翰逊，凯万·斯科尔斯.2004.战略管理（第6版）.北京：人民邮电出版社

该书运用三个互补的战略视角（设计视角、经验视角、创意视角），将相关领域——超竞争、博弈论、复杂性理论、知识经济、全球化、灵活性组织等最新研究成果相融合。全书共四篇，即战略管理概论、战略定位、战略选择、战略实施。

第12章 职能战略

职能战略与企业的公司层战略或总体战略、经营层战略或竞争战略相辅相成。在现代大公司体制下，企业在公司总部层面和各个事业部层面都设有相关的职能部门，作为公司整体发展的职能支撑，因此在总体战略之下需要形成相应的职能战略。职能战略是为贯彻、实施和支持公司战略与竞争战略而在企业特定的职能管理领域制定的战略，其重点在于能够提高企业资源的利用率，使企业资源的利用最大化。具体来讲，职能战略具有几个方面的主要作用：①它阐明、明确和检验公司战略与竞争战略，而不仅仅是受其制约；②对于企业而言，精心制定的职能战略，可使公司战略与经营战略明朗化，以指导各项具体经营活动；③它可使公司战略与经营战略的战略目标和任务落到职能部门，落实到实处；④它可使公司战略与经营战略面向行动，以检验其是否正确、可行。

职能战略是公司战略、经营战略与实际达成预期战略目标之间的一座桥梁。从上述意义上来说，战略制定者只有提炼出切合可行的职能战略，企业的公司战略和竞争战略才有实际的操作价值，否则，企业战略就难能奏效。按照企业经营管理的基本职能，企业职能战略一般可分为市场营销战略、人力资源战略、财务战略、生产运作战略以及研究与开发战略等。

12.1 市场营销战略

12.1.1 市场营销战略概述

1. 市场营销战略的内涵

市场营销战略是指企业在复杂的市场环境中，在现代市场营销观念的指导下，为了实现企业的经营目标，对企业在一定时期内市场营销发展的总体设想和规划。它涉及市场营销活动过程，包括市场调研和预测，分析市场需求，确定目标市场，制定营销战略以及实施和控制具体营销战略等。其中，高层营销战略决定市场营销的主要活动和主要方向。它的目标就是使企业的经营结构、资源特长和经营目标，在可以接受的风险限度内，与市场环境所提供的各种机会取得动态平衡。有效的市场营销战略是企业成功的基础。

市场营销战略是一个完整的体系，它是企业战略管理的一部分。单一业务企业的市场营销战略相对比较简单，只要针对该业务的营销活动进行战略目标制定与实施，但是在多业务企业中，市场营销需要更多的统筹安排，战略目标的制定与实施比较复杂。在多部门的大企业中，市场营销战略的制定与实施不仅仅是市场营销部门的工作，而应该在公司总部层面加以整体协调。

2. 市场营销战略的特点

对于企业而言，必须对市场营销战略的特点有所了解，才能制定出正确的市场营销战略。从企业与其经营环境的关系可以看出来，市场营销战略有以下一些特点。

（1）全局性。市场营销战略是指导企业营销活动的全局性的纲领，体现了企业全局的发展需要和利益。

（2）长期性。战略着眼于未来，要指导和影响未来一个相当长的时期，不是为了求得短期利益或眼前利益，甚至为了长期利益可以暂时牺牲眼前利益。因此，立足当前，放眼未来，协调当前和未来发展的关系，是市场营销决策的关键。

（3）系统性。系统性是指企业营销活动的各个方面是一个彼此紧密配合和有机联系的整体。它主要是把关系到企业命运的首要目标、关键决策、发展重点、重要实施步骤与方法，贯穿于一条主线，组成一个系统，形成一个方案。

（4）适应性。市场营销战略是动态的，因环境不同而不断地制定、转变或舍弃。当外部环境发生变化（如市场需求或政治经济形势变化等）时，必须不失时机地做出战略调整。企业内部条件的变化也会对市场营销产生影响，市场营销战略应该适应内外环境变化而进行创造性的反应。

（5）风险性。任何营销决策都不可能是在信息绝对充分的条件下做出的，都是对未来所作的预计性决策。由于环境的多变性和复杂性以及企业自身的条件也在不断变化，使得任何营销战略都具有不确定性和瞬时性的特点。

12.1.2 市场营销战略的基本内容

市场营销战略的制定必须基于企业的资源现状以及经营能力才能够充分利用市场机会，发挥优势，从而实现预期的市场营销战略目标。一般意义上，市场营销战略包括市场细分战略、目标市场选择战略、市场营销竞争战略和市场营销组合战略。

1. 市场细分战略

所谓市场细分就是指营销者通过市场调研，依据消费者的需要和欲望、购买行为和购买习惯等方面的差异，把某一产品的市场整体划分为若干消费者群的市场分类过程。因此，从某种程度上来说，市场细分的实质就是对消费者需求的细分。

企业进行市场细分的目的是通过对顾客需求差异予以定位，来取得较大的经济效益。众所周知，产品的差异化必然导致生产成本和推销费用的相应增长，所以，企业必须在市场细分所得收益与市场细分所增成本之间做出权衡。如何寻找合适的细分标准，对市场进行有效细分，在营销实践中并非易事。一般来说，有效的细分市场必须具备以下条件。

（1）可衡量性。指各个细分市场的购买力和规模能被衡量的程度。如果细分变数很难衡量的话，就无法界定市场。

（2）可赢利性。指企业新选定的细分市场容量足以使企业获利。企业既然想通过对市场的细分来寻找利润点，那么充足的市场容量是其能获利的基本保障。市场细分是为了增加营销绩效，而不是为了细分而细分。

（3）可进入性。指所选定的细分市场必须与企业自身状况相匹配，企业有优势占领这一市场。一方面，有关产品的信息能够通过一定媒体顺利传递给该市场的大多数消费者；另一方面，企业在一定时期内有可能将产品通过一定的分销渠道运送到该市场。否则，该细分市场的价值就不大。

（4）差异性。指细分市场在观念上能被区别并对不同的营销组合因素和方案有不同的反应。对于细分出来的市场，企业应当分别制定独立的营销方案。如果无法制定这样的方案，或其中某几个细分市场对是否采用不同的营销方案不会有大的差异性反应，便不必进行市场细分。

2. 目标市场选择战略

目标市场就是企业企图要进入的市场，企业在对整体市场进行细分之后，要对各细分市场进行评估，然后根据细分市场的市场潜力、竞争状况以及企业资源条件等多种因素状况决定把哪一个或哪几个细分市场作为目标市场。企业在对不同细分市场进行评估后，就必须对进入哪些市场和为多少个细分市场服务做出决策。对于企业可考虑的目标市场模式，如表 12-1 所示。

表 12-1 企业的目标市场模式

目标市场模式	基本含义	优点	缺点
单一市场集中化	企业的目标市场集中于一个单一的市场	更加了解细分市场的需要有效地提高了企业的声誉巩固了企业在细分市场的地位	市场单一，风险较大 适应范围较为狭窄 市场潜力不大
选择性专业化	指的是企业有针对性地选择具有行业结构吸引力的市场	分散企业经营风险 提高企业的经营绩效水平 市场潜力较大	由于各个细分市场无联系或联系较少，影响了企业的市场决策需要企业大量资源的投入
产品专业化	指企业的生产集中于对一种产品的投入	可以在某产品领域建立很高的声誉 企业资源更容易集中	企业的远期投入不足，易导致战略被动 市场竞争压力大

续表

目标市场模式	基本含义	优点	缺点
市场专业化	指专门为满足某个顾客群体的各种需要而服务	易形成一定的顾客群体 可以获得较好的市场声誉 市场竞争压力大	容易满足顾客的需要 企业的经营风险较大，容易造成企业的危机
全面进入	指企业想用各种产品满足各种顾客群体的需求	加速品牌知名度的扩大，易在顾客心目中留下较好的印象，可以获得较好的市场声誉度	适用范围局限在大企业，资源容易造成浪费，竞争压力大

3. 市场营销组合战略

市场营销组合（marketing mix）是指企业可以控制的各种市场营销手段的综合运用。具体地说，是指企业对自己可控制的各种市场营销手段，即产品、定价、分销、促销进行最佳组合，使它们相互配合，综合地发挥作用，以便更好地实现营销目标。市场营销组合战略的目的就是以顾客为中心，围绕顾客建立一套营销战略系统，使产品、定价、分销、促销四种战略协调配合，形成协同力量，以更好地实现企业战略目标。

（1）产品战略。企业在制定产品战略时，必须考虑如何使产品组合最佳化，以应付竞争，获得利润；重视产品生命周期发展，适时推出新产品，或改进现有产品；配合名牌、包装等决策，使企业经营维持稳定，求得发展。

（2）定价战略。定价策略的优劣影响营销组合的成功，因此，适当的定价目标必须配合营销组合目标的要求。企业定价目标一般有生存、当期利润最大化、当期收入最大化、销售增长率最大化、市场利润最大化、产品质量领先、应付或避免竞争等。

（3）分销战略。分销渠道是指产品从生产者向消费者或用户转移过程中经过的中介商业组织和个人，包括批发商、代理商、零售商、商业服务机构（交易所、广告公司、市场调研公司、银行和保险公司）。

（4）促销战略。所谓促销，就是企业将自己产品的信息通过各种方式传递给消费者和用户的行为。促销组合就是企业为达到预期的促销效果，有目的、有计划地把广告、宣传、报道、营业推广、人员推销等促销工具配合应用的策略。

12.2　人力资源战略

➢案例 12-1　人与文化的和谐——西安杨森的人力资源管理

西安杨森的培训在圈内可谓有口皆碑，也正是靠了规范、系统、高水准的培训，西安杨森造就了一支训练有素的高素质队伍。对于西安杨森的员工而言，公司就是一所培训学校，年轻的销售人员在这里可以被培训为精通知识和销售技巧并具有良好职业道德的市场销售骁将；车间的工人成了现代化大生产的技术能手；管理人员经过培训，则站在一个更高的起点上面，成为具有现代企业管理和国际战略眼光的前锋型人才。

西安杨森的人力资源管理是从培训开始的，将人力资源与文化进行有机结合，实现人与文化的和谐的努力也是从培训开始的。首先，将企业文化融入培训课程中。在培训过程中，西安杨森一方面对员工进行业务知识培训，另一方面将这些培训和企业的公司文化融合在一起，让企业文化植根于每个参与培训的员工心目中。此外，人力资源管理将培训拓展到整个医药行业。它非常注重企业对社会的责任，不仅把对自己员工的培训搞得有声有色，而且把本企业的培训和经验拓展到了企业之外，开展了诸多有益于整个医药事业的培训。

每当逢年过节，总裁即使在外休假，也不会忘记寄贺年卡，带给公司员工一份祝福。这不只是一张形式上的纸片，而是一个充满领导个人和公司对员工的关爱的感情载体。公司的一些活动还邀请员工的家属一起参加，让所有人在一起享受大家庭的快乐。

资料来源：佚名．人与文化的和谐——人力资源管理．http：//www. china-b. com. 2009-5-4

12.2.1 人力资源战略概述

1. 人力资源战略的内涵

狭义的人力资源战略是根据企业战略的需要进行人才的吸引、维系、开发、激励等。而广义的人力资源战略还包括对企业文化的调整变革和对组织结构的再造，以更好地管理和使用人力资源，从而支持企业战略的实施。广义的定义强调了人力资源的战略性，对于企业而言，企业所拥有的人力资源就是企业获得竞争优势的来源。因而，从某种程度上来说，战略人力资源就是指在企业的人力资源系统中，具有某些特殊知识或核心、关键知识，处于企业经营管理系统重要岗位上的人力资源。

人力资源战略确定一个企业将如何进行人员管理以实现企业目标，是为管理变化而制定的一种方向性的行动计划。或者说，人力资源战略就是说明与人有关的企业问题的方向性规划，它们是由管理人员以与其他战略相同的方式制定和推行的职能管理战略。

2. 人力资源战略的特征

一般而言，我们认为的人力资源战略都是从广义的角度来说的，因而，从上述广义的概念中可以看出人力资源战略的主要特征有下述三种。

1）目标的战略性

人力资源必须有战略性的思考，必须开发具有明晰和可衡量目标的长期的商业计划，将人力资源目标与组织目标联系到一起。

建立人力资源战略应该是量身定做的。必须与企业的特质、行业的特征、竞争环境、管理风格和组织文化相适应。方法一般是：①为人力资源管理中的战略决策制定提供一种框架；②确保公司层、业务层和人力资源战略之间的联系；③对人力资源管理的功能进行一个初始的战略审查。人力资源战略必须是全面的，必须说明所有与公司长期发展相关的不同时期的人事和人力资源活动。

2）人力资源战略必须和企业战略相匹配

企业战略是制定人力资源战略的前提和基础，而人力资源战略则为企业战略的制定提供信息。企业战略是指企业在预测和把握环境变化的基础上，为了求得长期生存与发展所做的整体性、全局性、长远性的谋划及相应的对策。人力资源战略是企业战略的一项重要职能战略，它以企业战略为依据，同时又影响着企业战略的制定和执行。在为企业决策提供内部信息方面，人力资源战略所能提供的情报包括：人力资源的供需状况、人力资源的素质、工作绩效与改进、培训与开发的效果等。在为企业决策提供外部信息方面，人力资源战略所能提供的情报包括：劳动力供给的状况、竞争对手所采用的激励或薪酬计划的情况以及一些关于劳动法等法律方面的信息等。因而，两者的匹配性也决定了人力资源战略能否在同企业战略保持一致性的同时获得与企业特点相适应的制定空间。

3）持久的人力资源战略竞争优势

许多企业通过各种创新活动来建立自己的竞争优势，但是企业在生产作业系统、财务管理、质量控制和销售服务等方面的创新都非常容易被竞争对手模仿，以致丧失其竞争优势。然而，企业在人力资源管理方面的一些创新是很难如法炮制的，因此，通过人力资源战略的实施所获得的竞争优势比通过其他手段所获得的竞争优势更为持久。

人力资源战略的难以模仿性来源于两方面：一方面，竞争者很少能深入接触某个企业的人力资源战略及其实践活动，从而难以模仿；另一方面，即使企业的人力资源战略是清楚可见的，竞争者在使用时也未必能取得同样的效果。

3. 人力资源战略的目标

从人力资源的战略性可以看出，人力资源战略是企业战略的重要组成部分，它往往以企业战略及环境变化趋势作为决策的依据，规划出人力资源活动的目标、政策、实践以及具体的行动，从而能够使人力资源管理更好地把握外部环境和内部管理现状的变化，促进企业战略的实施，增强企业的环境适应性。因而，企业必须以总体战略的要求来确定人力资源战略的目标。这些目标有：

（1）根据企业中长期发展的要求，保证其对人力资源总量的需要；

（2）优化人力资源结构，形成合理的人才结构，满足企业各层次、各专业对人才的需要；

（3）提高每个劳动者的素质，使之与其岗位工作的要求相适应，提高职工队伍的整体素质，发挥人力资源的整体效能；

（4）努力把人力转化为人才，使每个劳动者都能成才，发挥他们的积极性、进取性和创造性，为企业发展和进步做出应有的贡献。

12.2.2 人力资源战略的制定和实施

我国企业在人力资源战略制定中面临的主要问题是缺乏系统思考和执行的连贯性，经常是一任领导一种战略，战略与执行相背离。作为企业领导者，要明确人力资源战略的全过程，对关键步骤给予高度重视，才能使人力资源战略具备有效性。人力资源战略的制定、落实一般分成三个阶段，即评估阶段、制定阶段和实施阶段。

1. 人力资源战略评估

这一阶段要求制定者不仅要领会企业的战略意图，还要理清企业发展的脉络。即人力资源制定者不仅要明确企业战略，还要做好环境扫描以及优势评估。

（1）明晰战略。企业战略是人才需求、结构调整、培训计划等工作的指南针，对人力资源战略的“质”和“量”都有指导意义。清晰的企业战略可以帮助人力资源战略制定者明确人才制定的规划以及管理工作，同时改进人力资源的服务以适应人力资源战略和企业战略的和谐一致。

(2) 环境扫描。在做环境扫描时，人事主管只有抓住关系企业命运的七要素，才能运筹帷幄。这七个要素是：一般环境分析、行业影响要素、行业成功因素、企业外部联系、合作者、竞争者和顾客。前三个要素较为宏观，需要从高处俯视企业，后四个要素贴近企业，相对容易鉴别。其中竞争对手的分析十分重要，它可以帮助我们了解对手的人才战略和用人制度。这样，综合考虑各种要素，可以为企业制定合理的人力资源战略提供极好的帮助。

(3) 优势评估。优势评估就是寻找企业的核心竞争力，只有围绕这一中心去开展人力资源战略规划，才不会偏离企业的目标。对不同的行业和企业要采取不同的研究方法，但一些研究方法是可以通用的，其中包括高层访谈、客户调研、产品收入成本分析、业务赢利能力分析等。我们可以通过访谈或问卷，了解客户眼中的公司形象和实力。

2. 人力资源战略制定

(1) 方式选择。制定人力资源战略有三种常见方式：整合式、并列式、独立式。由于人力资源战略与企业战略息息相关，这三种不同方式都是针对企业战略而言的。人力资源战略可以与企业战略一同制定，称作“整合式”，也可以分头进行，或者只做人力资源战略而不参与企业战略，后两者称作“并列式”和“独立式”。整合式具有整体性强的特点，常在企业兴办之初使用，其主要难点在于协调各种资源，并且难以达到完备性。并列式比较灵活，时间也好掌控，许多企业采用这一方法，它的难度在于如何与主体战略相衔接，搞不好会背道而驰。独立式可以由人力资源部自行操作，往往要在企业战略比较明确之后才可以采用，否则也是空穴来风。

(2) 人员盘点。典型的人力资源盘点分为两部分：静态盘点和动态盘点。静态盘点包括性别结构、年龄结构、人员配置图、职务结构、职称结构和专业结构等方面，这些指标大家经常用到。动态盘点包括流动率、晋升率、员工满意度、各岗位能力评估和继任计划等方面，其中有些指标可以定期完成，有些则需要不断调整，如继任计划。

(3) 需求预测。未来的预测是最难的且准确程度是很低的，但人才储备又是实现企业战略所必需的。这就给人力资源管理者出了一道难题，在需求预测方面，一些常见方法有：查漏补缺的判断法，预测新业务的零基法，预测跟进业务的基准法，对已有业务的比率预测法，自下而上的调研法和抽象个别因素的回归分析法。这方面的研究告诉我们，由于基础信息的不完备以及大量假设和不可控因素的存在，长期预测很难保证有效性。尽管如此，预测还是要做的。正如一位管理学家指出的：在掌握信息的40%的时候就要做出决策，因为要等到拥有70%的信息时再做决定就已经晚了。

(4) 辅助方案。为了做好人才的“质”与“量”的配合，人力资源战略还制定出相关政策与措施的指导原则。这些政策就是大家耳熟能详的考核制度、薪酬制度、用人制度等。明确了人力资源战略的重点，自然就会找到各种措施的平衡点。

3. 人力资源战略实施

(1) 战略性人才配置。当我们招聘或提拔战略性核心人才时，我们往往只重视他们的“硬件”，而忽视了一些“软件”。一些研究发现，员工的满意度和绩效表现取决于他们是否认同企业的文化与管理风格。在企业中，我们经常看到，许多踌躇满志的人离开了企业，并不是因为能力不高，而是由于理念不合。通用电气对待这种人采取忍痛割爱的办法，从而避免因为个别人破坏企业的整体文化。

(2) 招聘计划。制定招聘计划是人力资源管理的主要工作之一，但作为战略规划的执行部分，它还有另一个特点，就是确保战略重点。人力资源战略之所以高于人力资源规划，就是因为它可以提出保证企业实现战略的工作重点。为了解决企业不同时期的主要矛盾，人力资源战略要说明各类人才在不同时期的迫切程度，是一种重点排序过程。

(3) 培训计划。培训计划是人力资源管理者所熟悉的一项工作，但作为战略规划，最大的不同在于对战略需求与人才现状的差距做出理性判断。培训计划的有效性取决于这个判断正确与否，对企业战略的深刻理解和对培训需求的准确判断再一次告诉我们，人力资源战略制定者需要有超凡的预见力。

(4) 效果控制。由于人力资源战略的实施效果是多方面的，包括绩效提升、企业战略的实现等，因此评价人力资源战略的优劣也需要综合考虑，最主要的工作是找到关键成果领域，通过人力资源战略实施所能表现出的关键成果来评估战略达成率。例如，把人力资源战略的关键成果领域分为企业绩效、人才满足率、员工满意度等方面，并制定出相应的量化目标，以便进行人力资源战略实施效果的跟踪与监控，确保战略顺利完成。

12.3 研究与开发战略

12.3.1 研究与开发战略概述

1. 研究与开发战略内涵

所谓研究与开发战略，是指企业在研究与开发上的愿景规划及方向。面对需求多变的竞争环境，很多企业都期望通过有效的产品研究与开发（R&D）持续地向市场提供满足客户个性化需求的产品，以获得综合的竞争优势，赢得最大化的增值回报。为此，企业一直在寻求清晰的战略来指导这样的产品开发。事实上，研究与开发已成为国内外企业技术创新潜力的重要指标。在市场经济条件下，企业作为技术创新的主体，也是决策的主体，开发的主体，如果企业想要在未来经济市场中有所作为，就必须建立以技术研究为核心的技术研发体系以及有效的运行机制。

2. 研发战略的意义

一般意义上，研究是指用科学方法探求未知事物的本质和规律，而开发则是指充分利用现有科学技术成果，把生产、技术或经营方面的某种可能性变为现实的一系列活动。研究与开发是企业科技进步的原动力，强化研究开发工作，对促进企业科技进步，加快产品更新换代，增强市场竞争能力，提高经济效益都有重要的推动作用，表现在：①有利于企业加快产品更新换代；②有利于保持企业竞争优势；③有利于企业降低成本，提高经济效益。

随着现代新技术的大量涌现，企业研发工作对于企业战略创新具有越来越重要的意义，研发部门已经成为企业的核心部门，同时，研发需要企业给予长期的、大量的投入，研发战略对于企业发展的重要性不言而喻。

12.3.2 研究与开发战略基本内容

企业的产品研发最重要的是对新产品的开发，而新产品的开发则在企业的总体战略中占有重要的地位。新产品是指产品的结构、物理性能、化学成分及功能用途与老产品有着本质的不同或显著的差异，它可分为全新产品、换代新产品、改进型新产品等。

1. 研发战略的分析出发点

（1）从消费者需求的角度出发。企业的相关部门通过问题分析、缺口分析、细分市场、相关品牌归类等方法，以顾客为关注焦点，来分析、满足顾客的现实需求、潜在需求和未来需求。如企业市场补缺战略，就是满足特殊顾客的要求。

（2）从挖掘产品功能出发。所谓挖掘产品功能，就是通过功能分析、用途分析、品质扩展、系统分析、独特性能分析、等级设计、弱点分析等方法，来分析企业现有产品存在的问题，挖掘产品新的功能、新的用途。在现成的产品的基础上挖掘新的产品功能，无疑是一条风险较小且能迅速获得市场认同的途径。

（3）从提高新产品竞争力出发。新产品的竞争力除了取决于产品的质量、功能以及市场的客观需求外，也可以采取一些其他策略来提高新产品的竞争力，如抢先策略，紧跟策略，低成本策略等。

（4）分析产品/市场矩阵。企业也可利用产品/市场发展矩阵来寻找、发现市场机会。

2. 研发战略的类型

如果按产品开发的新颖程度进行分类，企业有四种战略可供选择：

（1）全新型新产品开发战略。全新型新产品是指新颖程度最高的一类新产品，它是运用科学技术的新发明而开发和生产出来的，具有新原理、新技术、新材质等特征的产品。选择和实施此战略，需要企业投入大量资金，拥有雄厚的技术基础，开发实力强，同时花费时间长，并需要一定的需求潜力，故企业承担的市场风险比较大。

（2）换代型新产品开发战略。换代型新产品使原有产品发生了质的变化。选择和实施换代型新产品开发战略，只需投入较少的资金，费时不长，就能改造原有产品，使之成为换代新产品，具有新的功能，满足顾客新的需要。

（3）改进型新产品开发战略。所开发的新产品与原产品相比，只发生了量的变化，即渐进的变化，同样能满足顾客新的需求。这是代价最小、收获最快的一种新产品开发战略，但容易被竞争者模仿。

（4）仿制型新产品开发战略。开发这种产品不需要太多的资金和尖端的技术，因此比研制全新产品要容易得多，但企业应注意对原产品的某些缺陷和不足加以改造，并结合市场的需要进行改进，而不应全盘照抄。

如果从竞争的角度看，企业的研发战略又可以划分为四种类型，如表 12-2 所示。

表 12-2　研发战略的类型

企业的研发战略	主要内容	特点
创新型战略	开发新产品、新服务或者新的生产技术	开发新产品、新服务或者新的生产技术 实施该战略的企业一般都会具有较强的实力
保护型战略	改进企业现有的产品和生产技术，重点是保持企业目前在市场中的技术地位和现状	表现为一定的保守性 企业的产品竞争力一般都不是很强
追赶型战略	主要就是研究竞争对手的产品或服务，并将这些产品或服务的优点吸收到自己所生产的产品之中	这种战略是以创新型企业为标杆的 这种企业以推出比创新型企业更具性价比产品为己任
混合型战略	企业混合应用上述三种研究与开发战略的策略	实施这种战略可以减少企业的经营风险 一般适用于大企业

12.4　生产运作战略

➢案例 12-2　把质量意识注入每位员工的血脉——日立的质量管理

在日本最大工业企业中，日立仅次于丰田。日立之所以能够取得巨大的成功，主要在于它的两大法宝：一个是十分注重技术革新和应用，另一个是视质量为生命。在日立的所独资或合资的企业中，日立都坚持高标准，严把质量关，把质量意识深入每一个员工的心中。日立企业管理的重点和精髓就在于其优秀的质量管理体系。

日立质量管理的核心是全员参与质量管理，其具体体现是“3N，4M，5S”的质量管理模式。所谓“3N”只指质量管理的原则为“不接受不合格产品、不制造不合格产品、不移交不合格产品”，其目的就在于能够控制生产全过程的质量，确保所生产的产品合格率是100％的。“4M”是指对“人、机器、材料、方法”4 种质量管理要素的科学应用。其中，突出对人的管理和发挥人的能动作用是“4M”的精髓。“5S”是指进行文明生产的 5 个管理手段，即“整理、整顿、清扫、清洁、身美”，其目的就是在组织中创造一个清洁、舒适、文明的生产环境，规范员工行为，塑造良好的企业形象。

资料来源：佚名．把质量意识注入每位员工的血脉．http：//www. china-b. com. 2009-4-30

12.4.1　生产运作战略概述

所谓生产运作战略，就是指在企业总体战略的框架下对生产运作系统的建立、运行以及如何通过生产运作系统来实现组织目标所做的总体规划。它根据对企业各种资源要素和内、外部环境的分析，对与运作管理以及运作系统有关的基本问题进行分析与判断，确定总的指导思想以及一系列决策原则。

生产运作活动是企业最基本的活动之一。生产运作活动为了达到企业的经营目的，必须将其所拥有的资源要素有效、合理地组织起来，并且保证有一个合理、高效的运作系统来进行一系列的变换过程，以便在投入一定资源的条件下，使产出能达到最大或尽量大。更具体地说，生产运作活动应该保证能在需要的时候、以适宜的价格向顾客提供满足他们质量要求的产品。企业制定生产运作战略的目的就是为了使企业的生产运作活动能够符合企业经营的整体目标和整体战略，从而能保证企业经营目标的实现。

12.4.2 生产运作战略主要内容

企业生产运作战略主要包括三方面的内容：生产运作的总体战略，产品或服务的设计与开发，生产运作系统的设计与维护。

1. 生产运作的总体战略

一般而言，企业生产运作的总体战略通常会包括以下几方面内容。

1）产品（服务）的选择战略

企业进行生产运作，先要确定向市场提供的产品或服务。这就是产品或服务选择或决策问题。企业产品或服务选择的正确与否，可以决定一个企业的兴衰存亡，因此，企业的战略制定者必须对此加以高度的重视。

一种好的产品或服务可以使一个小企业发展成一个国际著名的大公司；相反，一种不符合市场需要的产品或服务也可以使一个大企业亏损甚至倒闭。企业在选择时一般都会考虑以下几个因素：

（1）市场条件。企业在选择产品或服务时必须要注意到所选择的产品或服务所处的行业生命周期阶段、市场供需的总体状况以及是否具有乐观的发展趋势，必要时还需要考虑企业为此是否具备开拓市场资源的能力以及企业在目标市场中的竞争地位等。

（2）企业内部的生产运作条件。主要指的是企业应该就自身能力进行审视，亦即企业自身所具有的技术、设备水平，新产品的技术、工艺可行性等是否符合客观的现实条件。

（3）企业的财务条件。企业在选择时还必须关注所开发的产品或服务所需要的投资、预期收益率以及预期风险程度等财务指标，这些都是企业用来判断产品在行业中是否具有竞争性市场地位的标准。

2）自制或购买

这是企业首先要决定的问题。企业进行新产品开发，建立或改进生产运作系统，都要先做出自制或外购的决策。如果企业决定制造某种产品或由本企业提供某种服务，则需要建造相应的设施，采购所需要的设备以及配备相应的工人、技术人员和管理人员。自制或购买决策有不同的层次：产品自制，需要建一个制造厂；产品外购，则需要设立一个经销公司。如果只在产品装配阶段自制，则只需要建造一个总装配厂，然后寻找零部件供应厂家。由于社会分工大大提高了效率，一般在做自制或购买决策时，不可能全部产品和零部件都自制。

一般来说，对于那些在产品设计中强调工艺复杂并且零部件繁多的生产企业，非关键性的且不涉及核心技术的零部件，在外购价格合理、市场供应稳定的条件下，企业会考虑采取外购的行为。

3）生产与运作方式选择战略

企业在做出自制或外购的决策之后，进而在战略上对企业生产运作的方式做出选择。正确的生产运作方式可以帮助企业动态地适应变化迅速的市场需求以及日新月异的科技发展，从而能使企业适应甚至引导企业进行生产运作方式的改革，如表 12-3 所示。

表 12-3　企业的生产运作方式选择

生产运作方式	特征	适应范围
低成本和大批量	需要选择标准化的产品或服务；需要高的投资来购买专用高效设备	适用于需求量大、差异性较小的提供，如早期美国福特汽车公司就采用这样的经营战略
多品种和小批量	生产效率一般不高；不能应用于大众化的产品	适用于顾客对于个性化产品的需求
高质量	需要企业高层具有较高的质量意识；企业具有标准化的作业流程	可运用于任何一类的企业
混合策略	顾客个性化大生产，既满足顾客的需要，又能实现生产的高效率	一般适用于具有较大规模的企业

2. 产品或服务的设计与开发

产品或服务的开发与设计是相当复杂且影响深远的运作战略活动。企业在产品或服务选择的基础上，要对产品或服务进行设计，从而可以确定其功能、型号和结构，进而选择制造工艺，设计工艺流程。一般来说，按照目前的产品或服务开发与设计的发展方向，可以将该战略分为四类，如表 12-4 所示。

表 12-4　企业产品或服务的开发与设计战略

战略分类	含义	特征
技术领先者或技术追随者	指企业通过自主研发来掌握新技术或通过学习技术领先者的技术而达到侵占市场的目的	技术领先者：投入大，风险大；投资回报率高，易于在竞争中处于领先地位 技术追随者：投入少，风险大；投资回报率低；技术易受到压制
自主开发或联合开发	自主研发是指企业可根据对外部市场的分析，依靠自己的技术力量进行新产品、新技术的研发；而联合开发则是指企业通过与合作伙伴联合而对新产品（服务）进行研发	自主开发：适用于研发实力较强的、规模较大的企业 联合开发：适用于实力较弱的企业；也适用于开发项目投入大、周期长的企业
外购技术或专利	针对没有条件和能力进行独立研发、联合开发，或者研发成本高的企业，可以采用的战略	节约研发的投入；节约研发的投入
基础研究或应用研究	前者指企业对某个领域中的某个现象进行研究，但不能保证新的知识一定可以得到应用；而后者则是企业根据当前的市场需求选择其中一个潜在的应用领域进行针对性的研究	前者研发时间较长、投资大，同时风险也较大；后者则易于转化为现实生产力

3. 生产运作系统的设计

生产运作系统的设计对生产运作系统的运行有先天性的影响，它是企业战略决策的一个重要内容，也是实施企业战略的重要步骤。生产运作系统的设计有四方面的策略，即设施选址、设施布置、岗位设计、工作考核和报酬。

12.5 财务战略

➢案例 12-3 IBM 为何调整股利政策？

1989 年以前，IBM 的股利每年以 7%的速度增长。1989～1991 年，IBM 的每股股利稳定在 4.89 美元/（年·股），即平均每季度 1.21 美元/股。1992 年 1 月 26 日上午 9 时 2 分，《财务新闻直线》公布了 IBM 新的股利政策，季度每股股利从 1.21 美元调整为 0.54 美元，下降超过 50%。维持多年的稳定的股利政策终于发生了变化。

IBM 董事会指出：这个决定是在认真慎重考虑 IBM 的赢利和未来公司的长期发展的基础上做出的，同时也考虑到了给广大股东一个合适的回报率。这是一个为了维护股东和公司未来最好的长期利益，维持公司稳健的财务状况，综合考虑多种影响因素之后做出的决定。

1993 年，IBM 的问题累积成堆，股利不得不从 2.16 美元再次削减到 1.00 美元。

在此之前，许多投资者和分析人士已经预计到 IBM 将削减其股利，因为它没有充分估计到微型计算机的巨大市场，没有尽快从大型计算机市场转向微型计算机市场。IBM 的大量资源被套在销路不好的产品上。同时，20 世纪 80 年代，IBM 将一些有利可图的项目，如软件开发、芯片等拱手让给微软和英特尔，使得他们后来获得丰厚的、创纪录的利润。结局是：IBM 在 1992 年创造了美国企业历史上最大的年度亏损，股票价格下跌 60%，股利削减 53%。

面对 IBM 的问题，老的管理层不得不辞职。到了 1994 年，新的管理层推行的改革开始奏效，公司从 1993 年的亏损转为盈利，1994 年 EPS 达到 4.92 美元，1995 年 EPS 则高达 11 美元。因为 IBM 恢复了赢利，股利政策又被重新提到议事日程上……

资料来源：步淑段．财务管理案例教程．2005．北京：科学出版社

12.5.1 财务战略概述

1. 财务战略的内涵及任务

在日益激烈的市场竞争中，企业的资源流动性逐渐得到加强，在企业的人、财、物、信息这四大资源中，资金资源已经成为引导其他资源流动的关键，企业经营活动所需要的劳动力、生产资料和信息资料都必须用资金去购买，资金的使用效果必然决定企业的经营效果。在这样的时代背景下，企业对财务战略的要求也是与日俱增。

所谓财务战略就是指企业为谋求资本均衡有效的流动，提高资本运营质量和效益，实现企业战略目标，为增强企业的竞争优势，在分析企业内、外部理财环境因素对资本

流动影响的基础上，对企业资本流动进行全局性、长期性和创造性的谋划，并确保其执行的过程。(周朝琦等，2001)

财务战略的基本目的，就是最有效地利用企业各种资金，在企业内部、外部各种条件制约下，确保实现企业战略计划所规定的战略目标。

企业财务战略的任务主要有：

(1) 以企业战略目标为基础，利用最佳方式筹集企业所需的资金，实现资金筹集的合理化。

(2) 根据企业战略计划的要求，有效分配和调度资金，确定合理的资金结构，确保资金调度的合理化和财务结构的健全化。

(3) 在企业战略经营过程中，采取各种必要措施，利用适当的财务计划与控制方法，配合各个职能部门，充分有效地利用各种资金，加速资金周转，讲求资金运用的效率化，促进企业的成长。

(4) 制定和实施财务战略计划，确定长期和短期财务目标，在合理筹集，分配和运用资金的同时，力求实现资金收益的最大化。

2. 企业财务战略的类型

按照公司采用的经营方针，可以将企业的财务战略分为以下三种。

1) 扩张型财务战略

这是以实现企业资产规模的快速扩张为目的的一种财务战略，企业实施这种战略的前提是，企业的经营风险相对较小。为了实施这种扩张的财务战略，企业往往需要在将绝大部分乃至全部利润留存的同时，大量地进行外部筹资，更多地利用外债，大量筹措外部资金是为了弥补内部积累相对于企业扩张需要的不足。企业实施这一战略更多的是利用负债而不是股权投资，这是因为负债投资既能为企业带来财务杠杆效应，又能防止净资产收益率和每股收益的稀释。一般这种战略的特征会表现为：高负债、高收益和少分配。

2) 稳健性财务战略

这种战略主要是以实现企业财务绩效的稳定增长和资产规模的平稳扩张为目的。企业在实施这种稳健性的财务战略时，一般将尽可能优化现有资源的配置和提高现有资源的使用效率及效益作为首要任务，将利润积累作为实现企业资产规模扩张的基本资金来源。稳健性的财务战略一般表现的特征为：适度负债、中收益、适度分配。

3) 收缩性财务战略

这是企业以预防出现财务危机和求得生存及新的发展为目的的一种财务战略。这种战略的实施前提是，公司的经营风险相对较大。采取收缩性财务战略的公司，一般将尽可能减少现金流出和尽可能增加现金流入作为企业的首要要务，将有限的资源用于企业的主导业务，以增强企业主导业务的市场竞争力。这种战略的特征主要为：低负债、低收益、高分配。

12.5.2 财务战略的主要内容

企业财务战略的内容主要包括：资金筹集战略、负债经营战略、利润分配战略、资本投资战略以及资本结构优化战略。

1. 资金筹集战略

资金筹集战略是关于企业从什么渠道以及用什么方式获得企业所需资金，如何以较低代价、较低风险筹集更多资金，支持企业经济发展的战略。如果按照资金的时间特点，则可以把资金分为短期资金和长期资金。

1）长期筹集资金方式

长期资金是指企业使用期在一年或一个经营周期以上的资金。从资本市场看，企业长期资金来源主要有普通股、优先股、公司债券三种。三种资金来源在收益、风险与控制方面各有利弊。

2）短期资金筹集方式

短期资金是指企业短期（一般在一年以内）使用的资金。短期资金的筹集来源较多，通常有以下三种方式：①商业信用；②银行信用；③应付费用。

总体来说，资金筹集战略是企业财务战略乃至企业经营战略的一个重要组成部分，必要的资金是企业战略和投资战略实施的前提，且筹资成本的高低还会直接增加或降低企业的经营成本，进而波及企业的竞争实力。筹资战略不是具体的实施计划，而是适应未来市场环境以及企业战略的要求，其直接目的就是既要使企业达到资本成本最小化，也要确保资金来源的可靠性和灵活性。

2. 负债经营战略

在经济的市场上，什么都可以出现过剩，唯独资金和土地是相对短缺的。用别人的钱办自己的事，发展自己的事业，这是企业实施负债经营战略的基本出发点和落脚点。作为商品经济高度发达的产物，负债经营已成为当今世界经济高速增长国家企业经营理财的重要形式。而负债主要形式包括内部集资、社会筹资、银行贷款等。

当然，负债经营也有不利的一面，企业长期的负债容易丧失信誉。因此只有客观评价负债经营的利与弊，根据市场需求和经济环境的发展变化以及企业的财务状况，充分把握负债经营的适度性，卓有成效地实施企业的负债经营战略，才能保证企业持续稳定的发展。同时良好的偿付能力也是企业资本运作的基础，因此，企业要实施负债经营战略，还必须做到：一是要适度负债，即负债程度要依偿还能力而定，包括要重视投资效益；二是要创造条件，获得政策倾斜；三是提高企业的信誉，争取银行贷款或通过发行债券、股票等实现有效的融资。适度的负债经营，无疑有利于企业盘活资金，增加企业经营的活力。

3. 利润分配战略

利润分配是利用价值形式对社会剩余产品所进行的分配。企业的利润分配战略应遵循既有利于股东又有利于企业的原则。具体来说，有如下几点：

（1）要满足企业利润的再投资。以利润作为资本来源，使企业自强自富，解除企业长期负债的苦衷。

（2）稳定的股利战略。稳定股利战略有利于稳定现有股东队伍，稳定股价。在正常的股市，人们多从投资角度购买股票，而不把它视作一种投机。还可以吸引新股东入股。

（3）合理的股利基金。在利润多的年份，拿出部分利润作为股利基金，既不分给股东，也不作其他的投资，以弥补未来股利的减少和企业的亏损，有利于塑造企业良好的信誉。

4. 资本投资战略

投资战略是企业财务战略的核心内容，在一定程度上影响了企业能否把有限的资金和资源进行有效配置及有效利用。资本投资战略主要包括：固定资产投资方向、企业规模和资本规模的确定；资金用于外延式投资还是内涵式投资；资金是用于新产品的开发上还是用于对老产品的改造；是采取自主经营方式还是引进外资进行联合投资；通货膨胀条件下的投资战略决策；等等。

5. 资本结构优化战略

资本结构是决定企业整体资本成本的主要因素以及反映企业财务风险程度的主要尺度。一般来讲，健康、合理的资本结构是企业生存和发展的有利条件，相反，脆弱、病态的资本结构则会给企业带来巨额的成本以及极大的财务风险。因而，优化资本结构，合理筹措资金，使企业中各种资金来源以及资本配比保持合理的比例，这是企业财务战略很重要的内容，也是财务战略管理的核心。

➢本章总结

1. 市场营销战略是指企业在复杂的市场环境中，在现代市场营销观念的指导下，为了实现企业的经营目标，对企业在一定时期内市场营销发展的总体设想和规划。它涉及了市场营销活动过程，包括市场调研和预测，分析市场需求，确定目标市场，制定营销战略以及实施和控制具体营销战略等。

2. 人力资源战略确定一个企业将如何进行人员管理以实现企业目标，是为管理变化而制定的一种方向性的行动计划。或者说，人力资源战略就是说明与人有关的企业问题的方向性规划，它们是由管理人员以与其他战略相同的方式制定和推行的职能管理战略。

3. 研究与开发战略是指企业在研究与开发上的愿景规划及方向。面对需求多变的竞争环境，很多企业都期望通过有效的产品研究与开发持续地向市场提供满足客户个性化需求的产品，以获得综合的竞争优势，赢得最大化的增值回报。

4. 生产运作战略，就是指在企业总体战略的框架下对生产运作系统的建立、运行以及如何通过生产运作系统来实现组织目标所做的总体规划。它根据对企业各种资源要素和内、外部环境的分析，对与运作管理以及运作系统有关的基本问题进行分析与判断，确定总的指导思想以及一系列决策原则。

5. 财务战略就是指企业为谋求资本均衡有效的流动，提高资本运营质量和效益，实现企业战略目标，为增强企业的竞争优势，在分析企业内、外部理财环境因素对资本流动影响的基础上，对企业资本流动进行全局性、长期性和创造性的谋划，并确保其执行的过程。

参考文献

班德，沃德.2003. 公司财务战略. 干胜道译. 北京：人民邮电出版社

蔡仁锡.1999. 人力资源管理理论的新领域——战略性人力资源管理理论. 国外财经，(2)

查尔斯·格里尔.2004. 战略人力资源管理. 孙非等译. 北京：机械工业出版社

戴维·沃尔里奇.2000. 人力资源教程. 刘磊译. 北京：新华出版社

菲利普·科特勒.1999. 营销管理：分析、计划、执行和控制（第九版）. 梅汝和等译. 上海：上海人民出版社

菲利普·科特勒.1999. 营销学导论（第四版）. 北京：华夏出版社

郭复初.2000. 财务新论. 上海：立信会计出版社

杰弗里·梅洛.2004. 战略人力资源管理. 吴雯芳译. 北京：中国财政经济出版社

杰伊·海泽，巴里·雷德.1998. 生产与作业管理教程. 潘洁夫等译. 北京：华夏出版社

刘志远.1997. 企业财务战略. 大连：东北财经大学出版社

威廉·J. 史蒂文森.2000. 生产与运作管理. 张群，张杰译. 北京：机械工业出版社

夏宽云.2000. 战略成本管理. 上海：立信会计出版社

杨清，刘再烜.2003. 人力资源战略. 北京：对外经济贸易大学出版社

曾旗.2000. 现代生产与运作管理. 徐州：中国矿业大学出版社

詹姆斯·沃克.2001. 人力资源战略. 吴雯芳译. 北京：中国人民大学出版社

周朝琦等.2001. 企业财务战略管理. 北京：经济管理出版社

周鸿铎.1998. 市场营销策略. 北京：中国发展出版社

Abernathy W J，Utterback J M. 1978. Patterns of industrial innovation. Technology Review，80 (7)：41～47

Abramovitz M. 1986. Catching up，forging ahead and falling behind. Journal of Economic History，46 (2)：385～406

Aitken B，Harrison A. 1999. Do domestic firms benefit from direct foreign investment? evidence from Venezuela. American Economic Review，89 (3)：605～618

Anderson S P，Schmitt N. 2003. Nontariff barriers and trade liberalization. Economic Inquiry，41 (1)：80～97

Parnaby J. 1979. Concept of a manufacturing system. International Journal of Production Research，17 (2)：123～135

Tee K A. 1995. Asian miracle：the scientific and technological dimension. IEEE Engineering Management Conference. 68～73

Thompson K et al. 2000. Developing relationship marketing through the implementation of customer relationship management technology. The 16th IMP-conference，Bath U.，U. K.

推荐阅读材料

王关义.2007. 现代企业管理（第二版）. 北京：清华大学出版社

该书以独特的案例全面系统地介绍了现代企业管理的基本原理和理论。该书分为基本理论篇，制度、文化与战略篇，职能战略篇，其中职能战略篇包括营销管理、生产组织、生产计划与控制、质量管理、物流管理、财务管理和人力资源管理等。

菲利普·科特勒，凯勒.2006. 营销管理（第12版）. 梅清豪译. 上海：上海人民出版社

科特勒的《营销管理》是一部经典的教材，是学习营销管理的必读书，从该书中我们可以了解营销管理各个环节的知识，其中包括营销战略的分析、制定与实施方面的

内容。

查尔斯・格里尔．2004．战略人力资源管理．孙非等译．北京：机械工业出版社

该书讨论了人力资源管理和人力资源的战略管理、战略计划、环境分析、战略评价原则等，强调人力资源在提升鼓动回报和为利益相关者提供公平报酬等方面的不可替代的战略意义。

米勒，莫里斯．2005．第四代研发：管理知识、技术与革新．关山松等译．北京：中国人民大学出版社

该书介绍了研发的发展历程，以大量的事实、数据为依据，并使用大量的图表，详细阐述了第四代研发的定义、模式，以及一些关键问题。虽然目前的研发模式已经超越了第四代研发，但该书的参考价值仍旧非常高。

李海林，刘蓓．2004．世界顶级企业战略管理经典模式．北京：经济科学出版社

该书展示了国际上最成功的企业正在实施的各类管理模式，代表着当今世界管理实践的最佳典范，将对管理最新趋势的概括与世界 500 强企业的深层实践相结合，通过阅读该书，可以了解当前关于管理方面的一些前沿知识。

第四篇

战略实施

战略实施过程与战略执行

企业制定了战略之后，就进入了战略实施阶段，尽管战略实施与企业日常管理不可分，但我们仍能够以战略规划为核心明确战略实施的流程。表 13-1 介绍了战略规划的实施与执行。

表 13-1　企业战略实施流程

实施流程	业务活动	主要工作内容说明
战略规划	企业 SWOT 分析；确定战略指导文件；确定企业战略目标；形成战略目标体系；制定企业政策	分析企业内外部环境，确定企业使命、愿景、价值观以及文化，明确企业的战略目标，编辑、审核并最终形成符合企业总体目标的战略目标体系，制定指导人们实施战略的政策细则
战略规划的推进	组织管理；计划管理；预算管理；流程管理	培育支持战略实施的企业文化，建立有效的组织结构，制定预算、中短期计划、行动方案和完成任务的最佳工作程序
战略控制	评价工作成绩；采取纠正措施	评价工作成绩，派专人跟踪，限期解决或调整计划（在规划执行过程中产生的实际结果与预定目标有明显差距时采取）
战略绩效评价	年度总结；滚动修改	每年一次详细的工作总结，重新审视外部与内部因素，衡量业绩，采取纠正措施，对业务计划作滚动修改（局部性修订、职能性修订、总体战略修订）

13.1 企业战略的实施步骤

13.1.1 战略规划

虽然企业战略环境中的各种不确定性难以预测，使基于预测的战略规划遇到了极大的困难，人们对企业是否要制定战略规划产生了怀疑，但是我们还是要提醒管理者在忙于日常管理工作时，仍然要把战略规划看做企业应对未来的重要手段。

为此，企业需要在分析研究自身所处宏观环境和产业竞争环境以及正确评价自身能力和竞争地位的基础上，制定自己的战略规划，以此明确企业的发展方向和目标。战略规划是指一家企业制定的，使企业的经营目标与它的经营能力及变化中的营销机会相适应的一系列计划。企业的战略规划通常包括企业使命、价值观、目标以及财务、人力、生产、营销、研发等职能部门的业务计划。

战略规划（strategic planning）是制定组织的长期目标并将其付诸实施，它是一个正式的过程和仪式。战略规划是为未来做现在的决策，而不是做未来的决策，决策只存在于现在；战略规划也不是预测，而是一种思考的工具，是一个过程，即为了取得未来的成就而规划现在该做什么。

1. 企业战略规划的特点

企业战略规划要求贯彻企业战略目标，将企业外部环境、内部条件与企业战略目标作为一个整体去考虑，指导企业在一定时期内合理分配有限资源。因此，战略规划应该包含如下特点：

(1) 战略规划不同于一般的经营计划，经营计划的出发点是追求近期利益，而战略规划谋求长期的战略目标，而不是追求近期的利润最大化。

(2) 战略规划要求具备各种可靠方案来应付各种风险，强调有一套系统的应变和调节措施，具有一定弹性。

(3) 战略规划着重于前景分析、竞争分析和战略组合分析，更强调对未来的把握，而并不认为历史上发生的未来就会发生，这主要由于未来环境具有不确定性。

(4) 战略规划要求动员企业资源去适应环境，还要求利用战略实施去影响环境、改变形势，使企业处于主动地位。

2. 企业战略规划的制定步骤

1) 制定战略目标

战略目标是企业战略规划的核心内容，企业战略规划就是要将这个目标具体化、步骤化、可行化。

确定战略目标首先是对企业的现状进行分析。除了对自身的情况进行分析之外，还要分析宏观环境，对社会、经济、政治、文化、技术等各个领域现在或将来可能发生的变化情况也要有所了解。在此基础上，寻找市场机会并识别出把握市场机会将遇到什么障碍，会有什么缺陷，这是对战略环境进行分析和预测的目的所在。最常见的是进行

SWOT 分析。所谓 SWOT 分析，就是分析企业的优势、劣势，竞争对手是谁，竞争对手的优势和劣势，机会在什么地方，市场状况等等，然后基于分析的结果给出一个判断。即考虑在未来几年内（根据战略规划的周期长短），如果企业不进行变革，那么企业的领导者或者股东会不会满意？如果满意，就保持企业现有战略，不做变革；如果不满意，就要考虑在目前分析结果的情况下，企业可以对内部做哪些变革。再分析企业可以对外部做哪些变革，将内部和外部变革所能导致的结果与不变革的结果进行比较，寻找变化和差别。这些变化和差别是不是能使企业满意，企业战略目标的确定可以形象地描述为图 13-1。

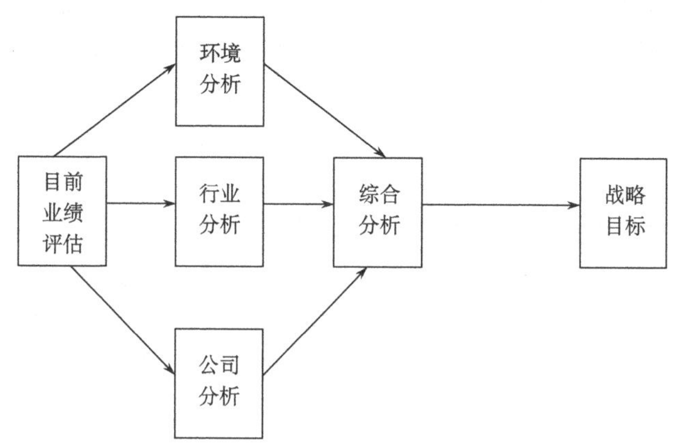

图 13-1 企业战略目标的确定流程图

2）确定战略执行过程中的重点

对于企业综合战略，它的重点是确定企业使命、划分事业单位、确定关键单位的目标。例如，IBM 的企业使命是生产使用户创造更高商业价值的商用设备，所以，虽然 PC 很重要，但是 PC 技术已经日趋成熟，而公司努力多次领导产业革命，尤其是在 IT 行业中制定多项标准，并努力帮助客户成功。所以，剥离 PC 部门就是满足企业使命的综合战略重点。

对于事业战略，它的重点是如何实现企业使命、环境分析、二级单位的目标以及所需采取的具体措施；次战略则更加详细，重点是如何贯彻目标（包括发展目标、质量目标、技术进步目标、市场目标、职工素质目标、管理改进目标、效益目标等）并细化；最后是战术，重点是划分阶段并制定计划，对每个阶段可能遇到的风险进行分析，对每个阶段可能发生的变数进行分析，采取应对措施。

3）制定行动计划、划分阶段并给出行动措施

这是一个较为具体的过程，企业必须将战略规划细化，这个过程也是企业战略规划具体性的一部分。再高的目标，再好的愿景，都必须进行拆分，都要由具体的行动方案支撑起企业的战略规划。

此时，计划要落实到每一个职能部门，研发、生产、财务、人力资源等都需要参与到计划的制定中来。对于一个长期的战略规划（一般为几十年），还需要划分

实行的阶段，要将几十年的战略细化为三年、五年、十年等，每一阶段应该达到什么目标以及具体应该怎么做，都要有一个轮廓。这才构成了战略规划的完整性和现实性。

3．企业战略规划制定与实施的组织保证

1）战略委员会

企业战略规划的制定与实施是一项影响企业未来发展甚至生死存亡的巨大工程，涉及企业的方方面面。企业战略的成功实施通常需要大量的协调工作，因此不仅需要从人、物、财等资源上给予足够的支持，还必须从组织上予以保证。有效的解决方法是在企业内组建战略委员会，委员会结构是直线职能型组织结构的附加设计手段，它是一种跨越职能界限的协调机构。战略委员会的工作范围与职责主要是负责企业的战略规划和组织变革。战略委员会的成员包括一个主席、一个秘书和若干委员。委员会的主席通常由总经理担任。战略委员会的成员隶属于某一职能部门，他们定期或不定期地聚在一起分析问题，协调关系，提出解决问题的建议，做出决策。委员会的作用在于：综合各种知识，促进信息沟通，加强部门之间的协调，提高决策的正确性。委员会可以是临时性的，也可以是永久性的。在战略委员会的下层，通常还需要建立一个完善的督办执行网络，它是保证委员会发挥作用的执行机构，其成员可由战略委员会指定，他们负责信息的收集和任务的落实。图 13-2 描述了战略委员会督办执行网络的构成。

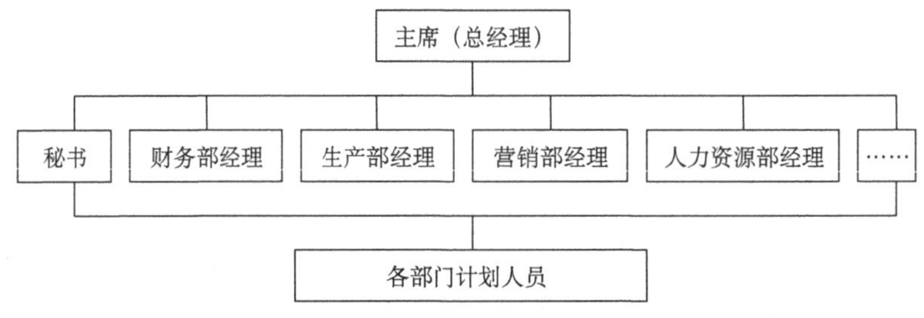

图 13-2　战略委员会的结构图

2）参与人员与责任

由于企业战略对企业的影响很深很广，来自企业内不同层级的所有员工都对战略规划的制订与实施承担着不可推卸的责任。总经理对业务计划的制定和执行负全面责任。由其领导的战略管理委员会负责指导和协调企业各部门发展计划和管理计划制定以及每年对企业发展计划和各部门的管理计划的滚动修改。部门经理是制定企业发展计划的主要参与者，并对部门管理计划的制定、实施和修改负全面责任。部门经理应确保部门管理计划和企业发展计划的一致性，确保下属员工熟悉本政策，确保本政策在其责任范围内贯彻执行。为确保“计划”的实施，企业总经理和部门经理除组织好宣传工作外，还要确保计划实施所需的必要资源，并通过制度、政策调动全体员工实施“计划”的积极性。与战略管理委员会有关的督办网络起着推进者的角色，在计划制定和实施过程中发挥信息收集和传递作用，并协助部门经理完成企业发展计划的具体编写、实施监控和定期修改工作。该成员应具有必要的专业知识和管理经验，具有联系群众、善解人意、善于“沟通”的特点并应通晓科学计划过程的具体知识。企业内的全体员工都有责任拥护并以企业战略规划的所有内容来指导自己的日常工作。

➢案例 13-1　振华港机的战略规划

1992 年的振华港机是一个默默无闻的小企业。2004 年，其产值裂变扩张至 9 亿美元，主要产品大型集装箱机械占据了世界市场的 70%以上，振华港机的战略成功在某些程度上得益于他的战略规划能力。1992 年，振华港机脱胎于上海港机——一家有待改革的国有企业，当时企业内“大锅饭”盛行，而主要的港口机械技术则被荷兰的一家企业垄断，公司高层提出从“技术模仿”开始，通过与世界一流强手技术合作，然后到消化吸收再到二次开发，进而通过技术创新拥有自主知识产权的跨越的战略思路。刚开始，振华港机建设了 4 个制造基地，模仿制造起重机专用配套件，如减速箱、制动器、联轴器、电缆卷筒和电控设备等，其质量可与世界名牌媲美，从而成为世界大型港用起重机的配套厂商。然后，在长期与国外企业的合作中学习了国外的先进技术，随后，振华港机在江阴建设了一支强大的港机设计开发队伍走自主研发之路，几年时间内研发出了享誉世界的双小车起重机、双 40 起重机、双向防摇技术、GPS 系统、全球产品监测系统、无电缆吊具和为上海港设计生产的全自动化空箱堆场等设备。目前，企业有一支强大的科研队伍，全公司 1500 名管理人员中有 600 多名是研发人员，公司拥有 153 名高级工程师。在技术领域已经遥遥领先于世界其他国家。振华港机总裁管彤贤说：“振华港机公司的创建史，实质上是一部科技创新、新产品研制的发展史。”

资料来源：王玲．振华港机：60%的全球市场占有率是如何实现的．经济日报，2006-1-10

13.1.2　战略推进

在了解了组织战略定位和考虑了它所面临的战略选择的基础上，如果管理者不将战略付诸行动，它们将毫无价值。战略规划指引着战略实施的基本方向，而战略推进则是企业战略实施中的核心内容，战略只有通过不断的推进才能更好地发挥作用。企业战略的推进包括三个阶段：

第一，企业战略规划制定，包括对企业总体战略说明（总体战略、理由及其意义、战略目标、方针和政策）；企业环境分析、竞争对手分析、内部条件分析；企业分阶段目标（时间段、重点、保障）；为实现目标而组织的行为和项目；企业资源配置、开发、培养；组织保障和调整以及应变计划和方案等。

第二，企业战略政策制定。作为指导行动的政策在战略实施中是首先要解决的问题，是将抽象目标具体化过程中保证成功的必要环节。政策作为一个具体的行动指南，虽然不是可操作性的，但它的保障作用不可忽视。

政策是指一种具体的准则、方法、程序、规则、形式及支持和鼓励实现目标的管理活动，政策使管理者知道企业期望他做什么，并为管理控制提供基础，并可以协调各个组织之间的关系，同时，政策还明确了谁做什么工作及工作的基本原则。企业战略的全部含义需要由企业的政策作进一步的阐述和说明，战略解决的是企业发展的基本方向、主要步骤和全局问题，而政策则是指导人们实施战略的细则。政策渗透到企业的具体经营活动中，有助于建立一种规范、可预测的行动方式。

第三，确定关键战略要素。在制定战略计划以及实施过程中，企业面对未来的众多不确定因素有许多选择，这里强调的是根据内外条件综合分析获得对企业战略成功与否起决定作用的关键要素，针对这些要素配置计划中的重点，在实施中加强监控。

13.1.3 战略控制

1. 战略控制的概念

战略控制主要是指在企业战略的实施过程中，检查企业为达到目标所进行的各项活动的进展情况，评价实施企业战略后的企业绩效，把它与既定的战略目标与绩效标准相比较，发现差距，分析产生偏差的原因，纠正偏差，使企业战略实施得更好。战略控制的目的是在问题变得严重之前就提醒企业高层管理者去加以解决，以保证各项战略的顺利实施，最后达到预期目标和实现企业的使命。

由于战略控制不同于一般计划的控制，有时企业战略所面临的未来本身是不可知的，过去经验建立起的预测模式不能成为战略制定和实施的基础，企业不应该过早地冻结自己的战略，认为那就是自己的战略。为此，企业首先应筛选影响控制的因素，并且把握控制过程的基本特点，而不要过分追求周密精细的方法。影响战略控制的因素可以从以下三类因素中获得：需求和市场、资源和能力、组织和文化。

要进行战略实施的控制就必须进行战略实施的评价，战略实施的控制与战略实施的评价既有区别又有联系，只有通过评价才能实现控制，评价本身是手段而不是目的，发现问题，实现控制才是目的。战略控制着重于战略实施的过程，战略评价着重于对战略实施过程结果的评价。

2. 战略控制过程

战略控制的重要目标就是使企业实际的效益尽量符合战略计划，为了达到这一点点，战略控制可以分为以下四个步骤：

（1）设定绩效标准。此阶段根据企业战略目标，结合企业内部人力、物力、财力及信息等具体条件，确定企业绩效标准，作为战略控制的参照系。企业常用的衡量标准主要包括销售额、销售增长、净利润、资产、销售成本、市场占有率、价值增值、产品质量、劳动生产率等。

（2）衡量评价企业绩效。此阶段通过一定的测量方式、手段、方法，监测企业的实际绩效，并将企业的实际绩效与标准绩效对比，进行偏差分析与评估。在实际衡量企业绩效时，管理人员必须监控外部环境的关键因素。外部环境信号比较重要，对企业的影响也难以确定，外部环境的关键因素是企业战略赖以生存的基础，这些外部环境的关键因素的变化意味着战略前提条件的变动，必须给予充分的注意。

（3）设计并采取纠正偏差的措施，以顺应变化着的条件，保证企业战略的圆满实施。企业在采取纠正措施时，可以采取三种选择方式：①常规模式。企业按照常规的方式去解决所出现的差距。②专题解决模式。企业就目前所出现的问题进行专题重点解决。这种解决方式反应较快。③预先计划模式。企业事先对可能出现的问题进行计划，这样能够事先有所预料，增强处理意外事件的能力。

(4) 激励战略控制的执行主体，以调动其自控制与自评价的积极性，以保证企业战略实施的切实有效。

3. 影响战略控制的因素和趋势

如上所述，在制定和实施战略的过程中，必须同时考虑现有的定量分析因素、信息上的缺陷因素、不确定性因素、不可知的因素以及人类心理等因素。在这些因素中，有一些是企业的内部特点，正是这些特点才使同一行业中的各个公司有所差异。另一些因素由于受到行业性质和环境的制约，使得一个行业中的不同企业战略较为相似。

无论何种行业，尽管各种因素的影响力度不同，但影响战略控制的因素总体可以分为三类：需求和市场、资源和能力、组织和文化。这三类因素在现代企业中呈现如下趋势：

(1) 更加重视质量、价值和顾客满意。不同的需求驱动因素（如便利、地位、风格、属性、服务等）在不同的时间和地点扮演了不同的角色。现代的顾客在做出购买决定时更加重视质量和价值。一些卓有成效的公司致力于提高质量，同时降低成本。他们的指导思想是持续不断地用更少的成本提供更多的东西。

(2) 更加重视关系建设和竞争导向。现代企业关注于培养顾客的忠诚度，从交易过程转向关系建设，和企业的利益相关者保持和谐融洽的状态。

(3) 更加重视业务流程管理和整合业务功能。现代企业从管理一系列各自为政的部门转向一系列的基本业务流程，企业组成跨部门的工作团体管理这些基本流程。

(4) 更加重视全球导向和区域规划。现代企业的边界日益扩张，无国界经营成为发展潮流。当企业进入国外市场时，必须转变传统风格去适应当地的影响力量。企业必须从全球化的角度进行战略思考，但战略计划的实施却是区域化、本土化。

(5) 更加重视战略联盟和网络组织。一旦企业全球化，他们就会意识到无论他们多么大，他们已经失去了保证成功的某些资源和能力。考虑到完整的价值链，他们认识到和其他组织进行合作的必要性和重要性。高层管理者把越来越多的时间用于设计战略联盟和网络组织上，以形成竞争优势。

(6) 更加重视权势架构及其影响。任何组织都存在利用权势实现个人或集团利益的现象，在许多时候，企业的战略决策就是由权势决定的。现代企业面临的复杂环境决定了人们在目标、价值观念、利害关系、职责和认识上的分歧，同时彼此对对方有控制权，在某种程度上依赖对方。

4. 战略控制的基本特征

战略控制的基本特征不同于战略控制过程的基本特征，它是对战略控制的一些基本的要求。

1) 适宜性

判断企业战略是否适宜，首先要求这个战略具有实现公司既定的财务和其他目标的良好前景。因此，适宜的战略应处于公司希望经营的领域，必须具有与公司的愿景相协调的文化，如果可能的话，必须建立在公司优势的基础上，或者以某种人们可能确认的方式弥补公司现有的缺陷。

2）可行性

可行性是指公司一旦选定了战略，就必须认真考虑企业能否成功的实施。公司是否有足够的财力、人力或者其他资源、技能、技术、诀窍和组织优势，换言之，企业是否有有效实施战略的核心能力。如果在可行性上存在疑问，就需要将战略研究的范围扩大，并将能够提供所缺乏的资源或能力的其他公司或者金融机构合并等方式包括在内，通过联合发展达到可行的目的。特别是管理层必须确定实施战略要采取的初始的实际步骤。

3）可接受性

可接受性强调的问题是：公司的利益相关者，是否对推荐的战略非常满意，并且给予支持。一般来说，公司越大，其利益相关者就越多。要保证得到所有的利害相关者的支持是不可能的，但是，所推荐的战略必须经过最主要的利害相关者的同意，而在战略被采纳之前，必须充分考虑其他利害相关者的反对意见。

4）整体利益和局部利益、长期利益和短期利益的不一致性

企业的整体是由局部构成的。从理论上讲，整体利益和局部利益是一致的，但在具体问题上，整体利益和局部利益可能存在着一定的不一致性。企业战略控制就是要对这些不一致性的冲突进行调节，如果把战略控制仅仅看做一种单纯的技术、管理业务工作，就不可能取得预期的控制效果。

5）多样性和不确定性

战略具有多样性和不确定性。公司的战略只有一个方向，其目的是明确的，但其过程可能是完全没有规律、没有效率和不合理的，因此这时的战略就具有多样性。同时，虽然经营战略是明确的、稳定的且是具有权威的，但在实施过程中由于环境变化，必须适时地调整和修正战略，因而也必须因时因地地提出具体控制措施，这即是说战略控制具有多样性和不确定性。

6）弹性和伸缩性

在战略控制中如果过度控制，频繁干预，容易引起消极反应。因而针对各种矛盾和问题，战略控制有时需要认真处理，严格控制；有时则需要适度的、弹性的控制。只要能保持与战略目标的一致性，就可以有较大的回旋余地，具有伸缩性。所以在战略控制中只要能保持正确的战略方向，尽可能减少干预实施过程中的问题，尽可能多地授权下属在自己的范围内解决问题。对小范围、低层次的问题不要在大范围、高层次解决，反而能够取得有效的控制。

5. 战略控制的主要作用

企业经营战略的控制在战略管理中的作用主要表现在以下几个方面：

（1）企业经营战略实施的控制是企业战略管理的重要环节，它能保证企业战略的有效实施。对战略实施的控制的好坏将直接影响企业战略决策实施的效果好坏与效率高低，因此企业战略实施的控制虽然处于战略决策的执行地位，但对战略管理是十分重要的，必不可少的。

（2）企业经营战略的实施的控制能力与效率的高低又是战略决策的一个重要制约因素，它决定了企业战略行为能力的大小。企业战略实施的控制能力强，控制效率高，则

企业高层管理者可以做出较为大胆的、风险较大的战略决策，若相反，则只能做出较为稳妥的战略决策。

（3）企业经营战略实施的控制与评价可为战略决策提供重要的反馈，帮助战略决策者明确决策中哪些内容是符合实际的，是正确的；哪些是不符合实际的，是不正确的。这对于提高战略决策的适应性和水平具有重要作用。

（4）企业经营战略实施的控制可以促进企业文化等企业基础建设，为战略决策奠定良好的基础。

13.2　企业战略的有效执行

13.2.1　执行的定义

所谓执行，指的是贯彻战略意图，完成预定目标的操作过程和能力。换言之，执行是如何完成任务的一门学问，执行贯穿于组织经营管理全过程的始终。它是企业竞争力的核心，是把企业战略、规划转化成为效益、成果的关键。

企业的执行是由一个系统、组织和团队来完成的。一个企业是一个组织，一个完整的机体，企业的执行力也应该是一个系统、组织和团队的执行力。执行力是企业管理成败的关键。只要企业有好的管理模式、管理制度，好的带头人，能充分调动全体员工的积极性，管理执行力就一定会得到最大的发挥，企业就一定能实现创造百年企业的目标。

13.2.2　执行的重要性

可以说，一个企业生存和发展的关键在于执行力是否到位，因为要完成企业的最终目标，就要靠企业主体的实践活动，即通过员工的执行能力把企业发展蓝图变成现实。因此，执行力是把企业规划变为客观现实的重要载体，对企业的兴衰成败起着决定性作用，是企业发展的内在动因。没有执行力就没有竞争力；没有执行力就没有凝聚力；没有执行力就没有创造力；没有执行力就没有持续发展的空间。

执行力在团队中的重要性主要体现在以下三点：

（1）只有正确的执行才能让战略落地。战略是指应用于整体组织的，为组织未来较长时期设立总体目标和寻求在环境中地位的计划。它决定着企业发展的方向，然而战略一旦制定出来，战略执行便成为战略能否成功的关键要素，因为即使是最好的战略也无法自动实施。

（2）只有准确的执行才能让策略实施。策略是战略的细化和具体措施，它解决的是战术问题。执行是策略实施的最基本环节，策略执行就是指企业为了实现其战略战术目标而将策略目标、方案和计划有效地付诸实施的过程。

（3）只有严格的执行才能让组织运行。企业是一个在市场上面临复杂竞争环境的组织，这样的组织如果缺乏严格的执行能力，那就意味着失败，意味着灭亡。我国很多企业拥有完整的管理制度和众多规范，但由于缺乏严格的执行，制度的威信便荡然无存并最终导致企业的衰亡。因此，只有严格执行才能让组织产生强大的力量。

13.2.3 执行的要素

执行包含六个要素，即计划（plan）、沟通（communicate）、风险评估（risk-evaluate）、实施（do）、反馈（feedback）、改进（improve），首字母简称为 PCRDFI。

计划是一切执行的开始。没有良好周密的计划，任何执行都将出现纰漏，而最终达不到任务的既定目标。仓促行事是常见的计划错误，我们通常以为事情简单不过了，或者是自信自己的能力而轻视计划。

沟通是良好执行的必要因素。很多不理解沟通重要性的人常以远离领导、独立行动而自豪。然而，沟通不是拍马屁，下级与上级之间有效的沟通是良好执行的保证，执行人需要沟通来全面理解执行的目标，而发出指令者要借助沟通来了解执行人的执行方法，借以预测执行的结果，并予以指导。沟通不只是听指示，下级常犯的错误是在上级面前不敢说出自己的实施计划，领导怎么说就怎么做，因为上级毕竟不在执行的现场，不是现场的指挥者，一旦出现问题便无法补救。

风险评估可以看做是计划的一部分。正确地预测和评估风险并预备相应的回避措施，是成功执行的重要因素。

实施就是付诸行动。在实施过程中需要执行人勤勉用心，努力控制各种风险。执行过程中的常见错误是忘记自己的责任所在，降低任务的完成标准，主观、想当然地认为这样就可以了，而不是努力地超过主管的预期完成任务，努力地向用户提交超出预期的结果，事后又找各种理由来搪塞。

反馈就是与相关人员分享执行过程和结果的信息，所以反馈的意义不只是了解和有个交代，更重要的是让大家分享信息，便于以后的行动和决策。越是重要的事情，关心的人就越多。反馈的技巧在于简洁、明了、突出结果。反馈常见的错误很多，不及时甚至以为事情小而不反馈，啰唆或者抓不住要点，应该反馈的人没有反馈，甚至把反馈当做邀功或者诿过等。

改进是总结经验教训的过程，目的在于更好地执行。

13.2.4 执行的三个核心流程

战略执行的三个核心流程包括：人员流程、战略流程和运营流程。

一是人员流程，人员流程比战略流程或运营流程更重要，也就是说，如果人员流程不完善，企业就无法完全发挥潜力。

健全的人员流程有三项目标：首先是准确而深入地评估每位员工；其次是提供一个鉴别与培养各类领导人才的架构，以配合组织未来执行策略的需要；最后是完善领导人才储备管道，以作为健全接班计划的基础。

人员流程是执行的第一位核心。组织毕竟要靠人来判断市场的变化，并根据这些判断来制定战略，再将战略转化为现实的运营。无论是对市场行情的判断、根据判断制定相应战略，还是将这些战略付诸实施，人的因素至关重要。人员如果出了问题，再高明的战略与运营也只是纸上谈兵，不可能完成既定目标，这是显而易见的道理，因此一个企业要想成功，领导层首先要选对人、用对人。联想创始人柳传志是国内非常有影响力的企业领袖，他认为“企业的执行力就是选拔合适的人到恰当的岗位上”，用对了人，企业就成功了一半。健全的人员流程需要企业建立一套评估人才、选拔人才的机制，时常对企业的人员进行评估、选拔。总之，要想把合适的人安排到恰当的岗位上并不是一件容易的事，企业必须不断收集有关个人信息，领导者必须了解公司的员工，知道他们是如何协作的，是否具有足够的能力来完成预定的任务等。只有建立起完善的人员流程，才能具备执行的基础。

二是战略流程。战略流程的目的就是将人员与运营结合起来，建立企业竞争优势，提高企业效益。符合实际的战略就是一份行动计划，是企业实现自己目标的依赖，一旦制定了战略计划，必须考虑以下几个问题：该计划中假定的前提是否成立？是否有其他的方案可供选择？是否有能力完成该计划？是否能在情况出现变化时对计划提出适当的修订？等等。充分考虑人员与运营实际，将人员与运营结合起来的战略才具有可行性。

成熟的战略流程应该做到以下几点：

（1）战略目标具体化。公司的决策层应当让公司的战略目标显性化，战略不是停留在高层的脑海中，应该是具体的，战略一定要清晰地制定出来并被广泛地宣传和贯彻。

（2）战略目标要量化。国际著名的管理顾问萨嘉塔提出了执行战略的七个步骤：量化愿景；用口号传达战略；规划结果；删除无需完成的战略；战略开发；状况与进展的自动化管理；建立战略与执行之间的良性循环。

（3）有效的战略评估。应该从可行性、适用性、可接受性三方面对战略进行评估。

三是运营流程，由它在战略和人员之间建立联系。战略流程通常只定义了企业的发展方向，人员流程定义的则是战略过程中人的因素，而运营流程则为这些人员开展工作提供了明确的指导。运营流程的内容主要体现在运营计划上，运营计划包括企业预定在一年内完成的各项方案。预期盈余、销售、获利率与现金流量等指标均能达到预定水准。这些方案涵盖新产品上市、行销计划、把握市场优势的销售计划、标明产出水准的制造计划、改善效率的生产力计划，等等。运营计划所根据的假设是以现实状况为基础，同时经过与财务人员和实际负责执行的业务主管讨论而得。举例而言，GDP 成长率、利率水准、通货膨胀等因素会对运营计划内的业务发生什么影响？如果某个重要客户大幅修正计划，会对我们造成什么后果？运营计划具体说明企业各个不同单位应如何协调步伐，达到目标，并探讨其中必要的取舍，同时留意突发状况，以避免失误，不要错失意外的机会。

总之，企业的执行力关键在于人员、战略、运营这三个环节之间的配合程度，必须将三者作为一个整体加以把握，它是提高企业执行力的基础，也是企业成功的关键。

➢案例 13-2 马克·霍夫曼的执行力

美国人马克·霍夫曼先后创办赛贝斯软件公司、英特瓦尔公司以及克玛斯公司。作为一名成功的企业家，马克·霍夫曼并未受过正规的商科教育，相反，他是美国西点军校 69 届毕业生，曾任陆军上尉。他在谈论企业成功秘诀时曾说：“经营一个公司，与一场战斗并无二致。”他用军人的方式经营企业：①强调服从和执行，做事不允许有任何借口，尽自己最大努力。②充分发挥人的聪明才智，保证人在面对任何困难时候，勇敢、敬业、有使命感、多想办法多探索出路，保证百分百完成任务。③领导应该让下级知道自己所做的一切事情都需要自己负责，做事就会达到一个新的境界。④员工有适当压力和进取心可以创造出不平凡的业绩。

13.3 战略绩效评价

13.3.1 基本概念

战略绩效评价是在战略执行的过程中对战略实施的结果从财务指标、非财务指标进行全面的衡量。它在本质上是一种战略控制手段，即通过战略实施成果与战略目标的对比分析，找出偏差并采取措施纠正。绩效评价是指评价主体运用数理统计和运筹学方法，采用特定的指标体系，按照一定的评价标准和程序对评价客体的管理业绩做出客观、公正和准确的价值判断的过程。它不仅能够科学地衡量企业各项工作的完成情况，而且对企业的各项管理工作具有重要的导向作用。随着知识经济时代的到来，企业的内外部经营环境与过去相比发生了很大的变化，市场竞争日趋激烈，顾客需求结构、技术更新等的变化速度也大大加快，传统的绩效评价制度已远远不能满足企业发展的需要。企业战略业绩评价制度就是在这种情况下应运而生。

13.3.2 内容与方法

1. 战略绩效评价步骤

1）明确公司战略和发展目标

战略目标是企业在其经营过程中所要达到的市场竞争地位和管理绩效的目标，包括在行业中的领先地位、总体规模、竞争能力、分解能力、市场份额、收入和赢利增长率、投资回收率以及企业形象等。企业绩效评价的目的是为了实现公司的战略和发展目标，因此必须明确公司的战略和发展目标。战略及战略目标是通过认真研究产业形态、企业可用资源、企业发展现状等内外环境来确定的。要有前瞻性、挑战性、有效性，能使全体员工充分理解和认同。

2）找出实现目标的关键成功因素

在确定公司的战略和发展目标之后，应该针对不同的“关键利益相关方”找出实现目标的关键成功因素。关键成功因素是指对企业总体竞争地位和企业战略目标的实现有重大影响的变量，它是制定关键绩效指标的重要依据。在当代社会，关键成功因素一般来自三个方面：顾客、竞争和变化。前面已经论述，在当代社会，顾客已掌握市场主导权，顾客的需求已开始向多样化、个性化方面发展，企业必须能够向形形色色的顾客提供个性化的产品和服务，才能获得持久的竞争优势。同时，竞争的形式也越来越趋于多样化，技术、人员素质、创新能力等无形资产已极大地影响了企业的生存和发展。处于这样一种多变的环境，企业要生存和发展，还必须能对环境的变化做出迅速、灵活的反应，及时调整既定战略及实现战略的各项计划。

3）设计恰当的绩效指标体系

指标是关键成功因素特征的表现形式，通过适当的指标就可以掌握企业在关键成功因素方面任务完成好坏的情况。从顾客、竞争、变化三个角度来分析，笔者认为，战略绩效评价指标的设计具体应包括：第一，客户评价指标，如客户满意度、顾客保持率、顾客取得率等。第二，技术创新和智力投资评价指标，如新产品开发能力、智力投资比率、员工知识水平、产品设计水平等。第三，质量评价指标，如产品质量、售后服务质量等。产品竞争主要是质量的竞争，该指标一般用质量等级或客户评价来进行衡量。售后服务质量可以用企业对产品故障的反应时间、售后服务一次成功的比例、客户投诉次数等指标来衡量。第四，根据各关键成功因素在企业竞争中的作用大小，采用科学的方法合理地确定其权重。

4）对绩效评价制度进行修改、完善

为了检验战略业绩评价制度实施的效果，还需对实施的结果做进一步研究，对绩效指标进行测试和修正，核实影响企业绩效表现的特殊事项并进行调整，对战略绩效评价制度做进一步的修改和完善，以确保其在企业可持续发展中发挥更大的作用。

2. 西方经典的战略绩效评价方法

西方的绩效评价发展可以分为四个时期，即 19 世纪以前的观察性绩效评价时期、工业革命以后至 20 世纪初的成本绩效评价时期、20 世纪初至 20 世纪 90 年代的财务绩效评价时期和 20 世纪 90 年代以后的战略绩效评价时期。每一时期的绩效评价系统都是由企业所处的社会经济环境和企业的管理要求所决定，绩效评价的差异性集中体现在绩效评价指标体系上。

1）基于财务的战略绩效评价方法

EVA 是英文 economic value added 的缩写，可译为资本所增加的经济价值、附加经济价值或经济增加值等。EVA 指标设计的基本思路是：理性的投资者都期望自己所投出的资产获得的收益超过资产的机会成本，即获得增量收益；否则，他就会想方设法将已投入的资本转移到其他方面去。根据斯特恩·斯图尔特咨询公司的解释，EVA 是指企业资本收益与资本成本之间的差额。更具体地说，EVA 就是指企业税后营业净利润与全部投入资本（债务资本和权益资本之和）成本之间的差额。如果这一差额是正数，说明企业创造了价值，创造了财富；反之，则表示企业发生价值损失。如果差额为零，说明企业的利润仅能满足债权人和投资者预期获得的收益。EVA 指标最重要的特点就是从股东角度重新定义企业的利润，考虑了企业投入的所有资本（包括权益资本）的成本，因此它能全面衡量企业生产经营的真正赢利或创造的价值，对全面准确评价企业经济效益有着重要意义。

根据 EVA 的内涵，EVA 的一般计算公式应是

$$\text{EVA} = \text{税后营业净利润} - \text{资本总成本}$$

其中，税后净营业利润等于税后净利润加上利息支出部分（如果税后净利润的计算中已扣除少数股东损益，则应加回），亦即公司的销售收入减去除利息支出以外的全部经营成本和费用（包括所得税费用）后的净值。EVA 是对真正“经济”利润的评价，或者说，是表示净营运利润与投资者用同样资本投资其他风险相近的有价证券的最低回报相比，超出或低于后者的量值。

2）利润轮盘模型

罗伯特·西蒙斯提出了利润轮盘模型（profit wheel model）理论，其中的三个轮盘分别指利润轮盘、现金轮盘和投资报酬率轮盘（ROE轮盘），运用利润轮盘模型可以对战略实施过程中的销售额、利润、现金流量、新增投资、权益回报、利润率和资产损失进行精确评估。罗伯特·西蒙斯的利润轮盘模型理论框架强调管理层对公司战略的真实含义做出清晰的解释，在组织内部进行战略沟通，在战略实施过程中对其效果进行评价，并且认为利润计划是“推动企业提高绩效的重要基础”。

3）以非财务指标补充财务指标的观点

德鲁克和霍尔认为，业绩评价应在现有财务业绩评价的基础上增加非财务业绩指标，来作为对财务业绩指标的补充。他们强调业绩评价中对企业竞争力的关注，但没有提出具体的评价模式。同时强调每一个企业组织都需要一个核心能力——改革。他认为评价一个企业改革的出发点不能仅从其自身业绩出发，而应仔细评估其所处行业在一定时期内的改革。他强调业绩评价系统必须首先突出管理部门的思想意识，通过设计一系列特定性质的问题，提醒雇员注意真正需要重视的方面。

霍尔“四尺度论”认为评价企业的业绩需要以四个尺度为标准，即质量、作业时间、资源利用和人力资源开发。他将这四项非财务指标导入企业的业绩评价系统，并认为组织可以通过对上述四个尺度的改进，减少竞争风险，特别是重视作业时间对增强企业竞争力十分重要。霍尔同时强调任何指标的改进都不应以牺牲其他指标为代价。

4）以战略过程为中心的平衡计分卡

持这种观点的人认为，业绩评价的是为了辅助战略的成功实施，业绩评价的目标应与战略目标一致，业绩评价的框架模式、指标的设置都应该体现企业的战略，形成一种将财务评价指标与非财务评价指标相结合的综合业绩评价模式，这也是目前战略业绩评价的主流观点。其代表为平衡计分卡法。

平衡计分卡法（balanced scorecard），西方简称为BSC评价法，该评价模型1996年由卡普兰（Kaplan）和诺顿（Norton）创立。它是当今绩效评价影响力较大的一种企业绩效分析方法，其重点在于管理者对企业整体绩效进行评价。平衡计分卡法认为：以企业的战略和愿景目标为核心，把企业的长远目标具体化为企业的行动策略，即寻找企业成功的关键因素，并进一步转化为可以度量的财务、顾客、内部运作过程、学习与成长四个维度的业绩衡量指标体系。

（1）财务方面。平衡计分卡的财务绩效衡量显示企业的战略及其实施和执行是否正在为最终经营结果的改善做出贡献。常见的指标包括：资产负债率、流动比率、速动比率、应收账款周转率、存货周转率、资本金利润率、销售利税率等。

（2）客户方面。平衡计分卡的客户方面衡量包括：客户的满意程度、对客户的挽留、获取新的客户、获利能力和在目标市场上所占的份额。

（3）内部经营过程方面。内部经营过程衡量方面所重视的是对客户满意程度和实现组织财务目标影响最大的那些内部过程。平衡计分卡方法把革新过程引入到内部经营过程之中，要求企业创造全新的产品和服务，以满足现有和未来目标客户的需求。这些过程能够创造未来企业的价值，推动未来企业的财务绩效。

(4) 学习和成长方面。组织的学习和成长有三个主要的来源：人才、系统和组织流程。平衡计分卡会揭示人才、系统和程序的现有能力和实现突破性绩效所必需的能力之间的巨大差距，从而投资改进。

平衡计分卡法主张将企业战略集中在四大执行层面上，依序展开为具有因果关系的战略目标，并进一步发展各自对应的量度及指标以及实现该战略目标的必要行动方案，平衡计分卡法将影响企业绩效的长期和短期、内部和外部等多方面的因素结合起来，从多个角度为企业提供信息，综合反映企业的绩效。平衡计分卡法十分注重同一层级指标内部之间以及不同指标层级之间的因果关系。它不仅是企业绩效评价的重要工具，也是确保企业战略目标顺利执行的保障。一方面，该模型特点是简单、易操作，因此应用比较广泛；另一方面，该方法将企业战略而非控制作为核心，有助于决策者快速而全面地考察企业，同时也有利于企业决策者制定战略经营目标。

➢案例 13-3 FMC 公司的平衡计分卡评估系统

FMC 公司是美国业务最多样化的公司之一，其 27 个分部在 5 个业务领域中生产 300 多种产品：工业化学制品、日用化学制品、贵金属、防卫系统、机械设备。在过去很长时间里，FMC 公司像多数公司一样，每月都要检查各个业务部的财务绩效。每年年底要对实现了短期财务绩效的分部经理进行奖励。可是，FMC 的高层管理人员意识到他们为了获取短期财务业绩而放弃了一些长期成长的机会。1992 年初，FMC 组织了一个工作组，研究新的评估体系，此时小组把平衡计分卡作为讨论的核心。FMC 公司完成平衡计分卡的过程花费了几个月的时间。这一过程使涉入其中的每位成员都清晰地了解了公司的愿景目标，并掌握了实现这一目标的方法。由于试点的成功，FMC 已在它所有的 27 个分部中实行了平衡计分卡。整个公司的管理层正在开发一个新的评估系统，该系统能够在短期财务绩效和长期发展机会之间取得平衡。进行新的评估体系之后，公司有了巨大变化。过去，FMC 公司有两个部门负责监督业务单位的绩效：公司的发展部负责制定战略；财务部保存历史记录，编制预算和评估短期绩效。发展战略家们制定出五年和十年计划，财务部制定一年预算方案，并进行短期预测，两个群体之间不存在什么联系。而现在，平衡计分卡在二者之间架起了一座桥梁。财务指标是在由财务部执行的传统职能的基础上建立起来的，其他三个维度的指标使发展部的长期战略目标具有可评估性。战略开发和财务控制的强有力结合，为经理们提供了有效的业绩衡量工具。

资料来源：佚名．如何实现短期业绩与长期战略协同发展．中国经营报，2003-3-10

➢本章总结

1. 企业的战略实施分为四步：战略规划，战略推进，战略控制，战略评估，按时间先后，相辅相成。其中，计划是前提，推进是执行，控制需反馈改进，而评估是总结。各个步骤之间有一套完整的流程和方法。

2. 企业战略规划要求贯彻企业战略目标，将企业外部环境、内部条件与企业战略目标作为一个整体去考虑，指导企业在一定时期内合理分配有限资源。

3. 战略规划指引着战略实施的基本方向，而战略推进则是企业战略实施中的核心内容，战略只有通过不断的推进才能更好地发挥作用。

4. 战略控制主要是指在企业经营战略的实施过程中，检查企业为达到目标所进行的各项活动的进展情况，评价实施企业战略后的企业绩效，把它与既定的战略目标与绩效标准相比较，发现战略差距，分析产生偏差的原因，纠正偏差，使企业战略实施得更好。

5. 执行力是确保战略实施的关键。要确保执行的流畅，必须抓住执行的六个要素，同时，执行的三个核心流程是关键，企业的执行力关键在于人员、战略、运营这三个环节之间的配合程度。

6. 企业战略绩效评估是绩效评估的一个分支，评估方法有很多种，各种方法对应于不同的时期环境，最早单一使用财务指标，因为财务指标能很好地反映企业的盈利能力、负债能力等。后来企业的战略评估方法中加入了一些非财务指标来弥补财务指标的不足，最后平衡计分卡的出现从四个维度来评估战略绩效，体现了过程与目标的统一。

参考文献

保罗·托马斯，大卫·伯恩 . 2003. 执行力——没有执行力就没有竞争力 . 白山译 . 北京：长安出版社

毕可义 . 1986. 企业的战略规划 . 管理现代化，(4)

冯之浚 . 1987. 企业战略规划的制定与评估 . 瞭望，(19)

亨利·明茨伯格等 . 2006. 战略历程（修订版）. 魏江译 . 北京：机械工业出版社

拉里·博西迪，拉姆·查兰 . 2003. 执行——如何完成任务的学问 . 刘祥亚译 . 北京：机械工业出版社

罗伯特·卡普兰，戴维·诺顿 . 1998. 综合记分卡——一种革命性的评估和管理系统 . 王丙飞，温新年，尹宏义译 . 北京：新华出版社

马逸恬 . 2006. 企业战略规划思路设计 . 商业时代，(31)

迈克尔·波特 . 1997. 竞争战略 . 陈小悦译 . 北京：华夏出版社

乔治·斯坦纳 . 2001. 战略规划 . 李先柏译 . 北京：华夏出版社

王利 . 1996. 企业战略规划与市场营销战略规划 . 改革与理论，(6)

杨锡怀，段晓强 . 1998. 中国企业战略规划系统的研究 . 东北大学学报（自然科学版），19（1）

周三多，邹统钎 . 2003. 战略管理思想史（第 2 版）. 上海：复旦大学出版社

推荐阅读材料

保罗·托马斯 . 2004. 执行力Ⅲ——战略流程：执行力三大核心流程 . 源泉译 . 北京：国际文化出版公司

如何提升执行力是摆在每一个管理者面前的一项极其重要的任务。《执行力》的作者保罗·托马斯对执行力的研究深入透彻，他不仅阐述了一套执行的纪律与方法，而且将每个公司都要面临的人员、战略、运营三大核心流程结合起来。

乔治·斯坦纳 . 2001. 战略规划 . 李先柏译 . 北京：华夏出版社

该书以框架性的理论分析为基础，以企业战略规划经验为中心，重点论述了局势审

度、方案战略、应急计划、控制及评价系统等问题。该书最后还论述了企业战略规划在非营利部门和个人终身发展中的作用。该书是战略规划的经典教材。

罗伯特·卡普兰，戴维·诺顿．1998．综合记分卡——一种革命性的评估和管理系统．王丙飞，温新年，尹宏义译．北京：新华出版社

许多公司的绩效衡量系统已经包括财务和非财务的衡量方法。综合记分卡从财务、顾客、内部运作过程、学习与成长四个维度的业绩衡量企业绩效。该书对综合记分卡进行了详尽的介绍，综合记分卡不仅仅是一个战术性的或者操作性的衡量系统，而且是一个战略管理系统。

皮尔斯，鲁滨孙．2005．战略管理：制定、实施和控制．王丹等译．北京：中国人民大学出版社

该书的一大特点是案例资料非常丰富。在理论部分之后单设了一个案例部分，其中除收录了《商业周刊》上的许多小型案例外，还包括大量综合性的案例。

秦杨勇，田志宝．2005．平衡记分卡与绩效管理——中国企业战略制导．北京：中国经济出版社

该书从中国企业战略实施所表现出来的弊端入手，全面阐述了中国企业运用平衡记分卡与绩效管理系统的重要性，并在主体部分详细阐述了构建平衡记分卡的操作步骤；同时，作者还提出了如何根据中国企业的自身特点来调整平衡记分卡；最后，完整地演示了中国某大型企业平衡记分卡与绩效管理系统的整个咨询设计的方案。

第14章 公司治理与战略管理

14.1 公司治理

传统上战略管理的责任在于公司的经理层，这是由现代工商企业及其市场环境体系的基本特征所决定的，但是，企业的战略决策所涉及问题的复杂性以及企业战略本身对股东、企业经营层和市场中的各个主体的深刻影响，使得围绕战略决策的争议越来越引起关注，公司治理与战略管理的相互影响成为一个新课题。

狭义的公司治理，是指所有者，主要是股东对经理人的一种监督与制衡机制。公司治理的目标是保证股东利益的最大化，防止经理人的行为对所有者利益的背离。广义的公司治理是指通过一套包括正式或非正式的、内部的或外部的制度或机制来协调公司与所有利害相关者之间的利益关系，以保证公司决策的科学化，从而最终维护公司各方面的利益。

对公司治理的认识从三个层面展开：一是公司治理环境（corporate governance environments），公司治理环境是指公司治理结构和公司治理机制赖以发生作用的政治、经济、社会、法律、文化方面的环境；二是公司治理结构（corporate governance structure），公司治理结构是股东大会、董事会、监事会和经理层等公司机关及其制衡关系；三是公司治理机制（corporate governance mechanism），公司治理机制指公司的投资者利用法律以及公司章程等对投资者权益进行保护的规定，或者借助市场竞争的自发选择，或者在公司治理理论指导下通过人为的制度设计等来实现的公司控制和降低代理成本的各种机制和制度安排的总称，公司治理机制包括外部治理机制和内部治理机制。

对于战略决策和实施有直接影响的是公司治理结构和公司治理机制。我们主要从这两个方面考察公司治理与战略管理的关系。

14.1.1　外部治理

外部治理包括法律、政治和管制制度、产品和投入要素市场、资本市场和控制权市场等。

1. 法律、政治和管制制度

法律制度在公司治理结构中发挥着重要的作用。有利的法律制度和法律环境通过降低融资成本，有助于企业的融资活动，并提供企业成长的源泉。充当行政管制角色的政治体系会通过权力和游说干预立法程序。因此，政治过程可以通过行政和立法手段影响公司治理制度和公司剩余的分配。管制制度可以说是法律制度和政治制度的延伸。证券管制一直在公司治理结构中扮演着重要，但却颇具争议的角色。尽管法律、政治和管制制度在公司治理的演进过程中发挥着不可忽视的作用和影响，然而通过漫长的法律诉讼来解决公司管理层的渎职行为，需要耗费大量时间、精力和资源。由于运作的缓慢性，法律、政治和管制制度不能也无法成为公司治理的常务机制。它适合担任外部威胁的角色，以检查和监督内部治理制度的有效运作。

2. 产品和投入要素市场

竞争性的产品与要素市场可以作为一种“硬预算约束”（hard budget constraint）和激励机制，不时地考验着企业的生存能力，并淘汰不合格企业，给经理们造成了极大的外在压力。破产退出的威胁迫使想控制企业资源的经理们努力提高效率，以避免沦为被清算的对象。另外，竞争的产品市场还可服务于一种信号机制，可以作为企业业绩评价的标准。然而，企业资本是高度专有化和沉没化的，需要一种机制来保障投资者拿回资本回报。产品及要素市场并不能够提供这种保障机制。产品及要素市场可以减少资本回报并削减经理可能侵占的数目，但并不能阻止经理掠夺竞争性回报。当产品及要素市场作为外部控制机制发挥作用时（企业的破产清算或重组），企业已经没有多少剩余资源可以供股东挽回。为了避免这种不可逆的资源浪费，企业需要更快速有效的控制机制。

3. 资本市场和控制权市场

资本市场不仅为投资者提供了一种分散化风险的保险机制，还为投资者提供了关于公司业绩状况的信号。这种过滤功能可以转化为一种监督机制，监督公司的绩效水平，从而使资本市场成为公司管理业绩的监督者和评估者。随着市场流动性的提高，其监督功能也越强。当然，资本市场对公司治理的最重要的贡献是，创造了控制权市场（control market）。控制权市场提供了一个外部规诫机制，这一机制能够在产品市场损失产生的危机之前实施变革。但是总体来说，控制权市场的运作导致的企业资产接管往往伴随着较高的私人的和社会的震荡成本。

由于其自身的制度缺陷以及社会和文化等诸多因素的限制，公司外部治理机制无法成为公司治理的常务性的控制机制。它是一种补过式的、反应性的事后机制，并且难以稳定、平缓和及时地执行和完成公司的诸如重组和退出计划等改革方案和战略决策。公司的战略管理任务似乎更应该倚重于以董事会为首的内部治理机制，并由这套控制机制来实施公司的改组、革新和退出等战略，以保存公司的人力和非人力的资产。

14.1.2 内部治理

内部治理机制主要包括：董事会、管理报酬和股权结构。内部治理机制又称为内部法庭，而董事会则是内部法庭的首脑。因此，改革公司内部治理制度通常是从改组董事会开始的。

1. 以董事会为首的内部控制制度

董事会是公司科层组织（hierarchy）的最高决策机构，由数名董事组成，董事会的召集人为主席。董事会应该代表股东利益监督经理行为，并保护股东的权益不受侵害。在公共公司，董事会与经理层的职能是分离的：董事会是决策控制机构，负责决策的批准和监督；经理层是决策管理机构，负责决策的提案和执行。董事会是内部治理机制（或内部法庭）的权力中枢，它直接负责对公司高层经理的控制（激励和监督），包括对高层经理的任命、解雇和设置补偿。有效的董事会是内部治理机制的关键。

从董事的构成来看，一部分董事是由公司雇员担任，这部分董事称为雇员董事。其中，高级雇员（公司的管理官员）董事称为执行董事。雇员董事又称为内部董事。另外一部分董事不在公司任职，该类董事称为非雇员董事。在非雇员董事中，有一部分是前公司职员、投资银行家、律师或与公司保持各种关系的人员，他们往往是潜在的关联董事。其他的非雇员董事就是外部董事。由于外部董事具有独立性，他们又被称为独立董事。

2. 管理报酬

为了激励经理人员做出更大的努力，应该设计一种以激励为基础的报酬结构。Jensen 和 Murphy（1990）认为，按业绩支付的报酬结构可以将经理利益与公司业绩（或股东利益）协调起来，从而激励经理努力提高公司业绩。这些激励机制包括按业绩计发的工资和津贴、股票（或股票期权）奖励以及解雇威胁。

3. 股权结构

股权结构是指股本总数在股东之间的分布状态，可以用股权集中度来加以衡量。从全球的公司治理结构来看，有两种典型的股权结构：分散式的（dispersed）和集中式的（concentrated）。股东集团根据其持股权重可以划分为：大股东（个人或机构投资者）和中小股东（统称“小股东”）。股权结构对公司治理的影响主要体现为权益激励（equity incentive）的作用。

当前对公司内部治理的研究更倾向于用利益相关者来代替投资者。利益相关者在有关研究的历史上是不断扩大的，首先是投资者，其次引入了员工和客户，最后扩大到社区和社会潜在利益人。公司内部治理的核心是在信息不完整的基础上构建公司管理制度，以确保公司的运行符合利益相关者的利益。

内部治理机制，作为常务性的公司控制程序，时时调整校正公司经理的管理行为，确保其沿着最优化的经营轨道运行。当内部治理机制丧失自我调整的机能时，经理行为就会逐渐偏离最优化的轨道。此时，外部治理机制开始生效，通过改变和影响内部治理机制，将公司行为重新拉回到最优化的道路。假如把公司治理制度作为提高公司业绩和控制企业战略方向的工具的话，外部治理机制是改变公司业绩的间接工具，而内部治理机制则是改变公司业绩的直接工具。任何改善公司业绩的措施，几乎最终都需要由直接的工具来执行。

14.1.3　公司治理的战略管理意义

企业战略管理不仅要关注企业外部因素和企业素质——资源能力的作用，还更应关注企业内部安排，关注企业的内在制度因素如何制定并落实一个“好”的战略。从公司治理角度看，股东、高层管理人员以及其他相关者都是通过一种制度安排参与到战略管理的活动中来的。

1. 公司治理结构决定战略管理主体的职能

战略管理的主体主要是公司内外环境的分析者、企业战略的制定者、战略实施的领导者和组织者、战略实施过程的监督者、结果的评价者。具体来说包括董事会、高层管理者、事业部经理、职能部门管理者及专职计划人员。其中，董事会和高层管理者在战略的选择、实施和控制上的目标及作用由于治理结构的不同具有较大差异。虽然不同公司董事会成员的组成不同，但在相同公司治理模式下会呈现类似的特征。首先，职能的不同影响到董事会参与战略管理的程度。积极的董事会在建立、修改公司战略中起领导作用；低度参与的董事会只是行使形式上的监控和审查。在股权松散的英美公司中，董事会的职能小于股权集中和稳定的日德公司董事会职能，公司董事会对战略参与的职能较弱，高层管理人员更多的出于对公司在资本市场的表现和自身利益的考虑选择战略。日本、德国的公司董事会由于持有公司较大股份，对公司战略决策的参与意愿和能力较强。他们在公司战略制定实施中表现了积极的态度，对整个过程的控制力也很强。其次，董事会的职能也影响到董事会对高层管理者的约束和监督，英、美公司普遍将监督权交给了市场，而在日、德企业的公司模式下董事会更容易对高层管理人员实施影响，在战略上体现自己的意愿。

2. 公司治理结构直接影响公司战略目标的制定

董事会和高层管理者对战略目标的选择均受到自身利益关系的制约，而这种制约正是公司治理结构所制衡的。股权较为集中的公司中，大股东在董事会具有更大的号召力，董事会在公司战略目标的选择上发挥更大作用。公司更注重长远利益，具有更为清晰和明确的战略目标，而股权较为分散的公司中，股东依据公司价值持有或出售股票，公司控制权集中于高层管理者，以维持短期利润和现有市场地位为战略目标，甚至不顾市场地位下降而竭力维持短期财务目标。两种不同的战略目标选择恰好反映了两种公司治理结构的作用结果。在日、德两国，在银行、企业等大股东的控制下，公司的高层管理人员进行战略决策时必须将大股东利益放在首位。由于持有公司的较多股权，大股东更看重公司的长远发展，以保证自己的投资安全和增值，其战略选择也必然体现这一趋势。在英、美两国，公司股权分散，股东更多地从公司在资本市场上的表现来衡量经理人员的能力，并决定是否用脚投票。因此高层管理者更注重公司的短期财务指标和股价，以使自己在任期内不受市场“弹劾”。另外，公司治理结构影响公司的使命，从而影响战略选择。公司使命包含两部分：公司哲学和公司宗旨。一般来说，在确定公司使命时，要充分考虑到公司内外相关利益者的要求和希望。内部利益相关者是董事会、股东、管理层和雇员。公司使命应同时反映董事会、股东、管理层和雇员的要求，其方向由公司治理的结构决定。

3. 公司治理结构监督战略制定的过程

公司治理结构的另一核心问题是关于组织监督和制衡机制的安排，在战略选择、制定过程中同样受到这种安排的影响。日德公司董事会（大股东）对经理人员的监督和约束是比较有效的，但对董事会本身来说，则缺少外部制衡，日德公司（尤其是日本公司）董事会的决策是依靠集体讨论来决定。在缺少对董事会的外部制衡的情况下，董事会又对高层管理人员有较大控制力，依照董事意愿制定的战略难以避免主观性和独断性。外部制衡机制的缺乏，使得战略选择失误的可能性大大增加，同时对董事会缺乏有力地约束，难免造成董事会的利己行为。而英美公司由于具有较为完善的市场机制和法律环境，经理人市场发育也比较充分，虽然董事会对战略制定过程的监督和约束能力较弱，但成熟的市场可以弥补这一不足，使“内部人控制”几率最小。在战略制定过程中高层管理者对战略制定的失误负有完全责任，股东只依据公司利润指标和证券市场上的公司价值对管理者经营进行判断，经营不善的管理者将受到经理人市场的淘汰。这种来自证券市场的压力，很自然地构成了对公司经营者的一种无形的监督，因而公司外部监督与约束较日德公司强。

14.2 董事会与战略管理

1. 董事会的职责

董事会是受公司股东会之托，负责公司日常决策的权力机构，对公司战略具有制定和规划的权力。但是，并不是每一个股东都可以选择其利益代表人——董事——代表其参与公司的战略管理活动，董事会往往是代表大股东利益的俱乐部，因此董事会行为不等同于股东会。由于所有权与经营权的分离提供了经理人（代理人）依照自立原则行使权力的机会，当代理人的机会主义行为损害股东利益时，“代理问题”就产生了。董事会就是为了解决所有者和经理人利益冲突所引发的代理问题而设置的公司内部权力机构。

虽然依据法律和法规，对董事会的要求和其职责在国与国之间不同。但随着经济全球化，世界对公司董事会职责的认识正逐步达成共识。按照重要程度，下列五条董事会职责已经取得一致的认同：①确定公司战略、总体方向、使命或愿景目标；②高层经理任免权；聘请和解雇首席执行官或其他高层管理人员；③控制、监督和指导高层管理者；④审批资源调配；⑤保护股东利益。

2. 董事会在战略管理中的作用

董事会在战略管理中主要承担三项基本任务：

表明和决定战略方向。董事会能够描绘公司使命，用以指导战略选择，甚至为公司管理层规定战略选择范围。

评估和影响战略制定。董事会能审查公司管理层的提议、决策和行动，并给出建议、意见和提供方案框架。

监督战略实施过程。董事会可以通过各种与其相关的委员会，随时了解公司内外部变化、公司战略进展，并能够提示公司管理层关注被其忽略的一些进展。

选聘和监督高层经理是董事会另一项重要的职能，通过对企业家——高层经理的选择，保障公司战略目标能够和公司使命相匹配，作为公司最高的人事战略，也体现了董事会的战略权威，这是董事会最重要的战略参与方式。

➢案例 14-1　关于通用电气与科龙的故事

1. 韦尔奇被选的故事

1998 年，美国通用电气以 93 亿美元的年利润，列世界 500 强第一。《财富》杂志将通用电气评为全美最受推崇的公司。执掌通用电气董事长，总裁要职达 18 年之久的杰克·韦尔奇，是通用电气辉煌业绩的主要创造者。但是，并非人人都明白，通用电气发展之上最成功的决策，却发生在韦尔奇上任之前：韦尔奇的前任雷吉·琼斯，用 7 年物色挑选了韦尔奇。如果说韦尔奇改写了通用电气的历史，那么，韦尔奇改写通用电气历史的过程，是从琼斯决定提任韦尔奇的决策开始的。琼斯用七年时间选拔继承人的过程，编织通用电气历史上最辉煌的一页，也是历史上最成功的决策。

雷吉·琼斯是通用电气的第七任董事长、总裁。1974 年，琼斯担任公司董事长才 3 年多时间，便开始考虑挑选自己的继任人。这时他才 57 岁，离 65 岁退休年龄还有 8 年。提前那么多时间考虑总裁继任人，这在通用电气的历史上是前所未有的。很多人认为，琼斯完全没有必要那么早就进行考虑挑选继任人的工作。但是，琼斯的个性是凡事都喜欢事先计划，讨厌匆匆赶着做事情。琼斯的不凡之处在于从一开始就认定，他要挑选的是一位与自己风格不一样，能够领导通用电气改革的继任者。琼斯认为，继任者不论是谁都不应当是一个完全与自己相同的人。相反，继任者应当与前任不同，因为公司需要改变。假若继任者仅仅是前任的拷贝，公司无疑会失去活力。

在琼斯的坚持下，人事部门提供了一份包含 96 位候选人的名单。琼斯考虑领导工作的相对稳定性和持久性、总裁必要素质。将候选人减少到 11 位，韦尔奇名列其中。又经过三年的考察，各位候选人在琼斯心目中的形象越来越清晰了。为了进一步了解候选人相互之间的印象和对自己本身的感觉，琼斯依据他从前任弗雷德·博尔奇那里学来的技巧，开始实施他的“机舱面试”计划。要求候选人回答：“你和我乘公司的飞机旅行，飞机坠毁了。谁该继任通用电气的董事长?”韦尔奇也是在意料之外被召去接受“机舱面试”的，根据琼斯的要求，韦尔奇写下了三个董事长的候选人的姓名，其中包括后来成为他的董事会合作者的胡德、柏林盖姆和他本人。当琼斯问及在三人中谁最有资格时，韦尔奇脱口而道：“这还用问吗，当然是我啦。”此番谈话使琼斯对韦尔奇愈加欣赏。三个月后，琼斯巴候选人压缩至八人，并在此召见作第二轮“机舱面试”。令琼斯高兴的是，他最中意的三名候选人，韦尔奇、胡德和柏林盖姆，各自在三名董事长候选人名单中包含了另外两位。这时，琼斯心目中的继任者形象和姓名已经明确了，是杰克·韦尔奇。

但当琼斯暗中选定韦尔奇时，很多董事会成员还不完全了解韦尔奇，更不用说接受韦尔奇。于是，琼斯巧妙设计了一个程序，让董事会认识韦尔奇。1979 年 8 月，琼斯向董事全建议，让韦尔奇、胡德和柏林盖姆进入董事会，并担任副董事长。琼斯在介绍三名副董事长候选人时，采用先入为主的方法。琼斯在介绍韦尔奇时花费了稍多一点的口舌。董事会刚刚通过他的提议，琼斯立即故意向部分董事透露，在三位新任副董事长中，他最喜欢的是韦尔奇。董事们与韦尔奇见面机会越多，大家就越喜欢他。韦尔奇在自己工作过的塑料企业、医疗系统和信贷公司，充分展示了自己的才能和魅力。

眼见时机成熟，琼斯于1980年11月召集董事会，进行年度人事评价。琼斯让人事部门提交了包括聪明才智、吃苦耐劳、自我管理、同情心在内的15个项目的测评结果。韦尔奇在所有董事长，总裁候选人中得分最高。这次，琼斯本人和通用电气其他19名董事会成员都表示同意推举韦尔奇为下一任通用电气董事长。

2. 科龙的转变

潘宁担任科龙总裁的时代，是科龙从无到有，从小到大的14年。这14年，王国端一直担任副手。潘宁离任，王国端接任，主管科龙是理所当然的。王国端上任后，干得也不错：A股上市，收购华宝，都很成功。大家对王国端在执行潘宁时代的10年计划上的努力，也是有口皆碑的，对于1999年的财务报表投资人是满意的。

王国端的变革震动了科龙。1998年11月30日，王国端接任科龙集团董事长兼总裁。1999年，家电行业的价格大战硝烟滚滚，王国端已感到压力，开始筹划如何应对。认为企业要提拔现有人才不行，要走国际化道路。2000年3月王国瑞的运筹付诸实施。科龙正式宣布，原来和潘宁一起打天下的5位副总裁不再留用，只留下有香港背景的财务总监李国明，并升任为第一副总裁；一位是原派力公司总经理、营销界名人屈云波，到科龙担任营销副总裁；一位是原德国罗兰·贝格顾问公司中国总经理，并接受科龙委托进行策划咨询的宋新宇，他被任命为战略总监。2000年5月，在宋新宇和李国明的推动下，科龙制定了向电子商务进军的计划。初投2亿元启动，科龙挑头，小天鹅加盟，易达世网站宣告成立。不久，王国端在宣布科龙转型的新闻发布会上正式推出自己的发展战略计划。然而，过了一个月，科龙又宣布组织转型，要实现多元化（“不熟不做”的潘宁思想到此结束)，并提出销售转型等整套方案。同年6月，王国端引退，只担任董事长。科龙公告称实现了公司决策层和经营执行层的彻底分开，然而公司内部人士称，王国端以退为进，孰料弄假成真。

经董事会任命，接任科龙总裁的是原主管工业的副镇长徐铁锋。徐主管科龙，王国端的两员大将李国明和宋新宇消失了，只留下屈云波。徐铁锋公开称：“新的科龙从今天开始出现了。”同月，宣布在安徽芜湖建立科龙工业园。8月投资1.2亿建立新的营销网络。9月启动“世纪品牌工程”，与美、日和香港联手推介科龙品牌。10月投资小家电、网上采购、直销、全面降价。2000年底，科龙一改稳健的作风，连出重拳，然而业绩却一落再落。2001年1月科龙举行新企业形象识别系统推介会，将沿用多年的红色基调改为蓝色。

资料来源：李维安．公司治理教程．上海：上海人民出版社，2002

14.3 高层管理者激励机制与战略管理

1. 公司高层管理者的战略管理职责

高层管理者的职责通常由公司首席执行官协同各业务部门和职能部门的总裁、副总裁等共同承担。董事会要求高层管理者负主要责任。

高层管理的职责是通过公司组织中其他人的工作，来达到公司目标，其努力的方向是提升整个组织的福利。高层管理者的具体任务各异，但都要通过分析公司使命、目标、战略和关键行动来确立和实现有效的战略管理。代表高层管理者的公司首席执行官必须履行的两条职责是：战略领导与战略愿景；管理战略规划过程。

战略领导为完成公司目标的活动提供方向性指导。战略领导为整个公司设定基调，这对于公司非常重要。首席执行官依据公司使命，创立战略愿景，对公司的未来进行描述，并把战略愿景传达给公司员工，向员工热情表达，积极推动战略愿景。拥有清醒战略愿景的首席执行官常被看做富有活力和魅力的领导，他们的命令能得到遵照和执行，能够影响战略制定和战略实施。

任何公司的战略规划如果没有高层管理者的鼓励和支持，战略管理就不会有任何结果。高层管理者必须亲自启动和管理战略规划过程，这也是公司董事会所希望看到的。高层管理者要评价各部门的规划，还要提出反馈意见，使得公司所有业务部门和职能部门的战略能够和公司整体战略协调一致。公司高层会要求各部门在给定的资源条件下，从公司整体目标出发，来思考部门目标、战略和行动计划。公司高层还通过设立战略规划部为战略管理提供支持。该部门的主要职责是：识别和分析公司战略问题，向高层管理建议战略方案；在战略规划过程中指导并促进事业部的战略规划。

2. 高层管理者激励机制

在所有权与经营权相分离的情况下，高级经理人的行为目标可能与所有者股东的目标发生背离与冲突，从而产生代理问题。如何解决这一问题构成公司治理中面临的核心课题之一。通常说，公司通过两大机制解决代理问题：一是激励机制，主要是通过薪酬与企业业绩挂钩来促使高级经理人采取与委托人目标一致的行动；二是公司治理机制，包括调整所有权结构以增强股东对高管的影响力，通过董事会、独立董事及监事会安排来加强对高管的监督与控制。这两大机制可能对公司薪酬政策产生重大影响，从而影响高层管理人员的薪酬水平与薪酬结构。

股权激励理论认为，公司的发展与高管层的战略决策行为密切相关。而高管层的决策行为是受其自身利益左右的，其行为目标是在一定的约束条件下实现个人利益最大化。在传统的基本工资＋年度奖金的薪酬制度下，高层管理人员短期利益最大化的个人目标与公司长期价值最大化的企业战略目标发生冲突，为了有效解决这一矛盾就需要一种特定的制度安排，鼓励高管层更多地关注公司的长期发展，而不是将注意力集中在短期财务指标上。现代公司理论认为可以通过建立有效的剩余索取权和控制权的配置机制实现这一目标，具体安排为：第一，剩余索取权和控制权尽可能对应，即拥有剩余索取权和承担风险的人应当拥有控制权，或拥有控制权的人应当承担风险；第二，高管层的补偿收入应当与企业的经营业绩挂钩而不应当是固定合同支付，即高管层应承担一定的风险。股权激励计划正是适应这一要求并行之有效的激励机制。其理论链条是：提供股权激励-高管层努力工作-企业价值最大化-企业股价上升-高管层获得收益。由此，企业价值最大化成为股东和高管层的共同目标。

14.4 利益相关者与战略管理

1. 利益相关者

早在20世纪60年代，人们就开始重视外部利益相关者对企业战略成功的影响。1963年，斯坦福研究院（Standford research institute）的一些学者利用与股东（shareholder）相对应的词“利益相关者”（stakeholder）来表示与企业有密切关系的所有人。

1984年，美国经济学家弗瑞曼（Freeman）给出了一个广义的利益相关者定义。他认为，利益相关者是“那些能够影响企业目标实现，或者能够被企业实现目标的过程所影响的任何个人和群体”，该定义不仅把影响企业目标的个人和群体视为利益相关者，同时也把被企业在实现其目标过程中采取的行动所影响的个人和群体看作利益相关者，正式将当地居民、政府部门、环境保护主义者等群体纳入利益相关者范畴，大大扩展了利益相关者的内涵，与当时西方国家正在兴起的企业社会责任（corporate social responsibility）和社会绩效（corporate social performance）的观点相契合，受到许多经济学家的赞同，随后即成为关于利益相关者定义的一个标准范式。

在传统企业管理理论中，利益相关者大多是从企业环境或外生变量的角度被定义的，因而多被排除在企业管理的视线之外，但随着利益相关者理论的兴起，人们对企业的性质和使命有了新的认识，企业的社会责任进一步扩展为满足所有利益相关者的需求。企业长期的价值越来越依赖于其员工所拥有的知识、能力及承担的义务，企业与投资者、客户及其他利益相关者之间的忠诚关系已成为企业最重要的战略资源。因此，在现代西方企业管理理论中，利益相关者已被视为企业的构成要素而纳入广义的企业管理范畴，利益相关者参与和利益相关者关系管理也成为企业战略管理研究的一个新领域。

2. 利益相关者分析与战略管理

由于认识到企业利益相关者和企业战略目标的相互影响，在任何一项战略决策中，都会发生利益相关者之间的利益冲突。利益相关者涉及的范围越来越大，但是，与此同时，每个利益相关者影响战略的能力很可能被别人的行为弱化，其战略诉求又可能被掌握控制权主导地位的利益相关者淹没。

因此，将利益相关者分析纳入公司战略决策时，需要一定的方法。

首先，要进行利益相关者调查，分类审核其相关程度和表达诉求的途径。利益相关者包括雇员、管理人员、股东、客户、供应商以及众多的社会团体。其中内部股东和管理人员，尤其是高层管理人员，直接参与战略决策过程，而一般雇员除参与战略实施外，也通过工会或职工代表大会等途径和方式反映他们的期望和要求。同样，外部利益相关者也试图通过各种方式对战略管理施加影响，以维护他们能从企业内获取的利益。利益相关者对企业战略的影响是通过不同途径实现的，有些通过行政手段和法律赋予的公权力，如政府和相关主管部门；有些通过舆论和社会公众意识，如绿色环保组织；有些则通过参与公司治理影响企业战略，如主要贷款银行通过派出董事参与公司管理、职工通过工会组织派出代表参与董事会，我们把这类利益相关者称为类股东利益相关者。类股东利益相关者能参与到公司治理中并影响企业的战略，往往是因为他们向企业提供了具体的资源，如资金（贷款银行）、人力（职工工会）、资产（合作联营企业）等，因此拥有了类似于股东的权利——派出董事或监事，从而影响企业的战略决策和实施。

其次，要在不同利益相关者集团之间，就战略和局部目标达成一致。

公司战略必须考虑公司内部的制约因素和不同的利益相关者对企业的期望和要求以及在这些不同的，而且常常产生冲突的利益要求中寻求平衡。因此，企业实施的战略管理在某种程度上是在不同期望之间的妥协和优化。最终目的是将这些利益相关者的未来和公司的战略目标和方向保持一致。

➢案例 14-2　利益冲突引发企业危机：BK 公司花钱买教训

BK 公司是一家生产药品、饲料添加剂、化学制剂的大型企业。该公司定位于高科技企业，在产品研发上投入了很大资金。自 20 世纪 90 年代以后，产品产销两旺，市场份额迅速扩大，公司实力显著增强，1998 年在上海证券交易所成功上市。

然而，这样一家日益兴隆的企业却在 2000 年陷入了经营危机，其导火索是企业所在地的近千名居民涌入公司的办公和生产厂房，打乱了整个企业的正常生产秩序。居民要求企业停产整顿，因为企业在生产过程中排放的废水、废渣、废气，严重影响了居民的日常生活。还有许多居民到当地县市政府上访，并推选代表到省政府有关部门讨说法。更多的情况说明和检举信寄往了各级环保监督机构和民政部门，各路媒体也闻风而动，前往这个昔日宁静的小镇抓新闻。几乎就在一个星期内，BK 公司的经营活动陷入了瘫痪。

当地居民的各种行为让 BK 公司一时慌了手脚。事实上，当地居民此前已经就公司生产过程的污染问题与公司发生过多次纠纷，每次都不了了之。据居民介绍，“公司从来都没有把我们的要求放在心上。”虽然说环保部门也曾经多次督促公司安装先进的除污设备，但公司始终以各种理由搪塞过去。公司长期忽视当地居民利益要求的做法终于结出恶果，公司处于停产、半停产状态达一个月左右。最后公司不得不承诺安装先进的防污设备，并赔偿当地居民的损失。据不完全统计，整个事件不仅使公司损失 1000 万元以上，而且给整个社会留下企业对社区不负责任的印象。

这一事件的另一起因还在于：2000 年前，公司规模逐渐扩大，从外地招收大量的一线生产工人，但在本地招工很少。由于公司员工日常的收入比当地农民的收入要高，因此当地居民很不高兴。2000 年事件发生以后，BK 公司已经意识到“解决当地居民就业问题的严重性”，开始逐步增加本地居民进入公司的数量。

资料来源：陈宏辉．企业利益相关者的利益要求：理论与实证研究．北京：经济管理出版社，2004

➢本章总结

1. 企业治理与企业战略管理的关系，回答了在管理权和经营权相分离的现代企业中，企业的战略管理如何在既定的公司治理制度框架内运作，谁对企业战略问题负责，战略决策机制如何运行等问题。

2. 外部治理包括法律、政治和管制制度、产品和投入要素市场、资本市场和控制权市场等。内部治理机制主要包括：董事会、管理报酬和股权结构。

3. 从公司治理角度看，股东、高层管理人员以及其他相关者都是通过一种制度安排参与到战略管理的活动中来的。

4. 董事会在战略管理中的作用，除了指导和审核公司长期战略规划之外，突出表现在为公司选择一位优秀的首席执行官这一方面。

5. 高层管理者的职责通常由公司首席执行官协同各业务部门和职能部门的总裁、副总裁等共同承担。董事会要求高层管理者负主要责任。公司高层管理者的良好激励可以为公司创造出优异的战略绩效。

6. 在现代西方企业管理理论中，利益相关者已被视为企业的构成要素纳入广义的企业管理范畴，利益相关者参与和利益相关者关系管理也成为企业战略管理研究的一个新领域。

参考文献

陈小悦，徐晓东 . 2001. 股权结构、企业绩效和投资者利益保护 . 经济研究，(11)

贾生华，陈宏辉 . 2003. 利益相关者管理：新经济时代的管理哲学 . 软科学，17 (1)

李春琦 . 2003. 高层经理激励 . 上海：上海财经大学出版社

威勒，西兰琶 . 2002. 利益相关者公司——利益相关者价值最大化之蓝图 . 张丽华译 . 北京：经济管理出版社

杨瑞龙，周业安 . 1998. 论利益相关者合作逻辑下的企业共同治理机制 . 中国工业经济，(1)

张川，潘飞 . 2008. 国内外综合业绩评价体系的研究评述 . 当代财经，(4)：120～123

张维迎 . 1996. 所有制、治理结构与委托-代理关系 . 经济研究，(9)

张维迎 . 2005. 产权、激励与公司治理 . 北京：经济科学出版社

朱廷柏，李宁 . 2005. 竞争优势：公司治理与战略管理互动的视角 . 经济体制改革，(5)

Asquith P. 1983. Merger bids, uncertainty, and stock holder returns. Journal of Financial Economics, 11 (1): 51～81

Baek J S, Kang J K, Park K S. 2004. Corporate governance and firm value: evidence from the Korean financial crisis. Journal of Financial Economics, 71 (2): 265～313

Bennedsen M, Fosgerau M, Nielsen K. 2003. The strategic choice of control allocation and ownership distribution in closely held corporations. The 14th Annual Conference on Financial Economics and Accounting

Dodd P, Ruback R S. 1977. Tender offers and stockholder returns: an empirical analysis . Journal of Financial Economics, 5 (3): 351～373

Fama E F. 1980. Agency problems and the theory of the firm . Journal of Political Economy, 88 (2): 288～307

Fama E F, Jensen M C. 1983. Separation of ownership and control. Journal of Law and Economics, 26 (2): 301～325

Gomes A, Novaes W. 2005. Sharing of control versus monitoring as corporate governance mechanisms. PIER Working Paper. University of Pennsylvania Law School, 1～29

Grossman S J, Hart O D. 1988. One share-one vote and the market for corporate control. Journal of Financial Economics, 20 (1/2): 175～202

Jensen M C. 1984. Takeover: folklore and science. Harvard Business Review, 62 (6): 109～123

Jensen M C. 1988. Takeover: their causes and consequences . Journal of Economic Perspective, 2 (1): 21～48

Jensen M C. 1993. The modern industrial revolution, exit, and the failure of internal control systems. Journal of Finance, 48 (3): 831～880

Jensen M C, Chew D. 1997. U.S. corporate governance: lessons from the 1980s. Working Paper. Harvard Business School

Jensen M C, Meckling W H. 1976. Theory of the firm: managerial behavior, agency costs and ownership structure. Journal of Financial Economics, 3 (4): 305～360

Jensen M C, Murphy J K. 1990. Performance pay and top-management incentives. Journat of Political Economy, 98 (2): 225～264

Jensen M C, Ruback R S. 1983. The market for corporate control: the scientific evidence. Journal of Financial Economics, 11: 5～50

Jensen M C, Warner J B. 1988. The distribution of power among corporate managers, shareholder, and directors. Journal of Financial Economics, 20 (1/2): 3～24

Joscow P, Rose N, Shepard A. 1993. Regulatory constraints on CEO compensation. Brookings Papers: Microeconomics

Murphy K J. 1985. Corporate performance and managerial remuneration: an empirical analysis. Journal of Accounting and Economics, 73 (3): 221～236

Nagar V, Petroni K, Wolfenzon D. 2000. Ownership structure and firm performance in closely held corporations. University of Michigan Business School

Pagano M, Roel A. 1998. The choice of stock owner-ship structure: agency costs, monitoring, and the decision to go public. The Quarterly Journal of Economics, 113 (1): 187～225

Porta L et al. 1999. Corporate ownership around the world. Journal of Finance, 54 (2): 471～517

Rosen S. 1982. Authority, control, and the distribution of earnings. Bell Journal of Economics, 13 (2): 311～323

Shleifer A, Vishny R. 1997. A survey of corporate governance. Journal of Finance, 52 (2) : 737～783

推荐阅读材料

张维迎．2005．产权、激励与公司治理．北京：经济科学出版社

这是一本关于公司治理结构的理论著作。作者将公司治理结构理解为企业的所有利益相关者之间的一组合约安排。该书讨论了一系列问题如公司治理的目的、公司治理结构的核心问题、公司治理结构的有效性、经理人的薪酬制度及企业内部的晋升制度等。

威勒，西兰琶．2002．利益相关者公司——利益相关者价值最大化之蓝图．张丽华译．北京：经济管理出版社

该书作者认为企业利益相关者问题的提出是企业战略管理面临的一大挑战。在第二部分，作者通过对三种企业运行模式的详细比较、分析了企业道德、利益相关者与企业战略的关系。作者认为，把利益相关者分析纳入商业运营模式将是企业成功的关键。

李春琦．2003．高层经理激励．上海：上海财经大学出版社

作者把对人的共性研究作为对高层经理个人行为分析的基础，探讨经理的行为动机，分析激励经理的多种因素。该书详细介绍了包括经理报酬激励在内的控制权、声誉和竞争激励机制，并试图构建经理选择-激励-行为-绩效的综合管理模式。

上海证券交易所研究中心．2007．中国公司治理报告（2007）：利益相关者与公司社会责任．上海：复旦大学出版社

该书对我国上市公司的公司治理现状进行了评述、分析，包括外部投资者、企业员

工关系、债权人、客户与商业伙伴、环境、社区与捐赠、企业社会责任与公司价值等相关方面，是了解我国企业公司治理状况的资料。

乔纳森·查卡姆.2006. 公司常青：英美法日德公司治理的比较. 郑江淮等译. 北京：中国人民大学出版社

该书作者考察了五个最发达国家——德国、日本、法国、美国和英国——的公司治理体制的状况，认为保持动力与责任之间的平衡是公司常盛的关键。该书可以使我们对国际上常见的公司治理模式有一个比较好的了解。

第15章

组织、文化与战略管理

战略的实施推进需要通过企业的组织来落实。其中，组织结构和企业文化是影响战略实施最重要的两个方面。

企业的组织结构及其变化直接反映了一个企业的经营业务特征、发展历史、战略意图。由于组织结构对职位、责任、权利等具有明确的规范，对经营管理是一种硬约束，是战略实施首先需要设计的内容。企业文化是企业核心经营理念、组织行为和制度规范的集中体现，相对于企业的组织结构，企业文化的影响是潜移默化的，对经营管理是一种软约束。企业文化以一种长期的、潜在的十分有效的方式影响战略实施。

15.1 组织结构的概念与类型

组织结构是服务于战略目标的工具，是组织内各构成要素以及它们之间的相互关系。它是对组织复杂性、正规化和集权化程度的一种量度，涉及机构的设置、管理职能的划分、管理职责和权限的认定及组织成员之间相互关系的安排与协调等。

所谓企业组织结构，简而言之，可以定义为组织中各种劳动分工与协调方式的总和。它是为实现人与物结合的一种工具，是把人有机地组织起来以便完成特定目标的一种关系，是根据企业战略目标，给有关人员指定职位、明确责任、沟通信息、协调工作，以便实现战略目标的有机结合体。它既是为实现目标功能的独立实体结构，同时又是使该机构有效运转，不断完善发展的技术性与艺术性的行为过程。具体到某一工业企业来说，就是研究内部单位，就一般而言，组织结构必须满足机构运转、目标实现、人的发展三种需要。然而，组织的核心是适应，即组织结构必须适应满足企业战略的需要。组织是由人组成的，必须注意组织内部人的配合、协调和积极性的发挥，必须找到最适合于完成该战略的人，把他们放到最合适的位置上去，最大限度地发挥他们的聪明才智，才是最佳的配合。

现代工商企业发展至今已经形成了诸多组织结构类型，每一次重大的变革都伴随着组织结构的变革。西方学者威廉姆森根据钱德勒的考证将公司内部管理的组织形态分为U型（一元结构）、H型（控股结构）和M型（多元结构）三种基本类型。迄今为止形成的组织结构形式多种多样，有直线型、职能型、直线职能型、控股公司型、事业部型、矩阵型、网络型等。

15.1.1 U型组织结构

产生于现代企业发展早期阶段的U型结构（united structure），是现代企业最为基本的组织结构，其特点是管理层级的集中控制。

U型结构具体可分为以下三种形式。

1. 直线型结构（line structure）

直线型结构的组织形式是沿着指挥链进行各种作业，每个人只受一个上级领导，必须绝对服从这个上级的命令。直线型结构是企业的一切管理工作，均由企业的厂长（或公司经理）直接指挥和管理，不设专门职能机构的组织形式。这是最古老的一种企业管理组织形式。直线型结构适用于企业规模小、生产技术简单，但需要管理者具备生产经营所需要的全部知识和经验。这就要求管理者应当是“全能式”的人物，特别是企业的最高管理者。

直线型结构的优点是：管理结构简单，管理费用低，命令统一，决策迅速，责任明确，指挥灵活，上下级关系清楚，维护纪律和秩序比较容易。

直线型结构的缺点是：管理工作简单粗放，成员之间和组织之间横向联系差，不利于后备管理人员的选拔。

直线型组织结构见图15-1。

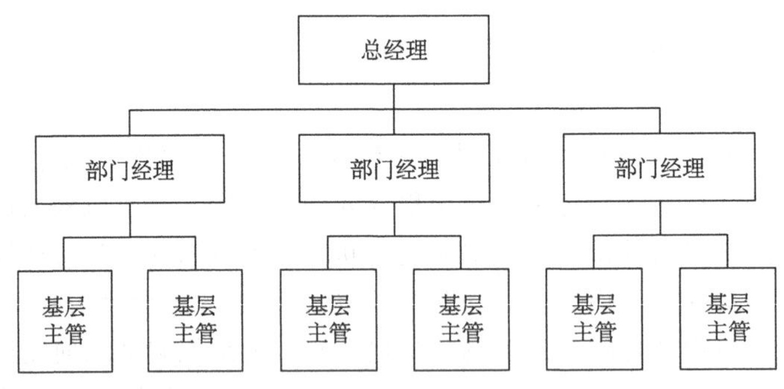

图15-1 直线型组织结构示意图

2. 职能型结构（functional structure）

职能型结构是按职能实行专业分工的管理办法来取代直线结构的全能式管理。下级既要服从上级主管人员的指挥，也要听从上级各职能部门的指挥。

职能型组织结构的优点是：可能发挥专家的作用，对下级工作指导具体，从而弥补行政领导管理能力的不足。

职能型组织结构的缺点是：容易形成多头领导，造成下级无所适从。

职能型组织结构见图 15-2。

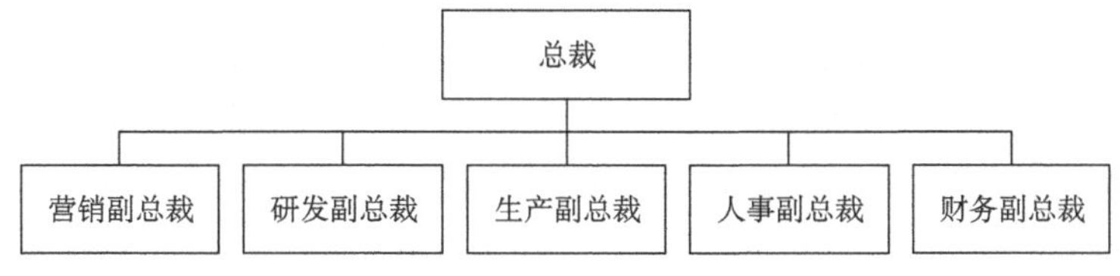

图 15-2　职能型组织结构示意图

3. 直线职能型结构（Line and function structure）

直线职能型结构能保证直线统一指挥，充分发挥专业职能机构的作用。它是以直线型为基础，在各级行政领导下，设置相应的职能部门。即在直线型组织统一指挥的原则下，增加了参谋机构。从企业组织的管理形态来看，直线职能型组织形式是 U 型组织的最为理想的管理架构，因此被广泛采用。

直线职能型组织结构的优点是：既保证了集中统一的指挥，又能发挥各种专家业务管理的作用。

直线职能型组织结构的缺点有：

(1) 各职能单位自成体系，不重视信息的横向沟通，工作易重复，造成效率不高。

(2) 若授权职能部门权力过大，容易干扰直线指挥命令系统。

(3) 职能部门缺乏弹性，对环境变化的反应迟钝。

(4) 可能增加管理费用。

直线职能型组织结构见图 15-3。

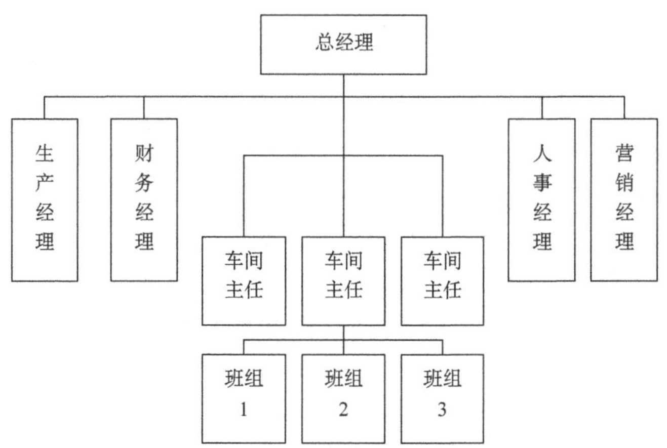

图 15-3　直线职能型组织结构示意图

15.1.2　H 型组织结构

H 型结构（holding company，H-form）即控股公司结构。严格讲，它并不是一个企业的组织结构形态，而是企业集团的组织形式。H 型公司持有子公司或分公司部分或全部股份，下属各子公司具有独立的法人资格，是相对独立的利润中心。

控股公司依据其所从事活动的内容，可分为纯粹控股公司（pure holding company）和混合控股公司（mixed holding company）。纯粹控股公司是指其目的只掌握子公司的股份，支配被控股子公司的重大决策和生产经营活动，而本身不直接从事生产经营活动的公司。混合控股公司指既从事股权控制，又从事某种实际业务经营的公司。

H 型结构中包含了 U 型结构，构成控股公司的子公司往往是 U 型结构。

控股公司结构见图 15-4。

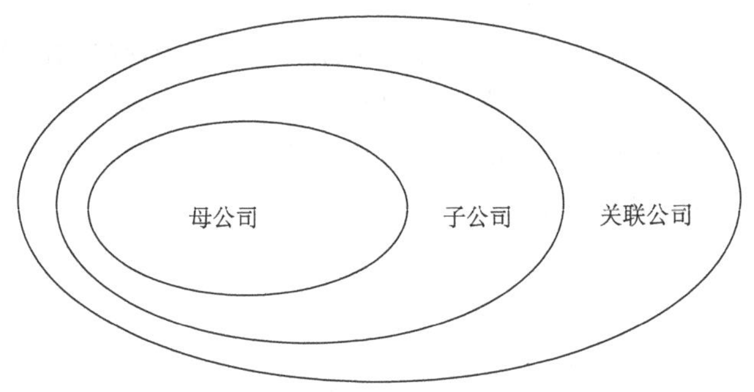

图 15-4 控股公司结构示意图

15.1.3 M 型组织结构

M 型结构（multidivisional structure）亦称事业部制或多部门结构，有时也称为产品部式结构或战略经营单位。这种结构可以针对单个产品、服务、产品组合、主要工程或项目、地理分布、商务或利润中心来组织事业部。

“斯隆模式”就是事业部制组织结构形式，它是在一个企业内对具有独立产品市场、独立责任和利益的部门实行分权管理的一种组织结构形式。一般做法是使总公司成为决策中心。在总公司下按产品或地区分为许多个事业部或分公司，它们都是独立核算、自负盈亏的利润中心，再下面的生产企业则是成本中心。

事业部制是欧美、日本大型企业所采用的典型的组织形式。有时也称之为“联邦分权化”，因为它是一种分权制的组织形式。

事业部制的优点是：责权利划分比较明确，能较好地调动经营管理人员的积极性；事业部制以利润责任为核心，能够保证公司获得稳定的利润；通过事业部门独立生产经营活动，能为公司不断培养出高级管理人才。

事业部制的缺点是：需要较多素质较高的专业人员来管理事业部；管理机构多，管理人员比重大，对事业部经理要求高；分权可能架空公司领导，削弱对事业部的控制；事业部间竞争激烈，可能发生内耗，协调也较困难。

事业部制组织结构见图 15-5。

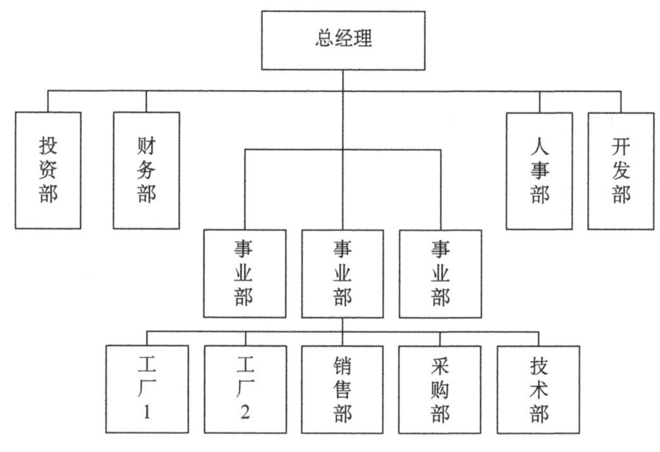

图 15-5 事业部制组织结构图

15.1.4 矩阵型结构

矩阵型结构是专门从事某项工作的工作小组展开的一种组织形式，具体又可分为二维矩阵和三维矩阵。矩阵型组织形式是在直线职能制垂直形态组织系统的基础上，再增加一种横向的领导系统，可称之为“非长期固定性组织”。人员受双重领导，有时不易分清责任。

三维矩阵组织结构由专业职能部门、产品事业部及地区管理机构三方面结合，共同研究某种产品的开发、生产和销售等重大问题，协调各方面产生的矛盾，加强信息沟通。这种组织结构适用于大规模生产和跨地区经营的大型工业企业。

矩阵结构的优点：加强了横向联系，克服了职能部门盘根错节、各自为政的现象，专业人员和专用设备能得到充分利用；具有较大的机动性，任务完成，组织即解体，人力、物力有较高的利用率；各种专业人员同在一个组织共同工作一段时期，完成同一任务，为了一个目标互相帮助，相互激发，思路开阔，相得益彰。

矩阵结构的缺点：成员不固定在一个位置，有临时观念，有时责任心不够强；人员受双重领导，出了问题，有时难以分清责任。

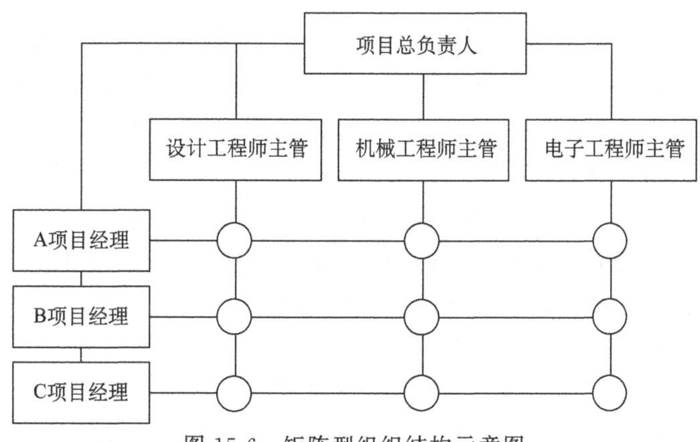

图 15-6 矩阵型组织结构示意图

矩阵型组织结构见图 15-6。

15.1.5 网络型组织结构

网络型组织是利用现代信息技术手段建立和发展起来的一种新型组织结构(图 15-7)。

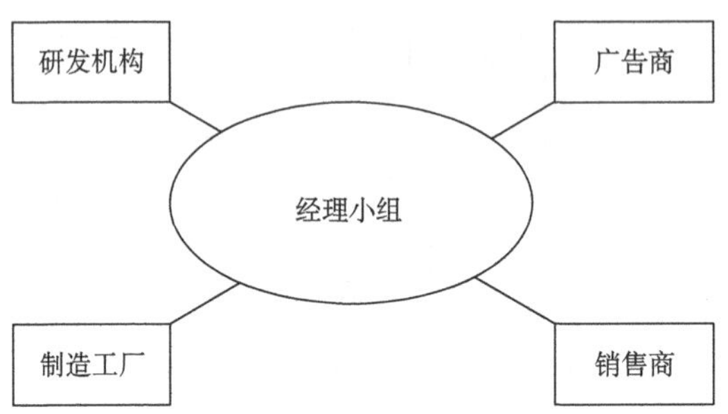

图 15-7 网络型组织结构示意图

15.2 战略与组织结构

在企业战略与组织结构之间的关系中，谁决定谁、谁服从谁是人们一直关注的焦点。虽然二者的确互相影响，但更多的研究支持结构服从战略的观点。

15.2.1 结构跟随战略

最早对战略与组织结构关系进行研究的人是美国学者钱德勒。他在 1962 年出版了《战略与结构：美国工业企业历史的篇章》一书，认为组织结构跟随于战略，公司战略的改变会导致组织结构的改变。最复杂的组织结构是基于若干个基本战略而形成的组织结构。

组织结构要跟随企业战略，这就是说，企业所拟定的战略决定着组织结构类型的变化。当企业确定战略之后，为了有效地实施战略，必须分析和确定实施战略所需要的组织结构。因为战略是通过组织来实现的，要有效地实施一项新的战略，就需要一个新的，或者至少是经过改革的组织结构。如果没有一个健全的、与战略相适应的组织结构，所选择的战略就不可能被有效地实施。战略实施与组织结构的这种主从关系具有重要的意义。它指明企业不能从现有的组织结构的角度去考虑企业的战略，而应根据外界环境的要求制定战略，然后再根据新制定的战略调整企业原有的组织结构。战略与组织结构的这种主从关系更具体地表现在管理者的战略选择规范组织结构的形式；只有使结构与战略相匹配，才能成功地实现企业的目标；组织结构抑制着战略。与战略不相适应的组织结构，将会限制甚至阻碍战略发挥其应有作用；一个企业如果在结构上没有重大的改变，则很少能在实质上改变当前的战略。

从历史上看，企业尤其是一些制造型企业的扩张，经历了战略发展的四个阶段，每一个阶段都有一个基本的战略方向和与之相适应的组织结构（表 15-1)。例如，第一阶段是产量增大战略阶段。企业在创建初期，通常生产单一的产品，产品数量也不大。这段时期企业采用的是增大产量的战略，即在一个地区内扩大企业的产品的数量。这样，企业的组织结构比较简单，往往只有一个办公室，执行单纯的生产或销售功能。第二阶段是地域扩散战略阶段。随着企业的进一步发展，要求将产品扩散到其他地区去，从而执行地域扩散战略。第三是纵向一体化战略阶段。企业为了扩大实力，要求自己拥有一部分原材料的生产能力或分销渠道，这就产生了一体化战略。与此相适应，在企业中管理权力集中在上层，形成了集权的职能制结构。第四阶段是多元化战略阶段。为了进一步增强企业实力，减少经营风险，企业实行产品多样化和多角化战略。与此相适应，企业实行了分权的事业部制组织结构。

当然这只是历史上典型的制造企业扩张过程中的战略与结构的关系，并非所有企业都具有同样的经历，但这说明处理好战略与结构之间的关系对企业发展是十分重要的。

表 15-1　战略发展阶段与组织结构的对应关系

战略发展阶段	主要的组织结构形式
第一阶段：数量扩大战略阶段	直线型简单结构
第二阶段：地域扩散战略阶段	职能结构
第三阶段：纵向一体化战略阶段	集权的职能制结构
第四阶段：多元化战略阶段	分权的事业部制结构（M 型结构）

1. 经营战略实施与组织结构

经营层战略由于不牵扯多业务的组合管理，组织结构的形式一般为职能制结构（U型）。根据竞争战略的经典划分，经营层战略可以划分为成本领先、差异化和集中化战略三种基本形态，组织结构也就有不同的形式与之对应。下面，我们以前两个基本形态为例，介绍不同经营战略下的组织结构。

成本领先战略旨在通过低成本获得竞争优势，实施这一战略必须实施以低成本为核心的管理方式。为了实施成本领先战略，在组织结构上就要求集中化和专业化。集中化是决策权仍掌握在公司高层管理机构中，专业化是把企业任务按职能分成几个部分。成本领先战略强调大规模地生产合格产品，企业要有稳定的正规化组织，通过正规的制度和程序来管理日常活动。相比新产品研发，实施成本领先战略的公司往往更注重生产工艺过程。由于生产过程正规化，所以整体结构较机械，这些特点保证了实施低成本所需要的有效管理控制。

差异化战略旨在通过追求优异的产品与服务实现竞争优势。实行该战略要求企业向市场提供独特的产品和服务，因此，营销和研发部门尤为重要，这两个部门的员工可能会成为决策层的成员。为了有效利用市场动向，企业必须有快速反应的能力。所以，分散决策权是重要的。组织的结构需要扁平化、灵活化，以保证快速地决策。这样的组织可能类似于直线型结构，也可能使用矩阵型结构。

2. 公司战略实施与组织结构

公司层战略实施的组织结构包括多元化战略实施的多部门结构、国际化战略实施的多部门结构以及联盟合作战略实施的战略网络结构。发展多元化战略需要多部门结构，多部门结构要围绕产品或国家地区市场来组织。各部门相对独立，由总公司管理。随着企业的规模扩大，国家化战略实施的组织结构成为一种理性选择，多国战略、跨国战略和全球战略的实施，要求企业的组织结构发生相应的变化。

多元化战略与多部门结构相对应。在相关多元化战略的企业中，各业务部门之间的联系显得特别重要，因为高层管理者可以激励和约束所属各部门之间的协作。为了达到部门协调，某种程度上的集中也必不可少。协调工作由组织中的中心管理办公室（总部）直接进行。为了促进各业务部间的协调，机构将变得更加复杂，协调成本提高。以项目为核心组成临时小组或特别工作组也需要来自不同部门的人员来协调关系。实施不相关多元化战略的企业通过内部资金分配创造价值。与实施相关多样化战略不同，它所采用的结构是竞争型的，结构和控制都强调不同部门之间对公司资金的竞争。为了有效地从分配资源中获利，各部门必须单独对业绩进行核算，总公司保持在一定程度上不干预各部门的具体事务，主要职责在于检查和评价业绩差的部门。总体而言，公司的观念是竞争性的而不是合作性的。

国际化战略包括多国战略、全球战略与跨国战略，可以采用联合结构包括矩阵、地理和产品部门相混合以及注重公司文化。

多国战略主要特征在于强调分权，在某个国家或地区设置所有的职能活动，协调的主要方式是决策集中化，实施多国战略需要分别寻找每个特定国家市场的差别。由于推行多国战略几乎不需要在不同国家间进行协调，因而不必在各部门之间设立统一机构。各部门间的协作是非正式的，这种类型的结构最终是通过非正式交流与公司总部发生关系。多国战略及其相应的地理分区结构是适应当地市场的产物。多国战略及其地理分区结构联合的主要缺陷在于全球一致性较差，不利于在国际市场中追求低成本优势。

不同于多国战略，全球战略需要正式协作，统一的机构和正规化来保证的必要的合作与协调。当然随着协作、统一、正规化，科层管理的成本也在增加。全球战略通过世界性产品部门结构实施，需要更加集中来协调和统一，功能部门和专业技术以降低经济规模，增加经济范围，通常在各部门之间传递技能以便跨地区实施战略。实施全球战略要进行集中决策来建立全球产品部门结构和有效的协调机制来解决存在于各部门之间的共同问题。为此，跨国公司努力发展各种协调与沟通的方式，包括管理者之间的直接交流，各部门人员的联系，临时特别工作组或长期小组、协调人员等。

跨国战略强调地区间产品差异化和全球范围内产品专业化的有机统一。实施这一战略的结构并不固定，因而常常强调运用企业文化来实施控制。虽然很多公司想实施跨国战略，但这一结构在实践中很难组建。跨国经营的组织必须是集中和分散、统一和非统一、正规化和非正规化的有机结合体。许多公司试图采用各种不同结构来实施跨国战略。最盛行的一种联合结构是网状组织，在网状结构中，重要管理者之间是非正式关系，而且整个组织的业绩领先于其他任何一个部分（各部门）。网络结构可以在一个公司（如 ABB公司）内展开，也可以在公司之间（如日本的财团）展开。这种网络结构实际上是联盟的实施方式，参与企业组成了联盟，战略中心企业是网络关系的中心。

战略选择与组织形态特点见表 15-2。

表 15-2　战略选择与组织形态特点

战略的选择		组织形态特点
经营战略	成本领先	集中化、专业化、正规化
	差异化	分散化、扁平化、灵活化
公司战略	多元化	多部门、事业部、协调或竞争
	国际化	分散或协调、正规化、混合

15.2.2　战略转型与组织变革

15.2.1 节重点讨论了不同战略选择下的组织形态特点，本节讨论在战略转型的动态环境下组织结构的变化。虽然我们通常说，结构跟随战略，但组织的特点也会影响战略的制定和执行。例如，组织的形态和有效性决定了企业的能力，从而会影响战略的选择；而组织的控制方式和强度也会影响战略执行的效率。在战略转型中，首先面临的问题便是组织的边界。

1. 确定组织的边界

确定组织的边界意味着在价值链上选择企业所要保留的核心业务，同时，将非核心的业务外包出去。

企业的存在本身就有一个边界的问题。交易成本理论认为，企业与市场是两种相对的治理方式，采取不同治理方式的原因依赖于交易成本。也就是说，交易成本是企业边界的决定性要素，包括了交易之前的搜集信息、谈判、签订契约，交易中的契约执行，以及交易后的评价等活动构成的成本。如果交易成本太高，企业便是比市场更好的治理方式，反之亦然。对于企业选择边界而言，一个重要的问题便是把哪些业务留在企业内部，哪些交给市场。

当然，从管理的角度来分析，这个问题就要比交易成本理论所采用的经济分析更加复杂一些。通常，企业会选择自身在价值链中更加具有优势的业务，把其他业务外包出去，甚至退出这些业务。而有些企业也会综合自身的优势，再考虑价值链中利润率因素，将自己的业务逐步调整，向价值链的高端进发。

耐克公司将生产业务全部外包，自身集中精力进行研发和营销活动；飞利浦公司将显示器的生产外包给冠捷；戴尔也要出售自己的生产工厂。除了生产业务是外包的主要对象外，信息服务也是外包的重要对象。众多的软件公司、咨询公司以及专业的信息技术服务商为企业提供信息技术的服务，包括 ERP 系统的咨询、安装、培训、技术支持、流程再造以及网站的托管等。可见，外包已经是业界的普遍现象，企业可以通过外包来调节自己的边界。

2. 组织的控制与变革

1）组织的权力分配与控制

在组织结构确定下来之后，权力的分配和控制机制便成为关键的问题。在不同部门之间分配合适的权力既有科学性也有艺术性，需要企业根据具体的情况灵活对待。

集权的方式需要组织的领导人具有扎实的专业知识、丰富的实践经验以及果断的领导作风，对下级管理人员或者一般员工的要求并不太多。严格的控制保证了决策的快速执行，但也有员工责任心不强和主动性不高的缺点。另外，如果组织已经感染了官僚主义的毒瘤，也会使组织的行动变慢。

分权的方式需要领导者了解下属的能力和风格，并保持与他们的沟通。分权方式，有利于激发中层管理者的主人翁意识和责任感，提高工作热情。另外，集体的智慧也会被充分发挥出来，也更有利于组织的扁平化。当然，协调沟通的困难和成本也随着分权程度的增加而增加。

因此，选择权力分配的范围与程度也是企业面临的难题。

在组织的运行中，反馈和控制也是保障目标达成的关键。控制既需要奖罚等工作制度，也需要流程设计的工作。

2）组织变革与流程再造

在战略转型时，组织变革不仅是结构上的调整，还涉及管理流程的改变，因此，组织变革与流程再造需要统一考虑。

为了提高效率，业务流程再造成为众多企业采用的途径。通常，企业会将组织进行扁平化处理，基层组织以团队或项目组为单位。按照流程来优化组织结构，分配组织的资源，并进行绩效考核和激励。

然而，组织变革与流程再造并不是简单的调整就可以成功的，信息技术的合理应用是关键。部门间的协调问题在传统的方式下很难简单通过流程的改变来解决，信息系统可以提供足够有效的管理基础设施，使得过去难以实现的组织和流程得以成功应用。例如，信息系统可以将流程和管理制度固化在软件当中，通过合理的授权，员工可以快速地完成相应的工作。在方便考核的同时，还可以减少纠纷和扯皮等消极现象。

信息系统的实施也不是容易的事情，有大量的失败案例可以说明这一点。除了软件的选型、员工的培训、系统的实施策略等关键环节外，强势的组织文化则可能起到负面作用。可见，除了组织和流程等显性的因素外，文化这个隐性的要素也是非常重要的。

15.3 企业文化与战略实施

15.3.1 企业文化的构成

在现代市场经济的条件下，任何企业要想生存和发展不仅有赖于先进的科学技术和管理方法，还需要充分发挥全体职工的劳动潜能和创造性，这就必然要涉及公司文化问题。公司文化类似人的情感和性格，是一种看不见但又确实存在的东西。事实上，每个公司成员的各种活动、职位变动、角色互换，乃至企业的生存与发展，都离不开公司文化的维系和推动。

公司文化主要由历史感、整体感、归属感和成员间的交流等四个因素构成。

对公司以往历史的感受或情感有助于增强企业内部的凝聚力，这主要表现在两个方面：第一，有关公司历史的故事、传说可以帮助其成员了解本企业在长时期内所形成的一些最重要的价值标准，使他们服从公司所要求的原则、标准或行为准则。第二，通过了解以往管理者如何处理公司所发生的某些事件或问题以及他们对不同行为采取的嘉奖、表扬或批评等态度，全体成员可以预测本公司今后对类似情况的反应，有助于指导个人和集体的行为。

公司文化的整体感表现在两个方面：其一，确定公司领导和角色模式。要形成公司文化，领导的作用是至关重要的，公司的高级管理人员常常代表自己组织中最重要的价值标准，他们的行动、态度、处世哲学和个人的表率作用，往往为成员们提供了加以效仿的角色模式，从而有力地促进了公司所期待的文化的形成。其二，在公司内部进行规范和价值标准的相互交流。公司经常通过正式或非正式的交往方式，如简报、备忘录、通知、全体人员会议等，及时准确地向有关成员传达规范和价值标准，从而使每个员工切身感受到自己是整个组员的必要成员。

公司的有序结构和正式制度有利于培养企业成员对自己结构的归属感，而这种归属感有助于公司的稳定。例如，公司的奖罚制度明确地指出了成员们应有的表现、应遵守的规范和公司的价值标准，它是区分正确与错误的有力工具。而公司对其成员的培养和训练也不仅仅是为了传授知识和技能，也包括向他们传递公司文化。

作为公司的一种经常性活动，成员之间有信念、经历、思想、道德等方面的交流，有助于加强相互间的接触和理解，为他们共同参与经营决策和协调行动提供重要基础。

培育正确的价值观。价值观是企业对自身与社会、员工、顾客等关系的认识与评价。实践证明，优秀企业的成功经验之一就是培育正确的价值观。怎样培育正确的价值观？方法途径是很多的，如强化伦理意识和社会责任感；不断创新，追求卓越；坚持以人为本，创造企业内部和谐融洽的人际关系；树立“顾客至上，服务第一”的经营理念，以为顾客提供优质的产品或服务、让顾客满意为宗旨等。

➢案例 15-1　《华为基本法》

1996 年，华为开展了《华为基本法》的起草活动，最终制定了《华为基本法》。这种“依法治企”的行为，具有华为特色的企业文化。

在公司核心价值观里，《华为基本法》定义了企业追求、员工发展方向、技术、企业精神、利益及社会责任等几方面。在公司基本目标里，华为列出了企业应该在顾客、人力资本，核心技术，利润等方面的硬指标。在“公司成长”里，华为规定了公司应该在成长领域，成长牵引，成长速度、成长管理等方面的内容。

《华为基本法》总结、提升了公司成功的管理经验，确定华为二次创业的观念、战略、方针和基本政策，并且以后华为重大战略决策必须依照《华为基本法》来制定。

资料来源：冯成略．红色管理——向中国共产党学习．北京：中共党史出版社，2006

15.3.2　企业文化在战略实施中的作用

由于每个组织都有自己的特殊环境条件和历史传统，企业自己独特的组织文化对战略管理带来深刻的影响。

“每个组织都有一种文化，不管组织的力量是强还是弱，文化在整个组织中有着深刻的影响，它实际上影响着组织中的每一件事，从某个人的提升到采用什么样的策略，以至职工穿着和他们所喜欢的活动。”战略管理的文化学派认为，组织文化意义重大，组织文化对战略管理有着重要和长远的影响。

组织文化对于战略形成和战略实施有着重大的影响。组织文化主导组织所使用的战略思维方式，影响到组织高层管理团队的战略管理领导风格，影响组织的战略的制定与形成。

企业组织在进行战略管理的过程中聚焦于某些特定的与战略相关的主要信息，而对无关信息视而不见。不同组织文化背景下的企业会形成一个“主导逻辑”，从而对战略的制定过程进行信息的提取。

不同组织文化背景下的企业会形成不同的战略管理风格。战略实施过程更是如此。由于战略形成建立在组织成员的共同信念和理解基础之上，组织内的协调和控制基本上是规范的，组织文化可以为战略实施提供有力的支持，组织成员在战略实施中将会调整其个人的目标和行为，使之符合组织战略。组织文化具有的导向、约束、凝聚、激励等功能，能够统一组织成员的观念行为，使之共同为积极有效地贯彻实施组织战略而努力奋斗。在企业内，良好的组织文化能使成员对组织的战略目标产生强烈的认同感，使之自觉而尽心尽力地实施战略，这在很大程度上可以减少组织在协调和控制方面的成本。组织文化可维持组织战略的稳定。这一点对于组织的战略推进来说意义重大。

文化是凝重的、既定的、稳固持久的，因此，组织文化有助于组织保持高度的一致和连贯，这无疑对协调组织成员的行为一致有重要作用。然而，这也有不利的一面，在企业组织中，组织文化所深深蕴涵的信念使得组织常常坚持以往行之有效的做法，而不管组织的外部环境是否已经变化。从而在不自觉中会成为战略推进的强大内部障碍，尤其是形势的变化比较大的时候这种障碍作用更是明显。正是从这个角度，我们可以这样认为，组织本身就是文化的集中体现，而组织变革的困难也正在此处。

15.3.3 在企业文化建设中实施战略管理

公司文化是在企业内部诸多因素制约下形成的，如组织结构、职工状况、工作类型等，都无不同公司文化有着密切的联系。因此，一定的公司文化是以这些因素的相对稳定性作为基础而发挥作用的。为了获取战略的成功，公司往往要对这些因素加以调整，以使公司文化适应新战略提出的要求。但在这一调整以前，管理者必须认识战略产生的变化以及这些变化与公司文化之间的适应性。

在杰克·邓肯（Jack Duncan）的一篇文章中，他认为三角考察（triangulation）是一种研究和改变企业文化的有效的、多种方法的技术。三角考察技术将深入观察、自我问卷和个人采访三种方法结合起来确定企业文化的特质。三角考察过程可以揭示公司所需要的、有利于战略实施的企业文化变革。

沙因（Schein）指出，以下因素对于连接企业文化与经营战略最为有用：

（1）在招聘和社交活动中应用的对企业宗旨、章程和纲领的正式陈述；

（2）企业布局、外表和建筑的设计；

（3）树立榜样，以及由企业领导进行的教育和训练；

(4) 明确的奖励和级别制度及提升标准；

(5) 有关关键人物和事件的故事、传说与格言；

(6) 企业领导的工作重点、手段和控制的方式；

(7) 企业领导对关键事件和企业危机的反应；

(8) 企业组织的设计和构造方式；

(9) 企业组织系统和工作程序；

(10) 企业人员的招聘、选用、提升、退休等方面的工作标准。

企业文化在战略实施过程中如何发挥作用，如何利用企业文化建设来实施战略管理这既是理论问题又是实践问题，在调整战略和文化的互动关系过程中，我们应该注意以下问题。

1. 战略与任务的衔接

公司要实行一种新的战略，执行这种新战略要求组织结构、管理者任命、经营过程及其他方面发生变化，而这些变化中的绝大多数与现有公司文化和谐一致。这样，公司处于非常有利的位置，它既可推行某个有重大变化的新战略，又可从原来的公司文化中受益。在这种情况下，公司需要考虑三个问题：第一，主要的变化必须与企业的基本使命相衔接，即公司的最高领导人应利用各种机会来向员工传递这样的信息：战略方面的变化是为了更好地完成企业的使命。第二，让现有内部人员去填补由新战略产生的位置空缺。因为现有人员的价值观有利于使公司文化与战略的主要变化相一致。第三，必须对那些与公司目前文化不相适应的变化予以特别关注，以保证现存的价值观念与规范的主导地位。

2. 围绕文化进行管理

公司执行新战略时，必须进行必要的组织调整，而且这些调整与当前公司文化不一致。这时，最好采用这样一种方法，即在公司要改变的因素与其文化密切相关时，围绕文化进行管理。此类管理方法的基本点是要实现公司所期望的某些战略变化，但不与现存的企业文化直接冲突。通常来说，当公司文化所产生的阻力逐渐消失后，新战略所带来的某些变化也就会渗透于企业的活动中。

3. 重新制定战略

公司在调整公司文化与战略的关系时，面临着较大的困难。这类公司要实施新战略，必须进行较大幅度的组织调整，而且这种调整与当前的价值观念和行为规范有很大的冲突。在这一情况下，企业首先需要考虑重新制定战略的可能性。例如，对组织结构进行较大幅度调整有无必要？这些调整是否能导致战略成功？如果对此做出的回答是否定性的，公司就应该制定新的战略。

➢案例 15-2　古井贡酒的“四子立业”文化

古井酒厂建于 1957 年。几十年间，从一个传统的手工酿酒作坊向多元化经营的企业集团发展中，古井贡酒的“四子立业”文化对其战略制定起了重大作用。所谓“四子立业”就是“抓班子，立柱子，上路子，创牌子”，这是古井文化的凝练。董事长王效金认为，企业家是企业凝聚力的核心，企业家并非企业中的某一个人，而是由具有帅才、将才、管家、参谋和监督等才能，且博与专相结合的一群人所组成的领导班子集体。企业要想取得良好发展，首先得有一个好领导班子。王效金强调“立柱子”思想，高度重视企业的支柱性产品的发展，并形成支柱产品群，以支撑企业发展。古井人的“上路子”思想是指管理规范化、高效化、现代化，向管理要质量，要效益。强调企业管理练内功只有日积月累，执著追求，坚持不懈，才能不断优化。古井人力创民牌与名牌的统一，铸就属于广大消费者心目中的金牌，属于人民大众的名牌。在后来的集团狠抓质量，大做广告进行品牌宣传等战略举措中，无不包含这四点的影响。

资料来源：杨小凡．古井文化．合肥：安徽人民出版社，1997

15.4 企业文化与战略变革

如何创建支持战略变革，使企业实现可持续发展的企业文化？从实践角度讲，以企业文化引领企业战略变革意味着改变某些规范与价值观，然后运用其他四个文化要素（企业环境、英雄式人物、企业仪式、文化网络）强化支持战略变革的新规范与价值观。同时排除不支持新战略的文化层面，在任何战略变革过程当中，都无法把组织文化全部改变，但管理者至少应尝试改变目前与战略及其目标相关的价值观与规范。

15.4.1 战略变革中的企业文化建设

在战略变革管理中，除了制度建设外，还需关注更为软性的企业文化建设。企业文化建设通常需要经过这样一些步骤：

第一，确立企业经营核心理念，这相当于企业的灵魂与人的精神，也是企业文化的内核。例如，诺基亚每年都要在全球召开一系列名为“诺基亚之道”的会议，通过头脑风暴法收集关于什么是诺基亚最为重要的意见，然后集中到高层管理层，由他们过滤提炼成公司战略性的愿景规划，最后再通过特别的胶片介绍形式过滤给各个级别的员工。正是这种形式，使得诺基亚的价值观传递到每个员工，从而达成公司上下的齐心协力。

第二，改变员工的基本态度或心态。例如，围绕文化内核提出基本的心态构架，利用发生在企业内部的实际例子说明积极心态、消极心态的影响，阐明企业文化对于“四满意”的影响等，使员工认识到企业文化的意义与价值。只有首先建立起员工对于企业文化的信心，才有可能去贯彻落实，从而产生现实作用。

第三，选择适当切入问题的角度，通过转换人们的视角，达成对于核心理念、基本心态的认同。在此可通过改变假设，阐明对同一问题可能存在的多种不同看法，选择可使企业员工共识的角度，在企业中形成一种服务于顾客、壮大公司、丰富人生的文化观念。

第四，制定共识的行为规范，如技术、服务、质量等。在理念、心态、角度共识的基础上，确立普遍接受的可行性操作规范。这种涉及日常工作程序、待人接物做法等的简单操作手册，使得人们相互配合做几遍就能熟知，最后习惯成自然，从而表现出一种其他企业很难仿效的内在素质。

对战略变革管理来说，企业文化建设的关键在于，如何既保持企业核心价值观的相对稳定性，又能在具体操作上体现出不断创新的思想。必须注意，企业文化对变革推动力量的大小，主要取决于人们对文化的信仰程度、信心强度与行动力度。此外，对于企业文化建设，还必须看到，文化理念的形成实际上经历的是一个潜移默化的替代过程，这与心理倾向的形成一样，不是不破不立，而是不立不破。消除一种阻碍企业发展文化的影响，不能简单地通过对该文化的批判来实现，必须提出一种能为人们所接受的新理念，并以此逐渐替代原有的文化理念。

对于企业文化如何体现创新精神，必须明确创新本身不是目标，它是一个实现企业使命与目标的手段。从根本上说，企业文化既有继承性，又有创新性。有时需要创新，有时需要继承，完全看企业战略所假设的变化而定。对于许多企业办的内部报纸刊物，作为企业文化宣传的窗口，应该引起企业领导的充分重视，将其重点放在如何做好企业文化建设上。实际上，从企业文化为员工注入生命活力、营造企业积极向上与不断创新精神的角度看，办好企业内部报刊的关键在于结合企业员工实际，体现赞美、信息、教育和鼓励四要素，特别是能够注意如何让每位员工的姓名尽量多地以正面肯定的形式出现在这些宣传资料上，那么这些资料对于企业文化建设定将发挥巨大的作用。

15.4.2　战略变革与企业文化的匹配

文化与战略要能相互协调、相互支撑。企业变革、战略转型中，需要文化先行，依据战略需要对企业文化中有利的文化因素加以提炼融合，对阻碍变革的文化因素坚决舍弃。反之，企业在战略变革中如果不能有效地实行文化转型，原有的组织文化必将成为组织变革的障碍，使组织变革过程中发生文化冲突。所以在组织战略变革过程中，成功实行文化变革至关重要。

对于强文化企业，当企业战略与文化相匹配时，即企业文化导向与战略目标相吻合，在这种状况下，企业员工的价值观、行为准则与企业的战略目标相和谐。随着战略实施的推进，企业的愿景越来越清晰，企业价值观更加深入人心，形成了战略与文化相得益彰、共同发展的良性循环状况。从世界 500 强企业的公司战略来看，它们无一不是以鲜明的企业愿景、使命、文化为导向的。

➢案例 15-3　AT&T 的整合历程

AT&T（美国电话电报公司）可以说是电信运营史上资历最老的电信公司，它曾经垄断美国通信行业从电话发明并商用起直至 20 世纪 80 年代的近百年时间。此后，AT&T 很早就进行战略转型，并为此经历了一系列的收购和拆分，但其结局是以被收购而告终。它的辗转历程对研究企业转型过程中的明晰定位和风险规避具有重要的警示意义。

1. AT&T 的历史

AT&T 的前身是由电话发明人贝尔于 1877 年创建的美国贝尔电话公司。1895 年，贝尔公司将其正在开发的美国全国范围的长途业务项目分割，建立了一家独立的公司，这就是AT&T。1899年，AT&T整合了美国贝尔的业务和资产，成为贝尔系统（Bell System）的母公司。1984年，美国司法部依据《反托拉斯法》，强行将AT&T分拆为一个继承了母公司名称的新AT&T公司（专营长途电话业务）和七个本地电话公司（即“贝尔七兄弟”），美国电信业从此进入了竞争时代。1991年，AT&T收购NCR并涉足计算机制造业务；1994年，AT&T斥资收购了Craig McCaw蜂窝电话公司，收购3年后，AT&T无线已成为当时美国最大的移动电话服务提供商，其营业收入增长超过了对手；1995年，AT&T将通信设备制造商朗讯科技和计算机设备制造商NCR从公司中分离出去，只保留了通信服务业务。

2. AT&T的转型历程

1997年，62岁的阿姆斯特朗被AT&T公司董事会选举担任CEO。此前，他从1993年起担任休斯电子公司的董事长兼CEO。阿姆斯特朗在1998年AT&T年度报告会上宣告："我们致力于把AT&T从'长途'向'多途'（all-distance）电话公司转化；从一个原本大部分只做语音传送的公司，向涉足各种信息手段——声音、数据和影像的公司转化；从一个以美国为主的公司向真正的全球化公司转化。"阿姆斯特朗雄心勃勃，试图将AT&T从一个固守阵地、增长迟缓的公司改造成一个快速增长、四面出击、集所有通信服务于一身的电信公司。他的宣言也是全球电信运营商最早的转型先声。

1999年，AT&T投入1150亿美元收购有线电视服务商TCI和MediaOne Group，这一巨额收购使得AT&T成了最伟大的梦想家。没有本地业务（因而也没有足够的用户接入线）的AT&T试图将电视、电话、手机、互联网整合为一种无所不包的业务，为此收购了AT&T宽带，同时，AT&T还投入了350亿美元对有线电视网进行双向改造。2000年，AT&T重组为商业服务、住宅、无线、宽带四大集团。这些收购使得AT&T一举成为可以同时提供接入服务的ISP和提供内容服务的ICP，但也使得其负债规模超出了华尔街的心理承受力。2001年，为了偿还收购有线公司而形成债务，在世界移动通信业务被普遍看好的背景下，AT&T却不得不放弃其潜力巨大的优质资源——无线业务。其实，在AT&T收购了Craig McCaw蜂窝电话公司后，McCaw原来的员工就深深感到AT&T官僚文化与其本身开放文化之间的矛盾。McCaw作为一个单纯的无线运营商，无需担心其业务拓展对长途固话的影响，但作为AT&T的一分子，无线业务对AT&T主营业务的影响却经常引起争论。这一年，AT&T重金打造的宽带业务也没有达到预期，最终不得不以720亿美元的价格出售。

2005年初，原“贝尔七兄弟”之一的西南贝尔公司（Southwestern Bell Communications，SBC）董事会决定并购AT&T并继承AT&T名称，老AT&T被迫以区区160亿美元的价格将自己卖掉。2006年12月底，美国联邦通信委员会（Federal Communications Commission，FCC）批准了新AT&T对南方贝尔（Bell South）的收购，美国电信市场重新呈现寡头垄断的局面。

资料来源：里月．百年AT&T的艰难转型．http：//post. blog. hexun. com/thoughtaccumulation/trackback. aspx? articleid=11573823&key=633739339419930000．2007-8-7

➢本章总结

1. 企业的组织结构及其变化直接反映了一个企业的经营业务特征、发展历史、战略意图。由于组织结构对职位、责任、权利等具有明确的规范，对经营管理是一种硬约束，是战略实施首先需要设计的内容。

2. 组织结构形式多种多样，有直线型、职能型、直线职能型、控股公司型、事业部型、矩阵型、网络型等。西方学者威廉姆森根据钱德勒的考证将公司内部管理的组织形态分为 U 型（一元结构）、H 型（控股结构）和 M 型（多元结构）三种基本类型。

3. 实施经营层战略采用的组织结构形式一般为职能制结构，但是职能制结构根据竞争战略的经典划分，以及不同的功能和组织特点，可以划分为实施成本领先战略的职能制结构和实施差异化战略的职能制结构。

4. 公司层战略实施的组织结构包括多元化战略实施的多部门结构、国家化战略实施的多部门结构以及联盟合作战略实施的战略网络结构。

5. 组织文化主导组织所使用的战略思维方式，影响到组织高层管理团队的战略管理领导风格，影响组织的战略的制定与形成。

6. 文化与战略要能相互协调、相互支撑。企业变革、战略转型中，需要文化先行，依据战略需要对企业文化中有利的文化因素加以提炼融合，对阻碍变革的文化因素坚决舍弃。

参考文献

艾尔弗雷德·D. 钱德勒．2002. 战略与结构．孟昕译．昆明：云南人民出版社

彼德·F. 德鲁克．1987. 管理——任务、责任、实践．孙耀君译．北京：中国社会科学出版社

陈英梅，李春燕．2004. 企业战略与组织结构的有效结合．经济师，(12)：44，45

李艳华，凌文辁．2006. 战略管理、企业文化与企业的可持续发展．理论观察，(2)：94～96

刘爱东．2005. 在华跨国公司绩效管理研究．上海：复旦大学博士学位论文

蒲欣，朱恒源，李广海．2007. 中国与欧美发达国家企业产品创新的比较研究．科研管理，28 (6)

任浩，刘石兰．2005. 基于战略的组织结构设计．科学学与科学技术管理，26 (8)：123～126

石伟．2004. 组织文化．上海：复旦大学出版社

孙睦优．2005. 企业战略管理与组织结构．冶金经济与管理，(5)：16～18

特雷斯·迪尔，阿伦·肯尼迪．1989. 企业文化：现代企业的精神支柱．康铁军等译．上海：上海科学技术文献出版社

王公义．1995. 论企业发展战略与组织结构问题．中国社会科学院研究生院学报，(1)：56～63

王伟光，唐晓华．2006. 现代战略管理．北京：经济管理出版社

吴芸．2006. 试论企业文化与企业战略的互动．学海，(6)：199～201

于卉．2007. 企业文化与竞争战略关系探究．商场现代化，(5)：318，319

曾良才．2007. 战略转型与企业文化建设．航空工业经济研究，(5)：29～31

郑丽洁．2005. 企业变革中的战略、文化与人力资源管理．山东经济战略研究，(7)：42～44

周以瑞．2007. 谈企业文化与企业战略的关系．科技信息，(29)：461

周元成，李相银．2002. 企业文化与企业战略管理．现代企业，(3)

推荐阅读材料

希特，米勒，科勒拉．2008. 组织行为学：基于战略的方法．冯云霞，笪鸿安，陈志宏译．北京：机械工业出版社

该书解释了如何有效地管理组织行为。该书强调了管理组织行为的重要性以及它和组织绩效的关系。这一点至关重要，因为有许多公司在日常管理人的时候，思路、方法都不对。

罗宾斯．2005. 组织行为学（第 10 版）．孙健敏，李原译．北京：中国人民大学出版社

该书围绕组织行为学这个中心内容，分别从个体行为、群体行为、组织系统和组织动力的角度，论述了组织管理中"人"的行为问题。尤其是作者从大量的研究案例和数据中归纳出许多新颖而独辟蹊径的观点，如群体、冲突的观点。

达夫特．2008. 组织理论与设计（第 9 版）．王凤彬等译．北京：清华大学出版社

该书从对现实社会中各类组织的观察和分析入手，以理论与实践密切结合的方式，通过对组织的结构设计及相关影响因素进行由浅入深的介绍和阐述，使读者对西方组织理论的概貌、组织模式的历史演变与最新发展，以及组织设计的实务和方法等方面，获得一个深入的认识。

朱国云．1997. 组织理论：历史与流派．南京：南京大学出版社

该书系统而详尽地阐述了西方组织理论形成与发展的社会背景、影响因素、历史沿革及学术流派。该书从管理学、组织行为学和政治学角度，将组织理论的发展史分成 5 个阶段：科学管理时期、行为科学时期、科学决策时期、系统科学时期、文化管理时期，有选择性地分析了不同时期主要学术流派思想以及它们对组织本质和特征的认识。

王璞，何平．2003. 组织结构设计咨询实务．北京：中信出版社

该书介绍了组织结构设计咨询的一般内容，以及民营企业、国有企业组织设计咨询的特点、常见的问题及解决思路；该书还介绍了组织结构设计的因素、组织结构类型、组织运行设计等。由于是一本咨询实务书，对于组织结构设计咨询项目的介绍也是不可缺少的内容。

第16章

业务流程与战略管理

现代工商企业迄今为止的发展与变革路径与早期大规模生产和销售方式的出现有密切的关系，除奠定了今天工商企业的组织结构模式以外，还产生了影响深远的组织流程模式。战略的实施实际上除了落实到结构上，还应该落实到流程中。由于组织结构是相对静态和显现的，与组织结构的调整相比，流程是动态的、更加隐性的，流程的调整要复杂和困难得多。

现代社会科学技术的巨大进步，其中信息技术的日新月异更成为推动经济一体化的一大动力。在持续变化和不可预测的全球化的企业竞争环境中，信息技术极大地改变了企业经营管理的面貌，哈默和钱皮于20世纪90年代初提出了业务流程设计与再造的观点。流程再造一经产生便席卷全世界，形成了一股崭新的管理革新浪潮。

➢案例16-1　海尔战略流程再造

海尔持续了近十年之久的矩阵式结构，在2007年彻底再造。这家中国最大的家电制造商，在2007年开始了一场低调但却是史无前例的大规模组织变革。

从4月底开始，整个海尔的物流、供应链、市场营销、产品研发、产品制造甚至资金流部门、人力资源部门，几乎所有的流程都进入一个完全再造状态，人人都开始扮演再造的角色，几乎每个事业部都成立了“再造委员会”，全力推进流程和组织再造。在一份文件中，海尔简单阐述了此次变革的目的：“实现海尔全球化品牌战略目标，在全球化、信息化时代建立全球第一竞争力，实现可持续发展。”

全体动员之下，一场牵扯到5万人的调整在3个月内迅速到位。海尔此前一直按照产品品类组成的事业部，调整为根据产品线运营模式的差异划分为六大子集团，包括白电运营集团（冰箱、洗衣机、空调）、黑电运营集团（彩电、AV产品等）、数码及个人产品运营中心（电脑、MP3等）、全球运营中心（海外推进本部即海外市场部）、创新市场中心、金融运营中心，并且砍掉了包括微波炉在内的一些赢利状况不佳的产品线。

“这次到位后，估计很长一段时间内都不会调整了。”海尔集团高级副总裁周云杰表示。

海尔对改革的具体内容不愿透露过多，但仔细分析可以发现，此次改革可谓“伤筋动骨”。六大集团中的主要业务群，即白电、黑电、数码及个人产品等三个从事产品经营的子集团，本身拥有从研发、供应到生产、销售的完整功能。

1999 年开始的一次“市场链”改革，将海尔各事业部和本部的资源剥离，成立产、供、销三大体系，这种名义上的事业部实际上是典型的矩阵式结构。这种企业内部市场化的变革曾受到很大质疑。此次成立的六大集团，均有自己的产供销资源，曾手握供与销两大头资源的商流集团原有功能被显著削弱。海尔这次的架构调整，实际上是把按产、供、销划分的横向切割模式，改变为按不同产品线划分的纵向切割模式。

海尔的“事业部”发端于 8 年前“市场链”再造，从这层意义上讲，此次改革是对这几年名声大噪的海尔式“市场链”的一次矫正。管理学者秦合舫指出，原来在海尔集团体系下，尽管每个事业部都有研发、生产、销售、宣传等部门，但由于在前端有集团的统一物资供应平台，后端有工贸公司形式的销售平台，每个事业部更多发挥的是一个制造中心的职能，而不是完整的经营单元。

在渠道和终端资源比较零散的市场状况下，海尔的工贸公司体制通过区域市场上的统一渠道管理、终端促销、服务管理等，极大提升了海尔的终端营销能力。但面对越来越趋于整合的终端格局，工贸公司越来越形同鸡肋。同时由于工贸公司的存在，更加拉远了各个产品事业部和终端用户之间的距离。

“海尔以前的指导策略是多推新品，设计人员与市场脱节，由此导致单一型号销量较少，而研发开模费用投入较大，赢利低下。”在一份文件中，海尔对此进行了反省，继而提出将遵循“人单合一”的思想，把产品市场销量与设计人员利益挂钩，避免过多型号的推出，提高单型号的销量和赢利能力。

海尔表示，整个海尔处于新一轮变革期，集团上下均在重新思考如何变革才能在未来保持领先。海尔认为，目前已经摆脱长期的体制约束，接下来要大量引进高级人才，聘请全球领先的咨询机构进行信息化流程再造，整合业务架构。

“能阻挡我们的只有我们自己。”在最近撰写的一篇文章中，张瑞敏直截了当地以此为题告诫海尔全体员工。

资料来源：商思林．海尔流程再造．商务周刊，2007，(23)

16.1 战略实施中的业务流程设计

16.1.1 业务流程及其本质

1. 以流程为导向的管理

传统按职能部门划分的金字塔形层级组织机构的特点是：层级明确、责权清楚，便于企业扩大规模，便于控制和计划，员工只需短期的培训，便可迅速在该部门工作。但是，在劳动分工原则下，各个流程被分解为一连串的片段，在讲究时间效率的今天，其对企业发展造成的障碍日益明显。

以职能为导向的管理模式存在的弊端是，往往关注部门内工作结果，各部门各自为政，造成各种内部矛盾，不利于企业组织目标的实现。为了克服以职能为导向的管理模式的弊端，人们通过总结企业管理实践经验，并在做了大量的研究探索后，提出了以流程为导向的管理模式，它强调的是为了完成目标任务，各个部门或机构是如何进行工作的。在流程中，所有部门均是为了完成目标任务中的一个环节，关注的是目标的实现，使企业在赢利水平、生产效率、产品开发能力和速度以及顾客满意程度等关键指标上产生巨大进步，最终提高企业整体的竞争力。正是这种以流程为导向的管理模式的盛行，引发了人们对业务流程研究的关注。

2. 企业的业务流程

迈克尔·波特在1980年把“业务流程”这个概念第一次运用在“企业竞争优势”研究之中。紧随其后的研究者是麦肯锡的两位管理咨询师，他们在研究影响企业表现的因素时，注意到了业务流程的问题，并以这个概念为基础，分析和探讨了质量管理、组织结构、企业家精神以及授权等一系列决定员工是否表现卓越或致力于一流服务的因素。

在IMI研究报告中，业务流程被界定为“一系列将组织运作和顾客需求链接起来的活动”。

Dareapart 和 Short 将业务流程定义为“为特定顾客或市场提供特定产品或服务而实施的一系列精心设计的活动”。他们认为，流程强调的是工作任务如何在组织中得以完成。相应地，流程具有两个十分突出的特点：一是面向顾客，包括组织外部的和组织内部的顾客；二是跨越职能部门、分支机构或子单位的既有边界。根据以上所述，他们把业务流程定义为“以达成特定业务成果目标的一系列有逻辑相关性的任务”。

国际标准化组织给出的侧重于质量管理方面的业务流程正式定义是：一组将输入转化为输出的相互关联或相互作用的活动（图16-1）。

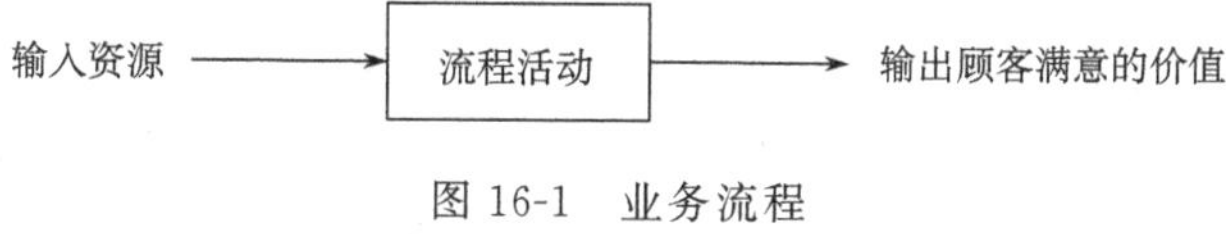

图16-1 业务流程

总体而言，当前对业务流程的认识具有两个极为重要的特点。

第一，强调人们把关注焦点转移到了企业内在的核心因素上，而不是片面地关注企业的战略（外部）环境。

第二，以理解和控制各种各样的组织内部或组织间的“流”为研究重点，特别重视与组织改进、组织变革等研究领域相结合。

从通俗的企业管理角度来看，所谓业务流程是指为顾客共同创造价值的相互衔接的一系列活动，又称价值流，如订单、销售、顾客服务等。这里的顾客概念是广义的，既可以是外部顾客，也可以是内部顾客，即组织内部职员。每个业务流程由一个小组承担，以顾客为中心，并且都有一个特定的业务目标，用以度量流程实施的业绩。

3. 业务流程的本质

业务流程本质上是企业的资源配置与运用的方式。企业的经营管理必须遵循以下两条原则：

(1) 必须依据自身的能力和具备的资源去选择自己所做的事情，确立自己的目标。

(2) 找到正确的途径和方法。企业要做什么事情，取决于能否拥有或者是否可以配置他完成此事情所需要的资源（谁来做，用什么做）。

在所配置资源的平台上，企业做此事情的方法表现为所有的企业流程，由此，我们可以得出这样的结论：企业流程是企业资源配置与运用方法的实践，流程的质量取决于企业的知识、经验和所有资源配置的具体结果。企业流程显现了为满足顾客的需求和实现企业自身目标，在企业的逻辑思维模式（企业与环境、企业内部等的逻辑关系）指导和现有的资源条件下实现产品或服务的一系列活动的实际过程。

企业价值、目标、资源配置与工作流程之间的关系是：企业价值、发展目标决定流程的方向，企业资源即组织资源（人、价值、思维、能力、结构）和技术资源（材料、设备、信息）是企业流程运行的支撑力量。

4. 流程设计的资源约束

任何一个企业都是在一定的资源约束下运行，所以，企业业务流程必然经受到资源的约束。企业资源的约束是对业务流程运行方式和运行质量的制约。企业的资源约束主要为客户资源和渠道资源的外部资源约束，组织资源、知识资源和技术资源的内部资源约束。

企业的核心竞争力决定企业实际运行的基本流程，所有企业都有自己的价值方向和效率目标。二者来源于是企业的核心竞争力。因此，企业应把握自己的核心竞争力，专注自己最擅长的领域，由此来设计和运作自己的基本业务流程。

16.1.2 企业业务流程设计方法

企业的业务流程是由活动、活动的方式和活动的承担者这三要素组成。企业的业务流程的差异源于三要素的差异，因此业务流程设计首先要识别流程三要素。同时要认识企业业务流程的基本机构，遵循企业业务流程设计要点，并且只有准确地把握企业业务流程设计关键步骤，才能够进行企业业务流程的总体设计。

1. 业务流程的三要素

由流程的定义可以看出，流程具有三个要素：活动、活动的方式和活动的承担者。这三要素的关系是，活动的承担者是活动的主体，活动是内容，活动的承担者和活动的内容决定活动的方式。三要素互动的结果是实现活动的目的。活动的主体可以是人、动物、植物、事物以及大自然。对于业务流程而言，其活动主体是组织。

2. 业务流程的基本结构

不同的业务活动决定了业务流程的基本结构也不相同。制造业企业和商业企业业务流程的基本结构图见图 16-2。

制造业企业的活动内容即为顾客生产工业产品。制造业业务流程是一体三面的，即信息流、物流和组织责任链。商业企业的活动内容即为顾客提供商品。商业企业业务流程也是一体三面的，即信息流、物流和组织责任链。

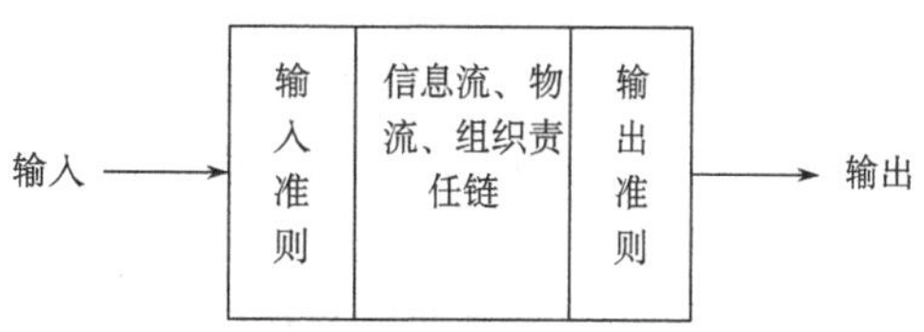

图 16-2　制造业和商业业务流程结构图

制造业和商业业务流程的结构要素如下：

（1）信息流。信息流即物流的指挥和控制系统。

（2）物流。物流即价值实物的流动。

（3）组织责任链。是所有业务流程所有者的职责的联结，其作用是推动流程运行。

（4）输入。由流程外界进入流程的数据、图像、声音、信息、原料、部件或者是其他流程的输出等。

（5）输出。从流程中产出的顾客需要的信息、产品和服务等。

（6）进入准则。运作业务流程所必须满足的条件、时间、数量、标准等。

（7）输出准则。业务流程运作后应产生的结果、时间、质量、数量等。

3. 业务流程设计要点

1）确定业务活动

业务活动有不同的范围和内容。例如，经营活动、管理活动、销售活动、设计活动、生产活动等的活动范围和内容是各不相同的。

通常业务活动可以分为三个单位：活动、子活动、动作。企业的所有工作都可以细分为活动、子活动、动作。

2）定义业务流程

企业可以根据活动的不同来定义流程。例如，根据经营活动、管理活动、销售活动、设计活动、生产活动等活动范围和内容定义经营流程、管理流程、销售流程、设计流程、生产流程等。

一般情况下，活动表现为流程，子活动表现为子流程，动作表现为一个岗位做的具体操作。流程、子流程都具有一定的运行时间。岗位是流程的最基本单位，要有定额。凡能计算考核工作量的工种和岗位均应制定劳动定额。

3）确定流程责任链

确认流程所有者、子流程所有者和岗位责任人，形成一条无缝的责任链条，是保证流程运行质量的前提。例如，只有分别确定经营流程、管理流程、销售流程、设计流程、生产流程的所有者，并且规定他们对流程的设计、运行、优化和管理所承担的责任，才能够做到保证各个流程以及整体流程的运行畅通。

4）合理设计子流程组合，以保证流程周期时间最短

流程周期时间等于子流程周期时间平均值的和。根据约束理论，流程的周期时间是流程中时间最长的环节所决定的。企业可以通过采用信息技术、新设备、新工艺等手段，压缩流程中时间最长的环节，从而减少流程周期时间，也可以合理地设计子流程组合，使得流程周期时间最短。

4. 业务流程的设计步骤

业务流程的设计一般有以下步骤：

(1) 按照产品功能、技术、服务等特性设计基本流程。

(2) 按照企业的营销特性、产销特性、产品生产模式设计核心流程。

(3) 业务流程价值分析：从顾客的角度审视业务流程的价值。是否是顾客愿意付钱的业务流程，即业务流程能否为顾客增值；是否是为增值活动提供支持的流程；如果是必要的非增值流程，能否简化。

(4) 确定业务流程边界：信息流程的起点和终点，物流的起点和终点。

(5) 确定流程的输入内容和输出内容。

(6) 确定流程主体：谁是流程所有者，谁是流程协助者。各自的职责和职权分别是什么，相互之间存在什么样的关系。流程所有者要对流程运行结果负责，保证流程输出质量，测量流程的性能。

(7) 建立流程指标体系：提高流程运行能力是提高产品和服务质量的基础。因此，企业必须建立流程指标体系来测试流程运行的能力。流程指标体系由流程设计的四个目标即产品质量、服务质量、产品价格、响应时间构成。依据流程指标体系可以检验流程运行是否遵循以顾客为中心的流程设计原则。

(8) 流程标准化。包括制定流程程序文件、流程输入输出规范、流程图、流程清单等。

16.1.3 企业流程设计与战略的匹配

企业流程设计如要与企业的战略实现最大限度的匹配，必须遵循如下四个原则。

1. 遵循环境要求的原则

企业在一个特定的环境中运营，必然要受到环境的约束，企业的主要环境约束为政府的法律法规。企业流程设计的前提是必须考虑政府的法律法规，如健康、安全、环保等因素。因此，企业的产品设计流程必须增加健康、安全、环保设计，生产流程必须考虑环保流程。

2. 以顾客满意为中心的原则

以顾客满意为中心的原则是企业流程设计的核心原则。企业流程就是企业为实现既定目标而开展的系列活动，要以提高产品和服务满足顾客需要的能力为中心。2000 年版 ISO9000 族标准规定的八条质量管理原则中第一条原则是：以顾客为中心。流程设计要始于顾客需求，终于顾客满意。

3. 顾客需求决定业务流程的业务内容及方式的原则

企业的价值和目标是通过满足顾客的需求而得以实现的，因此顾客的需求决定了企业业务流程的内容，企业实现业务结果的工作方式决定了企业的基本业务流程。顾客的需求不同，需求模式不同，企业所提供的产品或服务则不同，服务模式也不同。企业的产品或服务的不同、服务模式的不同导致企业业务基本流程不同。

4. 企业业务流程的资源约束原则

企业的资源主要为组织资源和技术资源。组织资源包括组织的人员（决策者、员工）、顾客、渠道（供应商、销售商）、知识、制度和文化等。技术资源包括信息技术、设计技术、生产技术、仪器设备等。企业的业务流程必然要受到企业组织资源和技术资源的约束，最后形成实际的企业业务流程，产品或服务相同的企业，资源不同，企业业务流程方式不同。企业必须把握自己的核心竞争力，根据自己的核心竞争能力确定企业的核心业务工作内容。

16.2 战略管理中的流程再造

最早倡导流程再造观念的是美国的哈默博士。他与钱皮合著的《企业再造：企业革命的宣言书》体现了流程再造的基本思想与方法，如今已经有许多大型公司成功地实施了业务流程再造。第一个实施流程再造的是花旗银行，它在 1990 年初，就信用分析业务流程进行了再造与重组。在原有的流程下，信贷分析师需要花大量时间处理文书作业，而花在找寻商机的时间只有 9%。作业流程重新设计后，信贷分析师寻觅商机的时间增加至 43%。两年之后，公司利润增加了 7.5 倍。另一例子是柯达公司，该公司有许多工作流程，其中效率最低的就是黑白底片冲印。事实上黑白底片冲印仍有相当的市场，尤其是在工业和医疗方面需求仍很大。冲印部门因效益不好，员工士气低落，因此柯达打算对冲印流程实施再造工程。从顾客下订单到交货为止，旧流程平均需要 42 天。经过改进后，缩短为 21 天。可见，一个企业如果可以恰当地实施流程再造，其效果非常显著。

16.2.1 流程再造的分析与选择

1. 流程分析和诊断

在实施业务流程再造之前，首先要对这些流程就行分析和诊断。在具体做业务流程诊断时，可以从以下三个问题着手。

1）流程存在的主要问题

产品质量不合格、制造或管理成本太高、流程周期太长以及基本的流程结构不适应企业经营战略的要求等是影响企业运行效率的主要因素，这些问题都存在于具体的流程之中。企业必须针对具体问题，分析病因。

2）管理流程与经营流程是否协调一致

经营流程可视为企业经营的“硬件”，而管理流程则是“软件”。企业在流程诊断时，需要考虑经营流程与管理流程之间存在的相互影响、相互制约关系，看看两者是否具有动态适应性。

3）问题是出在某个流程内部还是出在流程之间的衔接上

在查出流程存在的问题之后，还要查清问题的缘由，即问题是由流程本身内部的混乱造成的，还是由于流程之间的关系无法协调引起的。由于资源共享和工作任务关系的缘故，企业的各种流程实际上都存在相互制约、相互影响的关系，所以企业应该特别重视流程之间的相互作用和匹配。

2. 流程再造的选择

通过对企业现有流程的诊断，企业业务流程再造就有了一定的依据。然而，在企业的众多流程中，选择哪些流程进行重组还需要做更进一步的研究。企业首先应该认识到这样一个问题，并不是每一个流程都是需要重组的。企业实施流程重组必须有计划，有目的地进行，即要选择企业的一些关键流程进行重组，对所挑选出来的各个流程还需要依据重要程度进行顺序排列，将紧急的、重要的流程优先进行重组。根据企业界多年来流程重组的实践，可以看出，一般重组成功的企业都是依据下面三项原则来选择关键流程进行重组的。

1）选择原则一：位势的重要性

企业必须通过流程的运作才能满足顾客的需求，但并非所有的流程对外在顾客的重要性或影响力都一样。有些流程运作的好坏对外在顾客有着相当大的影响力，这种对企业的效益有着巨大影响的流程就是企业中的高位势流程，也就是最重要的流程。

2）选择原则二：绩效的低下性

流程是通过多个活动的有序集合，从而产生出对顾客有价值的结果。流程总是有产出的。当企业发现有一个流程的运作效率十分低下，并且没有什么效益，那么这种流程肯定有问题。这种问题流程将严重地限制着企业运作的整体效率，即使其他流程运作得再好，企业整体绩效也难以提高，那么对这种流程就要考虑进行重组。

3）选择原则三：落实的可行性

只有在重组流程所需要的条件都具备时，才能实施流程再造，如重组的技术水平、重组小组成员的素质、重组风险的承受能力等，这些因素往往会制约重组流程的可行性。

3. 流程再造的准备

企业在准备实施业务流程再造之前必须做好如下几项工作。

1）确定业务流程重组的领导人

企业业务流程重组，首先必须要有一个具有创新意识，并能意识到变革重要性的资深领导。一般来说，在选择业务流程重组的领导人时，首要条件是一定要了解企业业务流程重组，并愿意全力以赴。

2）做好面对阻力的思想准备

企业在重组流程时，承受阵痛是很正常的事，大家会抗拒重组，也不足为奇。经验表明，阻力并不是变革失败的主要原因，而管理阶层不敢正视、无法应变才是企业业务流程重组失败的真正原因。

3）建立适度的危机意识

建立适度的危机意识是企业业务流程重组成功的起点，这一点至关重要。什么时候企业会发生危机，没有人能够准确地预料到，必须有随时应付危机的准备。一个集体如果对于面临的危机缺少共识，这个集体就很难同心协力，再创佳绩。

4）勾画清晰的愿景

愿景展现了企业业务流程重组后企业的总体发展趋势以及应取得的结果。实施业务流程重组之前，企业重组工程指导团应向企业的有关方面，包括客户、股东、员工等方面，详细勾画企业愿景，使他们清楚了解企业所要进行的变革以及可能带来的变化。

5）成立强而有力的技术指导团

企业业务流程重组过程中，往往需要形成一个强有力的重组技术指导团。成功经验表明，企业业务流程重组中的管理工作相当庞杂，除了要有一个资深领导之外，还需要有一个以领导人为核心、由 5～50 位各方面优秀人员组成的重组技术指导团。

16.2.2　企业流程再造的步骤与实施

战略决策者们要进行流程再造的实践，就必须了解具体的流程再造的方法、步骤，包括各阶段的工作、任务以及完成某项工作所进行的活动和应用的方法、技术等，必须了解在某一个具体的流程再造项目中，涉及的阶段、工作、任务及其次序可能会有所不同。

1. 制定战略决策

这一阶段是项目策划阶段，也是为流程再造建立“宏观模型”阶段，变更的必要性及可行性都要经过严格的检查。要争取管理层的支持，找出需要变革的流程，并确定流程再造的机会，还应指定变革的范围。由于流程再造对于企业而言具有战略意义，并具有较大的风险，因此获得高层领导的支持是至关重要的。

在充分了解了公司的战略目标、核心流程以后，业务流程再造指导小组开始对提出的备选流程进行评估，以确定它们与企业的战略、产品和服务的协调一致性，分析流程再造对企业经营衡量标准的潜在影响。同时必须正确地指出每项流程再造存在的难点。在充分地评估和分析了各个备选流程之后，按照公司的战略目标、信息技术的可行性、风险大小等指标对各个备选流程进行排序。通过排序，选出进行流程再造的候选流程。

流程排序能够帮助企业决策者最终选出支持战略的再造流程。这种方法把候选流程与公司成功要素结合起来。将流程与成功要素战略结合的紧密程度用分值来表示，分值最高的流程是再造流程的首选对象。选择分析的结果与费用及风险因素分析的结果结合起来，就可以最后确定应该再造哪项流程了。

2. 确定业务流程再造计划

再造计划阶段标志着流程再造工程的正式开始，该阶段任务包括成立再造工作小组，设立再造工程目标，工程策划，通知相关人员以及进行员工动员等。

1）组建流程再造小组

在得到了高层管理者的认可和支持后，管理层可以委任一个流程再造负责人对整个流程再造活动的运作和结果负责。流程再造项目负责人的首要工作是组成一个流程再造工作小组。再造小组是由一群献身于某个特定流程再造的人员组成的，他们的职责是分析现有的流程，并负责设计和执行新的流程。再造小组组建的原则应该以精干、小型化为宜。一般情况下，5～10 人比较适宜。再造小组人员组成，可以由圈内人和局外人构成。

2）确定业务流程再造实施计划

流程再造工作小组成立后要根据对核心流程的进一步分析，制定再造项目的日程表，确定再造的计划，大致描述项目的资源需求、预算、历程以及要达到的目标。进行日程安排时，要分配好各个时段应该完成的具体事宜。

3）确定流程再造目标和流程评估标准

企业实施业务流程再造时，不仅要确定流程再造要达到的目标，还要设置高水平的“延伸目标”。通常延伸目标是以世界一流标准为基础的，或以行业领导者所设立的“标杆”来确定的。

3. 对现有的业务流程进行评价分析

业务流程再造工作小组要对整个流程再造的项目负责。小组首先要对现有流程进行描述，然后还要进一步对备选流程进行分析和研究。评价分析业务流程的工作主要包括记录现有流程，进行流程诊断，分析并找出存在的问题。

4. 设计流程再造方案

流程的再设计包括对各种方案的选择，要寻找既能实现企业战略，又与人力资源、组织变革相结合的方案，并尽量将岗位和工作流、信息管理和技术几方面搭配合适，最终完成新的流程系统的设计。设计流程再造方案，需要再造工作小组的成员有突出的创新精神，要打破常规，大胆设计新的流程。

5. 实施流程再造

实施流程再造时，必须根据专门设定的人力资源结构及所选择的信息技术平台执行新的流程。

6. 持续优化业务流程

在实施新的业务流程过程中，监控和评价流程的表现，包括对在战略构想阶段设置目标的评价以及新流程的动态监控，同时确认它与公司其他流程管理活动之间的联系，是评价阶段的主要任务。

16.2.3 企业流程再造与战略的匹配

企业流程再造需要战略的引导。处于成长及市场扩充时期的企业流程再造项目比处于缩减规模及削减成本时期的企业流程再造成功机会要多一些，因为他们具备更多的热情及更少的阻力。流程再造经常被企业决策者视为发展业务及拓展市场的充满活力的机会，全体员工会紧密团结于前瞻性的企业战略目标，这在那些仅关注成本的企业是不曾有的。在成长阶段构架流程再造项目的关键取决于团体战略。在这方面追求新客户或革新运营战略的企业与追求运营效率战略的企业有着很大的区别。流程再造要与战略匹配，需满足以下几条原则。

1. 以顾客为中心的目标原则

1）强调顾客满意的基本原则

流程再造的基本原则是将顾客满意放在第一位，建立能以最快的速度响应和不断满足顾客个性化和差异化的业务流程、组织结构和运营机制。流程再造的目的就是要求企业各部门都围绕着以顾客为中心开展工作，行动一致。

2）强调把供应商纳入“顾客满意”流程体系的原则

供应商也应该成为企业整个业务流程的有机组成部门。企业决策者只有把经营过程中的有关各方如供应商、制造工厂、分销网络、客户等均纳入一个紧密的供应链中，才能有效地安排企业的产、供、销活动，满足企业利用全社会一切市场资源快速高效地进行生产经营的需求，以期进一步提高效率和在市场上获得竞争优势。

3）强调内外部顾客满意相统一的原则

国外许多著名企业都强调“顾客”既可以是外部的，如摩托罗拉将自己的代理商和经销商当做顾客，也可以是内部的，如惠普信息产品的销售人员与技术服务人员之间的关系是内部客户关系。业务流程理论认为每个人的工作质量由他的“顾客”做出评价，而不是“领导”。传统的流程模式由于强调专业化的职能分工，很多企业不仅部门多，而且各个部门只做一项工作，同时又是其他部门的顾客。现在依靠信息技术，通过数据库和专家系统，公司可以根据各个部门的需求集中地做出采购计划，既满足了内部顾客的需求，又理顺了与外部顾客的关系。

2. 从上到下的整体联动效应

流程再造有赖于组织最高层管理者的坚定而积极的倡导与推动；有赖于一个由各有所长的优秀人才组建而成的再造指导机构和再造小组，对整个再造活动负有自上而下的责任与权利；更有赖于广大员工主动、积极和创造性地参与和合作。

1）企业决策者的作用非常关键

首先，企业者如果只强调目标和完成任务是不够的。最高领导者要做大量的规划愿景、提供正确的指导性意见，要组织和合理运用各种企业资源，还要促进成员相互沟通、协调和解决冲突等。

其次，决策者需要领导一个流程再造项目团队。这个团队由学习欲望强、责任心强、技术水平较高的优秀员工组成。再造工作由领导者及其全体团队成员共同讨论、修正、决定，并推进与实施。

2）强调向下授权和组织扁平化

为了提高流程效率，在企业组织中充分向下授权，降低决策层级，将决策点置于流程内部，从而达成纵向压缩组织，使组织扁平化和充分发挥每一位员工在整体企业业务流程中的作用。

3）流程再造小组的地位也相当重要

企业实施流程再造时需要组成再造团队，人数在 5～10 人，由直接承担流程再造的不同部门的内部成员以及具体流程之外的外部成员组成，包括领导者、流程负责人、再造小组指导委员会、再造总监等。流程再造小组的职责是负责描述、分析和诊断现有的业务流程，提出改进计划或再设计的创意，制订并细化新流程的设计或改造方案，最终，落实新方案。

4）强调团队合作和并行工作

企业的生产经营过程中，通常需要针对每一个具体的项目，由多部门共同组成一个工作团队。它通常是临时的，也可以是永久的。这样的优点在于企业能够以一个整体共同面向用户，避免了在销售时同一公司的不同部门络绎不绝地出现在同一个用户面前，而在系统维护和售后服务时，用户则不知道去找谁的局面。

➢案例 16-2　NKL 的战略变革

占有 25%市场份额的挪威合作零售公司（NKL）是业务流程再造的早期探索者之一。1991 年，NKL 启动了第一个试点项目，一年后完成，将产品从生产厂到销售点的供货延滞时间缩短了近一半。NKL 通过与其最大的供货商——一家纸制品生产厂的合作取得了这一成就。

NKL 的年销售额约为 80 亿挪威克朗，利润在 2 亿挪威克朗左右，且一直保持着持续增长和绩效改善。NKL 在挪威有 9 个仓储中心，负责向全国所有合作社商店供货。由于 20 世纪 80 年代经营严重滑坡，NKL 进行了一次重大的组织结构和管理人员调整。项目的实施改变了 NKL 的命运，NKL 仅用了 8 个月的时间就把供货时滞从 70 天缩短到 33 天，并为 NKL 的改进奠定了基础。1992 年，在试点项目取得成功后，NKL 开始寻找新的工具改善经营，这次他们找到了业务流程再造。戴格·舍耶说："我们认识到，在我们的试点项目中，已经应用许多 BPR 的思路，取得了巨大收效。BPR 为我们提供了一个更加结构化的框架。"

在接下来的一轮努力中，NKL 邀请几家最大的供应商与其合作，在各自的业务领域推广试点项目中缩短供货延滞时间的做法。8 家供应商参加了这一期项目，涉及占销售额 35%的产品。与试点不同，这次除了供应商外，还争取连锁零售店的合作与参与。参加项目的各方达成协议，取得的所有收益在各方之间平分，这样进一步增强了各方的积极性。

NKL 将自己在信息沟通中的角色定位为一个中间人，负责将零售商的信息转达给供应商。削减库存是他们达到企业目标的关键。一些建议已经付诸实施，降低了运费，改进了储运管理程序。缩减供货时滞的一个副产品是简化作业计划的制定。这些都取得了很大的成功。

资料来源：J. 佩帕德，P. 罗兰．业务流程再造．北京：中信出版社，1999. 26～29

➢本章总结

1. 企业的业务流程是指为顾客共同创造价值的相互衔接的一系列活动，又称价值流。这里的顾客概念是广义的，即可以是外部顾客，又可以是内部顾客，即组织内部职员。企业流程是企业方法论的实践，流程的质量取决于企业的知识、经验和所有资源配置的具体结果。

2. 企业流程设计受到一下条件的约束：企业的核心竞争力、渠道资源、知识资源、组织和信息技术。

3. 企业的业务流程是由活动，活动的方式和活动的承担者这三要素组成。企业的业务流程的差异源于三要素的差异，因此业务流程设计首先要识别流程三要素。同时要认识企业业务流程的基本机构，遵循企业业务流程设计要点，并且只有准确地把握企业业务流程设计关键步骤，才能够进行企业业务流程的总体设计。

4. 企业流程设计如要与企业的战略实现最大限度的匹配，必须遵循四个原则：遵循环境要求、以顾客满意为中心、顾客需求决定企业业务流程的业务内容及方式、企业业务流程的资源约束原则。

5. 战略决策者们要进行流程再造的实践，就必须了解具体的流程再造的方法、步骤，包括各阶段的工作、任务以及完成某项工作所进行的活动和应用的方法、技术等，必须了解在某一个具体的流程再造项目中，涉及的阶段、工作、任务及其次序可能会有所不同。

参考文献

比尔·盖茨．1999．数位神经系统．王安译．呼和浩特：内蒙古人民出版社

黄旭．2007．战略管理思维与要径．北京：机械工业出版社

蒋志青．2004．企业业务流程设计与管理．北京：电子工业出版社

柯蒂斯·卡尔森，威廉·威尔莫特．2007．创新：变革时代的成长之道．蒋怡，黄水平译．北京：北京师范大学出版社

李·克拉耶夫斯基，拉里·里茨曼．2007．运营管理：流程与价值链．刘晋，向佐春译．北京：人民邮电出版社

李国良．2005．流程制胜：业务流程优化与再造．北京：中国发展出版社

梅绍祖等．2004．流程再造．北京：清华大学出版社

佩帕德 J，罗兰 P. 1999．业务流程再造．高俊山译．北京：中信出版社

乔·佩皮帕德，菲利普·罗兰．1997．业务流程重组．北京：中国人民大学出版社

商思林．2007．海尔流程再造．商务周刊，(23)

田智慧，王玉荣．2007．流程管理实战案例．北京：机械工业出版社

王玉荣．2004．流程管理．北京：机械工业出版社

徐艳，戴世富．2006．从中国联通“变脸”看其战略转型．中国质量与品牌，(6)

詹姆斯·哈林顿．2002．业务流程改进．于增彪等译．北京：中国财政经济出版社

周妮等．2005．企业业务流程设计与再造．北京：中国纺织出版社

朱莉亚·巴洛根，韦罗妮卡·霍普·黑利．2007．战略变革探索．赵荣凯译．北京：中国人民大学出版社

推荐阅读材料

迈克尔·哈默，詹姆斯·钱皮．2007．企业再造：企业革命的宣言书．王珊珊，胡毓源，徐荻洲译．上海：上海译文出版社

美国学者哈默博士在该书中提出：企业改革应该是彻底的、根本的，特别是应该彻底再造企业的业务流程。他列举了 IBM 等 3 家公司的例子，说明只有再造业务流程，才能大幅度提高企业绩效，提高服务质量。

周妮等．2005．企业业务流程设计与再造．北京：中国纺织出版社

该书系统介绍了企业业务流程设计的原则、方法、优化、再造，详细介绍了信息技术条件下的业务流程设计和再造，论述了业务流程设计和再造的巨大价值。该书结合案例，在操作层面上进行了比较细致的论述。

洛夫茨．2005．企业流程设计指南：流程可视化．邓冰，苏益群译．北京：机械工业出版社

该书中，我们将看到人们是如何扮成演员并像在舞台上那样表演业务流程设计的。同时，我们还会看到流程可视化给业务流程设计提供了直观的基础，使设计人员有了流

程建构的可见模块和通用语言。

余世维.2005.企业变革与文化.北京：北京大学出版社

该书针对目前中国企业普遍面临的“短命化”宿命与“高速成长危机”，深入阐述了企业持续发展与变革同文化之间的关系：一个企业要持续发展，最重要的就是变革；但一个企业要成功变革，却有赖于它的企业文化和群体共识。作者进而结合中外著名企业的案例，提出了一套构建企业强势变革文化的可行性方案。

佩帕德等.2002.业务流程再造精要.北京：中信出版社

该书内容包括业务流程再造（BPR）的含义、业务流程设计的基本原理，人员管理以及与BPR有关的新兴组织形式，如何重新设计流程等。特点在于方法的比较、技术、管理知识的融合以及经验的总结。

第五篇

战略创新

第17章

企业创新与战略创新

创新一词最早是由著名经济学家约瑟夫·阿罗斯·熊彼特在1912年的著作《经济发展理论》中提出的。在该著作中，他将创新定义为：指把一种从来没有过的关于生产要素和生产条件的“新组合”引入生产体系，从而形成一种新的生产能力，以获取潜在利润。

20世纪90年代以后，企业战略创新成为战略管理重要的发展潮流，企业希望通过战略创新在激烈竞争的环境中获得竞争优势。然而，对战略创新的认识不能仅仅局限于战略本身，实际上，这一战略创新浪潮是由企业创新所推动的，因此，战略创新更广阔的视野是全球范围内的企业及其管理创新。

➤案例17-1　美国西南航空的战略创新

美国西南航空公司成立于1971年，是过去25年当中全美国唯一一家连年赢利的航空公司。能够在竞争异常激烈的美国航空市场获此佳绩，要完全归功于西南航空公司创新性的经营战略。西南航空公司擅长短途飞行业务，并将目标顾客群体定位于自费旅游的个人和小公司出差的普通职员。在对这些群体的需求进行分析后，西南航空公司找到自身优势所在，将经营目标集中于“减少门到门旅行时间”，“体验轻松活泼”和“票价低廉”三个方面。

西南航空公司最大的创新就在于，在保证不影响公司赢利的前提下，对于成本的显著削减。战略之一是有选择的提供服务，不通过旅行社卖票、没有头等舱、所有的机票都不确定座位、不提供行李转机服务、不提供餐饮服务，这大大降低了人力资本、时间成本。战略之二是所有飞机均采用波音737机型，使得备件管理与库存管理变得简单，飞行员培训和机械师费用大幅度下降。这些都与大多数航空公司形成了强烈的反差。

此外，在明确的战略目标指导下，西南航空公司在绝大多数城市选择离市区较近的二流机场、减少在每个机场的停留时间、增加航班数量，以求最大限度减少门到门的旅行时间。以能够给乘客带来欢声笑语为标准来评判应聘者是否被录用，从而确保给旅客创造轻松活泼的旅行体验。

资料来源：金，莫博涅．蓝海战略．吉宓．北京：商务印书馆，2005

17.1 企业面对的创新挑战

创新是企业两大基本功能之一，这是管理大师彼得·德鲁克给创新在企业中的一个重要定位。他认为企业不一定需要壮大，但必须不断进步，变得更好。创新要延伸到所有领域、所有企业、所有部门、所有活动中。可以想象，如果企业忽视自身的创新责任，故步自封，结果只能如逆水行舟，无力抵抗企业外部日新月异的变化，被激烈的竞争所淘汰。因此，在快速发展的现代，为求立身，企业必须有所创新。与时俱进，迅速认识并适应外部变化，从而提高企业核心竞争力，这也是创新对于企业的价值所在。

创新与变化存在着相互依赖、相互促进的关系。由于动因的不同，创新可以是主动的也可以是被动的，但究其根本都是依赖于变化。假如变化先发生，产生的就是被动的以适应变化为导向的创新；优先于变化之前的创新是主动自发的创新，创新引发行业乃至社会的变化，这种现象在IT行业尤为明显，微软的Windows操作系统升级过程就是一个典型代表，其创新永远是领先于社会需求，企业扮演的是创造消费者需求的角色。事实上，创新与变化发生的先后不过只是一种相对顺序，一旦我们高屋建瓴地看待二者，就会发现二者之间存在着动态的交互循环的关系。变化每天都在发生，我们的任务是识别能够影响企业创新的主要变化趋势，并探求其推动企业在哪些方面进行创新。

经济格局等宏观环境和行业环境无论是在幅度还是强度上的变化，都将对企业创新带来巨大的挑战和深远的影响。

德鲁克在《21世纪的管理挑战》一书中写道："在一个千变万化和充满不确定性的时期，有五种现象是必然的趋势。这五种必然趋势分别是，发达国家越来越低的人口出生率、可支配收入分配上的变化、定义绩效、全球竞争力以及经济上的全球化与政治上的分裂。"企业如何应对上述趋势才能实现顺应时代潮流的发展？答案必然是创新。

在人口环境方面，人口萎缩现象最直接的结果就是世界人口年龄结构朝老龄化方向发展，并且沿两条路线影响着企业的战略。首先，老龄化将会给企业的人力资源战略提出挑战。老龄化意味着适龄从业人口数量减少，人力资源市场供求关系失衡，引起人力资源成本上升。其次，由于老年人消费观念的特点，老龄化还会引起市场消费水平的变化和市场需求重心的偏移，进而影响企业决策。

在经济格局方面，20世纪90年代以前美、日、欧三足鼎立的世界经济格局在过去的十年发生了重大变化。美国的领先地位通过依托于34国的美洲自由贸易区而得到进一步的巩固；分别于1995年、2004年经历两次扩张的欧盟虽然经济增长速度较慢，但在国际经济事务中的作用呈现出上升趋势；在90年代泡沫经济的影响下，日本丧失了与欧美平等参与全球区域经济合作的机会，经济实力和国际影响力明显下降；与此同时，中国、印度等第三世界国家正在迅速崛起。

在技术环境方面，信息技术水平和管理信息系统已经满足大多数企业日常运营中的基本需求，并且为企业搭建起一个良好的信息处理平台，因此，企业最重要的不再是如何去学习应用信息技术，而是要思考应该以一个怎样的信息观念来运用信息技术处理可用信息，做出准确决策。在知识爆炸、信息泛滥的新世纪，信息的丰富化和多元化为企业如何管理内外部信息提出了新的挑战。

在全球化方面，随着经济全球化与国际政治环境的逐步分离，世界各国争相抛出优惠政策吸引外资，以最大限度降低成本为初始动机的跨国公司也都在抓住良机，努力创建自己的“世界工厂”，企业彼此之间面临着自然资源、人力资源和全球消费市场的激烈竞争。另外，企业在实施全球化的过程中，还会遇到诸如与东道国的文化冲突、不熟悉当地法律法规等问题。

在行业环境方面，单打独斗的传统竞争方式正在慢慢蜕变，这个变化主要是众多企业正在实践的合作竞争。布兰登博格和奈勒波夫在 1996 年提出“竞合战略”的观点，认为创造价值的本质是合作的过程，争取价值的本质是竞争的过程。竞合战略的主要观念是增加互补者，运用互补者的战略可使产品和服务变得更有价值。

17.2　企业组织方式创新

企业组织方式的创新主要体现在企业内部结构和企业间关系两大方面。在企业内部，传统的职能制组织结构正在向矩阵式和项目制组织结构方向转变。在企业外部，彼此之间的关系将向产业集群、供应链和虚拟网络发展。

17.2.1　企业内部结构变革

企业内部组织结构是指在协同工作、实现企业目标的过程中联结企业成员的方式以及这种方式所构成的形态，它是企业内部各个组织机构之间的关系组合。传统的工商企业经大公司体制所采用的是传统的职能制组织结构（functional organization structure），在向现代组织模式转变的过程中，在职能制组织结构以外出现了项目制组织结构、矩阵式组织结构等创新结构。

1. 项目制组织结构

项目制组织结构是指将工作划分为若干个项目，以项目为单元展开工作，将组织整体目标分解为项目目标，通过项目创造价值并达成整体战略目标的组织结构。

在项目制组织结构中，每个项目就如同一个规模相对缩小了的公司，其内部功能与资源配置非常完整，完成该项目所有的必需的资源（包括人、财、物）都被完全配给，专门为该项目服务。项目经理对项目负有最终责任，同时在责任范围内拥有完全的项目权利和行政权力。其结构如图 17-1 所示。

项目制组织结构的优点是：

（1）目标单一，凝聚力强；

（2）项目内部能控制资源；

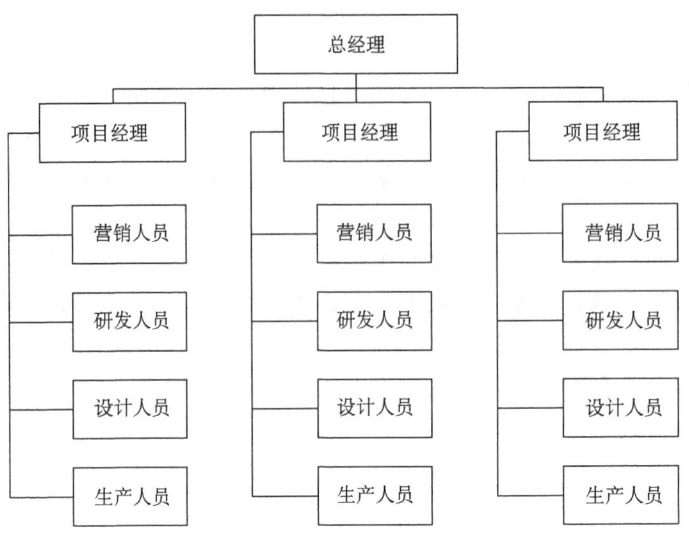

图 17-1 项目制组织结构

(3) 快速、有效地对市场和客户需求做出反应；

(4) 员工由一个直线领导指挥，便于在纵向上信息快速准确地传递与沟通。

项目制组织结构的缺点是：

(1) 项目间缺乏知识信息等资源交流，共享性差；

(2) 资源利用率低，易导致成本低效。

项目制组织结构适用于同时进行多个项目，但不生产标准产品的企业。常见于一些涉及大型项目的公司，如建筑业，航空航天业等。

2. 矩阵式组织结构

矩阵式就是使得纵向和横向两种信息流动在企业内部同时实现的组织结构形式。

矩阵式组织结构集合了职能式组织结构和事业部式组织结构的优点，既具有职能制组织结构良好的纵向信息沟通途径，又兼顾了事业部式组织结构横向信息沟通便捷的特点。

矩阵式组织结构是以职能部门和项目小组两个维度来描述组织构成的一种结构，以横向的项目小组为行，以纵向的职能部门为列，形成矩阵。职能部门是长久固定的组织，是员工隶属关系所在地，而项目小组是临时性组织，一旦项目任务完成，小组便自动解散，成员回到各自原职能部门继续工作。矩阵式组织结构的形式见图 15-8。

矩阵式组织结构突破了传统职能结构，但又有所保留，因此，在管理方面最明显的特点就是双重领导双重管理，一名员工既同原职能部门保持组织与业务上的联系，又参加项目小组的工作。这既是创新，又是挑战，关键组织成员的角色定位变得非常重要。这些关键组织成员包括：高层领导者、矩阵主管和员工。

矩阵式组织结构的优点是：

(1) 将企业的横向与纵向关系相结合，有利于协作生产；

(2) 针对特定的任务进行人员配置，有利于发挥个体优势，集众家之长，提高项目完成的质量和劳动生产率；

(3) 各部门人员的不定期组合有利于信息交流，增加互相学习机会，提高专业管理水平。

矩阵式组织结构最大的缺点就是双重管理带来的高难度管理，这也是由于组织结构自身特点所决定的，是不可避免的先天缺陷，这在项目经理的管理过程中体现的尤为明显。项目负责人的责任大于权力，由于项目组成人员来自各个职能部门，当任务完成以后，仍要回原部门，因而容易产生临时观念，对工作有一定影响，需要制定切实有效的与奖惩措施加以避免。

矩阵结构适用于一些重大攻关项目。企业可用来完成涉及面广的、临时性的、复杂的重大工程项目或管理改革任务。特别适用于以开发与实验为主的单位，例如，科学研究，尤其是应用性研究等。

➢案例 17-2　IBM 多维矩阵式的组织结构

IBM 在设计组织结构时采用了多种划分部门的方式，最终形成的是一个“活着的”立体网络。其维度既包括地域，如亚太区、中国区、华南区等，又包括产品体系，如 pc、服务器、软件等；既包括行业，如银行、电信、中小企业等，又包括职能，如销售、渠道、支持等。这些部门纵横交错组成有机的多维矩阵，增强了企业产品或项目推广的能力以及市场渗透能力。同时，为了克服矩阵式结构下沟通管理困难的弊端，IBM 的经理会特别注重在开会与沟通上的时间投入，哪怕是以放慢决策步伐为代价。但这并不影响 IBM 组织内部的变化与创新，虽然结构及岗位不变，但人员在流动，尤其是中间层经理人员，几乎一两年便有一次工作变动，进而推动组织不断向前发展。

资料来源：叶成辉，林云 . IBM 矩阵结构：换了谁都无所谓 . 21 世纪人才报. http://www.e21job.com. 2003-7-8

17.2.2　企业间关系变革

随着竞争合作的观点越来越深，传统企业间关系发展为产业集群、企业间供应链和虚拟网络等新型企业间组织形式。

1. 产业集群

产业集群是指某一特定领域中（通常以一个主导产业为核心），大量产业联系密切的企业以及相关机构在某一区域上的集聚和成长，并形成强劲、持续竞争优势的现象（Porter，1998）。

一个成熟的产业集群结构包括纵向联系和横向联系的企业群以及相关支撑体系。其中，纵向联系企业群包括上游和下游企业群，上游企业群为原材料、零部件、机器设备的供应商，下游企业群则是为这些产品提供运输、销售及信息反馈等服务的销售商。横向联系企业群是市场上竞争品、互补品和各种副产品的生产商。相关支撑机构包括政府部门、金融保险及其他第三产业服务机构、行业协会等相关中介机构、科研院所等相关人才培养、产品技术研发机构。这些纵向联系和横向联系的企业群之间相互交叉、相互影响，最终形成了一个交错型价值链网络。

从企业个体上看，产业集群在经营方面的柔性以及规模上的经济性，使得集群内企业的生产效率得以提高。地理空间上的接近性和共同的产业文化背景，促进了企业间知识与技术的转移扩散，大大提高企业间进行技术、经验、市场等各方面信息交流沟通的便利性和高效性，同时降低沟通成本。空间上的彼此接近还会给企业带来竞争的隐形压力，给企业探求技术创新和组织管理创新提供重要动力。

从产业集群整体上看，集群内单个企业是产业集群的基本单元，企业健康快速发展必然推动集群整体进步，从而提升集群整体的竞争能力，然后反过来再作用到企业个体，强化企业个体相对于非集群或集群外企业的竞争力。集群的形成使政府更愿意投资于相关的教育、培训、检测和鉴定等公用设施，这些设施的设立又明显地促进了集群内企业的发展，公共物品共享使资源在产业集群内具有更高的运用效率。随着产业集群的成功，集群所依托的产业和产品不断走向世界，自然就形成了一种世界性的区域品牌，如法国香水、瑞士手表等。

从社会效用上看，产业集群依靠企业间频繁的正式与非正式沟通、分工协作，在最大限度上配置了集群所在区域内的人力、技术、信息等多方面资源，其效用总和基本实现最大化。产业集群是完全竞争市场下的一种企业间组织形式，就集群整体来看，具有强大的竞争优势和垄断能力，能完全避免垄断市场结构损害社会福利的弊端。

➢案例 17-3　硅谷的高新技术产业集群

美国加州硅谷密集了电脑业、电子工业及相关产业的总公司，包括 Apple Computer、Hewlett-Packard、Sun Microsystems、Varian Associates。硅谷产业集群的产生源于著名的斯坦福大学和 PARC 研究中心，由于这两个机构提供了许多关于电子/电脑领域的专业人才，所有许多电子/电脑企业集聚于硅谷。而斯坦福大学生师生也分别在硅谷创立许多成功的企业，包括思科系统、3Com 和雅虎。在硅谷，一般公司都实行科学研究、技术开发和生产营销三位一体的经营机制，高学历的专业科技人员往往占公司员工的 80%以上。硅谷的科技人员大都是来自世界各地的佼佼者，他们不仅母语和肤色不同，文化背景和生活习俗也各有所异，所学专业和特长也不一样。如此一批科技专家聚集在一起，必然思维活跃，互相切磋中很容易迸发出创新的火花。

资料来源：骆品亮．产业组织学．上海：复旦大学出版社，2006

2．供应链

供应链是指围绕着核心企业通过信息流、物流、资金流的控制，将原材料供应商、中间产品及最终产品的制造商、销售网络中的分销商和零售商，以及最终消费者等成员连接成一个整体的网链结构。

它不仅是一条连接供应商到用户的物料链、信息链、资金链，还是一条增值链，物料在供应链上因加工、包装、运输等过程而增加其价值，给相关企业都带来收益。

一般来说，构成供应链的基本要素如表 17-1 所示。

表 17-1 供应链的基本要素

要素	含义
供应商	供应商指给生产厂家提供原材料或零部件的企业
厂家	厂家即产品制造业，是产品生产的最重要环节，负责产品生产、开发和售后服务等
分销企业	分销企业为实现将产品送到经营地理范围每一角落而设的产品流通代理企业
零售企业	零售企业将产品销售给消费者的企业
物流企业	物流企业即上述企业之外专门提供物流服务的企业，其中批发、零售、物流业也可以统称为流通业

供应链一般包括物资流通、商业流通、信息流通、资金流通四个流程。四个流程有各自不同的功能以及不同的流通方向。在明确具体合作目的和合作层次的前提下，应选择优秀的供应链合作伙伴，彼此信息共享，为企业创新提供了有利条件和可行性。

通过对每个参与组织和部门之间的物流、信息流和资金流进行计划、协调和控制，优化提高所有相关过程的速度和确定性，使所有过程相关的净增加值最大，实现企业效益与效率的双增长。

企业实施完整的供应链管理，有助于提高发货能力、减少库存量、缩短订单履约周期、提高预测准确性、提高总体生产率、降低供应链成本、提高补给率以及提高产量，从而促进企业核心竞争力的提高，创造更大的顾客价值。

3. 虚拟组织

关于虚拟组织的定义，Byrne（1993）认为虚拟组织是“通过信息技术联系起来的独立企业（供应商、顾客、竞争对手等）的临时性网络，以图共享能力、成本和相互之间的市场进入”。Wassenaar（1999）认为虚拟组织是由半永久性的、相互依赖的（部分依赖，部分独立）、地理上分散的组织单元所形成的结构，通过持续的调整其组织形式以对市场需求和信息通信技术的不断变化做出反应，从而提高整体绩效。

虚拟组织具有很大的灵活性和敏捷性。通过借鉴 Jansen 等（1999）对虚拟组织特点的阐述，我们将其总结归纳为以下七个方面。

1）跨越组织边界（boundary crossing）

虚拟组织的出现打破了传统企业间明确的组织边界，彼此之间共同形成一种“你中有我、我中有你”的网络形式。虚拟组织不具有法人资格，不作为法律意义上完整的经济实体而存在。

2）互补的核心能力（complementary core competences/the pooling of resources）

虚拟组织是一个由市场机会推动并由机会定义的各种核心能力的统一体，虚拟组织中的成员都具有属于自己的独特核心竞争力，成员彼此之间强强联合，整合组织范围内的资源和组织成员的核心竞争力，形成能力互补，从而降低时间、费用和风险，提高服务能力，进而实现虚拟组织中的每一项功能或流程达到最佳，这不是任何一个单一的企业可以单独达成的。

3）知识共享（sharing of knowledge）

同产业集群等创新性的企业组织方式一样，虚拟组织成员协同合作、交流沟通的过程，也是成员之间知识共享的过程，尤其是隐性知识会在日常合作中被无形地传递给合作伙伴。

4）地理位置分散（geographical dispersion）

与产业集群不同，虚拟组织中的成员并非集聚于某一特定区域范围内，他们可以分散在世界各地，依靠信息通信技术（如电信、信息高速公路等）来实现组织成员之间的交流协作。

5）不断变化的参与者（changing participants）

虚拟组织是一个动态变化的组织，组织成员之间的关系是临时短暂的。成员与组织之间的选择是双向的，一旦一方认为另一方不再具备自己所期望的条件基础，这种合作便宣告结束。例如，虚拟组织吸纳成员的原则是评判成员是否具有使组织功能或流程达到最佳所需的核心竞争力，这种对于成员核心竞争力的需求标准会随着虚拟组织的发展而逐渐发生变化，此时，未能满足组织需求的成员便失去参与资格，退出组织，新的具备条件的成员接替其补充加入。

6）参与者的平等性（participant equality）

虚拟组织内部成员之间地位是平等的，他们具有平等分享合作伙伴的资源和核心竞争力，不存在具有主导地位的核心成员。

7）电子沟通（electronic communication）

虚拟组织跨地域合作需要以信息技术为依托，信息技术每前进一步，都将会给虚拟组织的合作方式与合作效率带来巨大的推动力量。电子沟通已经成为虚拟组织必不可少的沟通方式。

虚拟组织最重要作用就是帮助企业准确有效地把握住稍纵即逝的市场机会，它能及时响应社会特定需求，利用先进的信息技术，迅速将资源转换成为符合社会特定需求的产品或服务。

此外，虚拟组织是实现企业强化核心竞争力的最具针对性、效率最高、最敏捷的方式。它能够帮助企业迅速建立起在当前市场竞争环境中所需的竞争优势，随着企业日后的战略调整，一旦企业决定升级核心竞争力，便可轻松跳脱当前的虚拟组织，转而寻找更加适合企业自身战略发展的新的虚拟组织。由于虚拟组织具有开放性，不具备法人资格，企业在接触组织成员关系时，无须考虑复杂的法律问题等，这为企业大大节省了时间成本和经济成本。

17.3 企业功能定位创新

企业的性质定位回答的问题是“企业是什么”。一个企业对于自身价值的认识，能够体现出该企业性质的定位。

传统上，对企业性质认识处于主导地位的是经济学，企业把自身看做是一个市场组织，着眼在市场定位，但随着管理理念的发展和众多大型公司对于自我社会责任的关注，当前企业越来越多地从社会学角度去理解自身，认为自己更多是一种社会组织，定位的着眼点也正在转向社会定位。

17.3.1　企业功能的市场定位

早期，关于企业性质的权威解释来自于新制度经济学，罗纳德·科斯将企业定义为“是对于市场的一种替代，目的是节约交易费用”。交易费用企业性质观对于后来企业理论中关于企业性质的认识方面有着深远的影响。

市场是一只控制着企业行为的“看不见的手”，在市场定位中，企业把自身看做是一个市场组织，以盈利性为目的的经济组织。它的一切行为都将以追求经济性和效益性展开，企业的价值仅仅在于是否能够以比市场更低的价格生产出相同的产品。引入竞争理论后，是否能够在抗击竞争对手的过程中占有更大的市场份额，也成为考核企业价值的一个重要指标。但万变不离其宗，尽管认识视角不同，但视角都未曾从市场跳出来。

相对成熟的企业理论都是以市场的大背景作为前提假设，通过对很多经典的现代企业理论和企业研究模型的分析，我们能够看到企业市场定位的隐性假设包含在其中。例如，波士顿咨询公司的增长率/市场占有率矩阵中，采用简化的二维结构，分别选取增长率和相对市场占有率作为自身能力和外部环境的重要标尺，足以见得“市场”要素在企业外部环境中至关重要的地位，市场环境在诸多企业外部环境中占有最大的比重，具有典型的代表意义。波特的《竞争战略》主要是对企业外部条件（或称为产业环境）和自身战略之间的关系进行系统的、经验性的研究，他的竞争分析模型明确指出，组织环境中影响竞争的五种力量——产业竞争对手、供应商、替代产品、新进入者和购买者全部来源于市场，其大前提就是事先划定了市场作为企业活动的范围，市场外部同样对企业行为起到影响作用的要素并没有被纳入模型。最后再来看波特确定三种通用战略时所用到的分析矩阵，这里同样采用了二维结构，将降低成本和产品差异这两种竞争优势与某一特殊的竞争区域范围相结合，而这里所提到的范围就是指市场细分后的目标市场的范围。事实上，在企业定位方面，最能代表企业市场定位的应该是营销学，从其英文名称 marketing 便可见一斑。一直以来，人们都习惯称之为市场营销，营销学的思路也是沿着市场的方向在走，如何真正做到以消费者为中心、赢得消费者认可与忠诚，正是营销学研究的重点。

市场是企业赖以生存的根本，以市场为企业性质的定位，是保障企业生存与价值的基本条件，是企业的首要定位。此外，我们不可以就此忽视市场定位所产生的一些弊端。

首先，企业的外部环境不只市场一个，在市场外部同样存在着影响企业活动乃至影响企业经营绩效的要素，过分地将视角锁定在市场定位，容易导致企业将近乎全部的精力集中在对市场环境的分析，倾向于考虑如何击败竞争对手，易使企业市场行为多为模仿而少有创新。

其次，也是最重要的一方面，市场定位容易诱使企业生成短视症，过度追求经济效益而忽视企业责任。企业自身行为所波及的范围也不仅仅局限于市场内部，正向的企业行为在提高企业内部绩效的同时，还会带动所在地区的经济发展，创造更大的社会效益。相反，消极的企业行为不仅会危及企业自身，还会以更大的负面效果危害社会。例如，一些缺乏社会责任的制造企业盲目追求利润，在生产过程中将高污染性的中间产品肆意排放，导致环境污染；基础制造企业缺乏可持续发展观，无限量地开采自然资源；另有一些打着所谓“企业”名义的非法组织，欺骗、利用怀抱致富梦想的人们来非法赚取暴利，造成社会的不安定、不和谐。

17.3.2 企业功能的社会定位

企业性质的社会定位意指企业将自己看做社会中的一个公民，或者说是一个社会组织，应该以社会责任为行为准绳，在创造利润、对企业负责的同时，还要承担对员工、消费者、社区和环境等利益相关者的社会责任，包括遵守商业道德、生产安全、职业健康、保护劳动者的合法权益、保护环境、支持慈善事业、捐助社会公益、保护弱势群体等。

有很多学者对于企业的社会责任与其经济效益之间的关联进行分析，理论视角主要有商业生态观、契约观、行为学派论和系统思维观。

商业生态观认为，一个以互动的组织或个人（相当于企业的有机体）为基础而构成的有机整体构成一个商业生态系，其成员包括顾客、生产者、竞争者以及其他利益相关者。随着事件的变迁，这些成员在能力及角色上产生无止境且循环互惠的协同进化，将整个生态系推向更加茁壮的境界。

企业的契约性认为，企业中包含着各种各样的契约，所有这些契约，实际上都是当事者之间建立在意愿性基础上的必须兑现的共同承诺，契约中的缺失和漏洞则需要靠诚信来弥补。企业最主要的责任就是遵守这些契约，以诚信自觉的态度处理好与利益相关者之间的关系，实现经济效益和社会效益的互促双赢。

行为学派将企业看做是一种“冲突的准解决”状态，而企业的目标可以看做类似于参与者之间的条约条款，按照这些条款，企业同顾客、生产者、竞争者和利益相关者将一起去应付他们共同的外部环境。

系统思维观则是把企业同顾客、生产者、竞争者和利益相关者看做一个完整的系统，在系统内部要素之间互相影响、互相制约。管理者应该运用系统论思想准确描述与深刻认识复杂系统的方法，正确处理企业治理中各要素之间的关系，建立起利益相关者共同治理模式。

在这些理论视角中，无一不提到“利益相关者”的概念，体现出企业的“社会属性”在现代企业理论中的地位。

企业的社会责任贯穿于整个商业生态系统的价值网络，通过整体及各环节的价值增值，促进企业自身价值的增长。在与员工衔接的环节，安全生产及职业健康将成为企业关注的重点，劳动者的合法权益会得到更多保障；在与顾客衔接的环节，社会责任敦促企业向其提供优质的产品及服务，不以“霸王条款”或是假冒伪劣商品等限制消费者权利、侵害消费者权益；在与生产者衔接的环节，具有良好社会责任的企业不会单方私自违约、产生商业欺诈行为；在与竞争者衔接的环节，社会责任感强的企业不会以不正当手段创造恶意竞争、打压竞争对手、破坏市场竞争秩序；在与其他利益相关人衔接的环节，企业将更加重视自身行为对社会资源的影响，更加提倡环保性和可持续性，在提高企业效益的同时，承担起更多的社会责任，关爱社会弱势群体，支持社会慈善事业，为维持和谐社会做出贡献。

17.4　企业战略创新的内容与特征

在企业组织方式与企业战略二者的关系中，谁决定谁，谁服从谁，一直是人们关注的焦点。企业战略所具有的全局性特征决定了它一旦形成，必然对企业各个层次起到决定性的作用，企业组织方式就是企业战略实施客体中的一个重要方面。企业战略在发展过程中的不断调整直至形成稳定的战略，企业组织方式也在变化中逐渐确立。因此，企业战略创新的内容显然不能局限在战略思想层面，需要包括企业的组织创新、业务创新、技术创新等各方面涉及长远、整体变革的创新。

学者们对战略创新的内容与特征有许多不同的认识，以下我们主要从战略管理实务的角度来分析。

17.4.1　企业战略创新的内容

1. 企业战略创新的内涵

对于企业战略创新，目前尚没有一个统一的解释。Markides 认为战略创新是一种以客户创造价值的方式再思考商业模式的能力，企业进行战略创新的一个基本点在于能够准确地鉴别出其运行方式与竞争对手运行方式之间的差别，并能够利用这种差别创造出非常有力的竞争能力。Hamel 认为战略创新是一种重构行业现有的为顾客创造新价值以及为所有股东创造新财富的方法的能力。企业战略创新是竞争优势的源泉，是新进入企业在面对巨大的资源劣势时取得成功的唯一途径，也是现有企业持续获得成功的唯一途径。Rajaopalan 和 Spreitze 认为战略创新是企业为了实现持续成长、应对外部环境的变化所做出的形式、性质和状态上的转变。这种创新包含两层含义：一是企业战略内容的创新是由企业的范围、资源配置、竞争优势和协调性的变化带来的；二是企业外部环境的变化和组织的变革会引起企业战略创新的发起和执行。

2. 企业战略创新的内容

从战略管理内容来看，企业战略创新就是对战略所包含要素的创新，而战略要素通常包括企业愿景和使命、战略的定位、战略的选择和战术性计划的制定等，因此，这些都是企业战略的创新对象。

下面分别针对各要素创新做详细介绍：

（1）战略目标的创新。战略目标是企业通过进行一系列创新活动所要达到的预期的结果，它与企业所处的内外部环境密切相关。战略目标不是企业具体的经营目标，而是建立在企业整体价值观上的目标。面对全球整合经营和中国企业跨越式管理创新的要求，企业核心价值观的创新就成为战略目标创新的首要任务。

（2）战略定位的创新。所谓战略定位是指企业通过外部环境和内部条件的研究，确定在现有行业中合适的地位。在决定企业赢利性的因素中，市场结构起着最重要的作用，企业如何在各种竞争力中确定合适的定位是取得优良业绩的关键。因此，理解行业结构永远是战略定位的起点。随着战略目标的创新，必然要求企业在战略定位时考虑其所处行业的拓展或者行业的重新选择。而怎样拓展企业所在的现有行业或者重新选择新的行业则构成了战略定位创新的一个重要内容。

(3) 战略选择的创新。战略选择是指企业选择合适的发展途径从而实现已定的战略目标。经典的、可供企业选择的战略有一体化战略、多元化战略、加强型战略、成本领先战略、防御战略等。与战略目标创新和战略定位创新相适应，战略选择的创新既可能是现有战略类型自身的变革和发展，也可能是新的战略类型的创造；既可能是多种战略类型的组合和交替使用，也可能是企业随着发展规模的扩大、经营领域的扩展在不同阶段选择不同的战略类型。

(4) 战术性计划制定的创新。战术性计划是总战略下的子战略，而战略的全部含义要由指导战略得以实施的各项战术性计划来进一步阐明，并获得企业各部门协调一致行为的指导。战术性计划大致包括市场经营计划、科研和开发计划、生产计划、采购计划、人力资源计划和财务计划等。由于这些战术性计划涉及企业活动各个领域和企业现实经营的各个职能部门，因此战术性计划制定的创新必然影响和涉及管理创新的各个方面，诸如组织创新、管理方式创新、制度创新、文化创新等。

企业的战略创新从战略目标创新开始直至战术性计划制定的创新，这是一个动态的过程，上述四个要素相互联系和作用，共同构成了一个有机的体系。

17.4.2 企业战略创新的特征

根据企业战略创新的内涵和内容，我们将企业战略创新的特征概括为以下四个方面：

第一，企业战略创新以企业外部环境变化或组织变革为先决条件。企业外部环境变革能够为企业战略创新创造基础平台，有时在企业预期的战略创新中，会需要依托于某些特定的客观条件，如经济水平、消费水平、技术水平、法律环境等。在过去，由于客观条件未能达到预期水平而导致战略创新只能停留在理论阶段的情况。一旦外部环境得到改善，客观条件得以满足，企业战略创新便能够顺理成章而得以实施。此外，外部环境变化还会激发企业利用变化进行战略创新。

第二，企业战略创新方向总是围绕企业核心竞争力展开。企业寻求战略创新的出发点是确保企业实现可持续发展，企业核心竞争力则是打造企业竞争优势的最佳途径，将战略创新与企业核心竞争力有机结合，利用良好的外部条件形成核心竞争力的突破性进展，便能够创造出可持续的竞争优势，使企业获得可持续的利润，进而实现企业永续经营。

第三，企业战略创新具有复杂性。首先，在传统的战略管理中，主体的认知是理性的，而创新后的战略管理将管理者的认知、情感、直觉、习惯甚至审美交织其中。管理者理性与非理性的双重面孔使主客体的关系复杂化。其次，企业战略活动涉及企业内外部的众多因素，认识这些要素的关系、地位、作用及变化是一个复杂的过程，认识过程缺乏系统而具有全局性的方法。最后，企业战略创新的历史背景是复杂的，无论是社会背景、还是管理理论背景，都处在转型期。西方社会存在着后工业化的转型或后现代化的转型，以及现代管理文化向后现代管理文化或未来管理文化的转型。

第四，企业战略创新是贯穿企业整个生命周期的动态过程。企业最初进入市场都是因为发现市场机会，属于一种自发行为，在慢慢经营积累经验的过程中会逐渐形成战略定位，但这种战略定位并非一成不变。当企业发展到一定程度后，会进入瓶颈期，为寻求突破与发展，企业便需要创造新的战略定位、战略创新。企业的成长是一个曲折前进的过程，每一阶段都需要做出企业战略创新以促进企业朝下一阶段演进发展。

➢本章总结

1. 企业战略创新成为战略管理重要的发展潮流，企业希望通过战略创新在激烈竞争的环境中获得竞争优势。对战略创新的认识不能仅仅局限在战略本身，战略创新更广阔的视野是全球范围内的企业及其管理创新。

2. 企业组织创新是企业创新的重要方面，具体可以划分为企业内部结构变革与企业间关系变革两部分。项目制组织结构与矩阵式组织结构都是企业内部结构变革的重要成果，正在逐步取代传统的职能制组织结构，它们增强了企业管理的灵活性、实现企业内部资源利用的最大化。虽然在应用过程中这些创新的组织结构还有待改进，但不能否认它们代表了企业组织结构创新方向中的一个进步。相比之下，企业间关系的转变更为纯熟，产业集群、企业间建立供应链和虚拟网络等新型企业间组织形式已经被广泛应用到实践当中。

3. 在传统的西方工商管理思想中，企业以赢利为首要目标，但随着企业管理思想的发展以及对于社会责任的日渐关注，企业性质定位由最初的市场竞争者转向社会公民，承担其对员工、消费者、社区和环境等利益相关者的社会责任，共同努力推动社会发展进步。

4. 外部环境变化引起企业组织方式与性质定位的转变，而企业组织方式与性质定位又是企业战略的重要考虑因素，因此，企业战略也会随之生成并相应创新，主要体现在战略目标的创新、战略定位的创新、战略选择的创新、战术性计划制定的创新四个要素方面。

参考文献

艾拉，玛珊．1987. 企业创新之路．吕佩英等译．太原：山西人民出版社

安德鲁斯 K P. 1995. 可以使优秀的公司有道德吗？哈佛管理文集．北京：中国社会科学出版社

彼得・德鲁克．2002. 创新与创业精神．张炜译．上海：上海人民出版社

彼得・德鲁克．2006. 21 世纪的管理挑战．朱雁斌译．北京：机械工业出版社

彼得・德鲁克．2006. 管理的实践．齐若兰译．北京：机械工业出版社

蔡拓．1999. 可持续发展——新的文明观．太原：山西教育出版社

玖・笛德等．2002. 创新管理——技术、市场与组织变革的集成．陈劲等译．北京：清华大学出版社

理查德・福斯特．1991. 创新：进攻者的优势．北京：经济管理出版社

厉以宁．1995. 经济学的伦理问题．北京：生活・读书・新知三联书店

麦克尔・希特等．2002. 战略管理：竞争与全球化．吕巍等译．北京：机械工业出版社

梅奥．1945. 工业文明中的社会问题．哈佛大学工商管理研究部

乔治·恩德勒.2006-02-19. 公司社会责任究竟意味着什么？文汇报

托马斯·唐纳森，托马斯·邓菲.2001. 有约束力的关系——对企业伦理学的一种社会契约论的研究.赵月瑟译.上海：上海社会科学院出版社

王缉慈等.2001. 创新的空间——企业集群与区域发展.北京：北京大学出版社

小艾尔弗雷德·D. 钱德勒.1987. 看得见的手——美国企业的管理革命.重武译.北京：商务印书馆

约瑟夫·熊彼特.1990. 经济发展理论.何畏等译.北京：商务印书馆

詹姆斯·麦吉.1974. 社会责任与商业困境.布鲁金斯学院

Alter C, Hage J. 1993. Organizations working together. Newbury Park, CA: Sage

Angel D P. 1991. High-technology agglomeration and the labor market: the case of Silicon Valley. Environment and planning, 23 (10)

Byrne J A. 1993. The virtual corporation. Business Week, (February): 98～102

Camerer C, Vepsalainen A. 1988. The economic efficiency of corporate culture. Strategic Management Journal, (9)

Daft R L, Lewin A Y. 1993. Where are the theories for the "new" organizational forms? an editorial essay. Organization Science, (4)

Dyer J H, Nobeoka K. 2000. Creating and managing a high-performance knowledge-sharing network: the Toyota case. Strategic Management Journal, 21 (3)

Porter M E. 1998. Clusters and the new economics of competition. Harvard Business Review, 76 (6): 77～90

Powell W W, Koput K W. 1996. Interorganizational collaboration and the locus of innovation: networks of learning in biotechnology. Administrative Science Quarterly, (41)

Snow C C, Miles R E, Coleman Jr H J. 1992. Management 21st century network organizations. Organizational Dynamics, 20 (3)

Wassenaar A. 1999. Understanding and Designing Virtual Organisation Form. VoNet: The Netwsletter, 3 (1): 6～18

推荐阅读材料

彼得·德鲁克.2000. 创新与企业家精神.彭志华译.海口：海南出版社

德鲁克将创新与企业家精神视为企业需要加以组织、系统化的训练，是管理者的工作与责任，他在书中提出了七个创新机会来源及四个创新策略。该书像其他德鲁克著作那样关注管理实践，富有思想性。

张元智，马鸣萧.2006. 产业集群：获取竞争优势的空间.北京：华夏出版社

这是一本研究产业集群问题的专著。该书重点探讨两个问题：一是产业集群竞争优势的来源，二是发展区域经济如何培育产业集群。

菲利普·科特勒，南希·李.2006. 企业的社会责任：通过公益事业拓展更多的商业机会.姜文波等译.北京：机械工业出版社

营销视角是该书审视企业社会责任的特色角度，科特勒将能够给公益事业及企业带来利益的活动分为六类，在论述每一类社会活动时，该书都给出了翔实生动的案例，其中绝大多数都来自于很多著名的企业或品牌，如IBM、通用电气、微软、惠普、宝洁、雅芳等。

乔治·恩德勒.2006-02-19. 公司社会责任究竟意味着什么？文汇报

该文是乔治·恩德勒教授在上海社会科学院的演讲，他将社会目的与环境目的一并视之为比经济目的更为重要的公司目的。我们可以通过该文把握企业组织多元目的和意

义，进而理解它与企业社会责任之间的关系。

谭劲松．2006．创新战略管理．北京：中华工商联合出版社

该书所收集的文章和案例都是近几年来谭劲松博士为国内一些主要商学院的高层经理班（EMBA）讲授战略管理和创业课程所陆续收集、整理和撰写的，程度略高于一般战略管理教材。通过案例学习，读者能够深入分析运用专题讨论文章中提出的理论和实际操作方法，从更高的层次思考分析一些关于战略创新的问题。

第18章 西方战略创新思潮

20世纪90年代以来，西方涌现了许多战略创新思潮，这与西方科学技术的迅速发展并率先进入知识社会有关，科学与技术的变革首先引发了企业对经营与管理创新的追求，通过战略创新获取竞争优势成为必然选择。本章介绍几种具有代表意义的战略创新思想。

18.1 企业项目战略管理

许多企业以项目为基本单位开展企业经营活动，项目是在一定的资源条件下为创造独特的产品或服务而进行的一次性努力，而项目管理就是将各种资源应用于实现项目的目标而做的一系列工作。不同于基于分工和流水作业式的生产经营模式，以项目为单位的经营管理要求对企业的组织方式提出新的要求。这些企业包括迅速发展的IT公司、大规模的工程建设企业、大型知识服务企业等。这些企业不仅仅运用项目管理来开展经营活动，还将项目作为实现企业战略的载体，对项目管理的“战略关注”趋势渐成主流。如何界定企业项目战略管理尚为理论界讨论的热点，但是，基于战略视角的企业项目管理强调要有一个系统的集成模型，将企业范围内的项目管理活动形成一个有机体系。

18.1.1 企业项目战略管理的概念与特征

企业项目战略管理（enterprise strategic project management）的基本概念是：从企业整体战略发展角度出发分析、识别、评价面对的所有项目并实施相应的管理策略（杜维民等，2004）。也就是说，企业是一个复杂、动态、开放的系统，有效的项目管理活动必须能根据企业战略要求，从企业整体角度出发整合企业范围内所有项目管理活动。

企业项目战略管理主要有以下特点：

理念：企业项目战略管理的目标要符合企业整体发展战略。

导向：企业项目战略管理以顾客需求为导向。

对象：企业项目战略管理要管理企业的所有项目，而不是数量有限的个别项目。

组织：企业项目战略管理本质上需要企业全员参与。

职能：企业项目战略管理是项目管理职能与战略管理职能的有机融合。

过程：企业项目战略管理是一个持续不断的过程。

文化：企业项目战略管理要融入企业文化。

模式：企业项目战略管理是包括项目、项目组及企业层面的系统管理模式。

企业是一个复杂动态开放的系统，有效的项目管理活动必须能根据企业战略要求，并从企业整体角度出发整合其范围内的所有项目管理活动，进行企业项目战略管理。前面对于企业项目战略管理的概念和特点进行了研究，那么分散于企业系统中的项目管理活动如何集成到战略范畴呢？作为一种新的管理模式的企业项目管理为这一课题提供了平台。实际上，国外很多成功的企业（如北电 Nortel、爱立信 Ericsson 等）已成功地将并行工程管理、变更管理、风险管理、全面质量管理四种方法整合到它们的项目管理方法论中。引入战略管理思想于 EPM 平台，利用项目管理方法论将战略管理的思想整合到企业项目管理体系中，这正是 ESPM 模式构建的前提和基础。

ESPM 模式的特点在于将 EPM 平台、战略管理、集成系统三者联系起来，研究在高度不确定性环境下，具有系统性、前瞻性的基于战略视角的企业项目管理问题。具体包括：第一，不是孤立、片面地研究企业局部、个别项目，而是基于战略视角来研究企业内项目管理活动的系统集成，提出企业项目战略管理概念，并对其内容和特点进行研究。第二，引入战略管理思想于 EPM 平台中，利用系统及系统工程方法进行企业范围内项目管理活动的集成，以建立包括 ESPM 管理目标、管理组织、系统方法、信息系统及企业文化的理论体系。第三，将集成创新的思想引入 ESPM 理论之中，在研究方法上注重抽象意义的理论分析，并对企业项目战略管理进行结构化分析。

18.1.2　企业项目战略管理的主要内容

企业项目战略包括五个要素：企业项目战略管理目标、企业项目战略管理组织、企业项目战略管理信息系统、企业项目战略管理系统方法、企业项目战略管理文化（图 18-1）。该模式图既可看做一个平面图，又可看做一个立体图：①平面图是指以 ESPM 管理目标的实现为核心，以 ESPM 系统方法、管理组织、信息系统为支持要素，管理文化这一特殊要素是其他要素的运作环境；②立体图是指以 ESPM 管理目标为锥顶，以其他四要素为锥底，反映 ESPM 模式的层次性。

在图 18-1 中，ESPM 管理目标要素的含义是指：企业项目战略管理的目的就是要使企业所有项目管理活动符合于企业战略目标及战略管理活动，因此要在企业战略指引下制定企业项目管理目标，即企业项目管理者的着眼点应以企业战略目标的达成为指导，而非局限于项目层面的“交付”。该要素应实现明茨伯格对战略目标的要求，完成 5Ps 的要求。

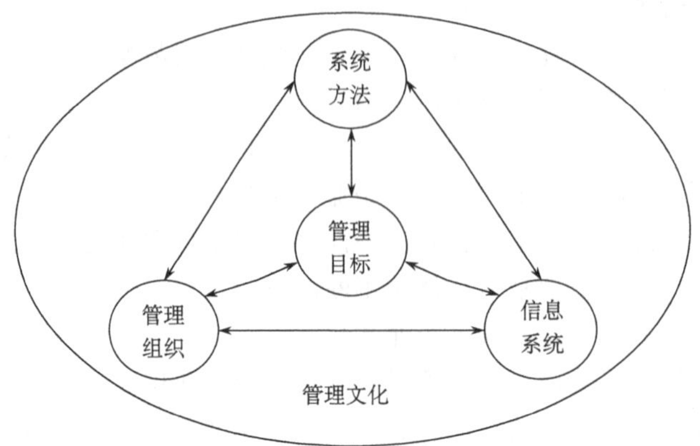

图 18-1 企业项目战略管理 ESPM 模式

ESPM 管理组织要素是指：尽管 ESPM 要求全员参与企业的项目管理活动，然而为了使 ESPM 成为持续不断的企业管理活动，项目管理活动需要专门的项目管理理论与方法，所以企业应建立相应的 ESPM 管理机构，而且当今企业的项目管理实践也表明合适的企业项目管理机构（者）是项目得以成功实施的必要条件。

ESPM 系统方法要素是指：ESPM 要求利用系统思维的方法去解决企业项目管理问题，即将研究的对象看作由许多相互联系、相互作用的要素组成的有特定功能的有机整体，不仅要分析研究各要素，而且要分析研究各要素之间的相互联系，从系统整体的角度出发优化系统。

ESPM 信息系统要素是指：为了优化 ESPM 系统就要优化整个信息流程，也就是在合适的时间把合适的信息传送到需要此信息的人员那里。这样的信息包括项目管理理论与方法的管理支持信息，企业自身及其外部可以提供支持的信息，是一种全方位立体性的信息网络。

ESPM 企业文化要素是指：ESPM 要求企业文化要做相应的调整以适应企业项目战略管理的要求，形成统一标准化的语言，以使企业项目管理融入企业战略、战术决策及各项活动之中，成为员工一项自觉的行为。

ESPM 模式的功能主要表现在三个方面：战略驱动功能、关联互动功能和决策支持功能。战略驱动功能使得企业项目管理者在进行决策时能从战略发展的角度进行考虑，确保项目管理的指导思想同企业整体战略相一致。关联互动功能使企业项目管理决策者能系统考虑企业项目管理各要素，全面地看待企业范围的各种项目管理活动。决策支持功能是指该模式可以支持企业项目管理者综合利用相关领域知识分析推理项目管理问题，做出正确的决策。

18.1.3 企业项目战略管理的实践

项目以及项目管理对于任何组织的成功都是至关重要的。越来越多的组织已经把项目管理作为一种在现今高度竞争的商业环境中维持竞争优势的关键战略，并以各种努力去开发自己的项目管理能力为其发展战略服务。一个企业如何实施项目管理并将其导向企业的战略目标，实现以项目为基础的战略管理呢？组织项目管理成熟度模型 OPM3 提供了这样一个框架和方法，它指出企业应该首先做什么，怎样才能有目的地、一步一步地走向成熟，这一模型在 IT 企业及工程公司中应用较多。

“组织项目管理”是指通过项目将知识、技能、工具和技术应用于组织和项目活动中来达到组织目标。“组织项目管理”扩展了项目管理的范围，不仅包括单一项目的成功交付，还包括项目组合管理（program management）和项目投资组合管理（portfolio management）。单个项目的管理是战术层面的，而组织项目管理则是战略层面的，是企业获得战略优势的管理方法。

“成熟度模型”是一种描述组织如何提高或获得某些能力过程的框架。“成熟度”的含义是能力必须随着时间持续提高，这样才能在竞争中不断地获取成功。OPM3 为企业提供了一个测量、比较、改进项目管理能力的方法和工具。美国 PMI 学会对 OPM3 的定义是：“它是评估组织通过管理单个项目和组合项目来实施自己战略目标的能力的一种方法，它还是帮助组织提高市场竞争力的工具。”

因此，OPM3 提供的是一种开发组织项目管理能力的基本方法，使项目与它们的组织战略紧密地联系起来。OPM3 也是一种企业进行自我评估的工具和标准，可以用来确定企业当前状况，制定改进计划。企业运用 OPM3 的作用有四个方面：①可以通过企业内部的纵向比较、评价，找出企业改进的方向；②通过外部的横向比较，提升企业在市场中的竞争力；③通过改进和宣传，提升企业形象；④雇主要求承包商按照 OPM3 模型的标准达到某级成熟度，以便选择更有能力的投标人，并作为一种项目控制的手段。

PMI 的 OPM3 模型是一个三维的模型，第一维是成熟度的四个梯级，第二维是项目管理的九个领域和五个基本过程，第三维是组织项目管理的三个版图层次。

成熟度的要素包括改进内容和完成改进的步骤。按照从低到高的顺序划分了四个改进的梯级，依次是：①标准化的（standardizing）；②可测量的（Measuring）；③可控制的（Controlling）；④持续改进的（Continuously Improving）。这些是依次成熟的阶段。

项目管理的九个领域一般指项目整体管理、范围管理、时间管理、费用管理、质量管理、人力资源管理、沟通管理、风险管理和采购管理。五个基本过程是启动过程、计划编制过程、执行过程、控制过程和收尾过程。

组织项目管理的三个版图是项目管理（project management）、项目组合管理（program management）和项目投资组合管理（portfolio management）。

如此一来，企业就可以看出哪些最佳实践和组织项目管理成熟度最密切相关，企业的组织处于成熟度的哪一等级，如何进行改进。同时这一框架延伸到了项目组合和项目投资组合的管理层次，企业可以根据实际需要在组织项目管理三个版图层次由小到大逐步推广应用。这样，企业在这些改进过程中形成了与战略规划之间的紧密联系。

18.2 产业集群战略

企业间关系在变化：传统企业间关系走向产业集群，企业间建立供应链和虚拟网络，因此，需要基于集群和网络角度考虑战略问题。

18.2.1 产业集群的形成与发展

产业集群是一种组织创新，第17章介绍了这种组织创新模式。产业集群是由与某一产业领域相关且相互之间具有密切联系的企业和相应机构组成的有机整体，至少应具备以下几个条件：首先，与某一产业领域相关。一般来说，产业集群内的企业和其他机构往往都与某一产业领域相关，这是产业集群形成的基础。其次，产业集群内的企业及其他机构之间具有密切联系。产业集群内的企业及相关机构不是孤立存在的，而是整个网络中的一个个节点，这是产业集群形成的关键。最后，产业集群是一个复杂的有机整体。产业集群内部不仅包括企业，还包括相关的商会、协会、银行、中介机构等，是一个复杂的有机整体，这是产业集群的实体构成。

产业集群内的众多企业集聚在一起，既展开激烈的市场竞争，又进行多种形式的合作并由此形成一种既有竞争又有合作的合作竞争机制（Ranjay et al.，2000）。

20世纪以来，产业集群（clusters）成为各国经济增长的推动力，如德国的汽车零部件制造集群、美国洛杉矶的娱乐业产业集群和葡萄牙的生物技术产业集群等。发展中国家的产业集群也在迅速崛起，如印度班加罗尔的软件业、中国台湾新竹科学园的计算机产业集群和珠江三角洲制造业集群等。产业集群通过企业在地域上的集聚，既充分利用产业内专业化和劳动分工所带来的高效率和灵活性，又可以享有规模优势，还能加快知识的流动和创新，产生知识溢出效应，降低交易成本。

世界各地的产业集群很多是自然形成的，但是产业集群的发展却越来越地注入了各种政府与市场的努力，也引起了人们对产业集群的关注。

18.2.2 产业集群战略的含义与内容

从一些行业的发展现状和发展趋势看，产业集群已成为重要的行业组织结构形式，利用产业集群战略进行产业空间结构再造已成为提升核心竞争力的有效途径之一。产业集群战略涉及几个层次的含义，一是政府对产业发展政策层面的相关战略，即政府层面如何大力发展产业集群，促进产业优化升级，全面提升产业竞争力；二是企业层面如何利用产业集群获得竞争优势，制定发展战略。

1. 以产业发展为目标的产业集群战略

以产业结构调整、产业发展为目标的产业集群战略关注产业集群的资源分布、聚集、结构、产业环境以及产业集群的演变、产业集群中企业的竞争与合作等，以期制定相关的战略政策。

制定产业集群发展战略，首先必须确定能给本地区带来最大的潜在收益的关键产业，选择特定的产业集群，要在综合考虑现有产业增长率，就业和收入潜力，当地资源匹配，环境因素，与当地供应商、知识机构的联系，与当地机构和其他企业的协同，竞争对手的情况以及当地集群的发展态势等各方面因素的基础上，确定重点发展的产业集群。当一个产业对本地区的经济发展举足轻重时，在当地已经或有潜力建立较为完整的价值链，可以作为集群加以发展。

（1）产业集群的战略性特征，包括规模、发展潜力、空间布局、产业配套等的集群化趋势，产业集群对经济增长的作用等。

（2）产业集群发展如何带动产品和产业的形成发展。例如，核心企业在产业集群中的扩散作用，如何带动供应链上的相关企业发展，形成和完善产业链。例如，随着美国 ECD 公司、法国罗地亚公司等一批世界知名稀土企业进驻包头稀土高新技术产业开发区，稀土产业集群效应明显增强，稀土高温发热陶瓷、稀土改性 MC 尼龙等新材料发展态势较好，形成了产业链的雏形。

（3）产业集群的多种聚合方式，包括主导企业带动型、资源禀赋形成型等。资源型聚合依托丰富的资源优势进行开发加工，最终通过若干个同类加工企业，形成一定规模的产业集聚，如煤、电产业等。

（4）产业集群的比较优势。主要表现在：一是产业集群可以形成怎样的稳定分工协作关系，形成发展的内在动力；二是产业集群发展态势和增长速度；三是产业集群的核心竞争力；四是产业集群支持环境和企业间的相互作用，逐步形成一个区域创新系统。

2. 企业的产业集群战略

企业集群战略选择和制定主要在于对外部环境条件的认知，即主要从外部环境条件和内部环境条件认识集群战略的实施环境，强调只有外部环境条件和内部环境条件相协调，才能最大的发挥企业集群的规模竞争优势。这其中有四个方面问题需要关注，第一，企业依托原有的优势是什么？这说明为什么能够加入到产业集群；第二，企业的区位优势是什么？这说明企业到哪里去，即选择哪里的产业集群；第三，企业的内部化优势是什么？这说明企业加入产业集群后如何使经济效益最大化；第四，企业在什么时候建立公司加入集群是最佳时机？产品寿命周期理论可以帮助回答这一问题。

产业集群是一种新型企业组织和产业组织的制度创新，产业集群的形成是企业依托技术、资金、规模、品牌和管理方面优势，变单打独斗为依靠整个群体的竞争力的过程。这种企业通过高度专业化的分工合作，对资源进行了优化配置，往往使企业获得了一个独特的发展战略环境。

企业产业集群战略的本质是获得一种产业整合和利益共享的核心能力，集群内企业既相互关联又分工协作，以提升竞争优势，这才是企业实施产业集群战略的根本目的。

企业还可以通过产业集群战略再造竞争优势，创造企业集群规模竞争优势的因素，不仅是生产要素、需求条件等先天性因素，还包括企业战略这一重要的后天性因素。只有集群内的企业处在同一条产业链上发展战略、战略目标相同或互补，而在国际化业务领域的竞争又采用高度的差异化战略时，才能极大利用集群的优势资源和集聚能力，才能创造出最大的国际化规模竞争优势。

企业制定产业集群战略同样需要外部环境与内部环境相协调，只有外部环境条件和内部环境条件相协调，才能最大的发挥竞争优势。外部环境条件主要表现在政府层面和社会层面。在政府层面上，关键是解决好政策的制定与实施。在社会层面上，尽快形成包括政府、企业和中介组织在内的治理结构。内部环境条件主要表现企业层面上，关键是要在企业通过多方面的自我变革适应集群战略和企业发展的要求。

18.2.3 产业集群的共同战略与整体能力

1. 产业集群的共同战略

具有整体特性的产业集群应当是具有共同战略的，这是认识产业集群战略的一个重要内容。也就是说，在产业集群组织中，成员企业战略的制定不再局限于本企业，而是要包括与企业共同合作演化的产业集群组织。产业集群成员企业的经营业绩也不仅仅决定于企业内部管理优劣和行业平均利润，而是成员企业在产业集群组织中形成的诸多共生关系。

成员企业，特别是产业集群中的主导企业，或正在努力取得主导地位的企业，它所考虑的不仅是本企业的发展，还要考虑整个产业集群组织的发展，考虑到整个产业集群发展的战略，考虑自身企业在产业集群组织中的地位。

成员企业间的合作不再局限于直接的供应商和顾客，而是扩展到包括所有寻求新业务和解决未满足需求并可以被纳入到整个产业集群组织范围内的企业；竞争也不再被看做是在主要的产品与产品、企业与企业之间进行，而主要是在产业集群组织与外界之间，以及在组织系统内成员企业为取得领导和中心地位进行的竞争。

因此，产业集群组织成员之间应当具有共同的战略，而在共同战略下的产业集群发展也将具有相当的稳定性。

2. 产业集群的整体能力

在共同战略下的产业集群发展具有一定的整体能力。产业集群的这种整体能力是产业集群内各成员组织能力的组合，产业集群组织将企业成员的多种能力结合起来，取长补短，获得协同效应。

产业集群的整体能力是通过协同效应反映出来的。也就是说，对单个企业而言，作为产业集群组合中的一个企业比作为一个单独运作的企业能获得更高的赢利能力。此时，企业战略管理除了要构造企业自身的战略外，还要精心地组建相互联系、相互促进的产业集群来形成和建设其能力，并创造可持续竞争优势。此时，企业的战略管理者不能孤立地考虑单个企业，而必须关注适用于整个产业集群的发展战略。

一般而言，产业集群整体能力的获得可以关注以下的方式。

(1) 业务行为的协同。如价值链上的设计、生产、销售、送货及服务等各个业务环节的协同。

(2) 资源的共享。由于地理的邻近，产业集群内企业可以更大程度地实现资源（包括有形资源和无形资源）的共享。有形资源的共享主要是对现代化的基础设施、便利的交通通信设施及配套的生产服务设施等，无形资源的共享主要是对知识、信息、技术和技能等的共享。

(3) 整体形象的共享。在产业集群内，任何一个企业在产品质量和品牌形象等方面的信誉（良好的或低劣的），都会对其他的企业产生影响。

因此，产业集群的整体性的特征需要产业集群具有共同的战略，而在共同战略下的产业集群要求其具有整体的能力。

➢案例 18-1 中国 IT 产业的三个集群

经过 20 多年的发展，中国 IT 产业已经发生了巨大的变化：在 PC 产业的带动下，中国已经成为互联网用户增长最快的国家和世界上增长最快的 PC 消费市场。中国 IT 产业链初具规模，并且在各个关键环节已经获得很大发展，国际竞争力均有较大提升。

中国 IT 产业整体发展水平提升的集中体现就是产业集群竞争优势的群体创造力开始呈现。产业集群不仅构成当今世界经济的基本空间构架，还常常是一个国家或地区竞争力之所在。中国 IT 产业经过 20 多年发展，已基本形成集聚区域和竞争格局，包括珠三角、长三角、京津环渤海湾三个大的产业集群。由于 IT 产业（主要是制造业）对中国经济的巨大牵引动力，这三个大型产业集群也与中国经济三个大的增长区域相契合。

三个产业集群中，随着中国经济发展阶段的不同和起步不同，在总体竞争力上也有变化。现在的格局是“南快北慢”，长三角和京津环渤海圈的 IT 产业则起步较晚，产业集聚过程尚未真正形成，总体上弱于珠三角地区，但是由于这些地区强劲的政策支持和创新环境优化，显示出更强劲的增长率和潜力。

英特尔作为全球 IT 产业领袖，对区域产业集群的形成及其融入世界市场起到关键的引领作用。而且，通过直接投资来促进中国区域经济的发展，也是英特尔多年来在中国的投资政策，是“和中国共同成长”战略的具体体现。英特尔每一次中国投资，都是领先同行看到该地区的增长潜力，先行一步和当地共同努力建设产业集群。

1996 年，英特尔响应“浦东开发”，宣布了在中国的第一个大规模投资项目，在上海浦东外高桥保税区建立一个芯片封装测试厂。这是当时最大的一项外商投资项目，对于其他 IT 和科技项目在长三角地区的投资起到了一定的带头示范效应。

2003 年，英特尔又决定在成都高新区建立一座芯片封装测试厂，这是改革开放以来，成都市迎来的最大投资，带动了成都经济圈为中心的西部腹地 IT 制造业的提升，这也是长江三角产业集群向内地的延伸。

2007 年 3 月，英特尔全球第八座 300 毫米芯片厂决定落户大连，总投资 25 亿美元，是迄今为止中国引进的最大单笔外商投资之一。大连芯片厂计划宣布之后，预计英特尔将带来超过 250 家供应商落户大连，帮助大连形成环渤海经济圈领先的集成电路产业集群，推动当地 IT 产业集群的发展和成熟。

大连是环渤海经济圈的一员，环渤海经济圈一直被当作是长三角和珠三角之后的中国经济增长“第三极”。伴随大连芯片厂的建成投产，必将带动大连原有制造业的升级，带动供应商集聚形成产业集群，辐射整个经济圈，让大连借助京、津以及本地的研发优势，成长为中国乃至亚太的 IT 产业中心。

英特尔还致力于从长远来考虑产业集群的发展，为产业集群的发展和升级提供有力的人力资源支持。在上海，英特尔力行本地化，培育本土人才；在成都，英特尔设立了先进的员工培训中心；在大连，英特尔捐赠一条 8 英寸生产线设备；英特尔和大连市政府、大连理工大学合作，共建一所高标准的半导体技术学院，这将是中国当前最先进的国家级集成电路产业技术人才培训基地、中国最大的半导体人才培育基地。

英特尔在长三角和环渤海地区的努力，将直接推动两地产业集群良性升级，彻底改变“南快北慢”的格局。珠三角、长三角和京津环渤海湾三个增长极平衡发展，将是中国IT产业协调发展，稳步上升的根基。

资料来源：小熊在线-我不是阿梅．英特尔领航中国IT产业集群．http://www. beareyes. com. cn. 2007-9-11.

18.3 战略网络

随着计算机技术和网络技术的发展，人们已步入网络时代，它将彻底改变企业传统的经营方式和战略行为。网络时代的竞争已不再是单个企业之间的竞争，而是企业合作网络之间的竞争，这是一种新的竞争形态——网络竞争。在网络竞争环境下，基于“公司是独立、自治实体”的假设和仅从自身的利益出发来研究企业战略的局限性越来越明显，必须从嵌入企业的关系网络视角来研究企业战略。战略网络（strategic networks）就是在这种背景下兴起和发展起来的新战略思想。

18.3.1 战略网络的形成与发展

20世纪80年代以后，市场环境发生了巨大的变化，特别是知识、信息在经济中的作用越来越大，网络技术的迅猛发展，组织网络化日益凸现，而且网络给企业的发展带来了显著的成效。例如，日本的企业之所以在20世纪七八十年代以来，国际竞争力迅速增强，国际化经营效果显著，就是因为日本的企业并非以单个原子状态来活动，而是以一群合作企业或组织构成相互依赖的关系网络参与国际竞争，实现知识共享、共同发展，形成了世界级的核心能力。

所谓战略网络，是指由社会的不同组织或个人为了共同的愿景，通过一定的协议或契约联结在一起，以彼此间相互信任和长期合作为基础而构成具有战略意义的、不断进化和优化的动态合作网络。随着信息网络的发展和组织的网络化，企业战略网络及其管理“必然将成为新的管理范式与新的竞争游戏规则”，如何对战略网络加以管理是当今企业面临的新问题。

18.3.2 战略网络的主要理论观点

对战略网络的认识迄今并没有达成一致，首先提出战略网络概念的是J. C. Jarillo。他于1988年在《战略管理杂志》发表题为“战略网络”的论文。该文从战略的高度阐述了战略网络的内涵，认为战略网络是一种关系网络，获取企业生存和发展所需资源和知识的关键渠道，是“企业竞争优势之源”，而不仅仅是一种组织模式，这使之有别于一般意义的网络组织。1992年N. Nohria等编写出版的论文集《网络与组织：结构、形式和行为》，汇集了社会网络理论、组织理论、战略理论、经济理论研究者对战略网络理论的最新研究成果。与此同时，战略网络研究的奠基者Jarillo通过进一步研究和实证考察，于 1993 年出版专著《战略网络》。F. J. Richter 也于 1999 年出版专著《战略网络——日本企业间合作的艺术》。2000 年，《战略管理杂志》出版“战略网络”论文专集，介绍了当前有关战略网络理论研究的最新研究成果，强调这一理论要整合和系统化，使之形成比较完整的理论体系，更有效地指导企业在网络竞争环境下制定和实施企业战略。

由于战略网络及其嵌入其中的动态关系网络的复杂性和模糊性，目前对战略网络的认识存在较多差异，人们以不同的理论为基础，从不同的视角研究战略网络，并取得了一定的成果。

1. 以 R. Gulati 为代表的结合新经济社会学来研究企业战略网络的理论

Gulati 的主要代表作有《战略网络》、《联盟与网络》、《网络位置与学习：网络资源和公司能力对联盟形成的影响》。主要观点是：

（1）将对企业有战略意义的战略联盟、合资、长期的买卖伙伴和一群相似的节点都归集为战略网络，强调它是嵌入于企业之中的关系网络，对企业的生存与发展具有战略意义。

（2）用社会网络理论的“嵌入性”和“结构洞”原理探讨战略网络对企业行为和绩效的影响，说明战略网络及其管理能力是网络资源和关系资源，是战略网络参与者在参与网络后所获得的独特资源，具有独特性，难以模仿性，是一种核心能力。

（3）强调战略网络是一个公司接近信息、资源、市场和技术的关键渠道，能够取得学习、规模和范围经济的优势，战略网络直接影响企业的战略行为和竞争优势。

（4）嵌入于战略网络之中的网络关系，对于企业来说，既是一种机会又是一种约束。因为“网络也意味企业被锁定在非生产关系里或排除了与其他可行的组织结成伙伴的机会”。

（5）提出要整合战略网络于企业战略研究之中，并提出可从产业结构、产业内部分析、企业能力、交易成本和转换成本、网络进化和企业收益来与现有的战略研究相结合。

2. 以 Jarillo 为代表的用组织理论来研究战略网络

Jarillo 主要代表作为《战略网络》、《战略网络——创造无边界的组织》（专著）。主要观点是：

（1）认为战略网络是一种长期的、有目的的组织安排，其目的在于通过战略网络使企业获得长期竞争优势。

（2）提出了用商业系统思想来研究企业经营活动。他认为，实现产品/服务有效地传送到顾客手中，整个过程的所有活动要合作，如何选择组织合作方式的中心问题，就是要保证企业持续竞争优势。

（3）提出了组织商业系统活动方式有层级制、市场和战略网络三种组织方式，而战略网络是网络经济时代最佳组织模式。

（4）企业进行战略网络管理的主要任务包括如何进行网络选择和如何加强组织间信任机制的建设等。

3. 以 P. J. Richter 为代表的文化学视角对战略网络的研究

Richter 根据自身在中国、日本、韩国等东亚国家担任国际跨国公司代表、与这些国家的企业有长期交往的经历，发表了多篇有关东亚企业成长的论文，并于 2000 年出版了专著《战略网络——日本企业间合作的艺术》。该书以日本企业的战略网络为例，研究了战略网络的理论基础、战略网络形成动因、战略网络的管理与进化，进一步丰富了战略网络理论和促进战略网络在实践中的应用。主要观点有：

(1) 日本经济及其企业成功的关键因素之一，在于其企业的战略网络管理水平高，日本企业的战略网络与西方一般意义上的网络组织不同，它注重知识、能力资源的共享。

(2) 突出文化在战略网络形成和进化中的作用。强调由于日本企业受传统文化影响，容易形成战略网络的网络文化，包括高度忠诚、相互信任、自然尊重和统一价值观等。

(3) 战略网络形成的动因可以从企业系统理论、成长理论和博弈论等方面进行解释，为战略网络研究提供了理论基础。

(4) 战略网络的形成是一种企业间的网络学习过程，战略网络在企业大知识管理和能力培养中具有特殊意义。

(5) 在战略网络中企业家之间的关系非常重要。

4. 以波特 (Porter) 为代表的用企业集群理论来研究区域合作网络

主要观点有：

(1) 企业集群是指在一特定区域内的一群相互联系的公司和各种组织（包括学校、研究机构、中介机构、客户等），为了获取新的和互补的技术、从联盟中获益、加快学习过程、降低交易成本、分担风险而结成的网络。因此，企业集群是战略网络的一种。

(2) 通过对各国典型区域的企业集群，如硅谷和波士顿的高新产业区、意大利的皮革制造企业集群等的实际观察和研究，认为“所有进步的经济体中，都可明显存在着企业集群，企业集群的形成，也是经济发展的基本因素之一”。

5. 以 J. M. Moor 为代表的从生态观的视角来研究战略网络

企业商业系统包括供应商、主要生产者、竞争对手、顾客、科研机构、高等院校、行政管理部门、政府及其他利益相关者。网络经济世界的运行并不都是你死我活的斗争，而是像生态系统那样，企业与其他组织之间存在“共同进化”关系。在企业的商业生态系统中，为了企业的生存和发展，彼此间应该合作，努力营造与维护一个共生的商业生态系统。

主要观点包括：

(1) 用生态系统的观念来透视整个商业经营活动和研究战略，企业是其所处商业生态系统的成员之一，这个系统决定了企业的战略行为和战略价值，这个系统绩效直接影响到企业绩效。

(2) 按照自相似、自组织、自学习与动态进化的原则来设计网状结构组织和商业生态系统（即战略网络），通过共创愿景、系统思考、网络学习、共享知识、协同作用，使企业在创造未来中实现可持续发展。

(3) 建立一个相互依赖、相互学习、共同进化的企业生态系统，是企业持续发展的前提。企业的绩效主要取决于其在这个系统中的合作效率和网络关系管理能力的水平。

(4) 商业生态系统中的成员间相互合作演化过程，包括开拓、发展、权威、重振或死亡，企业在这个演化过程中不断进化、异化和蜕变。

(5) 强调企业与环境的相互渗透，企业的边界模糊。企业的战略行为受其所在的系统制约，企业的战略制定、实施和评价都依赖于整个系统。

18.4　社会定位战略

迄今为止主流的战略管理思想建立在企业功能的市场定位上，认为企业是市场组织，以此为基本认知来进行战略管理。社会定位战略关注的是企业的社会定位，企业是一个社会组织，必须承担社会责任，发挥相应的社会功能，因此，企业在发展之中必须建立相应的战略。企业的社会定位战略强调企业应在自己的核心价值里考虑社会利益并纳入到发展战略之中，在相关的战略思想创新中，我们主要关注企业的社会责任战略。

18.4.1　企业社会责任与社会责任战略

企业已经成为社会最重要的组织，企业与社会的关系是共同体的生态关系，社会定位战略就是在这一认识下提出来的，它要求企业制定相应的社会责任战略。

1. 对企业社会责任的争论

企业社会责任的问题属于商业伦理的范畴，Bowen 被 Carroll 誉为“企业社会责任之父”。根据 Bowen (1953) 的定义，企业社会责任行为表现应当理解为企业行为是否和在多大程度上反映了社会目标和价值观。

现在，企业社会责任与企业的战略联系在一起了。迈克尔·波特 (Michael E. Porter) 在企业慈善行为与竞争优势的关系上提出了一个著名的“竞争环境导向型慈善行为理论”(context-focused philanthropy theory)。2002 年，波特和克雷默在《哈佛商业评论》上撰写了“慈善行为的竞争优势”一文，指出企业可以通过开展慈善性活动来改善其竞争环境（包括削减竞争障碍、赢得广泛支持），进而促进企业长期繁荣发展 (Porter, Kramer, 2002)。

思科系统 (Cisco Systems, Inc.) 于 20 世纪 90 年代初创办的免费网络技术培训项目，不仅产生了巨大的社会效益，也成功地改善了公司的竞争环境，加强了企业与所在地政府、社区的关系，提升了网络管理人员的素质，改善了客户关系，提高了企业的声誉，激发了员工的工作热情。思科的做法就是一种“竞争环境导向型慈善行为”。

但是，人们对企业的社会责任存在很多争议。弗里德曼在其重要著作《资本主义与自由》中认为，企业有一个并且只有一个社会责任——在法律和规章制度许可的范围之内，利用它的资源从事旨在增加它的利润的活动。显然，传统主流经济理论将企业社会责任与经济目标看成相互对立、相互排斥的两个方面。

科特勒在《企业社会责任——通过公益事业拓展更多的商业机会》中强调了对社会价值的关注，他总结出了如下六项方案：① 只选择支持少数的社会主题；② 选择当地社区关心的主题；③ 选择可以与企业的使命、价值观、产品和服务协同配合的公益事业；④ 选择有能力支持经营目标的公益事业；⑤ 选择关键群体关心的主题；⑥ 选择能够得到长期支持的公益事业。

公司公民行为是社会责任的一种表现，著名学者 Carroll 认为，公司公民行为不仅仅只是指公司与员工或是公司与社区之间的关系，还应该包括公司对其他重要的利益相关者的回应。他提出了公司公民“四面”（four faces）说，认为公司公民和个人公民一样应担负四种责任，每种责任就是一个“面”。公司公民有经济、法律、道德和慈善等四个面的责任。公司公民的这四个“面”虽然有互相抵触的地方，但同时又是互相联系的，任何一面都不能离开其他面而独立存在。所以，一个优秀的公司公民必须同时做到赢利、守法、讲道德、重慈善。

企业社会责任的思想越来越受到企业的关注，产生了许多新的观念，这些观念丰富了企业战略的内涵，扩大了战略管理的外延。随着企业经营环境不断变迁所带来的冲击，社会责任一词不可避免地进入了战略管理的视野。

2. 企业社会责任战略

企业作为法人，是市场经济的主体；作为由人组成的社会组织，企业也应该是公民社会的主体。一方面，社会环境和自然环境是企业经营活动所必需的各种要素（财务资本、人力资本、自然资本和社会资本）的最终来源和基本保障；另一方面，组织化的企业拥有巨大的资源，其决策和行为也会对社会及自然环境产生重大或不可逆转的影响。因此，企业在作为社会福利的创造者，不断提高其创造价值的效率的同时，也应该作为社会进步的推动者，积极改进对各种经营要素的回报的公平性，不仅要关注投资人的利益，还要平衡关注其他对企业做出贡献的利益相关者的利益，与政府、公众以及其他机构共同致力于保证环境健康和社会和谐。企业社会责任战略要求企业通过一定的方式将社会责任纳入企业战略和战略管理的范畴。进一步讲，企业社会责任战略要求企业将自身利益与利益相关者及社会的利益紧紧联系在一起，企业对社会、环境、股东、资源、员工等有一个整体的考虑和持续的责任感。因此，通过建立社会责任战略，可以使企业社会责任成为一种战略投入，成为企业价值链活动的一部分，成为一项新的管理职能。

➢案例 18-2　TESCO 的社会责任管理

TESCO 公司成立于 1924 年，总部位于爱尔兰，它是英国最大的食品零售公司，目前在全球有超过 2400 家店，遍布英国，爱尔兰，中欧及亚洲各国。

TESCO 公司董事会下设提名、薪酬、审计与执行委员会。其中，执行委员会由公司的 CEO 以及其他内部执行董事组成。在执行委员会下设三个委员会：CSR 委员会、财务委员会和遵循委员会。董事会通过这三个委员会对公司的行为进行控制，确保公司在社会、财务、法律三方面都符合社会规定。

TESCO 的社会责任委员会由公司的内部执行董事——法律事务总裁兼公司秘书露西·娜薇尔-露芙（Lucy Neville-Rolfe）负责，其成员包括公司各个部门的高级管理人员，特别是公司的法律事务部与贸易法律技术部等部门。社会责任委员会负责支持、提出和监控公司在社会、伦理、环境方面的政策，评价集团面临的威胁与机会。该委员会的职责主要包括：

- 评估公司关于社会、伦理和环境方面的政策，以此作为风险管理程序的一部分；
- 识别在社会责任方面可能帮助公司改善效率、赢利水平和商业前景的机会；
- 选取企业社会责任的关键业绩指标（KPI），监控并报告这些指标；
- 在整个集团改进对“最佳实践”的理解；
- 增进公司内部对企业社会责任的认识；
- 改善公司利益相关者的沟通与参与计划。

公司董事会在每次会议上，都会讨论公司面临的战略上的风险。其中，每年会讨论一次企业社会责任战略。在执行委员会的季度会议上，执行委员会的董事们对公司管理层提交的企业社会责任季度报告进行审议，并且对公司未来的风险与机会进行评估，进而提出公司在社会责任方面的战略计划。

公司的社会责任委员会至少每年开四次会，委员会主席定期向执行委员会汇报企业的社会责任事项，而且每年至少一次在董事会上讨论该委员会的工作情况。

TESCO 公司使用一种称为“方向盘”的管理工具，以保证公司的平衡健康发展。“方向盘”分为四个方面——顾客、运营、人和财务。在这四个方面下，又分出更多的项，每一项都与一系列的关键业绩指标相联系，这些指标分别对应着需要不懈努力才能达到的目标。每个季度，公司管理层要向董事会递交这四个方面的业绩报告，并且要整理一份摘要发送给公司的 2000 名管理者，再传递给更多的员工阅读。同时，“方向盘”的关键业绩指标与公司管理层的薪酬以及奖金挂钩。

TESCO 公司的社会责任通过“运营”部分的“负责任而且安全”对应的关键业绩指标来衡量。通过这种方式，企业社会责任事项就能够与公司的日常运作紧密地结合在一起。企业社会责任委员会按季度监控这些关键业绩指标的实际水平，而且对这些指标反映的业绩每年进行一次评估。TESCO 的企业社会责任关键业绩指标（CS KPI）包括经济、社会、环境三个方面。

资料来源：宁向东，吴晓玲．TESCO 一个案例．http://www. boraid. com（博锐管理在线）. 2006-9-12

18.4.2　企业社会责任战略框架

如何建立和实施企业社会责任战略？这涉及企业对社会责任及其内容的理解、运用等问题，不同的企业关注的社会责任内容、战略目标和管理方式不同，由此形成不同的社会责任战略框架。这里简单介绍企业社会责任的“CSP-CFP”框架和“利益相关者”框架。

1. 企业社会责任战略的“CSP-CFP”框架

现在，企业的成功已经不仅仅取决于产品、市场等市场因素，而且取决于媒体、社会公众等社会因素，企业社会绩效（CSP）主要是用来描述企业的非经济方面的绩效，但是，企业的经济绩效可以简单地以企业财务绩效（CFP）来衡量，而企业社会绩效应该如何衡量？企业社会绩效与企业经济绩效存在怎样的关系？这些问题的回答涉及企业社会责任战略的一个重要问题，即企业究竟应该从哪些方面来展开和实施社会责任战略。

CSP 的概念在第五章企业绩效现状分析中就已经讨论过，但人们对于这一概念包含哪些要素意见并不一致。Carroll 在 1979 年提出一个 CSP 的三维模型，包括社会责任的类别，参与社会事务，社会响应程度三个方面。在这个模型中，社会责任类别包括四个方面，即经济责任、法律责任、道德责任、自觉责任。社会事务没有统一的内容，一般包括员工利益方面、消费者利益、公众利益和慈善利益等。社会响应是度量企业对社会事务的参与程度，从过程上看，主要包括计划与社会事务预测、组织社会事务、控制社会参与活动、社会决策制定和企业的社会政策等，这三个方面影响着企业社会绩效。

CSP 也与企业的竞争力联系在一起，由于 CSP 能够给企业带来一定的无形资产，因此 CSP 与某些企业竞争优势相关联，企业积极从事社会事务，就能够在社会环境中树立正面的形象，从而吸引高质量的员工加入企业。同样，在其他条件一样的情况下，由于消费者承担社会责任的企业做出正面的反映，CSP 能够影响企业的市场份额。这样，企业社会绩效 CSP 与企业财务绩效 CFP 联系在一起。

但是 CSP 与 CFP 的关系仍然存在许多争论，企业社会表现与经济绩效关系存在三种假说，即存在着企业社会表现和财务效益之间的正相关、中立、负相关关系。企业社会表现的改变可能影响财务效益，或者相反，财务效益影响企业社会表现。

不管怎样，CSP-CFP 的框架可以给企业如何制定与实施社会责任战略提供了一个基本的框架，尽管人们对其中的要素及其影响究竟如何还存在争议，但是这一框架却是具有绩效目标导向的、非常现实的一种战略思考。

➢案例 18-3 社会责任关乎企业生死存亡

近年来，社会上出现十分热烈的讨论：企业该不该负起社会责任？中国如此，国外也不例外。据媒体报道，美国的《财富》杂志本月最新公布的“2006 企业社会责任评估”排名，在这些世界领先的企业中，中石油及国家电网公司位居排名榜的倒数前两名。当然，我们不能确定这个排名榜是多么的公正，但国内一些企业在社会责任问题上遭到口诛笔伐却是不争的事实。就说油荒问题，有人就指责，某些垄断企业有油不卖，甚至不顾国内油荒卖油到国外。一些房地产企业更是被指责为无良企业。另外，近有福寿螺事件和欣弗事件等。这些问题都突出地表现为社会责任问题：企业在赚取利润的同时，是不是要为企业所在的社会负责？

任何人都清楚，一切企业的经济活动不仅是社会生活不可分割的重要组成部分，而且它本身所需要的人、物质资源都取自社会，同时都要服务于社会。假如一个企业为了牟取暴利，对其他社会个体也需要的不可再生资源巧取豪夺，不仅企业本身的利润无长久持续的可能，而且必将激化企业与其他社会个体的矛盾，一旦侵犯的是大多数人的利益，那企业与社会之间的关系就无法和谐，自然企业本身也难以得到社会各方面的有力支持，其垮台是必然的事情。其二，企业生产的产品必然要拿到市场上交换，而只有其质量和服务能得到社会的认可，其产品具有广泛的服务性功能，才能拥有市场，才能赚取客观的利润，假如产品一旦失去服务于社会的功能，甚至直接危害人的生命，或者间接威胁社会和人类的生存，这样的企业自然也无品牌和诚信可言，企业的死亡也就指日可待了。因此，从这两个角度看，企业的社会责任与企业的生死存亡密切相关，既然这个社会责任与企业有如此不可替代的关系，那它就不是其他社会个体强加给企业的，而是在市场经济的条件下的企业所内在具有的本质属性之一。除非这个企业是个有坚强后盾的恶霸企业。不过，今天的中国，是绝不答应这样的恶霸企业存在的。

清楚熟悉到企业的社会责任是企业的本质属性，才能首先使企业在熟悉上有个清醒的概念。熟悉到这一点，企业就不会也不能在听到社会的指责时怨天尤人，在规划企业的利润空间和发展计划时，才能把如何履行社会责任纳入到企业发展大计中去。

不过，虽然社会责任关乎企业生死存亡，但单纯地依靠企业自觉履行社会责任在今天是有很大风险的，因为跟西方发达国家相比，中国企业步入市场经济的时间并不长，对企业利润和社会责任之间的平衡还把握得不够成熟，在企业利润与社会责任相冲突时，企业更是忘记社会责任这个本质属性，因此，外在的约束力，法律的约束力是十分必要的。只有各个执法部门睁大双眼，成为企业活动的“监视器”，才能协助企业认真履行社会责任，这是执法部门不可推卸的责任。

内外并治，企业认真负起社会责任，它才能成为真正的世界领先企业，中国的市场经济才是最富和谐力的市场经济。

资料来源：周华公．世界管理人网络．http://www.ceconline.com.2006-11-16

2．企业社会责任战略的“利益相关者框架”

1984 年，Freeman 在《战略管理：一种利益相关者方法》中将利益相关者定义为：“利益相关者是指能够影响组织目标实现或受到组织目标实现过程影响的所有个体和群体。”社会责任和社会绩效等概念都是产生于企业经营管理之外的，后来人们才引入企业管理之中，因此，从管理者的角度看，企业社会责任最初听起来像口号，难以具体落实到经营管理之中。利益相关者理论主张企业对所有利益相关者都负有责任，将企业社会责任与企业的日常经营活动有机结合起来，使企业社会责任落实到企业与其利益相关者的关系中，落实到企业的具体实践之中。

“利益相关者框架”的运用使企业社会责任战略有了具体的应用对象和具体内容，成为企业社会绩效框架之外的另一重要理论框架。Clarkson 在 1995 年讨论了这一框架的意义。

（1）企业应对界定清晰的利益相关者负责，而不是对抽象的社会负责，这明确了企业社会责任对象。企业要对“社会”负责，但“社会”是一个笼统的概念，企业并不知道自己要负责的“社会”具体指什么。这非常不利于企业承担社会责任，利益相关者概念引入后，这一问题基本得到解决。

（2）利益相关者都有自己的利益要求，这些利益要求就构成了企业社会责任的具体内容，这明确了企业社会责任的具体内容。当然，企业并不能满足利益相关者所有的利益要求，只有合理、合法且符合企业伦理准则的利益要求才构成企业社会责任的具体内容。

（3）企业社会责任的范围取决于责任对象的选择、责任内容的取舍以及对利益要求实现程度的权衡，根据这三个方面可以清晰确定企业社会责任的边界。

（4）为企业提供了测量企业社会责任的具体方法，既具有严谨的科学性，又具有方便的操作性。

（5）满足各利益相关者的要求，改善利益相关者关系质量，既是在履行企业社会责任，又是在构造企业的竞争优势，这使得企业社会责任嵌入到企业战略和日常活动中去。

因此，企业社会责任战略的“利益相关者框架”为企业提供了一个如何界定、评价社会责任并与竞争优势联系在一起的基本思考框架，使得战略决策与实施得以落实到行动中。

➢本章总结

1. 企业项目战略管理、产业集群战略以及战略网络和社会定位战略是 21 世纪战略管理理论与实践的最新发展趋势，这几大趋势是战略管理创新理念在企业经营实践中的具体体现，也是从最宏大的视角对战略管理理论进行了一次全面而动态的诠释。

2. 企业项目战略管理包括项目管理与项目型公司、企业项目战略管理的概念与特征、企业项目战略管理的主要内容以及企业项目战略管理的实践。

3. 产业集群战略包括产业集群的形成与发展、产业集群战略的概念及特点、主要内容和产业集群战略的案例分析。战略网络包括战略网络的形成与发展、主要理论观点。

4. 社会定位战略主要讲述了企业与社会关系促使战略重新在社会维度定位，本章主要介绍了社会责任战略的含义、内容、理论框架及其应用。

参考文献

李洪彦．2006．中国企业社会责任研究．北京：中国统计出版社

麦克托西等．2006．全球企业公民必读——对社会负责的企业战略路径．殷格非，于志宏译．北京：企业管理出版社

吴福顺．2006．企业社会责任：不是多余的概念——企业社会责任的渊源．WTO 经济导刊，(6)

杨维民，杨乃定，姜继娇．2004．基于战略视角的企业项目管理模式研究．中国软科学，(5)：73，78～81

Altman B W，Vidaver-Cohen D. 2000. A framework for understanding corporate citizenship. Business and Society Review，105 (1)：1～7

Bowen H R. 1953. Social Responsibilities of the Businessman. New York：Harper & Row.

Carroll A B. 1977. Managing Corporate Social Responsibility. Boston：Little Brown

Carroll A B. 1998. The four faces of corporate citizenship. Business and Society Review，100 (1)：1～7

Carroll A B. 1979. A three-dimensional conceptual model of corporate performance. Academy of Management Review，4 (4)：497～505

Carroll G R. 1993. A sociological view on why firms differ. Strategic Management Journal，14 (4)：237～249

Eade J，O'Byrne D. 2005. Global Ethics and Civil Society. Burlington，VT：Ashgate Publishing

Friedman L J，McGarvie M D. 2003. Charity，Philanthropy，and Civility in American History. Cambridge，UK ; New York：Cambridge University Press

Garone S. 1999. The Link between Corporate Citizenship and Financial Performance. New York：Conference Board，15

Jansen W et al. 1999. Electronic commerce and Virtual organizations. Proceedings of the 2nd International Vonet-workshop

Mahad H，Rahbek P E. 2006. Corporate Citizenship in Developing Countries ：New Partnership Perspectives. Herndon，VA：Copenhagen Business School Press

Porter M E. Kramer M R. 2002. The competitive advantage of corporate philanthropy. Harvard Business Review，80（12）：56～68

Porter M E. 1979. How competitive forces shape strategy. Boston MA：Harvard Business School Press

Porter M E. 1987. From competitive advantage to corporate strategy. Boston MA：Harvard Business School Press

Porter M E. 1996. What is strategy? Boston MA：Harvard Business School Press

Porter M E. 1998. Competitive Strategy. New York：Free Press

Ranjay G，Nitin N，Akbar Z. 2000. Strategic networks. Strategic Management Journal，21（3）：203～215

推荐阅读材料

蔡宁，吴结兵．2007. 产业集群与区域经济发展——基于“资源－结构”观的分析. 北京：科学出版社

该书结合产业集群理论和区域经济发展理论，通过构建产业集群资源和结构的定量刻画，提出产业集群竞争力及其风险的系统分析模式，研究产业集群与区域经济发展的内在关联机理以及互动发展的动态过程，提出产业集群与区域经济协调发展的治理政策，为区域经济发展和集群政策的制定提供理论支撑。

王缉慈等．2001. 创新的空间：企业集群与区域发展．北京：北京大学出版社

该书从跨学科的角度综述了企业集群的相关理论，着重评价了经济地理学研究的新产业区理论，结合我国当前的区域发展进行了案例分析。该书将企业集群分析和区域创新、区域竞争优势结合在一起加以分析。

约翰．埃尔金顿．2005. 茧经济：通向“企业公民”模式的企业转型．庞海丽译．上海：上海人民出版社

该书主题是可持续发展。可持续发展并不只是一个口号，而是世界经济的大势所趋。该书分析了这一重要趋势带来的重大的经济变革，涉及经济、社会和环境的协调发展。作者着眼于一些全球最重要的跨国公司，分析它们在执行可持续发展议程方面的得与失。此外，该书还详尽地分析了可持续发展之所以成为许多跨国公司自觉的战略选择的原因，分析了走向可持续发展的企业转型所要经历的几个阶段、所需的内外条件，着重探讨了领导人所需具备的素质。

彼得·德鲁克．2006. 工业人的未来——德鲁克管理经典．余向华，张珺译．北京：机械工业出版社

该书是阐发基本社会理论的书籍。事实上，该书阐发的是“特殊性工业社会理论”，并将这些一般性社会理论应用于工业社会，这种工业社会出现于 20 世纪，并在第二次世界大战中逐渐获得主导地位。合法性权力已是一种社会现实，但要求这种权力必须建立在普遍公义、义务责任和共识的基础之上。该书有助于我们理解战略管理的社会定位。

哈罗德·科兹纳．2002. 项目管理的战略规划：项目管理成熟模型的应用．张增华，

吕义怀译．北京：电子工业出版社

该书介绍了战略规划原理在项目管理中的应用与实践，提出了由5个层次组成的项目管理成熟度模型及其具体使用方法，并以16个案例介绍了该模型在各行业的实践。内容包括：战略规划的原则及其与项目管理的关系、项目管理成熟度模型介绍、组织全面实施项目管理战略规划的总指导、项目管理成熟的一系列发展阶段的确定与评估方法、为各个不同公司定制测评成熟度各层次的方法。

第19章

管理文化视角的战略创新

在全球化竞争的环境中，企业的战略创新需要一种广阔的东西方文化视野，管理文化视角的战略创新所体现的是一种平等对待东西方传统与现代的战略思想和战略实践的态度，强调企业应当吸收各种管理文化中的战略思想并进行融合创新。

对于今天的中国企业而言，我们既面对现代西方管理思想的学习，也面对传统管理的延续与创新，尽管在追赶与超越之中充满着矛盾与痛苦，却在开放之中拥有了无比丰富的创新资源。

➢案例 19-1　建立在“以仁为本”基础之上的海尔 OEC 管理

Haier OEC 管理方法是张瑞敏研究泰勒思想，结合中国“以仁为本”的儒家思想特点和海尔实际情况而创新的一种管理方法。

简要地说，OEC 管理法可表示为：日事日毕，日清日高，即每天的工作每天完成，每天工作要清理并要每天有所提高。OEC 管理法由三个体系构成：目标体系、日清体系、激励机制。这种管理方法可以用五句话来概括：总账不漏项，事事有人管，人人都管事，管事凭效果，管人凭考核。

OEC 管理法中随处可见泰勒的影子，是泰勒部分思想在中国企业制度化的表现。泰勒的科学管理的根本目的是谋求最高效率，而要达到最高的工作效率的重要手段是用科学化的、标准化的管理方法代替旧的经验管理。通过 OEC 管理法，海尔实现了基础管理的精细化、实现了基础管理的规范化和标准化、实现了基础管理的目标化、效率化和经济化、提高了流程的自我控制能力、培育了高素质的员工队伍。

同时，科学管理思想在中国的成功推行，还必须因地制宜地充分考虑文化影响，结合“以仁为本”的儒家价值观。在海尔，以仁为本的做法处处可见，例如，海尔文化重要组成部分的“80/20 法则”（即对企业里发生的任何一件过错，管理者都要承担 80%

的责任)、“三心换一心”(解决疾苦要热心、批评错误要诚心、做思想工作要知心，换来职工对企业的“铁心”)等。

资料来源：孔庆钧．海尔企业文化的结构、功能分析及启示．郑州：郑州大学硕士学位论文，2005；杨克明．OEC管理——中国式执行．北京：中国经济出版社，2005

19.1 管理文化与企业战略创新

文化对于企业来说，具有不可或缺的意义，无论是从战略最初形成时期来讲，还是站在战略伴随企业发展而逐渐转型的角度来讲。这里所提出的管理文化不同于微观的企业组织文化。在社会转型过程中，东西方不同的社会文化本身正在发生变革，进而将影响到基于社会文化而衍生出来的管理思想、管理文化。随着全球化趋势的席卷蔓延，东西方不断交流合作、竞争的过程将难以避免东西方社会文化各个层次之间的相互碰撞与作用。20世纪的后半叶，东西方管理文化层面的相互作用已经成为企业战略管理领域关注的焦点，基于管理文化变革的创新逐渐凸显其作为企业战略创新的一个重要方面。今天，管理文化已经成为包括企业战略创新在内的管理知识创新不可缺少的基础。因此，深入认识研究管理文化及东西方管理文化的根基，将有助于我们分析理解企业战略创新。

19.1.1 管理文化

管理文化是指人们在社会历史发展中形成的关于管理活动的知识体系以及获得这种知识体系的理论研究和实践探讨的方法。我们可以从以下四个方面来深入认识管理文化的内涵。

1. 管理文化是一种社会亚文化且作用于整个社会文化

我们可以将管理活动归结为各式各样的整个社会活动中的一个环节，任何活动都受制于其发生地域的文化背景，管理活动也不例外。当地文化直接影响活动执行者对于管理的价值认知及态度取向，长此以往便在管理人员的管理知识与管理作风上打下社会文化的烙印。丹尼尔·雷恩在将管理联系到经济、社会和政治思想的文化体系中时曾说：“管理思想不是在没有文化的真实中发展起来的，管理人员往往会发展，他们的工作总是受到当前文化的影响。”这说明，长时间管理活动积累经验所形成的管理文化，从属于社会文化的大环境，是一种独特的社会文化。

越来越丰富的管理实践带领人们逐渐开始自觉、自发地认识管理文化，在总结以往零散的管理知识并使之系统化的同时展开更进一步的理性探索。在经理们的感性经验与学者们的理论讨论中，管理知识得以多领域的交流与发展，并被提炼为一般的管理文化思想。至此，管理文化具有了自身发展的生命力与独立性，加之社会中无论是企业还是非营利性组织对于管理越来越强的依赖性，管理文化开始反作用于社会，推动社会文化体系的进一步发展。

2. 管理文化是文化体系中反映管理活动的代表性知识体系

管理文化同管理研究中经常提到的组织文化、企业文化不同，管理实践中所形成的管理知识通过层层提炼才有可能够发展成为管理文化，它具有一般性、普适性，我们可以将其中具有代表性的管理知识体系作为管理文化的主体。管理文化更多是涉及管理活动的基本原则、基本理论和基本方法，对于大部分管理活动均有一般意义上的指导作用。

同一般的文化一样，管理文化包括了所有的管理过程、方式、形态，也包括在此基础上产生的管理知识，它具有自己的内容、层次和基本要素，已经发展成为一个独立的知识体系，形成特殊的学科领域。管理文化的内在结构也在不断的丰富与完善。从管理文化的内容上讲，管理知识不断融入自然科学、哲学、政治、社会、文化等学科领域的成果；从管理文化的层次上讲，管理哲学、意识和思想观念、管理的基本体制、制度和规范、管理的技术、方法和物质成果也在源源不断地被挖掘出来；从管理文化的要素上讲，人们在关注管理文化共同要素的同时，也在努力寻找出独特的要素以期形成管理创新。

3. 管理文化又是获得管理知识体系的理论和实践方法

作为一种理论，管理文化批判以往企业竞争中将不同管理文化的各种差异要素孤立比较和吸收以及片面地推崇某种保守的管理文化。相反，它提倡从整体视角出发，将各种管理文化平等对待，正视不同管理文化所体现出来的差异，并且着眼于融合这些差异进而实现管理文化的创新。

作为一种方法，研究者可以通过建立管理文化的着眼点实现时间和空间上的跨越，了解掌握人类历史上一切出现的管理现象与管理知识。改变管理文化的时间维度，将其放在某一社会历史阶段进行分析，就可以寻找它有益于今天管理创新的资源；同样，改变管理文化的空间维度，将其放在某一地理区域进行分析，就可以得到有益于本地区管理创新的信息。

作为一种方法，管理文化还能够为那些缺少理论与方法支撑的管理者的工作提供理论与方法基础，弥补了管理者们在实践中自学或借鉴而来的知识缺少理论根基的不足。

4. 管理文化作为一种方法指向管理创新和战略创新

管理文化转型的可能结果之一就是带来企业战略创新；反过来，企业战略创新的有利保障与必要条件之一，就是管理文化转型。这是因为，与传统的某一管理领域技术涌现或是知识整合式的创新不同，以管理文化为指导的创新，更多的是将整体的管理文化作为创新基础，实现更高层次上的管理创新和战略创新。以企业转型为例，当中不是仅仅依靠某一具体细化层面上的细微创新便能够实现顺利转型的，它涉及整体企业战略的转变，在这种背景下的管理创新和战略创新就不只是某一管理文化发展中的拓展，而是与管理文化整体的创新联系在一起，对管理知识进行研究，并探讨管理文化的创新方法。

对于处于转型环境或是变革时期的企业来说，管理创新与战略创新能够帮助企业有效地超越自身的管理文化而进入不同的管理文化领域中寻找合适的资源。

➢案例 19-2　康佳企业文化的转型

在康佳，企业文化的转型就像一条流淌的河，与企业战略转型相辅相成。在企业刚成立不久的20世纪80年代里，合资的康佳主要是替外方做来料加工贴牌业务，当时康佳的主要人才结构属于技术型、劳动密集型，引进外资方的管理机制。这是一种高效的机制，但同时包含着一种过于严厉的管理方式，在这个问题上许多职工无法接受。为了解决这个矛盾，康佳提出“爱厂爱国，团结协作、遵纪守法、好学上进”的16字方针，把中国文化中最富有感情的内容加进了企业管理中，康佳的企业文化就在这时得以初步形成，并促进了企业稳定、高效地发展。20世纪80年代末90年代初，康佳产品结构发生了改变，贴牌生产慢慢从康佳的产业中退出，技术开发力度的加大使大量高素质的人才被引进来，原有的企业文化再不能适应这种需要。2001年，康佳董事局提出了康佳向高科技转型的战略任务，这一年也被称为是康佳的“战略转型年”。康佳副总裁陈旭日指出，现代企业的竞争归根结底是文化的竞争，文化制胜已成为当今优秀企业脱颖而出的法宝和明证。因此，康佳战略转型不能只停留在经营与科技的层面上，更关键的是要做好文化深层的战略转型。康佳旨在为员工创造家的氛围，尊重创造力，尊重人的思想，尊重人，让员工自觉主动地感受企业文化。康佳的文化转型其本质就是从一种比较封闭的文化状态转到一种开放的文化状态。

资料来源：陈婷，李永斌．康佳：文化转型比战略转型更重要．中国经济时报，2001-3-31

19.1.2 东西方管理文化激荡中的战略创新

1. 东西方管理文化在当代的激荡

东西方文化的差异自古有之，随着管理活动的出现而形成的管理文化自然也就大不相同。东西方有着两种截然不同的管理文化，如果说西方的管理文化以现代工商管理理论为其核心内容、追求科学理性化的话，东方的管理文化则是以中国传统的治国思想为主要内容，讲究中庸之道。

在20世纪50年代以前，东西方文化交流甚少，中国尚未出现真正意义上的现代管理活动，此时的管理一直以西方理论为指导思想。这种情况在20世纪下半叶发生了巨大的变化，一方面，中国开始摒弃西方中心论，以社会历史的客观性去分析东方的管理和管理思想，慢慢逐渐建立起基于传统、具有典型东方色彩的管理文化；另一方面，全球化程度的不断深入以及近些年来亚洲经济的迅速崛起，都为东西方管理文化的接触、交流乃至融合创造了必要条件。两种差异性极强的管理文化相互碰撞，不仅能够创造出全新的管理文化，依照管理文化直指企业战略的特性，还能够激发企业进行战略创新。

管理文化的激荡首先发生在开放较早的国家和地区，激荡方式还主要是单一的东方学习西方的管理文化。最开始学习西方管理的热潮发起于第二次世界大战以后的日本，先后成功地使西方的管理制度和方法与东方传统管理思想相结合，在东西管理文化的冲突与融合中发展。例如，日本企业富有特色的生产管理方式、质量管理以及管理哲学，逐渐运用管理技术建立起完整的管理知识体系。对于处于东西管理文化交锋前沿的企业来说，得到的并不仅仅是艰难选择的痛苦，更是激荡中产生的新管理思想。

西方对于东方管理文化的认可相对较晚。在经济竞争之中，东方的管理文化只是作为西方企业进入东方市场时才加以考虑的具有偶然补充性质的片段知识。但进入21世纪以后，以中国文化为代表的东方文化一改曾经以内收、吸引外来文化发展自己为主导的目标定位，东方文化变得开放，以强有力的力量向外传播自身的文化，强化文化的对外辐射力，主动融入世界文化潮流，以自己的独立力量影响整个世界文化格局的变化。以中国苏东水教授为代表的东方管理学派在管理文化的世界舞台上崭露头角，东方管理文化开始拥有自己的系统化的管理知识体系。日本与东南亚企业的成功也逐渐使西方重新评估认识东方管理文化，站在较为平等的基础上看待东西方管理文化差异。

2. 战略创新是管理文化激荡中活跃的内容

战略管理对于企业的意义就在于把握变化和未来，管理文化激荡下的企业战略也同样会适应这种管理文化的变革，生成战略创新。由于管理文化激荡是世界文化格局大环境中的现象，无论东方还是西方，都将对此做出相应的战略调整。

早期西方对战略管理的认识完全是建立在西方古典管理理论之上，随着西方社会由工业社会向知识社会转型的展开，这种古典传统管理思维模式下的战略慢慢与新管理模式下的战略产生冲突。为解决此类冲突，实现两种管理模式的顺利过渡，就必须将战略的创新与西方管理文化的创新结合起来。因此，关注当前西方在管理文化上的整体变革也就是关注企业的战略创新，而西方管理文化正在经历东方管理文化的挑战与作用，东西文化激荡必将影响西方企业战略创新的方向。

东方面临管理文化激荡，则要不断地依据具体情况在两种不同的管理文化之间做抉择，这给东方企业进行战略创新带来更大的难度。以中国为例，一方面，传统的管理文化大多是来自国家治理或是社会管理中总结而来的经验，这样一种管理文化并没有被人们从理论与实践上证实过其正确性，而且也未必适用于企业这种在中国来说尚属崭新的组织形式，因此，中国自有的东方管理文化还需要从传统管理视角转向以企业为主要组织模式的新式管理文化上来。另一方面，“外来的和尚未必会念经”，西方文化怎样才能被恰当地运用，融入东方管理文化，以有效帮助企业实现成功的战略创新。可参考的实践经验少之又少，在一定程度上给企业战略创新带来难度，中国企业对于西方管理知识的吸收、批判、运用和改革将会是一个艰难的过程。这一现实不仅在中国，在整个东方文化圈都是存在的。

目前关于战略创新与管理文化激荡两者之间细节的研究还很少，需要展开更多的理论与实证研究。但我们可以肯定的是，东西方企业的战略创新将会是管理文化激荡中的普遍现象。

19.2　中国企业对西方战略的学习

对于中国企业学习西方战略的态度，我们可以用斯坦福大学理查德·斯科特教授的一段话来加以概括：“新概念从来不是简单地被吸收，它们往往要被翻译：即根据当地环境和行动者的理解对其进行阐释、修改、变通和调整。”面对大量传至中国的西方战略管理理论和思想，中国企业必须明确这些理论何时有效，何时修正，怎样修正。

19.2.1　中国企业学习西方战略的背景回顾

中国改革开放程度加深以及中国经济市场化进程的加快，给企业进行战略管理提供了基本环境。

首先，中国经济由过去的计划经济走向市场经济，企业也由过去单纯的生产单位向现代企业转变，经济的市场化要求企业相应地采取市场化方式运作。更为重要的是中国的对外开放表明中国社会一改过去几百年来中国长期处于同世界经济、文化发展相对隔绝的状态，以一种积极、主动的方式向世界敞开大门，“走出去、引进来”，勇于接受西方的挑战。在此过程中，国有企业改革是最具有代表性的。经过产权改革，企业拥有的经营自主权和责任同时增强，企业对自身的经营目标、经营环境、竞争手段和竞争能力的认识逐渐发生变化，国有企业内部的组织结构、运行机制和治理结构也有了根本性的变化，企业经营方向由以前的注重生产转变到注重产品经营、资本经营，再转变到注重环境变化和企业自身能力提高。

其次，从20世纪70年代末的对外开放，到走进新世纪后中国正式加入世界贸易组织，中国企业所面临的竞争环境不断变化，竞争激烈程度与日俱增。中国企业首先从西方战略管理文化中习得的便是竞争意识，摒弃计划经济时代的“大锅饭”。随着国内同行业企业彼此间厮杀加剧以及实力强劲的跨国公司越来越多涉足中国市场祈求分一杯羹，中国企业开始意识到仅仅具备了竞争意识是远远不够的，若想将自己的企业做久、做好、甚至是做大，必须掌握建立企业竞争优势的真本领。因此，如何才能寻找到科学有效的方式方法来提高自身的竞争能力，成为中国企业所需考虑的第二个问题。

最后，从建立企业内部竞争优势来看，目前相当数量的中国企业已经从价格、产品性能等低层次竞争中跃出，争取适应和改变自己的战略环境，制定出真正实用的、可操作的、具有竞争力的企业战略，参与国内和全球经济的角逐。从企业利用外部资源强化竞争优势来看，中国企业也开始越来越多地学习西方的竞合思想，建立起产业集群、虚拟网络、供应链等创新型的企业外部组织形式，实现合作伙伴之间的共享与协同。

19.2.2 中国企业学习西方战略的收获

经过多年来对西方战略管理文化的学习和借鉴，中国企业无论是在上层建筑的观念层面、还是基础前沿的机制层面，都收获了一些具有正面作用的积极效果。

在精神层面，中国企业开始接受跨国公司企业行为，形成全球意识，从全球视角评估企业战略，眼光更为长远、开阔；接受不断进取、勇于探索的精神，形成技术创新和管理创新意识，积极总结过去的经验，并从中汲取养分，以创新延长企业的生命力；接受西方尊重员工、平等自由的价值观，形成人本意识，把人力当做是“成本”的看法得到扭转，而是视其为企业的一项重要资源，承认“人”是企业的第一要素；接受作为社会组织而存在的社会定位，形成满足社会需要、担负社会责任的意识，将企业行为可能对社会中的利益相关群体产生的影响纳入考虑范围，并以此来适当调整企业决策。

在操作层面，中国企业开始接受西方的资源基础观，形成战略资源意识，注重培养执行企业战略所必需的资源；接受明确分工的思想，形成企业组织结构职能化意识，根据工作特点将企业划分为若干个彼此相对独立的职能部门；接受竞合思想，形成以产业集群、虚拟网络、供应链等为代表的联盟意识，通过企业间知识共享和核心能力互补、或是通过规模经济等提高企业自身的竞争能力；接受科学管理的思想，形成基础工作的制度化、规范化和专业化意识，实现管理工作的“有据可依”，提高管理活动的信度和效度。

此外，建立“自学习机制”是贯穿企业上下对企业进行精神气质改造的一大重要方面。在今天的知识型社会，知识创造能力逐渐演变成为衡量企业综合实力的一个重要维度，而知识的创造源自工作，因此，中国企业开始倡导“工作中学习、学习中工作”，终身学习，向“学习型组织”转变。自学习机制能够帮助员工自我提升的同时挖掘存在于工作当中的生命之意义，实现在工作中感受其人生追求，进而帮助企业获得高于个人绩效总和的综合绩效，突破组织极限，实现企业的持续发展。

19.2.3　西方战略理论在中国的适用性

1. 西方战略理论在中国的制约因素

战略管理文化具有天然的地域性，其产生与发展在很大程度上会受到一定范围内亚文化的影响作用，因此，基于不同文化的战略管理理论之间必然存在差异性，这也是中国企业在学习西方战略理论时最需要注意的问题。借鉴西方管理文化之前，首先，需要肯定不同文化背景下的人们思维方式和行为方式的不同，并且对这些差异加以正视而绝非忽视，进而衡量中国企业是否真正具备了推行某种西方理论所必备的全部客观与主观条件，找出符合条件的职能部门或是某一运作流程。例如，在操作层面，西方理论中强调数学属性的科学管理就非常适用于中国企业，因为这一层面往往牵扯到文化认识的部分少之又少；在上层建筑的精神层面则恰恰相反，中国企业在推行西方理论的过程中必须非常重视东西方文化差异，因为这种差异很可能会导致两种截然不同的管理效果；其次，推进过程也不可过急过快，要充分给予企业各部门员工了解、接受异己文化的缓冲时间。这与哈罗德·孔茨的观点不谋而合，他将管理划分为科学性管理和艺术性管理，并认为科学性管理能够在全世界范围内传播应用并不受外部因素和条件的影响，而艺术性管理则不行。最后，除了文化基础不同导致战略谨慎执行外，另一个需要谨慎决定战略的原因就是中国企业现阶段的整体发展未必具备了西方理论的提出所进行的前提假设，这些假设多以明晰的产业制度、自由的市场竞争、成熟的消费心理为代表。

2. 全球化对于在中国推行西方战略的正面作用

虽然西方理论的运用在中国存在上述诸多制约性，但全球化却能够卓有成效地促进文化融合，使理论相通成为可能，借鉴的成功性大大加强。全球化使得世界各国不同文化背景的人们接触交流，在合作中熟悉彼此的风格与文化，这种互动过程实际上就是一种隐性知识的传播，它会在潜移默化中影响合作伙伴。从长远角度来看，全球化具有弱化文化差异的作用，这种弱化的对象大多是精神层面的管理文化，也就是孔茨所说的艺术性文化，这也意味着全球化正在帮助中国企业克服西方理论在中国面临的制约因素，积极推进西方战略文化在中国的推广运用。

19.3 中国企业对传统战略的学习

尽管早期在中国并未出现真正意义上的企业管理视角的战略思想，但五千年文化背景下的传统战略思想却深深地影响着中国企业的经营方式。

19.3.1 传统战略在中国企业中的运用

《孙子兵法》所代表的军事战略思想和儒家治国之道所代表的治国战略思想在传统战略思想中具有代表性，它们对于今天中国企业的管理者具有深刻的影响，这种影响自然也深入到战略管理之中。

1.《孙子兵法》中的军事战略思想对中国企业的影响

《孙子兵法》是我国古代军事战略思想的集大成之作，其思想理论随着中国古代文明的延续而被保存了下来，并且被越来越多地应用于商业领域，成为获取竞争优势的手段。总体来讲，这种运用基本处于认识层面，给中国企业提供了一种有关战略的认识方向。

受到中国历代成功的军事谋略家楷模形象的影响，中国企业习惯于把尚谋、尚智、尚勇作为评判一个企业家的标准，具有上述特质的人方能被称之为“帅才”。“尚谋”在中国企业中具体体现为做决策的时候综合周围相关因素，辨别所处环境，分清利害关系，结合权变思想进行推敲对比。“尚智”意味着杰出的企业家应当具有独具慧眼的敏锐触觉，能够敏感地察觉到可能出现的商业机会，把握商业机会；在与竞争对手博弈的过程中，要能够理性、智慧地预测到竞争对手可能采取的反应，并以此来调整自己的商业决策。“尚勇”是说企业家必备的超凡魄力，做任何一项决策都不可避免面对由某些不确定因素带来的风险，使得决策从某种意义上讲类似于下赌注，企业家应当勇于面对决策后面等待着企业的结果，勇于承担决策不当而可能给企业带来的压力与负担。

受到孙子全胜思想的影响，中国企业提出“谋长远”、“谋全局”，从战略高度上把握企业未来的发展方向。一方面不为一时一地的小利所羁绊，竭力避免急功近利的短期行为；另一方面则不满足于企业眼前的利益与成果，积极创新，以保持企业长期稳定的发展。

“诡道思想”则在对竞争的基本认识上影响着中国企业，主要体现在企业向外界散布商业情报时的虚掩行为。有时候隐藏企业真实信息是为了对企业自己的战略动机和商业意图进行保密，防止竞争对手识破而抢先进入目标市场；另有一些时候则是为了隐藏企业内部存在的某些薄弱环节，避免被竞争对手攻击而给企业带来极具破坏性的打击。

2. 治国政治谋略的思想在中国企业的应用

儒、道两家思想是中国古代传统治国政治谋略思想的典型代表，对于中国传统管理文化的影响也最为深刻。

儒家思想以孔子为代表，崇尚“内仁外礼，执中求和。”首先，“内仁外礼”最根本的含义是通过出自人们内心“仁”的道德修养和来自外部社会“礼”的强制来规范、协调人们的行为。现代中国企业非常重视员工个人思想与职业道德的培养，无论是企业单位还是事业单位，都把员工培训教育看做是重要的一项管理活动，抛开过程是否流于形式以及结果是否收效显著不谈，但凭能够做出这种决策，就足以看到中国企业在对待员工问题上的进步表现，体现出“内仁”的思想。“外礼”则体现在企业中规章制度的日益完善，当中明确奖惩的条目，在规范员工行为的同时，强化员工的职业意识与职业价值观，激励员工朝正向行为方式过渡。其次，“执中求和”体现的则是一种中庸之道，避免极端、过犹不及，追求不偏不倚。企业在“仁”的内部治理和“礼”的外部构建过程中，都应该以“中”为尺度，制定目标必须考虑到现实中的可行性，避免走“追求完美”的极端主义，因为追求完美的后果常常是企业成本的显著提高。中庸之道还体现在对企业和谐气氛的追求。儒家治国思想将国家视为一个完整的系统，强调系统的内部和谐。企业也同样如此，具有良好氛围的企业将会给员工提供一个高质量的工作气氛，有助于提高企业效率。

道家思想以老子为代表，强调“无为而治，道法自然”。老子提倡的“宽松政治环境”在现代中国企业中运用的还是比较少，主要是受到“官僚主义思想”残余的影响，严厉苛责的领导方式在中国企业中仍然时有发生。相比之下，“道法自然”对于中国企业经营理念来讲更能被广泛接受。“道法自然”强调合乎自然、符合规律地办事，体现在企业中就是企业决策要遵循行业特点，把握行业发展规律，不可反其道而行之。总体来说，道家思想对于中国企业最大的影响就是将企业的注意力转向对企业外部环境、行业特征的分析，引导企业关注企业以外的潜在影响因素的发展规律。

19.3.2　传统战略在现代的适用性

由于传统战略思想是基于中国传统文化派生而来，不存在东西方文化差异的问题，其思维模式与价值观与中国企业管理文化一脉相承，或者说中国企业管理文化本身就是根植于中国传统文化的，这便为中国企业学习传统战略思想提供了相似性土壤。虽然空间差异不复存在，传统战略思想却又面临另一问题——时间差异。在漫漫历史长河中，一代代中国人民的思想与价值观正在发生点滴的变化，几千年前的古代传统思想究竟能否适用于当代，为当代中国企业带来什么样的价值？依然是个有待研究的课题。

《孙子兵法》是传统军事战略思想的集大成者，然而这一思想体系却是植根于传统文化尤其是谋略文化基础上的，它所体现的是一种智慧型的、以利害逻辑为主导的谋略思想。这种谋略文化在中国的先秦时期就已经达到前所未有的高峰，与传统文化的社会环境与价值规范紧密联系在一起。今天在企业中运用《孙子兵法》往往关注其中竞争思想的运用，尤其是技巧性运用。实际上，《孙子兵法》战略思想如何从军事战略转向企业经营活动，从传统的社会及其伦理规范转向现代社会及市场伦理规范，是值得企业管理者深入思考的。中国企业对《孙子兵法》的学习容易过分关注市场竞争中的实践操作方面问题，而忽视从更高的角度去审视企业自身经营管理的问题。因此，对于《孙子兵法》，我们提倡中国企业将其看做企业战略创新的思想资源之一，并以一种开放与创新的态度对待它，而不是盲目膜拜。

治国政治谋略思想则过分强调政治谋略、政治手段，其原本的治理对象是国家，战略视角也大多停留在国家内部。这就会给学习借鉴治国政治谋略的中国企业带来两个明显问题。第一个问题是，中国古代国家与现代企业在体制上存在较大差别，治理标准也截然不同，国家的首要目标是维系国家内部和谐，以安定为治国第一要务，而现代企业如果仅仅是以企业内部和谐、维持现状为目的的话，容易将企业精力限制在自己身上，无视外部环境，这样的企业是没有办法在激烈的市场竞争中立足的。第二个问题是，中国古代国家具有专制性质，所谓的管理更多伴随着官僚色彩和独断主义，信息大多是自上而下的单项传递，下层对上层无条件执行。在企业则非如此，真正的现代管理必须实现信息的双向流动，保持上下层沟通顺畅，这样才能有助于在基层成功执行决策。由此可见，治国政治谋略思想在实际运用中更为复杂。

19.4 东西方战略的谐协创新

东西方战略思想适合各自的合适土壤，能够促进企业文化、企业战略与当地区域文化思想的匹配，顺应亚文化的思想路线并修正企业战略方向。在交流匮乏、信息闭塞的过去，特定地域所保有的文化思想毋庸置疑地适用于当地企业。但在全球化愈演愈烈的今天，文化的传播、商业的往来正在越来越大范围地影响到世界各国人民的思想认识，人们开始接触不同的文化思想，批判性地认同当中对自己有益的部分，不同的地域文化也在一定程度上朝着趋同的方向发展。文化的激荡与融合，正在呼唤企业战略适应全球化，在充分考虑东西方文化思想融合的基础上进行谐协创新，保障企业战略方向与文化发展方向的协调一致。

19.4.1 作为世界观与方法论的“谐协”

“谐协”源自中国传统哲学思想，顾名思义，是指通过协调来实现和谐。

“和谐”体现的是一种认识层面上的世界观，强调对待存在差别与对立事物时的一种追求和解与平衡的态度，分析各事物之间的关系、建立新的结构，转化原有矛盾进而达成新的平衡状态，这个平衡状态是求和，而非求同。孔子有云：“君子和而不同，小人同而不合。”可见，差异与和谐并非是一对矛盾体，求同对于创造和谐来说既没有必要，也缺乏现实的可行性；相反，我们应该以辩证的观点来看待差异，承认差异的存在，令其互相吸收融合求得发展才是实现“和谐”的本真。

“协调”则是实现“谐协”的一种途径，体现着“谐协”的可操作性，印证了“谐协”的方法论作用。何似龙对“谐协”进行了可操作式的开拓，认为“谐协”是由一组操作所组成的过程。这样一组操作包括以下四个步骤：第一，寻找诸极。“极”即指一切存在差别与对立的事物，包括各种不同的程度，如“不同”、“冲突”、甚至是“激烈对抗”。第二，确指诸极。首先明确各“极”的内涵与外延，进一步挖掘各极之间的内部联系。对于能够组成对偶的诸极，要特别重视他们之间可能存在着的相对、相反、互伴或互生的联系。第三，设计出为创新而整合诸极的具体结构。也即根据诸极之间的内在关联来重新安排它们彼此之间的相对地位，实现平衡与和谐。第四，对所做的创新进行严格的科学界定，并按照一定科学标准进行检验。

“谐协”植根于中国传统文化的这一天然特性使得它特别容易为中国企业所理解和

接受，加上具有良好的可操作性，我们完全有理由将其看做是当代中国企业在管理文化视角下融合东西方战略思想、寻求战略创新的一个基本方法。

19.4.2　“谐协”在战略创新中的应用

基于文化视角的战略创新根本在于东西方战略的谐协创新，融合不同文化体系之下的管理文化思想，以不同文化体系下的管理思想与管理理论为基础，承认这些不同思想与理论具有各自独特的社会制度、经济体制、历史发展和文化背景，通过创新研究寻找出适合东西方战略和谐共存的谐协结构。在实践中实现创造性转化，最终形成自己的创新性战略。

谐协思想主要在以下三个方面影响着企业进行战略创新：

第一，谐协思想拓宽了管理文化资源的挖掘范围。东西方具有不同的管理文化体系，在各自对于管理活动的认识和实践过程中都创造出了丰富的管理研究成果，在“谐协”指导下的企业都将会以平等开放的心态来审视东西方的管理文化资源，既要从西方的战略理论中学习，也要从中国的传统管理思想中学习；既要从西方企业的战略创新经验中寻找，也要从中国企业本土的实践探索中寻找。这样一来，企业完成战略创新所需要的潜在素材的可选择范围大大拓宽，在东西方管理文化资源的广阔范围内，诸极之间的差异组合数明显增加，凸显出大量的差异点，企业可以根据自身内部条件来选择差异点，通过整合资源来融合这些差异，进而将差异点转化为创新点。在某种程度上讲，企业之间的竞争更是一种文化视角下宽容度的较量，谁能够做到兼收并蓄地融合东方战略思想与西方战略思想形成一个谐协创新状态，谁的战略竞争力便能够变得更为强悍。

第二，谐协思想要求企业战略以“求和”的谐协统一为第一要务。创新的过程势必将会引入新的管理文化资源，源自不同文化体系的思想彼此之间存在不同程度上的差异，基于东西方文化视角的战略创新则必须以创造和谐统一的文化环境为首要任务，这也是考察差异点是否能够转化为战略创新点的重要评判标准。在以往的创新研究中，大多都是将重点放在一个“新”字之上，企业精力也同样多是放在如何能够创造出新的、差异化的战略，导致企业盲目崇尚标新立异。事实上，成功的战略创新并非一味追求新奇，战略涉及企业内部上层建筑，战略转变的结果之一便是企业由上到下整体气质的改变，牵扯到文化的决策都必须考虑不同文化是否能够相互融合的问题，谨防水土不服的排异反应。因此，企业应重视衡量被引入的新文化资源是否真正适用于企业，匹配于企业原有文化，顺利对接新旧文化，形成和谐统一的新战略。以“谐协”思想作为指导，恰恰保证了这一点。

第三，谐协思想为企业从文化视角探寻战略创新提供了简明而有效的途径。关于管理中的谐协创新方法，在东西方两种不同的战略管理思想的分析与比较之中，寻找不同文化体系下的管理特质诸极，挖掘诸极的关系，结合企业原本的经营管理活动加以整合。

➢本章总结

1. 文化与战略存在着辩证关系，相互影响、相互制约，文化在战略形成与制定过程中都具有举足轻重的作用。透过文化视角研究战略，已经成为企业战略创新的一个重要落脚点。

2. 全球化加速世界各国公司之间的交流合作，无论是显性的、还是隐性的知识都在这一过程中得以交换，文化层次上的交流学习开始动摇亚文化的稳固根基，呈现出彼此学习、融合的态势。东西方管理文化作为当今全球典型却又截然不同的两种管理文化知识，也在相互碰撞，进入前所未有的激荡时代，为企业探寻文化视角下的战略创新提供了宝贵契机。

3. 自改革开放起，中国企业开始越来越多地接触西方战略思想，逐渐树立起竞争概念，从精神与操作双层面上吸收西方文化，并建立起“自学习机制”。虽然文化具有天然的地域性，制约着中国企业不可能无界限地利用西方思想，但全球化却能够卓有成效地促进文化融合，使理论相通成为可能，借鉴的成功性大大加强。

4. 以儒、道、法为代表的中国古代传统战略思想在潜移默化中深深刻进中国人的骨子里，学习传统战略能够有助于中国企业充分利用本土文化，在本土展开经营竞争。但传统思想的谋略视角和治国视角并不完全适用于当代企业，因此，企业在运用过程中必须谨慎而变通。

5. “谐协”思想为企业基于文化视角的战略创新提供了一条简明而有效的路径。作为世界观，它要求以“求和”的和谐统一态度来看待东西方文化差异，承认差异的存在；作为一种方法论，它告诉我们可以寻找到具有实践操作性的方法来协调这些差异，在调和的过程中实现企业战略创新。

参考文献

彼得·德鲁克．1999．管理实践．毛忠明等译．上海：上海译文出版社

成中英．1991．论中西哲学精神．上海：东方出版中心

成中英．1999．C理论：中国管理哲学．上海：学林出版社

丹尼尔·雷恩．2000．管理思想的演变．赵睿等译．北京：中国社会科学出版社

哈罗德·孔茨，海因茨·韦里克．1993．管理学（第九版）．郝国华等译．北京：经济科学出版社

郝大维，安乐哲．1996．孔子哲学思微．蒋戈为，李志杯译．南京：江苏人民出版社

何似龙．2001．转型时代管理学导论．南京：河海大学出版社

黎红雷．1993．儒家管理哲学．广州：广东高等教育出版社

李宗桂．1988．中国文化概论．广州：中山大学出版社

刘广明．1993．宗法中国．上海：上海三联书店

施祖留，何似龙．2001．论管理中的谐协创新方法．河海大学学报（哲学社会科学版），3（1）

苏东水，赵晓康．2001．论东方管理文化复兴的现代意义．复旦学报（社会科学版），(6)

苏东水．2002．论东西方管理的融合与创新．学术研究，(5)

谢维扬．1995．中国早期国家．杭州：浙江人民出版社

张阳，周海炜．2001．管理文化视角的企业战略．上海：复旦大民学出版社

Hamel G，Prahalad C K. 1985. Do you really have a global strategy. Harvard Business Review，(July-August)

Harris P R，Moran R T. 1978. Managing Culture Differences. Houston：Gulf Publishing Company

Hofstede. 1980. Culture's Consequences：International Differences in Work-related Values. Beverly，CA：Sage Publication

Johnston A I. 1995. Culture Realism: Strategic Culture and Grand Strategy in Chinese History. Princeton: Princeton University Press

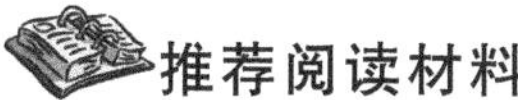

推荐阅读材料

苏东水 . 2002. 论东西方管理的融合与创新 . 学术研究，(5)

文章重点突出三个方面的内容：一是东方管理思想在融合、回归中复兴；二是西方管理理论的创新与发展；三是作为东方管理文化成功运用的华商管理的内涵与特点。希望读者在阅读该文后能够大体上理解文章的中心观点，即东西方管理文化的融合发展是21 世纪管理学发展的主流。

何似龙 . 2001. 转型时代管理学导论 . 南京：河海大学出版社

该书包括“转型时代的管理创新”、“西方现代管理新论”、“中国古代管理思想”、“管理谐协创新理论纲要”四部分内容。第四部分以科学化的语言论证管理谐协创新方法，是最值得读者学习、借鉴的部分。同时，该书对于东西方具有代表性的管理思想的总结还能够促进尤其是初步涉足管理学的读者迅速把握管理思想的主要脉络发展。

张阳，周海炜 . 2001. 管理文化视角的企业战略 . 上海：复旦大学出版社

该书以管理文化为视角，从理论和实证两方面研究企业战略，既具有创新性更具有深度，是一部学术价值和应用价值俱佳的著作。学生可以结合第三、四章的阅读和学习来理解西方战略理论的管理特质以及中国传统战略思想，通过第五章具体体会东西方战略思想在当代中国的应用。

周昌忠 . 2002. 中国传统文化的现代性转型 . 上海：上海三联书店

这是一部文化学、哲学与方法论方面的著作，并不直接涉及管理或战略管理。但是由于传统社会正处于一个转型之中，我们对自己的传统文化究竟已经或将要发生怎样的转型，应该有个了解，这样可以帮助我们认识西方的管理文化，认识西方战略管理的意义。

许康，劳汉生 . 2001. 中国管理科学化的历程 . 长沙：湖南科学技术出版社

该书虽然不是关于战略管理的著作，但以历史的眼光对中国近代以来的管理及其科学化发展的过程进行了梳理与研究，内容包括企业管理的发展、管理科学的奠基、发展及现状。从中我们可以看到近现代中国管理思想、管理学科发展的脉络，有助于我们反思传统管理文化的转型。